에듀윌과 함께 시작하면,
당신도 합격할 수 있습니다!

자소서와 면접, NCS와 직무적성검사의 차이점이 궁금한
취준을 처음 접하는 취린이

대학 졸업을 앞두고 취업을 위해 바쁜 시간을 쪼개며
채용시험을 준비하는 취준생

내가 하고 싶은 일을 다시 찾기 위해
회사생활과 병행하며 재취업을 준비하는 이직러

누구나 합격할 수 있습니다.
이루겠다는 '목표' 하나면 충분합니다.

마지막 페이지를 덮으면,

에듀윌과 함께
취업 합격이 시작됩니다.

누적 판매량 242만 부 돌파
베스트셀러 1위 3,615회 달성

공기업 NCS | 100% 찐기출 수록!

NCS 통합 기본서/실전모의고사
피듈형 | 행과연형 | 휴노형 봉투모의고사

매1N
매1N Ver.2

한국철도공사 | 부산교통공사
서울교통공사 | 국민건강보험공단
한국수력원자력+5대 발전회사

한국전력공사 | 한국가스공사
한국수자원공사 | 한국수력원자력
한국토지주택공사 | 한국도로공사

NCS 10개 영역 기출 600제
NCS 6대 출제사 찐기출문제집

대기업 인적성 | 온라인 시험도 완벽 대비!

20대기업 인적성 통합 기본서

GSAT 삼성직무적성검사
통합 기본서 | 실전모의고사

LG그룹 온라인 인적성검사

SKCT SK그룹 종합역량검사
포스코 | 현대자동차/기아

농협은행
지역농협

영역별 & 전공

공기업 사무직 통합전공 800제
전기끝장 시리즈 ❶, ❷

이해황 독해력 강화의 기술
PSAT형 NCS 수문끝

취업상식 1위!

공기업기출 일반상식

기출 금융경제 상식

다통하는 일반상식

* 에듀윌 취업 교재 누적 판매량 합산 기준(2012.05.14~2024.10.31)
* 온라인 4대 서점(YES24, 교보문고, 알라딘, 인터파크) 일간/주간/월간 13개 베스트셀러 합산 기준(2016.01.01~2024.11.05 공기업 NCS/직무적성/일반상식/시사상식 교재, e-book 포함)
* YES24 각 카테고리별 일간/주간/월간 베스트셀러 기록

더 많은
에듀윌 취업 교재

취업 대세 에듀윌!
Why 에듀윌 취업 교재

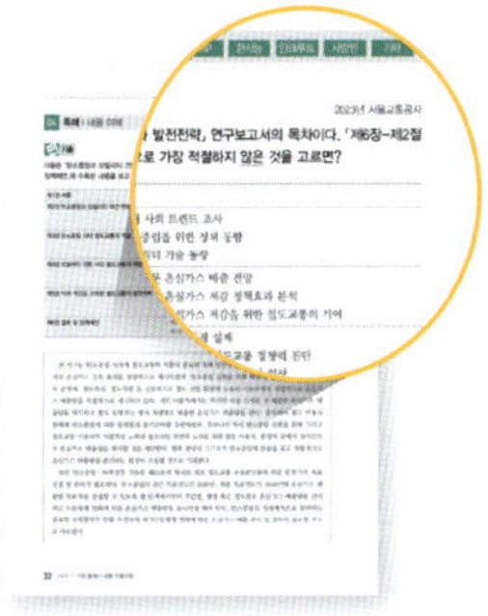

기출맛집 에듀윌!
100% 찐기출복원 수록

주요 공·대기업 기출복원 문제 수록
과목별 최신 기출부터 기출변형 문제 연습으로 단기 취업 성공!

공·대기업 온라인모의고사
+ 성적분석 서비스

실제 온라인 시험과 동일한 환경 구성
대기업 교재 기준 전 회차 온라인 시험 제공으로 실전 완벽 대비

합격을 위한
부가 자료

교재 연계 무료 특강
+ 교재 맞춤형 부가학습자료 특별 제공!

eduwill

취업 교육 1위
에듀윌 취업 무료 혜택

교재 연계 강의

• NCS 주요 영역 문제풀이 무료특강(19강)

※ 2024년 12월 13일에 오픈될 예정이며, 강의명과 강의 오픈 일자는 변경될 수 있습니다.
※ 무료 특강 이벤트는 예고 없이 변동 또는 종료될 수 있습니다.

교재 연계 강의 바로가기

교재 연계 부가학습자료

다운로드 방법

STEP 1
에듀윌 도서몰 (book.eduwill.net) 로그인
▶
STEP 2
도서자료실 → 부가학습자료 클릭
▶
STEP 3
[2025 최신판 NH농협은행 6급 NCS 기본서] 검색

• NCS 주요 영역 256제(PDF)
• 계산연습 NOTE(PDF)
• 인성검사·면접 대비 자료(PDF)

온라인모의고사 & 성적분석 서비스

온라인 응시 서비스 응시코드
[redacted]

응시방법

PC 접속 https://eduwill.kr/1tVe
모바일 접속 하기 QR 코드 연결

※ 온라인모의고사 응시 및 성적분석 서비스는 2025년 12월 31일까지 유효합니다.
※ 본 응시코드는 1인 1회만 사용 가능하며, 중복 사용은 불가합니다.

온라인 모의고사 신청

모바일 OMR 자동채점 & 성적분석 서비스

실시간 성적분석 방법

STEP 1
QR 코드 스캔
▶
STEP 2
모바일 OMR 입력
▶
STEP 3
자동채점 & 성적분석표 확인

※ 혜택 대상 교재는 본문 내 QR 코드를 제공하고 있으며, 교재별 서비스 유무는 다를 수 있습니다.
※ 응시내역 통합조회
에듀윌 문풀훈련소 → 상단 '교재풀이' 클릭 → 메뉴에서 응시확인

• 2023, 2022, 2021 대한민국 브랜드만족도 취업 교육 1위 (한경비즈니스)/2020, 2019 한국브랜드만족지수 취업 교육 1위 (주간동아, G밸리뉴스)

세상을 움직이려면

먼저 나 자신을 움직여야 한다.

– 소크라테스(Socrates)

최신판

에듀윌 취업 NH농협은행 6급 NCS 기본서

eduwill

NH농협은행의 모든 것!

합격을 위한! 알짜! 정보만 모았다

NH농협은행 필기시험 경향 분석

P. 6

온라인으로 변경된 NH농협은행 필기시험은 크고 작은 변화가 있었습니다. 자세한 내용은 'NH농협은행 필기시험 경향 분석'에서 확인할 수 있습니다.

NH농협은행의 '직무상식평가'

P. 8

2019년부터 실시하고 있는 NH농협은행의 직무상식평가는 'NH농협은행의 '직무상식평가'에서 자세하게 확인할 수 있습니다.

NH농협은행의 채용 정보

P. 10

NH농협은행의 채용 과정을 쉽게 파악할 수 있도록 정리하였습니다. 자세한 내용은 'NH농협은행의 채용 정보'에서 확인할 수 있습니다.

농협과 NH농협은행의 기업 이념

P. 12

NH농협은행 채용 대비 반드시 알아야 하는 농협과 NH농협은행의 핵심 기업 정보를 한눈에 볼 수 있도록 정리하였습니다. 자세한 내용은 '농협과 NH농협은행의 기업 이념'에서 확인할 수 있습니다.

NH농협은행 필기시험 경향 분석

01 2023~2024년 필기시험 구성

1 2024년 10월 시행(2024. 10. 26.)

<table>
<tr><th>교시</th><th>구분</th><th>문항 수</th><th>시간</th><th>출제 범위</th></tr>
<tr><td>1</td><td>인 · 적성평가
(Level 2)</td><td>325문항(객관식)</td><td>45분</td><td>• 직업윤리, 대인관계능력, 문제해결능력
• 조직적합성, 성취잠재력 등</td></tr>
<tr><td rowspan="2">2</td><td>직무능력평가</td><td>45문항(객관식)</td><td rowspan="2">80분</td><td>의사소통능력, 수리능력, 문제해결능력, 자원관리능력, 정보능력</td></tr>
<tr><td>직무상식평가</td><td>25문항(객관식)</td><td>• 농업 · 농촌 관련 상식
• 디지털 상식 등
• 금융 · 경제 분야 용어 · 상식 등</td></tr>
</table>

2 2024년 1월 시행(2024. 01. 14.)

<table>
<tr><th>교시</th><th>구분</th><th>문항 수</th><th>시간</th><th colspan="2">출제 범위</th></tr>
<tr><td>1</td><td>인 · 적성 평가</td><td>325문항(객관식)</td><td>45분</td><td colspan="2">직업윤리, 대인관계능력, 문제해결능력 등</td></tr>
<tr><td rowspan="4">2</td><td>직무능력평가</td><td>45문항(객관식)</td><td rowspan="4">85분</td><td colspan="2">의사소통능력, 수리능력, 문제해결능력, 정보능력</td></tr>
<tr><td rowspan="3">직무상식평가</td><td rowspan="3">25문항(객관식)</td><td>공통</td><td>농업 · 농촌 관련 상식 · 디지털 상식</td></tr>
<tr><td>일반 분야</td><td>금융 · 경제 분야 용어 · 상식 등</td></tr>
<tr><td>IT 분야*</td><td>소프트웨어 설계, 소프트웨어 개발, 데이터베이스 구축, 프로그래밍 언어 활용, 정보시스템 구축관리 등</td></tr>
</table>

* 「IT 분야」 지원자에 한하여 2024. 01. 13. 온라인 코딩테스트가 진행됨

3 2023년 1월 시행(2023. 01. 08.)

<table>
<tr><th>교시</th><th>구분</th><th>문항 수</th><th>시간</th><th colspan="2">출제 범위</th></tr>
<tr><td rowspan="4">1</td><td>직무능력평가</td><td>40문항(객관식)</td><td rowspan="4">75분</td><td colspan="2">의사소통능력, 문제해결능력, 수리능력, 정보능력 등</td></tr>
<tr><td rowspan="3">직무상식평가</td><td rowspan="3">30문항(객관식)</td><td>공통</td><td>• 농업 · 농촌관련 상식
• 디지털 상식 등</td></tr>
<tr><td>일반 분야</td><td>금융 · 경제 분야 용어 · 상식 등</td></tr>
<tr><td>IT 분야*</td><td>소프트웨어 설계, 소프트웨어 개발, 데이터베이스 구축, 프로그래밍 언어 활용, 정보시스템 구축관리 등</td></tr>
<tr><td>2</td><td>인 · 적성 평가
(Level 2)</td><td>280문항
(객관식)</td><td>40분</td><td colspan="2">직업윤리, 대인관계능력, 문제해결능력 등</td></tr>
</table>

* 「IT 분야」 지원자에 한하여 2023. 01. 07. 온라인 코딩테스트가 진행됨

02 2024년 영역별 출제 경향(6급 기준)

Ⅰ 직무능력평가

1 의사소통능력

제시문의 세부 내용을 이해하고 답을 찾는 독해 유형 비중이 컸다. 실무와 관련된 고객응대, 보고서 작성 문항도 출제되었다. 오프라인 시험에 비해 지문의 길이는 전반적으로 줄어든 편이지만, 내용을 해석하는 데 어려움이 있었다.

2 수리능력

그래프나 표를 해석하여 결과를 찾는 자료해석 유형 비중이 컸다. 일반적인 식의 연산으로 풀어야 하는 수리 문항은 출제되었지만, 2023년에 출제되었던 계산 공식을 활용하는 응용수리와 금융수리 문항의 비중은 적었다.

3 문제해결능력

직무능력평가에서 출제비중이 가장 컸던 영역이다. 글을 논리적으로 추론하여 결과를 찾는 문항과 SWOT 분석으로 마케팅 전략을 도출하는 문항이 출제되었다.

4 자원관리능력

문제해결능력에 포함되어 출제되던 자원관리능력이 2024년 10월 필기시험부터 독립된 영역으로 출제되었다. 제시문과 표 · 그림 등을 함께 해석하는 복합자료 형태에 대비해야 한다.

5 정보능력

Java 및 C언어 등의 프로그래밍 문항보다는 컴퓨터 일반 지식과 EXCEL 활용 문항의 비중이 컸다.

Ⅱ 직무상식평가

직무상식평가에는 모든 채용 분야에 출제되는 공통 문항이 있고, 지원 분야별로 다르게 출제되는 채용 분야별 문항이 있다. 공통 문항에서는 농협 · NH농협은행 정보, 농업 · 농촌 및 협동조합, 디지털 상식 등이 출제되었다. 지원 분야별로 '일반 분야'에서는 금융 · 경제 상식 문항이 출제되었고, 'IT 분야'에서는 데이터베이스, 소프트웨어 등의 IT 관련 문항이 출제되었다.

03 2025년 6급 대비 합격 전략

2023년부터 필기시험이 온라인 시험으로 전환되었고, 최근 2년간의 필기시험 출제 경향은 다소 차이가 있다. 2023년에는 금융상품과 원리금 · 금리 계산, 응용수리 문항이 출제되었지만, 2024년에는 해당 유형의 문항 비중은 크게 줄었다. 이처럼 변화하는 출제 경향을 확인하여 학습 전략을 세워야 한다. 또한, 온라인으로 필기시험이 진행되므로 어림셈과 선택지 활용법, 온라인 메모장 활용 등에 익숙해져야 한다. 한편 직무상식평가에서는 지원 분야별로 특정 개념을 묻는 문항이 출제되므로 출제 영역을 파악하고 관련 개념을 미리 학습해 두는 것이 좋다.

NH농협은행의 '직무상식평가'

01 직무상식평가 개요

NH농협은행은 필기시험에서 지원자의 직무상식을 평가하고 있다. 직무상식평가는 크게 '공통 분야'와 '지원별 분야'로 출제문항이 구성된다. 공통 분야에서는 농협 · NH농협은행 정보와 농업 · 농촌 및 협동조합, 디지털 상식 등이 출제된다. 한편 지원별 분야 중 가장 많은 인원을 채용하는 '일반 분야'에서는 금융 · 경제 상식 문항이 주로 출제되며, 경제 · 경영학 지식을 활용한 문항도 출제된다. 나머지 'IT 분야'에서는 데이터베이스와 소프트웨어, 하드웨어 등의 IT 문항이 출제된다.

02 시험 출제 구성

구분	2024년 1월	2023년 1월
문항 수	25문항(객관식)	30문항(객관식)
시험 시간	직무상식평가와 직무능력평가가 구분 없이 진행됨 (총 85분)	직무상식평가와 직무능력평가가 구분 없이 진행됨 (총 70분)
시험 범위	• 공통: 농협 · NH농협은행 정보, 농업 · 농촌 관련 상식, 디지털 상식 등 • 일반 분야: 금융 · 경제 분야 용어 · 상식 등 • IT 분야: 데이터베이스, 전자계산기 구조, 운영체제, 소프트웨어 공학, 데이터 통신 등	• 공통: 농협 · NH농협은행 정보, 농업 · 농촌 관련 상식, 디지털 상식 등 • 일반 분야: 금융 · 경제 분야 용어 · 상식 등 • IT 분야: 데이터베이스, 전자계산기 구조, 운영체제, 소프트웨어 공학, 데이터 통신 등

※ 2024년 10월 시행된 직무상식평가의 경우, 2024년 1월 시행된 직무상식평가와 시험 시간만 상이함(총 80분)

03 직무상식평가 출제 예시 문항

1 NH농협은행 기업 정보

다음 중 농협은행의 인재상으로 옳지 않은 것을 고르면?

① 경제 가치를 실현하는 사람
② 소통하고 협력하는 사람
③ 사회적 책임을 실천하는 사람
④ 변화를 선도하는 사람
⑤ 고객을 먼저 생각하는 사람

최신 기출 키워드

• 농협의 핵심가치
• 농협은행의 인재상

2 농업 · 농촌 관련 상식

다음 중 협동조합기본법에 대한 설명으로 옳지 않은 것을 고르면?

① 협동조합은 공직 선거에서 특정 후보 또는 정당을 지지하는 의사를 표명할 수 없다.
② 협동조합의 조합원은 출자한 액수와 관계없이 각각 1인의 의결권과 선거권을 가진다.
③ 협동조합의 최소 설립 인원은 5인 이상이며 관할 지역의 시 · 도지사에게 신고해야 한다.
④ 협동조합이 설립이나 운영에 전문적인 자문이 필요할 경우 고용노동부 장관의 지원을 받을 수 있다.
⑤ 협동조합은 조합원 등을 위하여 최대한 봉사할 의무가 있으며 투기를 목적으로 하는 사업을 할 수 없다.

최신 기출 키워드

• ICA　• 농협 핵심가치　• 신세대 협동조합　• 우루과이 라운드

3 디지털 상식

다음 중 에지 컴퓨팅에 대한 설명으로 옳지 않은 것을 고르면?

① 자율주행 시스템을 구축할 때 필수적이다.
② 클라우드 컴퓨팅에 비해 비용이 많이 소요된다.
③ IoT 기기의 수가 폭증하면서 그 필요성이 대두되었다.
④ 클라우드 컴퓨팅에 비해 보안에 뚫렸을 때의 피해가 크다.
⑤ 클라우드의 데이터 병목 현상을 일정 부분 해소할 수 있다.

최신 기출 키워드

• 빅데이터　• 지도/비지도 학습

4 금융 · 경제(일반 분야)

총비용함수가 $TC=Q^2-6Q+30$일 때 옳지 않은 설명을 고르면?

① $Q=6$이면 총비용은 30이다.
② $Q=3$이면 한계비용은 0이다.
③ $Q=3$이면 평균비용은 10이다.
④ $Q<2$일 때 규모의 경제를 실현할 수 있다.
⑤ 단기에 고정비용은 매몰비용에 포함된다.

최신 기출 키워드

• 립진스키 이론　• IS-LM 모형　• J커브 효과　• 유동성선호 가설
• 실질이자율　• 코즈의 정리

5 IT(IT 분야)

다음 [보기]는 트랜잭션(Transaction)의 성질 중 하나에 대한 설명이다. 옳은 것을 고르면?

| 보기 |
데이터베이스 시스템은 장애가 발생하더라도 원래 상태로 복구되어야 한다.

① 지속성(Durability)
② 일관성(Consistency)
③ 통일성(Integration)
④ 원자성(Atomicity)
⑤ 고립성(Isolation)

최신 기출 키워드(2022년 기준)

• 마이크로프로세서　• AR/VR　• RAM/ROM　• 소프트웨어 방법론

NH농협은행의 채용 정보

(6급 채용 공고 기준)

01 채용 공고일

구분	공고일	채용인원	접수기간	필기시험	필기발표
2024년 하반기	2024. 09. 26.	○○명	2024. 09. 26.~10. 04.	2024. 10. 26.	2024. 11. 06.
2024년 상반기	2023. 12. 18.	○○○명	2023. 12. 18.~12. 26.	2024. 01. 14.	2024. 01. 25.
2023년	2022. 12. 08.	○○명	2022. 12. 08.~12. 21.	2023. 01. 08.	2023. 01. 19.

02 채용 절차

구분	내용
지원서 작성	• 채용 공고문을 확인하고, 접수 기간에 본인의 입사지원서 및 자기소개서를 작성하도록 한다. • 지원서 및 자기소개서 허위 작성 시 불이익을 받을 수 있다. • 블라인드 기준(성명, 출신학교 등 기재 금지) 위반 시에는 불이익이 있으니 평가 기준을 확인한 후 성실하게 작성해야 한다.
서류전형	• 자기소개서를 기반으로 지원자의 역량, 조직적합도 등을 평가한다. • 블라인드 기준 위반, 불성실 작성 등은 불이익이 있을 수 있으니 공고문을 반드시 확인하도록 한다.
필기전형	인·적성평가와 직무능력평가, 직무상식평가 등으로 구성되어 있으며, 채용별로 일부는 생략되기도 한다. IT 분야의 경우 온라인 코딩테스트를 진행한다.
면접전형	인재선발의 최종 단계로 심층 면접, 실무자 면접, 문화적합성 면접 등으로 구성되어 있으며, 각 채용별 인재 선발 기준에 적합하도록 상이하게 운영하고 있다.
채용신체검사	지정 의료기관에서 지정된 일시에 실시한다.
최종 합격	합격자 중 결격사유가 없는 자를 최종 합격자로 선정한다.

03 채용 상세 정보

1 채용 분야 및 근무지

구분	채용 직급	인원	직무내용	비고
일반	6급 초급	지역별 ○○○명 (또는 ○○명 또는 ○명)	개인 및 기업고객 대상 종합금융서비스 제공(금융상담 및 판매 · 자산관리 · 개인여신 · 기업금융 · 외환 등)	지역 단위
IT	6급 중견	○○명	• 신기술 서비스 개발 및 운영(AI · 빅데이터 · 클라우드 등) • 디지털 채널 서비스 개발 및 운영(모바일 뱅킹 등) • 뱅킹 · 정보계 · 카드 서비스 개발 및 운영 • 정보보안(보안 침해사고 분석 및 대응 등)	전국 단위

※ 지역단위: 경기, 경기 북부권역(동두천, 연천, 포천), 강원, 강원 영동권역(속초, 고성, 양양, 강릉, 동해, 삼척, 태백), 충북, 충남, 충남 서해안권역(태안, 서산, 보령, 서천), 전북, 전남, 경북, 경남, 제주, 서울, 부산, 대구, 인천, 인천 강화군, 광주, 대전, 울산, 세종

2 지원 자격

구분	내용
전 분야(공통)	• 연령, 성별, 학력, 전공, 어학점수에 따른 지원 제한 없음 • 남자의 경우 병역필 또는 면제자('23.12.31.까지 병역필 가능한 분 포함) • 신규직원 입행('24년 3월 예정) 및 이후 계속근무가 가능한 분 • 해외여행에 결격 사유가 없는 자(외국인의 경우 한국 내 취업에 결격사유가 없는 분) • 당행 내규상의 신규채용 결격사유가 없는 분

※ 채용분야 및 지역 간 중복지원 불가(중복지원 시 불합격 처리)

3 1차 서류전형

개인별 입사지원서 및 자기소개서를 작성하여 제출한다. 블라인드 작성 원칙 위반, 불성실 기재, 허위기재 시 불이익을 받을 수 있으므로 주의한다.

4 2차 온라인 필기전형

별도 평가 웹사이트에 접속하여 온라인으로 진행되며, 인 · 적성평가 + 직무능력평가 + 직무상식평가로 진행된다.

5 3~4차 면접전형(공통)

• 3차 심층 면접(공통)
  – 지원자 3명 내외가 1조를 이루어 多대多 면접으로 지원자의 인성과 당행 문화적합도를 검증하는 형식으로 진행
• 3차 실무자 면접(공통)
  – 1:多 면접으로 업무수행 관련 지원자의 비즈니스 통찰력, 의사결정능력, 관리능력 및 소통능력 등을 검증하는 형식으로 진행
• 4차 문화적합성 면접(공통)
  – 지원자 5명 내외가 1조를 이루어 多대多 면접으로 지원자의 인성과 당행 문화적합도를 검증하는 형식으로 진행

농협과 NH농협은행의 기업 이념

01 농협이 하는 일

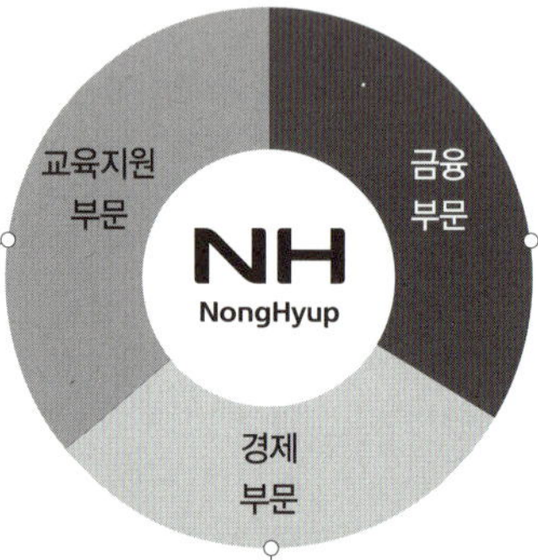

교육지원부문

- **교육지원사업**
  농·축협 육성·발전지도·영농 및 회원 육성·지도, 농업인 복지증진, 농촌사랑·또 하나의 마을 만들기 운동, 농정활동 및 교육사업·사회공헌 및 국제협력 활동 등

경제부문

- **농업경제사업**
  영농자재(비료, 농약, 농기계, 면세유 등) 공급, 산지유통혁신, 도매사업, 소비자유통 활성화, 안전한 농식품 공급 및 판매
- **축산경제사업**
  축산물 생산, 도축, 가공, 유통, 판매 사업, 축산 지도(컨설팅 등), 지원 및 개량 사업, 축산 기자재(사료 등) 공급 및 판매

금융부문

- **상호금융사업**
  농촌지역 농업금융 서비스 및 조합원 편익 제공, 서민금융 활성화
- **농협금융지주**
  종합금융그룹(은행, 보험, 증권, 선물 등)

02 농협의 비전2030

[비전] 변화와 혁신을 통한 새로운 대한민국 농협

슬로건

희망농업, 행복농촌 농협이 만들어 갑니다.

핵심가치

- 국민에게 사랑받는 농협
- 농업인을 위한 농협
- 지역 농축협과 함께하는 농협
- 경쟁력 있는 글로벌 농협

혁신전략

1. 농업인·국민과 함께 「농사같이(農四價値)운동」 전개
2. 중앙회 지배구조 혁신과 지원체계 고도화로 「농축협 중심」의 농협 구현
3. 디지털 기반 「생산·유통 혁신」으로 미래 농산업 선도, 농업소득향상
4. 「금융부문 혁신」과 「디지털 경쟁력」을 통해 농축협 성장 지원
5. 「미래 경영」과 「조직문화 혁신」을 통해 새로운 농협으로 도약

03 NH농협은행의 비전(VISION)

사랑받는 일등 민족은행!

NH농협은행이 추구하고 나아가야 할 미래상

사랑받는 은행	고객, 임직원뿐만 아니라 국민 모두에게 사랑받는 신뢰할 수 있는 은행
일등은행	고객 서비스와 은행 건전성, 사회공헌 모든 측면에서 일등이 되는 한국을 대표할 수 있는 은행
민족은행	100% 민족자본으로 설립된 은행으로 진정한 가치를 국민과 공유하는 존경받을 수 있는 은행

04 NH농협은행의 인재상

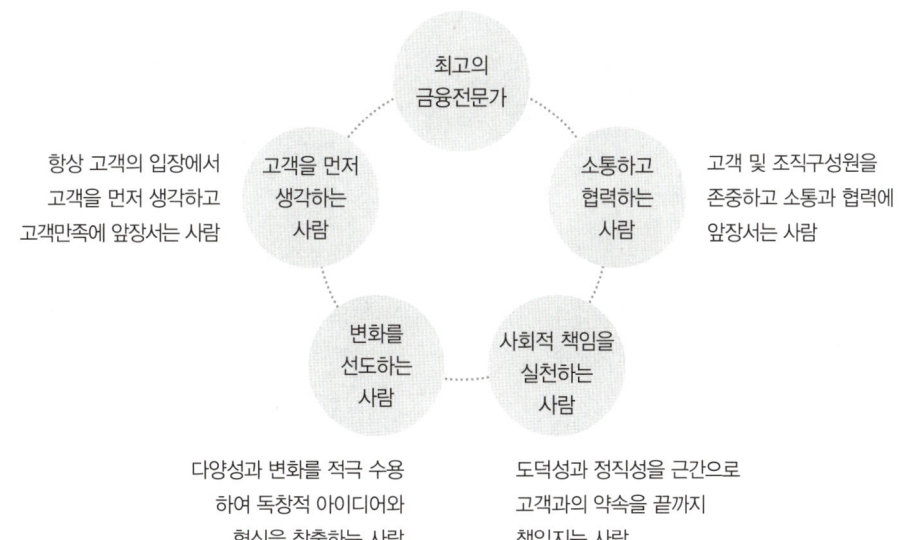

최고의 금융 서비스를 제공하기
위해 필요한 금융전문지식을
갖추고 부단히 노력하는 사람

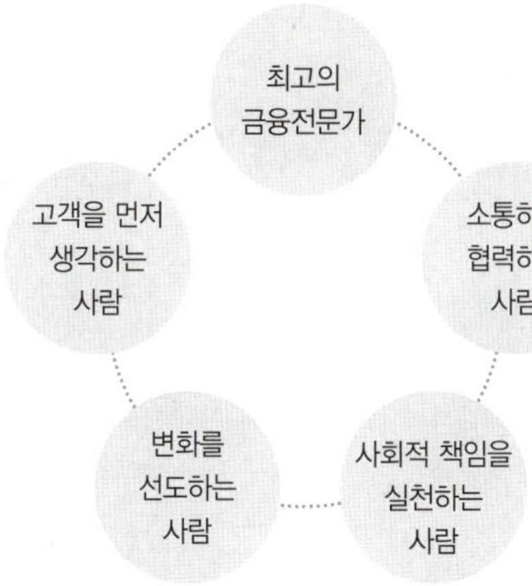

항상 고객의 입장에서
고객을 먼저 생각하고
고객만족에 앞장서는 사람

고객 및 조직구성원을
존중하고 소통과 협력에
앞장서는 사람

다양성과 변화를 적극 수용
하여 독창적 아이디어와
혁신을 창출하는 사람

도덕성과 정직성을 근간으로
고객과의 약속을 끝까지
책임지는 사람

최신 기출유형 대응 전략

1 최신 기출복원 모의고사

2024년 최신 기출복원 모의고사

• 2024년 6급 필기시험의 실제 기출문제를 바탕으로 직무상식평가 + 직무능력평가 구성의 기출복원 모의고사를 제공합니다.

2 최신경향 분석

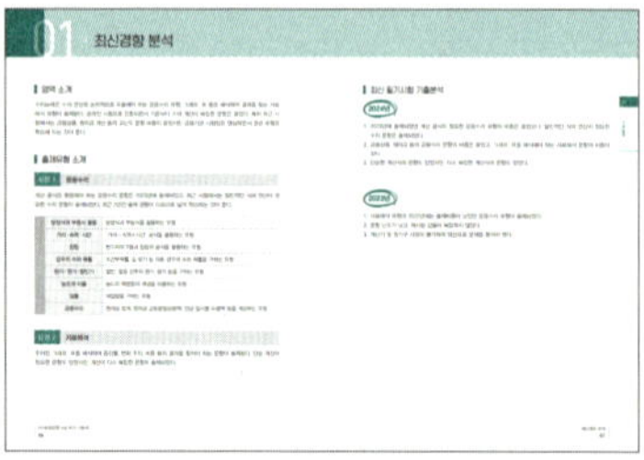
01 최신경향 분석

• 최신 필기시험의 출제 영역과 유형을 분석·정리하여 한눈에 파악할 수 있도록 하였습니다.
• 필기시험의 기출분석 및 키워드 등을 통해 실제 시험에 접근할 수 있도록 하였습니다.

3 대표기출 유형+유형연습 문제

02 대표기출 유형

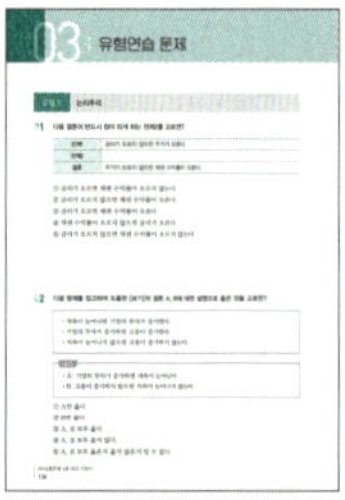
03 유형연습 문제

• 반드시 알아야 할 NH농협은행 필기시험 대표유형 문제에 대한 풀이 접근법과 상세해설을 수록하였습니다.
• 유형별 문제풀이 연습을 통해 기출문제 형태를 충분히 익힐 수 있도록 하였습니다.

4 직무상식평가

01 최신경향 분석

02 대표기출 유형

• '직무상식평가'를 따로 구성하여, 최신경향과 대표유형을 확인하고 대비할 수 있도록 하였습니다.

에듀윌과 함께 취업의 꿈을 이루세요!
에듀윌은 당신의 합격을 응원합니다.

실전 대비 전략

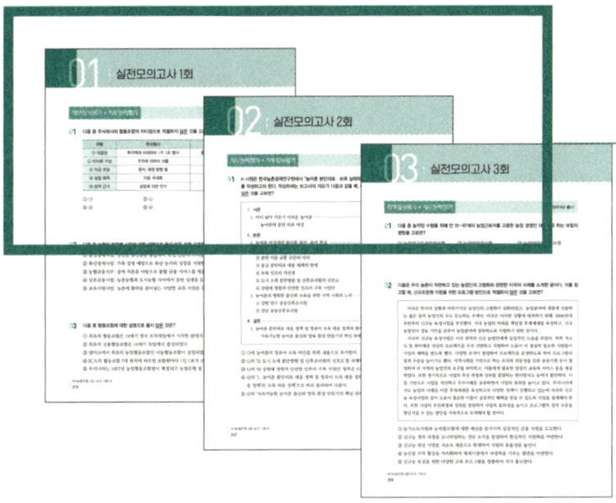

실전모의고사 3회

- 유형별 출제경향을 파악한 뒤, 실전모의고사 3회분을 수록하여 시험 전 충분히 연습할 수 있도록 하였습니다.
- 실제 시험과 동일한 구성을 반영하여 실전에 대비할 수 있도록 하였습니다.

기출상식 용어 대응 전략

기출상식 용어

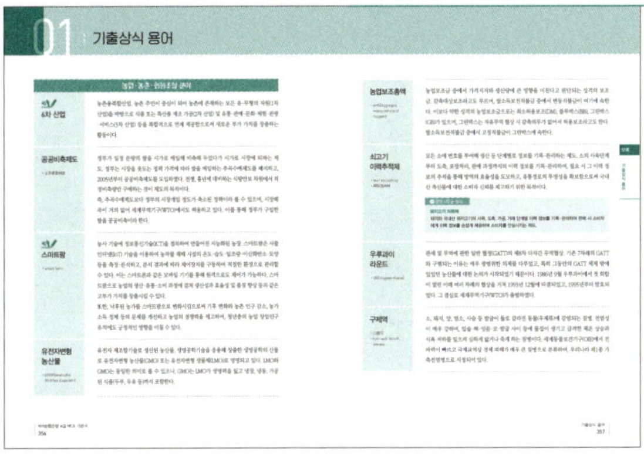

- 실제로 출제되었던 기출상식 용어를 정리하였습니다.

2024년 최신 기출복원 모의고사

직무상식평가 + 직무능력평가

70문항

2024년 1월 14일과 2024년 10월 26일에 실시한 NH농협은행 6급의 직무상식평가와 직무능력평가의 출제 키워드와 유형을 토대로 구성한 기출복원 모의고사입니다.(단, 농협 및 NH농협은행 정보의 경우 2024년 이후에 바뀐 내용으로 문제를 복원 · 개정하였음)

※ 실제 시험은 온라인으로 진행되었습니다.

※ [직무상식평가] 1~25번 [직무능력평가] 26~70번

01 다음 중 농협의 핵심가치로 옳지 않은 것을 고르면?

① 국민에게 사랑받는 농협

② 농업인을 위한 농협

③ 지역 농축협과 함께하는 농협

④ ESG 경영을 선도하는 농협

⑤ 경쟁력 있는 글로벌 농협

02 다음 중 농업협동조합법에 대한 설명으로 옳지 않은 것을 고르면?

① 농업인의 지위 향상과 농업의 경쟁력 강화를 목적으로 하여 협동조합의 설립과 운영에 관한 사항을 규정한다.

② 국내외 협동조합과의 상호 협력, 이해 증진 및 공동 사업 등을 위해 노력하도록 장려한다.

③ 협동조합 정신을 바탕으로 공동의 복리 증진을 목표로 하며 일부 조합원의 이익 추구 행위를 규제하는 근거로 작용한다.

④ 행정 업무 지원 및 대리를 위하여 국가와 공공 단체에 정치적으로 참여할 권한을 명시하고 있다.

⑤ 농업협동조합법은 특별법에 속하므로 일반법에 해당하는 협동조합기본법이 적용되지 않는다.

03 다음 글의 밑줄 친 ㉠~㉤ 중 협동조합의 7대 원칙으로 옳지 않은 것을 고르면?

> 협동조합은 ㉠ 모든 사람에게 차별 없이 개방된 자발적인 조직으로, 조합원의 의사 결정에 따라 민주적으로 관리되어야 한다. ㉡ 지정된 조합원을 중심으로 조합에 필요한 자본금을 출자하며, 만약 다른 조직과 약정을 맺거나 ㉢ 외부에서 자원을 유치할 경우에는 조합의 자율성을 유지해야 한다. 협동조합 또한 ㉣ 조합원에 대한 교육과 훈련을 통해 협동의 본질을 알리는 한편, 다른 협동조합과 지역을 넘어 국제적인 수준까지 연대를 강화할 필요가 있다. 나아가 조합원의 의사에 따라 ㉤ 지역 사회의 지속 가능한 발전을 위해 노력해야 한다.

① ㉠ ② ㉡ ③ ㉢
④ ㉣ ⑤ ㉤

04 다음 중 NH농협은행의 인재상으로 옳지 않은 것을 고르면?

① 경제적 가치를 실현하는 사람: 경제적 가치를 근간으로 고객과의 약속을 지키는 사람
② 소통하고 협력하는 사람: 고객 및 조직구성원을 존중하고 소통과 협력에 앞장서는 사람
③ 변화를 선도하는 사람: 다양성과 변화를 적극 수용하여 독창적 아이디어와 혁신을 창출하는 사람
④ 고객을 먼저 생각하는 사람: 항상 고객의 입장에서 고객을 먼저 생각하고 고객만족에 앞장서는 사람
⑤ 최고의 금융전문가: 최고의 금융서비스를 제공하기 위해 필요한 금융전문지식을 갖추고 부단히 노력하는 사람

05 다음 중 국제협동조합연맹(ICA)에 대한 설명으로 옳지 않은 것을 고르면?

① 협동조합 간 우호적인 유대와 협력을 목적으로 하는 기관이다.
② 1972년 ICA 제25차 바르샤바회의서 한국농협을 정회원으로 승격하였다.
③ 농협은 1970년에 준회원으로 ICA에 포함되었다.
④ 1895년 영국에서 설립되었다.
⑤ 산하 기관으로 국제협동조합농업기구(ICAO)가 있다.

06 **다음 중 신세대 협동조합에 대한 설명으로 옳지 않은 것을 고르면?**

① 영국에서 일어난 새로운 형태의 협동조합이다.
② 1인 1표의 의결권 대신 사업 이용 규모에 비례하여 의결권을 부여하는 경우도 있다.
③ 대표적으로 선키스트라는 협동조합이 있다.
④ 출자증권의 부분적인 거래를 허용한다.
⑤ 외부자본을 원활하게 조달하기 위한 역할을 한다.

07 **다음 중 학습 유형에 대한 설명으로 옳은 것을 고르면?**

① 지도학습: 데이터를 유사한 특성을 가진 그룹으로 묶음
② 지도학습: 고차원 데이터를 저차원 데이터로 변환
③ 비지도학습: 입력과 출력이 쌍을 이루는 데이터가 필요
④ 비지도학습: 데이터 탐색 및 특성 발견에 사용
⑤ 비지도학습: 데이터 셋에 선행 처리가 필요

08 **다음 중 빅데이터의 특징 5V에 해당하지 않는 것을 고르면?**

① 데이터의 가시성(Visibility)
② 데이터의 품질과 신뢰성(Veracity)
③ 다양한 데이터의 형식(Variety)
④ 데이터 생성 및 처리 속도(Velocity)
⑤ 데이터를 다루는 규모(Volume)

09 다음 [그림]의 워크시트에서 '발산지점'의 2015년 값을 VLOOKUP 함수를 사용하여 가져오려고 할 때 알맞은 수식을 고르면?

[그림] 워크시트

	A	B	C	D	E	F	G
1	사원명	지점명	2014년	2015년	2016년	2017년	
2	강대한	고양지점	138	140	145	140	
3	김국현	분당지점	140	140	142	138	
4	김나영	발산지점	136	139	137	145	
5	김민준	구로지점	135	135	133	146	
6	김재용	가양지점	140	133	144	146	
7							

① =VLOOKUP(발산지점,A2:F6,4,0)

② =VLOOKUP(발산지점,B2:F6,3,1)

③ =VLOOKUP("발산지점",A2:F6,4,0)

④ =VLOOKUP("발산지점",A1:F6,4,1)

⑤ =VLOOKUP("발산지점",B2:F6,3,0)

10 MS Excel을 활용하여 다음과 같은 표를 만든 후 [D4] 셀에 어떤 수식을 입력하고, [D4:D10] 셀까지 채우기 핸들을 이용하여 복사하였다. 다음과 같은 결과가 나타날 수 있도록 [D4] 셀에 입력한 수식으로 옳은 것을 고르면?

[그림] 워크시트

	A	B	C	D
1				
2				
3		사원	주민등록번호	성별
4		A	990101-1010010	남
5		B	910501-2211013	여
6		C	001001-3002931	남
7		D	081225-4110139	여
8		E	020201-3329432	남
9		F	040914-4842231	여
10		G	980903-2330101	여

① =CHOICE(MID(C4,1),"남","여","남","여")

② =CHOOSE(C4,8,1),"남","여")

③ =MID(CHOOSE(C4,8,1),"남","여")

④ =CHOOSE(MID(C4,8,1),"남","여","남","여")

⑤ =MID(C4,8,2),"남","여")

11 **다음 중 엑셀에서 사용하는 Shift 관련 단축키로 옳지 않은 것을 고르면?**

단축키	의미
① Shift+F2	메모 삽입
② Shift+F3	함수 마법사 실행
③ Shift+F4	저장
④ Shift+F5	찾기 실행
⑤ Shift+F7	동의어 사전 실행

12 **다음 중 립진스키 정리에 대한 설명으로 옳은 것을 고르면?**

① 상대적으로 풍부하게 부존된 생산요소를 집약적으로 생산한 제품이 비교 우위를 갖는 경향이 있다.

② 생산요소가 직접 이동하지 않더라도 국가 간에 요소가격의 균등화를 가져올 수 있다.

③ 자본이 풍부한 국가가 오히려 자본집약재를 수입하고, 노동집약재를 수출한다.

④ 재화의 가격 상승은 그 재화 생산요소의 실질가격을 증가시키고 다른 생산요소의 실질가격을 하락시킨다.

⑤ 어떤 생산요소의 부존량이 증가하면, 그 요소를 집약적으로 사용하는 재화 생산량은 절대적으로 증가한다.

13 다음 중 계층별 소득분배이론에 대한 설명으로 적절하지 않은 것을 고르면?

① 로렌츠 곡선과 지니계수는 서수적인 평가방법이고, 십분위분배율은 기수적인 평가방법이다.
② 지니계수나 십분위분배율과 달리 앳킨슨 지수는 가치판단이 개입된 주관적 개념이다.
③ 지니계수가 0에 가까울수록 소득분배가 공평함을 의미한다.
④ 로렌츠 곡선이 서로 교차하는 경우, 분배 상태에 대한 판단이 불가능하다.
⑤ 십분위분배율은 2에 가까울수록 소득분배가 공평함을 의미한다.

14 다음 [보기]에서 IS–LM 모형의 재정정책 소득효과에 대한 설명으로 옳은 것을 모두 고르면?

보기

㉠ 화폐수요의 이자율탄력성이 높을수록 재정정책의 소득효과가 커진다.
㉡ 소득세율이 높을수록 재정정책의 소득효과가 커진다.
㉢ 한계소비성향이 높을수록 재정정책의 소득효과가 커진다.
㉣ 민간투자의 이자율탄력성이 높을수록 재정정책의 소득효과는 커진다.

① ㉠, ㉡
② ㉠, ㉢
③ ㉡, ㉢
④ ㉡, ㉣
⑤ ㉢, ㉣

15 물가상승률이 하락하여 투자자들이 위험회피적이 될 경우 SML 변화로 가장 적절한 것을 고르면?

① SML의 기울기는 커지고 위로 이동한다.
② SML의 기울기는 작아지고 아래로 이동한다.
③ SML의 기울기는 커지고 아래로 이동한다.
④ SML의 기울기는 작아지고 위로 이동한다.
⑤ SML의 기울기는 커지고 이동하지 않는다.

16 **다음 [보기]에서 시장구조에 대한 설명으로 옳은 것을 모두 고르면?**

보기

㉠ 완전경쟁기업의 공급곡선은 독점기업의 공급곡선보다 기울기가 완만하다.
㉡ 완전경쟁시장의 균형에서 시장가격은 시장에 참여한 모든 기업의 한계비용과 같다.
㉢ 독점기업에 종량세를 부과하면 경제적 비효율성이 심화된다.
㉣ 독점기업은 가격을 일정하게 유지한 상태에서 판매량을 늘릴 수 있다.

① ㉠, ㉡ ② ㉠, ㉢ ③ ㉡, ㉢
④ ㉡, ㉣ ⑤ ㉢, ㉣

17 **다음은 국내 통화의 실질 절하가 발생한 이후 무역수지 추이를 나타낸 것이다. 이에 대한 설명으로 옳지 <u>않은</u> 것을 고르면?**

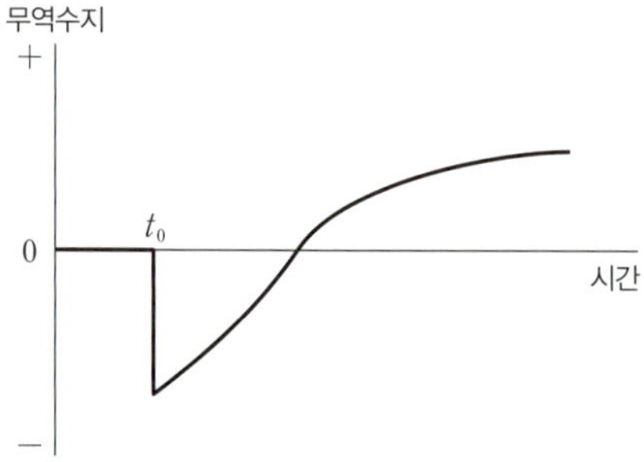

① 변동환율제도에서 일종의 자동안정화장치 역할을 한다.
② 실질 절하 초기에 수출과 수입이 모두 즉각 변화하지 않아 무역수지가 악화된다.
③ 단기적으로 수출과 수입 수요가 가격에 비해 비탄력적일 때 발생한다.
④ 자국 수출 수요의 가격탄력성과 수입 수요의 가격탄력성 합이 1보다 크면 장기적으로 무역수지가 개선된다.
⑤ 가격변동효과 및 소득변동효과의 시차로 발생한다.

18 위험기피자와 위험선호자가 있고 기대가치가 0인 복권과 보험이 있다고 할 때, 다음 중 가장 적절한 것을 고르면?

① 모든 위험기피자와 위험선호자가 복권을 산다.
② 위험기피자만 복권을 산다.
③ 모든 위험기피자와 위험선호자가 보험에 가입한다.
④ 위험기피자는 보험에 가입하고, 위험선호자는 보험에 가입하지 않는다.
⑤ 위험기피자와 위험선호자 모두 보험에 가입하지도 복권을 사지도 않는다.

19 다음 사례를 코즈의 정리에 따라 해석할 때, A와 Z의 거래로 가장 적절한 것을 고르면?

A와 Z가 같은 방에 살고 있다. A가 방에서 흡연하는 행위로 얻는 순편익의 가치는 5만 원이고, Z는 담배연기가 없는 방을 사용하면서 얻는 순편익의 가치는 8만 원이다. 두 사람은 방에서의 흡연여부를 협상할 수 있으며, 협상에 따른 거래비용은 없다고 가정한다.

① 법적으로 A에게 방에서 흡연할 권리가 있는 경우, A는 방에서 흡연을 하는 거래가 이루어진다.
② 법적으로 A에게 방에서 흡연할 권리가 있는 경우, A는 방에서 흡연을 하지 않는 거래가 이루어진다.
③ 효율적 자원 배분으로 방에서 흡연을 하는 거래가 이루어진다.
④ A가 Z에게 보상을 하면 방에서 흡연을 하는 거래가 이루어진다.
⑤ Z가 A에게 보상을 하면 방에서 흡연을 하는 거래가 이루어진다.

20 **다음 중 마이크로프로세서에 대한 설명으로 옳지 않은 것을 고르면?**

① RISC는 적은 수의 명령어 집합으로 이루어져 있다.
② RISC는 연산이 항상 레지스터에서 이루어지고, 메모리 접근은 별도의 명령으로 수행된다.
③ CISC는 명령어의 수가 많고, 각 명령어의 길이와 실행 시간이 다양하다.
④ CISC는 상대적으로 디코딩이 복잡하다.
⑤ CISC는 다양한 요구가 필요한 모바일 장치나 임베디드 시스템에서 주로 사용된다.

21 **다음 [보기]의 (가)~(다)에 해당하는 용어를 순서대로 나열한 것을 고르면?**

보기

(가) 컴퓨터 하드웨어와 사용자에게 인터페이스를 제공하는 소프트웨어로, 하드웨어 위에 커널(kernel)이 올라가며 시스템의 모든 기본 작업을 관리한다. 또한, 사용자와 커널 사이를 쉘(shell)로 명령어를 해석하여 프로그램을 실행할 수 있도록 연결한다.
(나) 전자상거래에서 안전한 결제를 보장하기 위한 프로토콜이다. 암호화, 인증, 무결성 보장 기능을 지원한다.
(다) 컴퓨터 시스템을 구성하는 물리적인 장치이다.

① Bash, SFTP, Hardware
② OS, SFTP, Hardware
③ Zsh, SET, Software
④ OS, HTTPS, Software
⑤ OS, SET, Hardware

22 **다음 중 저장장치에 대한 설명으로 옳은 것을 고르면?**

① RAM: 속도가 매우 빠르고, CPU에서 직접 접근하여 데이터를 읽고 쓸 수 있다.
② RAM: 컴퓨터 시스템에서 데이터를 영구적으로 저장하는 메모리이다.
③ ROM: 전원이 꺼지면 저장된 데이터가 사라진다.
④ SSD: 자기 디스크를 이용하여 데이터를 저장하는 장치이다.
⑤ SSD: 회전하는 디스크로 발열과 소음이 발생한다.

23 **다음 중 AR과 VR의 특징을 옳게 설명한 학생을 고르면?**

① 연주: “AR은 헤드셋, 컨트롤러를 통해 체험할 수 있어.”
② 민혁: “VR은 상품 정보를 실시간으로 확인할 수 있어서 편해.”
③ 은지: “VR을 통해 콘서트를 실감나게 즐길 수 있어.”
④ 종태: “VR은 실제 환경과 상호작용이 가능해서 처음 가보는 길도 금방 찾아갈 수 있어.”
⑤ 수미: “AR은 내가 진짜 게임 캐릭터가 된 것처럼 행동할 수 있어.”

24 **다음 글을 바탕으로 [보기]의 바코드에 들어갈 마지막 숫자를 고르면?**

EAN－13 바코드는 마지막 자리의 특정 숫자로 스캐너가 바코드를 제대로 인식했는지 확인할 수 있는 바코드이다. 마지막 자리의 특정 숫자를 구하는 방법은 다음과 같다.

바코드의 홀수 자리에 있는 숫자를 마지막 자리수를 제외하고 모두 더하고, 짝수 자리에 있는 숫자를 모두 더한 값에 3을 곱하여 두 수를 더한다. 그리고 이 수와 가장 크면서 가까운 10의 배수에서 이 수를 뺀다. 이 결괏값이 가장 마지막 자리 숫자와 동일한지 확인한다.

보기

400638133393[ ]

① 1　② 3　③ 5
④ 6　⑤ 9

25 **민준이는 자택에서 회사의 Windows 컴퓨터에 원격 접속을 하려고 GUI로 시도하였으나 실패하였다. 다음 중 실패 원인으로 적절하지 <u>않은</u> 것을 고르면?**

① 회사 컴퓨터의 전원이 꺼져있었다.
② 접속 과정에서 회사 컴퓨터의 IP 주소를 잘못 입력하였다.
③ 회사 컴퓨터의 방화벽 설정에서 RDP 이용에 필요한 특정 포트를 해제하였다.
④ 자택 컴퓨터에 사전에 발급받은 인증서를 보관하고 있지 않았다.
⑤ 자택 컴퓨터에 인터넷이 연결되어 있지 않았다.

26 다음 약관을 바탕으로 한 고객 문의에 대한 답변 중 가장 적절한 것을 고르면?

■ 상품의 보정작업 및 배송
- 촬영된 상품은 촬영일부터 최대 스냅형 45일, 프리미엄형 80일 이내에 제작 및 배송이 완료되는 것을 원칙으로 합니다.
- 제작된 상품은 택배를 통해 배송이 이루어지며, 이 외의 배송방법(퀵 등)에 따른 배송비는 예약자가 부담해야 합니다.
- 사진의 선별 및 보정 작업은 스튜디오에서 직접 진행합니다.(단, 직접 선별을 원하는 경우 촬영 후 7일 이내에 말씀해 주세요.)

■ 원본의 보전
- 촬영 원본은 데이터가 소비자에게 전달된 날을 기준으로 3개월까지만 스튜디오에서 보관합니다. 따라서 원본 수령 후 즉시 이상 여부의 확인 및 백업을 부탁드리며, 이상 발견 시 즉시 재요청해 주시기 바랍니다.

■ 보상 및 배상
- 촬영 원본의 멸실 및 재해로 인한 사고 발생 시 촬영 계약금 전액을 환불해 드립니다.
- 촬영 계약금 외 별도 보상은 데이터의 멸실 등 결과물의 내용이 전무한 경우, 상호 합의 하에 최대 2배까지 가능합니다.(단, 단순 변심 등 예약자의 귀책사유로 발생한 모든 부분은 환불 대상 조건에서 제외됩니다.)

■ 홈페이지 사용
- 촬영 결과물의 일부는 스튜디오 홈페이지에 홍보용으로 업로드될 수 있습니다.
- 홈페이지 업로드를 원하지 않는 경우 사전에 말씀해 주시길 부탁드립니다.

[고객 문의]
스튜디오에서 스냅형 웨딩 촬영을 진행하였습니다. 지난주에 촬영 상품을 받아 보았는데 촬영 원본 데이터를 다시 받아볼 수 있을까요?

① 예약자의 단순 변심으로 인한 요청은 환불 대상에서 제외되므로 환불이 불가합니다.
② 데이터가 고객님께 전달된 후 3개월 이내로 현재 스튜디오에 보관 중이므로 재전송 가능합니다.
③ 직접 사진의 선별 작업을 원하시는 경우 촬영 후 일주일 이내에 스튜디오로 의사를 전달해 주셔야 합니다.
④ 원본 데이터는 수령 후 즉시 이상 여부를 확인한 후 재요청하셔야 하므로 현재는 제공이 어렵습니다.
⑤ 해당 유형의 촬영 상품의 경우 최대 80일 이내에 제작 및 배송되는 것을 원칙으로 하므로 조금 더 기다려 주시기 바랍니다.

27 농촌진흥청 농업기술 작업센터에서 안전 관리 담당을 맡고 있는 김 사원은 농업기계 안전 관리 운영에 대한 보고서를 작성하고자 한다. 김 사원이 작성한 보고서의 개요가 다음과 같을 때, ㉠~㉤의 하위 항목에 들어갈 내용으로 적절하지 않은 것을 고르면?

> Ⅰ. 서론
> 1. 농업기계의 현황
> 1) 우리나라 농업기계 보급 현황 ⋯⋯ ㉠
> 2) 농업기계 안전사고 현황 ⋯⋯ ㉡
> 3) 농업기계 안전사고 유형과 안전 수칙
>
> Ⅱ. 본론
> 1. 농업기계의 안전 관리 제도
> 1) 우리나라 안전 관리 제도 ⋯⋯ ㉢
> 2) 해외 안전 관리 제도
> 2. 농업인 안전 공제
> 1) 우리나라 농업인 안전 공제 ⋯⋯ ㉣
> 2) 해외 농업인 안전 공제
> 3. 농업인의 안전사고 예방 교육 ⋯⋯ ㉤
>
> Ⅲ. 결론
> 요약 및 제언

① ㉠: 농업기계 종류별 보유 현황, 지역별 농업기계 보유 현황

② ㉡: 농업기계 안전사고 추세, 종류별 사고 건수 및 사망자 수, 상황별 안전 운전 수칙

③ ㉢: 농업기계·운전자 관리 제도, 농업기계 안전장치 및 검사 제도

④ ㉣: 농작업 관련 재해 보상 안전 공제 안내, 우리나라 농업 안전 공제 지원 사업 안내

⑤ ㉤: 안전상 위험요소 점검 교육, 안전 교육 이수증 발급, 농업기계 안전 이용 가이드 제공

[28~29] 다음은 시스템 설비 회사에서 근무하는 박 과장이 딸기 스마트팜 농장에 신기술을 도입하기 위해 실시한 SWOT 분석 결과이다. 이를 바탕으로 이어지는 질문에 답하시오.

강점(Strength)	약점(Weakness)
– ㉠ 최신 기술 적용에 따른 효율성 강화 – 생장 환경 최적화에 따른 생산성 극대화 – 데이터 분석을 통한 효율적 농산물 관리 – ㉡ 기존 인력들의 신기술 적응시간 필요	– ㉢ 높은 초기 비용 – 기술적 전문성 요구 – 교육과 훈련 비용 추가 필요
기회(Opportunity)	**위협(Threat)**
– 스마트팜 시장과 친환경 농산물에 대한 수요 증가 – ㉣ 정부의 농업 기술 혁신 지원 정책 강화	– 농민들의 기존 농업 방식 고수로 인한 반발 – 기술 도입 후 발생할 수 있는 문제 – ㉤ 신기술을 도입한 농장들과의 경쟁

28 SWOT 분석 결과에서 밑줄 친 ㉠~㉤ 중 적절하지 않은 것을 고르면?

① ㉠　② ㉡　③ ㉢　④ ㉣　⑤ ㉤

29 다음 중 SWOT 분석 결과에 대응하는 전략으로 가장 적절한 것을 고르면?

① SO 전략 – 친환경 농산물 마케팅을 강화한다.
② SO 전략 – 효율성 및 생산성 극대화로 농민들의 반발을 최소화한다.
③ WO 전략 – 효율적 농산물 관리로 문제 발생 시 빠르게 대응한다.
④ ST 전략 – 다양한 재정 지원 방안을 모색하여 높은 초기 비용을 낮추어 경쟁력을 확보한다.
⑤ WT 전략 – 기술 교육과 훈련 프로그램을 도입하여 기존 인력의 기술 적응을 돕는다.

[30~31] 다음 글을 읽고 이어지는 질문에 답하시오.

> 공항 소방대는 공항의 안전을 책임지는 핵심 조직으로, 공항 및 항공기 사고와 긴급 상황에 신속하게 대응하는 다양한 임무를 수행한다. 공항은 많은 사람이 모이고 사고 위험이 있는 물질을 다루는 장소이기 때문에 소방대의 역할이 특히 중요하다.
>
> ㉠ 항공기 사고에 대한 긴급 대응은 공항 소방대의 주요 임무 중 하나이다. 항공기 사고는 대형 인명 피해로 이어질 수 있기 때문에 신속하게 대응해야 한다. 이를 위해 공항 소방대는 항공기 구조와 화재 진압에 특화된 장비와 차량을 보유하고 있고, 정기적인 훈련을 받으며 항상 대비 태세를 유지하고 있다. 또한, 항공기 연료 유출과 같은 특수 상황에도 대응할 수 있는 전문 인력도 갖추고 있다.
>
> 구조 및 구급 활동 역시 공항 소방대의 중요한 임무이다. 공항 내에서 각종 사고와 응급 상황이 발생하면 신속하게 대응하여 인명 구조와 응급 처치를 실시해야 한다. 이를 위해 공항 소방대는 최신 의료 장비를 갖추고 정기적인 응급 의료 훈련으로 실제 상황에 대비하고 있으며, 대규모 재난 발생 시에도 체계적으로 대응할 수 있도록 노력하고 있다.
>
> 또한, 공항 소방대는 화학물질 누출과 같은 위험물 사고 예방에도 만전을 기하고 있다. 화학물질 사고가 발생할 경우에 신속하고 적절한 대응을 위해 관련 장비를 갖추어 화학물질 대응 훈련을 실시하고, 관련 법규와 안전 절차를 철저히 준수하고 있다.
>
> 공항 소방대는 이러한 종합적인 대응 능력으로 공항 이용객들이 안전하게 공항을 이용할 수 있는 환경을 만들고 있다.

30 주어진 글을 읽고 최 주임이 이해한 내용으로 옳지 않은 것을 고르면?

① 공항 소방대는 화재 진압 외에도 구조 및 구급 임무를 수행한다.
② 공항 소방대는 항공기 사고에 신속히 대응할 수 있는 장비와 차량을 보유하고 있다.
③ 공항 소방대는 화학물질 누출 사고에 대비하고 있다.
④ 공항 소방대는 항공기 연료 유출과 같은 특수 상황에 대응할 수 있는 인력을 보유하고 있다.
⑤ 공항 소방대는 항공기 사고 예방을 위해 항공기 연료 공급을 담당한다.

31 최 주임이 밑줄 친 ㉠의 내용을 확인하기 위해 참고할 자료로 가장 적절한 것을 고르면?

① 공항 소방대의 장비와 차량 종류
② 공항 소방대의 예산 및 재정 상황
③ 공항 소방대의 근무 시간
④ 항공기 연료 공급 절차
⑤ 공항 소방대의 인력 충원 계획

[32~33] 다음 글을 읽고 이어지는 질문에 답하시오.

파생상품은 양날의 칼과 같다. 선물과 옵션 등의 파생상품은 투자자에게 레버리지 기회를 제공하며, 위험관리 및 가격발견 기능을 제공한다. 하지만 기초자산 가격이 예상과 반대로 움직이면 파생상품 투자자는 대규모 손실을 입을 수 있고, 파생상품 규모가 과도하게 커지면 '웩더독(Wag－The－Dog)' 현상이 발생해 기초자산 가격의 변동성이 큰 폭으로 확대되는 등 금융안정을 위협할 수 있다.

차익결제거래(CFD), 총수익스왑(TRS)은 주식을 기초자산으로 하는 장외파생상품이다. CFD, TRS는 투자자 니즈에 맞추어 레버리지 및 위험관리 기능을 제공할 수 있지만, 현재 각종 불법거래 행위에 활용되기도 한다. CFD, TRS를 활용할 경우 원 주문 주체가 드러나지 않아 시세조종 행위, 미공개정보 이용 행위를 통해 부당이득을 수취하거나 손실을 회피하기 쉽다. 따라서 CFD, TRS 등의 장외파생상품은 금융회사의 불완전판매* 수단으로도 악용될 수 있다.

「금융소비자 보호에 관한 법률」(이하 금융소비자보호법)에서는 개인전문투자자에게 장외파생상품 계약체결을 권유하는 경우에는 설명의무, 적합성과 적정성의 원칙 등 일반투자자에게 적용하는 주요 판매 규제 적용을 배제하도록 하고 있다. 문제는 금융회사가 CFD, TRS 계좌개설을 통한 높은 수수료 수취를 목적으로 일반투자자를 개인전문투자자로 변경하도록 권유할 개연성이 있다는 점이다.

* 감독 실무상으로는 금융회사가 소비자에게 적합하지 않은 상품을 판매함으로써 소비자에게 공정하지 못한 결과를 초래하는 경우

32 **주어진 글을 읽고 A사원이 이해한 내용으로 적절하지 않은 것을 고르면?**

① 장외파생상품은 거래소에 상장되어 관리되는 장내파생상품보다 레버리지가 크고 투명성이 높아 더 인기가 많겠군.

② 파생상품 규모가 과도하게 커지면 파생상품이 주식 가격에 영향을 미치는 경우가 발생할 수도 있겠군.

③ CFD, TRS 등의 장외파생상품은 대주주 양도차익 과세 회피, 증여세 회피 목적 등 조세 회피 수단으로 활용될 수 있겠군.

④ 정부에서는 전문성 구비 여부 및 소유 자산 규모 등에서 개인전문투자자를 일반투자자보다 투자에 따른 위험 감수 능력이 있는 투자자로 보는군.

⑤ 금융회사가 CFD, TRS 등의 고위험 장외파생상품 권유를 목적으로 일반투자자에게 개인전문투자자 등록을 요구하는 것은 넓은 범주에서 불완전판매 행위로 볼 수 있겠군.

33 **주어진 글에 나타난 문제점을 해결할 수 있는 방안으로 옳지 않은 것을 고르면?**

① CFD와 TRS의 원 주문 주체에 대한 모니터링을 강화한다.

② 장외파생상품을 이용한 불공정거래 행위자에 대한 제재를 강화한다.

③ 개인전문투자자에게 고위험 장외파생상품을 판매할 수 없도록 규제를 강화한다.

④ 금융회사의 성과급 지급 체계를 개선하여, 단기 판매 성과 중심의 보수체계에서 장기 고객 성과 중심의 보수체계로 전환한다.

⑤ 장외파생상품의 불공정거래를 신속하게 적발하고 조사하기 위한 AI 및 빅데이터 관련 우수 인재 채용을 늘리고 대규모 IT 인프라를 확충한다.

34 다음 2023년 A브랜드의 할인 행사 안내와 소비자 의견을 바탕으로 할 때, 마케팅팀 B사원이 다음 할인 행사 때 반영할 수정 사항으로 적절하지 않은 것을 고르면?

[2023년 A브랜드 할인 행사 안내]
- 기간: 2023.06.01.~2023.06.07.(단, 7일간)
- 장소: A브랜드 전 매장(온라인 포함)
- 할인혜택
  - 모든 제품 할인, 최대 30% 할인 혜택 제공
  - 온라인 구매 시 추가 할인
  - 첫 구매 고객에게 추가 10% 할인 혜택 제공
- 이벤트: 행사 기간 중 다양한 이벤트 진행 예정
- 행사 참여 방법: 매장 방문 또는 온라인 쇼핑으로 즐기세요.
- 문의: 고객센터 02−1234−5678

[2023년 할인 행사에 대한 소비자 의견]
- 품목에 따라서 할인율이 다르다는 설명이 없었어요. 또 사진이 한 장도 없어서 아쉬웠습니다.
- 신제품 할인에 대한 구체적인 설명이 없었어요.
- 온라인 판매는 이전과 페이지 구성이 똑같더라고요. 할인 행사 안내가 잘 드러나면 좋겠습니다.
- 다양한 이벤트가 있었는데 이에 대한 설명이 없어서 아쉬웠어요.
- 최초 구매 고객에게 추가 10% 할인 혜택을 제공해주는 게 가장 좋았어요.
- 고객센터 직원이 너무 없어서 통화도 어렵고, 온라인으로 구입한 제품이라 사이즈가 안 맞았는데 반품이 참 어렵더라고요.
- 홈페이지 주소가 노출되어 있지 않아서 온라인 매장을 찾기가 어려웠어요.

① '이벤트: 행사 기간 중 경품 추첨, 명함 event 등 다양한 이벤트 진행 예정'으로 수정한다.
② '상의 최대 20%, 가방 15%'이라는 품목별 할인율을 새롭게 추가한다.
③ '24SS 신제품 최대 10% 할인' 문구를 새롭게 추가한다.
④ '첫 구매 시 할인'이라는 문구를 새롭게 추가한다.
⑤ '장소: A브랜드 전 매장(온라인 포함 www.브랜드명.com)'으로 수정한다.

[35~36] 다음 글을 읽고 이어지는 질문에 답하시오.

> 사회적 가치란 '공공의 이익과 공동체의 발전에 기여할 수 있는 가치'로 설명할 수 있다. 이렇듯 사회적 가치와 경제적 가치는 서로 상충되는 것이 아니기 때문에 우리 사회는 사회적 가치와 경제적 가치를 함께 실현하여 우리 사회의 복합적인 사회 문제를 해결해야 한다. 이를 위해 정부와 기업, 시민 모두가 참여해야 하며 이 과정에서 공공기관이 선도적인 역할을 해야 할 필요가 있다.
>
> 국가는 사회적 가치인 공공성과 공익성의 실현을 위해 법률에 근거하여 공공기관을 설립한다. 실제로 대다수 공공기관들의 근거법들을 살펴보면 공공기관의 설립과 운영 목적에 '공공성, 사회적 가치의 실현'이 직간접적으로 담겨 있다. 따라서 공공기관은 그들이 실행하는 모든 과정이 사회적 가치를 지향하고 있는지 한 번 더 고려하고 실행해야 한다. 공공기관의 설립 목적과 운영 방식처럼 공익과 공동체 발전에 기여할 수 있어야 한다는 뜻이다. 그뿐만 아니라 사회적 약자의 우대와 윤리적 소비 인프라의 구축, 반부패경영이나 윤리경영, 환경경영 등 조직 운영 과정에서 사회적 책임을 이행할 수 있도록 세부적인 운영원칙을 고려하고 실행해야 한다. 또한, 가치 운영에서의 사회적 책임이 주변에 이롭게 확산될 수 있도록 해야 한다.

35 **주어진 글을 읽은 B사원이 보일 수 있는 반응으로 적절하지 <u>않은</u> 것을 고르면?**

① 사회적 가치와 경제적 가치는 상반되므로 서로 독립된 가치로 볼 수 있군.
② 공공기관은 사회적 가치를 추구하기 위해 설립된 기관이야.
③ 국가는 공공기관을 설립할 때 법률에 근거하여 그 목적을 세워야 해.
④ 공공기관은 세부적인 운영원칙을 세울 때에도 사회적 가치를 고려해야 해.
⑤ 사회 문제는 복합적인 것이며 이를 해결하기 위해서 공공기관도 참여해야 해.

36 **주어진 자료를 통해 알 수 있는 공공기관의 사회적 가치 실현의 예로 적절하지 <u>않은</u> 것을 고르면?**

① 공공기관 운영 과정에서 사회적 가치를 충분히 반영한 프로세스를 채택한다.
② 설립 목적 자체가 경제성이나 효율성 측면에만 치우쳐 있지는 않는지 살펴본다.
③ 협력사 선정 또는 낙찰 과정에서 사회적 가치 창출 기업을 우선적으로 선정한다.
④ 사업 진행 과정에서 여러 이해관계자의 충돌과 갈등 상황에서도 사회적 가치에 부합하게 대응하고 있는지 검토한다.
⑤ 공공기관의 재무건전성을 확보하는 정책을 만들고 일정 기준에 미달하는 조직에 대해서는 집중적인 관리가 이루어지도록 한다.

37 다음 글의 주제로 가장 적절한 것을 고르면?

> 농업은 지형과 기후, 강수량 등 기후적 요인뿐만 아니라 사회·경제적 요인 등의 영향을 많이 받는다. 1960년대 이후 공업이 발달하면서 농업에 대한 투자가 제대로 이루어지지 않아 경쟁력 차이가 나기 시작했고 도시와 농촌의 소득 격차, 생활 기반 시설 부족 현상이 생겨났다. 그 결과 농촌은 경지 이용률 감소, 노동력 부족으로 인한 고령화, 인력난 등의 문제가 나타났다.
> 이러한 문제점을 해결하기 위해 국내에서는 농가에 정보통신기술 지역 특화 스마트팜과 같은 복합영농 기술을 지원하여 데이터 기반 스마트 농업 환경을 마련해 농가 소득 증대, 일자리 창출, 농작업의 질 향상 등 지역 경제 발전에 힘쓰고 있다. 빅데이터를 활용한 나라별 농업 현황을 기반으로, 국내에서는 현장에 빠르게 스마트팜 보급을 확산하고 교육장 마련과 함께 융복합 영농 기술 전문교육을 추진해 미래의 주역 청년 농업인을 육성하고 있다. 아직까지는 대부분의 농가가 스마트팜 원격제어 시스템만 활용할 뿐 농작물 품질과 생산성 향상을 위한 데이터 활용은 부족한 실정이지만, 기업과의 다양한 협업으로 전문성을 키워나감으로써 미래 농업 디지털화에 긍정적인 신호를 일으킬 것으로 기대된다.

① 국내 청년 스마트팜 창업 지원
② 나라별 스마트 농업 현황 비교
③ 국내 스마트 농업 활성화 노력
④ 과거와 현재의 농업 관리 기술 변천사
⑤ 스마트 농업으로 인한 농가 소득 증대

38 어떤 공장에서 부품 1개를 생산하려면 기계 A는 12시간, 기계 B는 8시간 동안 가동해야 한다. 두 기계 B, C가 80시간 동안 18개의 부품을 생산한다고 할 때, 기계 A, B, C가 240시간 동안 생산하는 부품의 개수를 고르면?

① 66개 ② 68개 ③ 70개
④ 72개 ⑤ 74개

39 사원 A는 팀 회의 간식으로 사과주스와 포도주스를 사려고 한다. 한 병당 700원인 사과주스와 1,000원인 포도주스를 각각 7병, 3병 샀을 때, 사원 A가 지불해야 하는 금액을 고르면?

① 7,000원 ② 7,900원 ③ 9,100원
④ 10,100원 ⑤ 10,900원

40 **다음 [표]를 바탕으로 할 때, 건물 A~C 중 용적률이 가장 낮은 건물과 용적률을 바르게 짝지은 것을 고르면?**

[표] 건물 정보

건물	대지면적(m^2)	건폐율(%)	연면적 대비 건축면적 값
A	1,200	35	0.125
B	1,500	40	0.16
C	1,800	45	0.15

※ 건축면적: 1층의 바닥면적

※ 연면적: 건물 각층의 바닥면적의 합

※ (건폐율)(%)=$\frac{(건축면적)}{(대지면적)}\times100$

※ (용적률)(%)=$\frac{(연면적)}{(대지면적)}\times100$

① A, 250%
② A, 280%
③ B, 250%
④ B, 270%
⑤ C, 300%

41 **K차장은 근무지에서 편도 200km 떨어진 곳에 출장을 다녀오려고 한다. 다음 차량들 중 유류비가 가장 적게 드는 차량으로 출장을 다녀올 때, 필요한 유류비를 고르면?**(단, 편도 거리에서 국도는 80km이고, 고속도로는 120km이다.)

[표1] 차량 정보 (단위: km/L)

차량	연비	
	국도	고속도로
A	8	20
B	10	16
C	10	15
D	8	15

[표2] 유류비 (단위: 원/L)

구분	휘발유	경유
가격	1,700	1,500

※ A와 B 차량은 휘발유, C와 D 차량은 경유를 주유함

① 44,400원
② 46,200원
③ 48,000원
④ 50,200원
⑤ 52,400원

42 다음 정 부장의 유럽 내 본점에서 지점까지의 이동 방법에 대한 정보를 바탕으로 옳은 것을 고르면?

유럽의 '갑'국 본점에서 근무하는 정 부장은 같은 유럽 내의 '을'국에 위치한 지점으로 출장을 가고자 하며, 각 구간별 이동방법에 대한 정보는 다음과 같다.

구분	이동방법	시간(분)	이동요금(원)	거리(km)
본점 → '갑'국 공항	택시	30	12,000	15
	전철	40	2,500	20
	버스	70	2,200	18

구분	이동방법	시간(분)	이동요금(원)	거리(km)
'을'국 공항 → 지점	택시	15	8,000	10
	전철	30	2,200	14
	버스	45	2,000	16

※ '갑'국 공항에서 '을'국 공항까지의 항공 이동은 고려하지 않음
※ '갑'국과 '을'국에는 각각 공항이 1개씩 있으며, 언급되지 않은 사항은 고려하지 않음
※ '갑'국, '을'국, 각 구간별 이동방법은 동일하게 선택할 수 없음

① '갑'국과 '을'국에서 각각 택시와 전철을 이용하는 것이 가장 시간이 빠른 방법이다.
② '갑'국과 '을'국에서 각각 전철과 버스를 이용하는 것이 가장 이동요금이 저렴한 방법이다.
③ '갑'국과 '을'국에서 각각 택시와 전철을 이용하는 것이 가장 거리가 짧은 방법이다.
④ '갑'국과 '을'국에서 각각 택시와 전철을 이용하는 것이 가장 평균속력이 빠른 방법이다.
⑤ '갑'국과 '을'국에서 각각 전철과 버스를 이용하는 것이 단위거리당 이동요금이 가장 저렴한 방법이다.

43 다음 [그래프]는 2020~2023년 시장금리 추이를 나타낸 자료이다. 이를 바탕으로 할 때, 다음 [보기]에서 옳은 것을 모두 고르면?

[그래프1] 2020~2023년 기준금리 (단위: %)

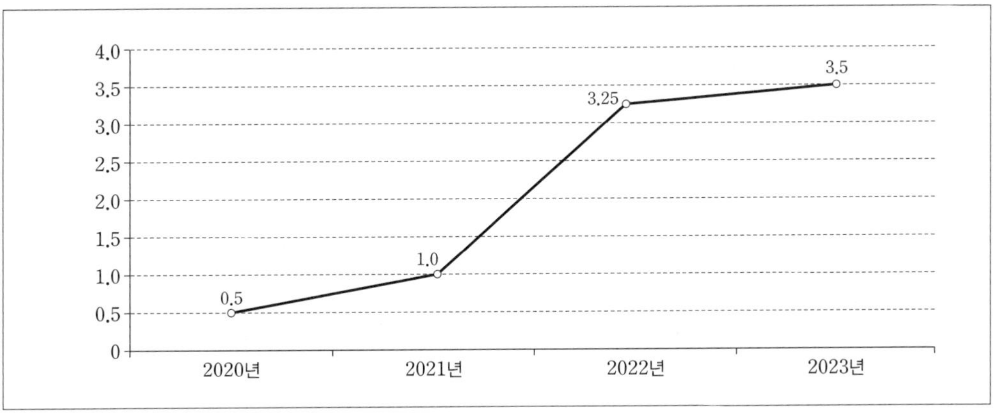

[그래프2] 2020~2023년 국고채 금리 (단위: %)

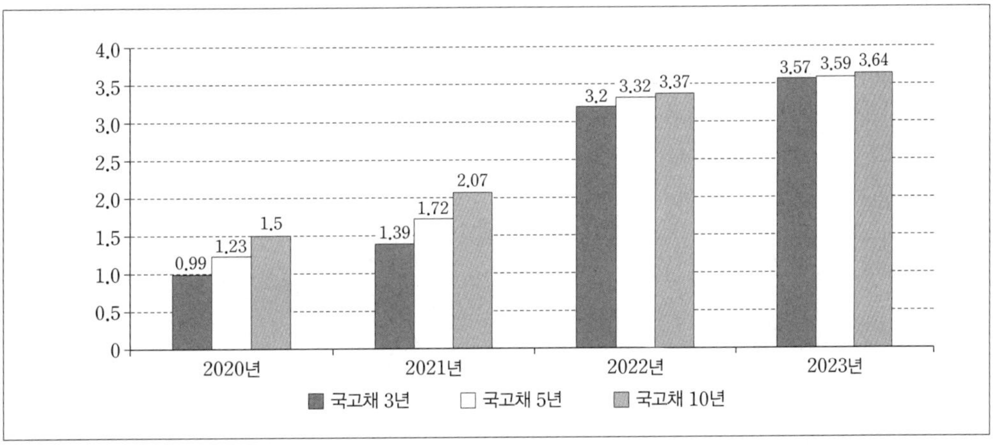

보기

㉠ 조사 값들의 크기를 효율적으로 비교하려면 꺾은 선 그래프보다 막대 그래프를 이용하는 것이 좋다.
㉡ 조사 기간 동안 국고채 금리는 기준 금리보다 높다.
㉢ 2022년 대비 2023년에 금리 증가율이 10% 이상인 금리는 국고채 3년이다.
㉣ 2021년에는 기준금리 대비 국고채 금리 값이 3 이상인 경우가 존재한다.
㉤ 2020년 대비 2023년에 국고채 금리 상승폭이 두 번째로 큰 금리는 증가율도 두 번째로 크다.

① ㉠, ㉡, ㉢ ② ㉠, ㉢, ㉣ ③ ㉠, ㉢, ㉤
④ ㉡, ㉢, ㉤ ⑤ ㉡, ㉣, ㉤

44 다음 [표]는 2017~2020년 국내·외 금융 키워드 검색 건수에 관한 자료이다. 이에 대한 설명으로 옳은 것을 고르면?

[표] 2017~2020년 국내·외 금융 키워드 검색 건수 (단위: 만 건)

구분	국내				국외			
	2017년	2018년	2019년	2020년	2017년	2018년	2019년	2020년
예금	6,890	7,012	7,579	7,895	3,869	3,968	4,069	4,194
적금	7,132	7,954	8,012	8,461	5,374	5,529	5,984	5,895
금리	3,645	3,912	3,465	3,810	2,537	2,241	2,368	2,745
보험	1,924	2,310	2,249	1,825	1,374	1,195	1,244	1,144
청약	3,102	2,908	3,567	4,024	2,045	2,222	2,789	3,012

① 조사기간 동안 국외 예금 검색 건수의 평균은 4,025만 건이다.

② 2018~2020년 동안 금리의 국·내외 검색 건수 차이는 증가하고 있다.

③ 2020년 국외 보험 검색 건수는 3년 전 대비 20% 이상 감소했다.

④ 국내 청약 검색 건수는 매년 국내 예금 검색 건수의 절반 미만이다.

⑤ 2017~2020년 동안 적금 검색 건수의 증감 추이는 국내와 국외가 동일하다.

45 **다음 자료와 [표]를 바탕으로 K사의 10~12월 매출원가 합계를 고르면?**(단, 9월 말에는 재고가 없었다.)

K사는 9월까지 후입선출법을 사용하였지만, 10월부터는 선입선출법으로 원가 결정 방식을 바꾸었다. 모든 매입은 매월 초에 이루어지며, 매입 후에 매출이 시작된다. 10~12월의 매입 및 매출 현황은 다음과 같다.

[표1] K사의 10~12월 매입 현황

(단위: 개, 원)

구분	매입수량	개당 매입가격	매입 평가액
10월	100	1,550	155,000
11월	80	1,650	132,000
12월	100	2,100	210,000

[표2] K사의 10~12월 매출 현황

(단위: 개, 원)

구분	매출수량	개당 매출가격	매출 평가액
10월	70	2,080	145,600
11월	100	2,350	235,000
12월	20	2,820	56,400

※ 매출원가는 해당 기간 동안 판매된 상품 수량에 대한 매입 평가액을 의미함
※ 선입선출법: 먼저 매입된 상품이 먼저 판매된 것으로 가정하는 방법
※ 후입선출법: 가장 최근에 매입된 상품이 먼저 판매된 것으로 가정하는 방법

① 287,000원 ② 308,000원 ③ 315,500원
④ 357,500원 ⑤ 437,000원

46 다음은 2018년부터 2022년까지 A기업의 매출액 및 당기순이익 현황을 나타낸 자료이다. 이 자료를 바탕으로 [보기]에서 옳은 것을 모두 고르면?

[그래프] A기업 매출액 · 매출총이익 현황 (단위: 천만 원)

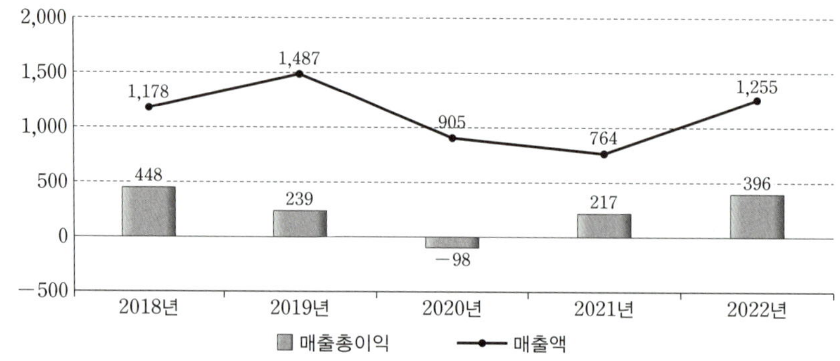

※ (매출총이익)=(매출액)−(매출원가)

[표] A기업 당기순이익 현황 (단위: 천만 원)

구분	2018년	2019년	2020년	2021년	2022년
당기순이익	54	102	−180	−17	251
판매관리비	128	51	324	96	153

※ (당기순이익)=(매출총이익)−(판매관리비)+(기타손익)
※ (기타손익)=(영업외수익)−(영업외비용)−(법인세)

보기

㉠ 매출원가가 가장 큰 연도는 2019년이다.
㉡ 기타손익의 값이 가장 큰 연도는 2019년이다.
㉢ 당기순이익이 가장 큰 해에는 매출총이익도 가장 크다.
㉣ 2022년 A기업의 매출액은 2년 전 대비 40% 미만으로 증가하였다.

① ㉠, ㉡ ② ㉠, ㉣ ③ ㉡, ㉢
④ ㉠, ㉢, ㉣ ⑤ ㉡, ㉢, ㉣

47 다음은 지방국세청의 연도별 세금 징수액과 2021년 이후 전망에 관한 자료이다. 이를 바탕으로 옳은 것을 [보기]에서 모두 고르면?

[표] 지방국세청의 연도별 세금 징수액

(단위: 조 원)

구분	2011년	2012년	2013년	…	2021년
서울청	43.1	42.3	43.7	…	50.0
중부청	40.2	41.8	42.2	…	45.0
대전청	14.4	14.9	15.8	…	17.7
광주청	11.4	11.2	11.5	…	11.8
대구청	11.6	12.1	12.8	…	14.8

[2021년 이후 전망]
- 서울청과 중부청은 세금 징수액이 각각 10%, 5%씩 매년 감소할 전망이다.
- 광주청과 대구청은 세금 징수액이 각각 10%, 5%씩 매년 증가할 전망이다.
- 대전청은 세금 징수액이 8%씩 매년 증가할 전망이다.

보기

㉠ 대전청의 세금 징수액은 2022년에 20조 원을 돌파할 것이다.
㉡ 2024년 서울청의 세금 징수액은 같은 해 중부청보다 적을 것이다.
㉢ 2025년 광주청의 세금 징수액은 같은 해 대구청보다 많을 것이다.

① ㉠ ② ㉡ ③ ㉢
④ ㉡, ㉢ ⑤ ㉠, ㉡, ㉢

48 다음 전제를 보고 항상 참인 결론을 고르면?

전제1	어떤 학생은 드론을 가지고 있다.
전제2	드론을 가지고 있는 사람은 조종자격증이 있다.
결론	

① 모든 학생은 조종자격증이 있다.
② 어떤 학생은 조종자격증을 가지고 있지 않다.
③ 조종자격증이 있는 모든 사람은 학생이다.
④ 조종자격증이 있는 어떤 사람은 학생이다.
⑤ 조종자격증이 있지 않은 모든 사람은 학생이다.

49 다음 전제가 모두 참일 때 반드시 참인 결론을 고르면?

전제1	어떤 학생은 독서를 좋아한다.
전제2	어떤 학생은 수학을 싫어한다.
전제3	독서를 좋아하고 수학을 싫어하는 학생도 있다.
결론	

① 수학을 좋아하는 학생은 독서를 좋아한다.
② 독서를 싫어하는 학생은 수학을 좋아한다.
③ 독서를 좋아하는 학생은 수학을 좋아한다.
④ 수학을 싫어하는 학생은 독서를 싫어한다.
⑤ 어떤 학생은 독서를 싫어하고 수학을 좋아한다.

50 6명의 직원 A~F는 각각 제품기획부 또는 마케팅부에 근무한다. 아래의 [조건]은 A~E 5명이 증언한 내용인데, 각각의 증언에서 하나는 참이고, 다른 하나는 거짓이다. 이때 같은 부서의 직원끼리 짝지은 것을 고르면?

조건

- A: "나는 제품기획부이고, B는 제품기획부가 아니다."
- B: "나는 마케팅부이고, C도 마케팅부이다."
- C: "나는 마케팅부이고, D도 마케팅부이다."
- D: "나는 마케팅부이고, E도 마케팅부이다."
- E: "나는 제품기획부이고, F는 마케팅부이다."

① A, B, C ② A, B, D ③ C, D, E
④ C, D, F ⑤ D, E, F

51 **A~E 5명이 회의 일정에 대해 다음과 같이 말한 진술 중 1명만 거짓을 말했고 4명은 참을 말했다고 할 때, 요일과 회의를 한 사람을 옳게 짝지은 것을 고르면?**(단, 하루에 한 명만 회의를 한다.)

- A: "B는 월요일과 수요일에 회의를 하지 않았어."
- B: "나는 화요일에 회의를 했고, A는 월요일에 회의를 했어."
- C: "나는 목요일에 회의를 했고, D는 화요일에 회의를 하지 않았어."
- D: "B는 월요일에 회의를 했고, C는 금요일에 회의를 했어."
- E: "나는 수요일에 회의를 했어."

① 금요일 회의: C
② 목요일 회의: E
③ 수요일 회의: A
④ 화요일 회의: B
⑤ 월요일 회의: D

52 **다음 [조건]에 따른 성우, 나희, 희영, 민호, 영수, 동철, 수영 7명의 키 순서에 대한 설명으로 옳은 것을 고르면?**(단, 키가 큰 순서대로 순위를 매긴다.)

조건

- 성우보다 키가 큰 사람과 작은 사람의 수는 같다.
- 희영은 동철, 나희보다 키가 작지만 수영보다는 크다.
- 민호보다 키가 큰 사람 중에 희영, 수영, 성우가 포함되어 있다.
- 성우보다 키가 큰 사람 중에 영수, 동철이 포함되어 있다.
- 나희는 성우보다 키가 크며, 수영과의 키 순서 사이에는 2명이 있다.
- 희영과 동철의 키 순서 사이에는 2명이 있다.

① 희영의 키 순서는 6위이다.
② 가장 키가 큰 두 사람은 동철과 나희이다.
③ 동철과 수영의 키 순서 사이에는 3명이 있다.
④ 성우보다 키가 큰 사람에 희영이 포함된다.
⑤ 나희와 성우의 키 순서 사이에는 1명이 있다.

53 총무팀 직원 A~E 5명은 프린터 잉크를 주문했다. 첫 번째 주문에서 2명은 검정색, 나머지 3명은 파란색 잉크를 주문했다. 두 번째 주문에서는 2명이 빨간색, 1명이 노란색, 나머지 2명은 녹색 잉크를 주문했다. 다음 [조건]을 바탕으로 첫 번째 주문에서 검정색 잉크를 주문한 직원을 모두 고르면?

조건

- 두 번째 주문에서 빨간색 잉크를 주문한 직원은 첫 번째로 검정색 잉크를 주문했다.
- B는 첫 번째 주문에서 파란색 잉크를 주문했다.
- C는 두 번째 주문에서 노란색 잉크를 주문했다.
- D는 첫 번째 주문에서 E와 다른 색 잉크를 주문했다.
- E는 두 번째 주문에서 빨간색 잉크를 주문했다.

① A, C ② A, D ③ A, E
④ C, D ⑤ D, E

54 5명의 과장 A~E는 해외 출장을 갔다. 출국할 때 과장 2명은 베이징을 경유했고, 3명은 도하를 경유했다. 출장지에서 귀국할 때는 과장 3명은 뮌헨을 경유했고, 2명은 헬싱키를 경유했다. 다음 [조건]을 고려할 때, 출국 시 베이징을 경유한 과장을 모두 고르면?

조건

- 출국 시 베이징을 경유한 과장은 귀국 시 뮌헨을 경유했다.
- D는 출국 시 도하를 경유했다.
- A는 귀국 시 헬싱키를 경유했고, 출국 시 B와 다른 도시에 경유했다.
- B와 E는 귀국 시 같은 도시를 경유했다.
- C는 귀국 시 뮌헨을 경유했고, 출국 시 A와 같은 도시에 경유했다.

① A, C ② A, D ③ B, C
④ B, E ⑤ C, E

55 가~바 6명은 원탁 책상에서 회의를 하려고 한다. 다음 [조건]을 바탕으로 자리를 배치했을 때 옳지 않은 것을 고르면?

조건

- 가는 라와 마주보면서 앉는다.
- 다는 나의 옆에 앉을 수 없다.
- 라와 마는 나란히 앉는다.
- 가와 바는 나란히 앉는다.
- 마는 바 옆에 앉을 수 없다.
- 나는 1번 자리에 앉는다.
- 라는 2번 자리에 앉는다.

[그림] 회의실 좌석 배치도

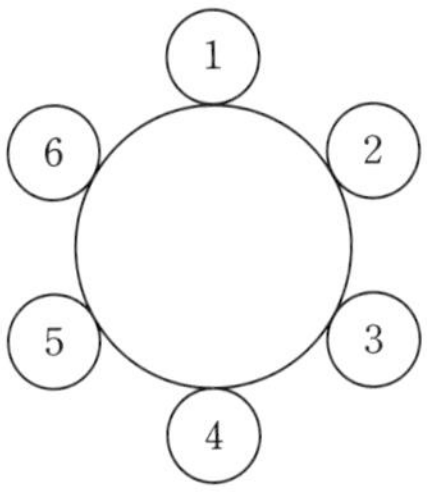

① 바는 나와 나란히 앉는다.
② 마와 바는 서로 마주보며 앉는다.
③ 다는 3번 자리에 앉는다.
④ 가는 5번 자리에 앉는다.
⑤ 다는 가와 나란히 앉는다.

56 다음은 영업부 부서원들의 일정이다. 이를 바탕으로 A~E가 모두 참석 가능한 회의시간을 고르면?

- A는 월요일 오후부터 화요일까지 출장이다.
- B는 화요일부터 수요일 오전까지 세미나에 참석한다.
- C는 금요일 오후반차이다.
- D는 월요일, 목요일 모두 오전 반차이다.
- E는 수요일 오후부터 목요일까지 연차이다.

① 수요일 오후　② 목요일 오전　③ 목요일 오후
④ 금요일 오전　⑤ 금요일 오후

57 K사의 직원들은 각자 주간 2일, 비번 1일, 야간 2일, 휴일 3일 주기로 교대근무를 진행한다. 다음 [표]의 교대근무 일정과 직원별 근무 일정을 바탕으로 할 때, 31일차에 야간근무를 하는 직원을 고르면?(단, 교대근무자는 A, B, C, D만 있다.)

[표] 교대근무 일정

직원	1일차	2일차	3일차	4일차	5일차	6일차	7일차	8일차
A	주간	주간	비번	야간	야간	휴일	휴일	휴일
B	야간	휴일	휴일	휴일	주간	주간	비번	야간
C	휴일	휴일	주간	주간	비번	야간	야간	휴일
D	비번	야간	야간	휴일	휴일	휴일	주간	주간

[직원별 근무 일정]
- A가 직원들 중 가장 먼저 주간근무를 시작한다.
- A가 비번일 때 B는 주간근무를 시작한다.
- C의 휴일은 B와 D의 휴일과 하루씩 겹친다.

① A　② B　③ C
④ D　⑤ 알 수 없다.

58 **다음 [그림]과 [표]는 '가' 도시의 A~H서점 위치와 거리에 관한 자료이다. 김 씨는 한정판 도서를 구매하고자 H서점을 출발하여 모든 서점을 방문하고자 한다. 김 씨는 시간당 5km를 이동한다고 할 경우 이동 거리가 가장 길 때와 짧을 때의 이동 시간 차이를 고르면?**(단, 이미 지난 서점은 다시 지날 수 없다.)

[그림] '가' 도시의 서점 연결 지도

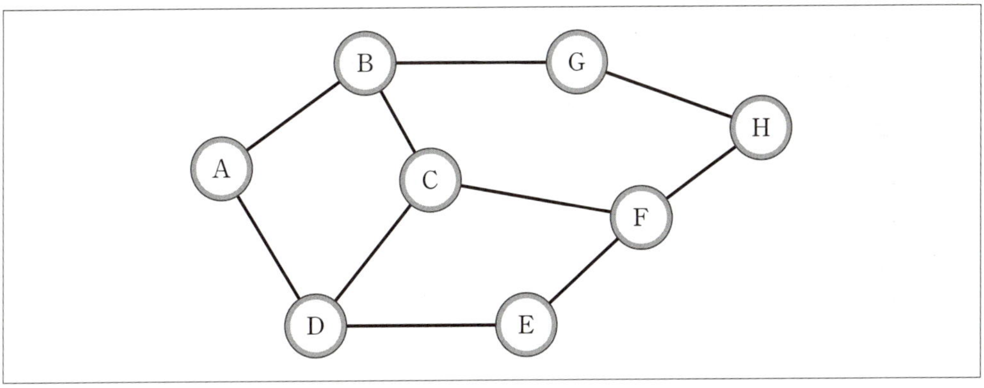

[표] 각 서점 간 거리 (단위: km)

구분	B	C	D	E	F	G	H
A	27		41				
B		19				25	
C			30		34		
D				38			
E					23		
F							15
G							24

① 1.6시간 ② 1.8시간 ③ 2.0시간
④ 2.2시간 ⑤ 2.4시간

[59~60] 다음 [표]는 M사의 교육별 정보 및 인사팀원 일정에 관한 자료이다. 이를 바탕으로 이어지는 질문에 답하시오.

[표1] 교육별 정보

교육명	참석 인원	교육 진행자
경영관리 교육	18명	인사팀 부장 직급
중대재해법 교육	45명	인사팀 전원
정보보호 교육	32명	인사팀 차장 직급
실무엑셀 교육	26명	인사팀 대리 직급 이하
빅데이터 교육	19명	인사팀 과장 직급

※ 회의실1 정원: 20명, 회의실2 정원: 25명, 강당 정원: 50명
※ 각 교육은 한 회의실에서 주중 한 번만 진행

[표2] 인사팀원 일정

명단	일정
최 부장	월요일, 화요일 출장
진 차장	화요일 휴가
박 차장	금요일 출장
김 과장	월요일, 금요일 출장
유 대리	화요일 휴가
장 사원	월요일 휴가

59 **다음 중 옳지 않은 것을 고르면?**

① 경영관리 교육은 월요일에 진행할 수 없다.
② 실무엑셀 교육은 월요일과 화요일에 진행할 수 없다.
③ 경영관리 교육과 빅데이터 교육은 반드시 회의실1에서 진행해야 한다.
④ 중대재해법 교육이 가능한 날은 수요일 또는 목요일이다.
⑤ 정보보호 교육은 화요일과 금요일에 진행할 수 없다.

60 **다음은 교육 장소 일정을 나타낸 것이다. 주어진 자료를 바탕으로 주중에 가능한 많은 교육을 진행하고자 할 때, 빈칸에 들어갈 가장 적절한 교육을 고르면?**

[표] 교육 장소 일정

구분	월요일	화요일	수요일	목요일	금요일
회의실1			내부 수리	내부 수리	
회의실2	예약 완료	예약 완료	예약 완료		예약 완료
강당		워크숍	워크숍		(　)

① 경영관리 교육
② 중대재해법 교육
③ 정보보호 교육
④ 실무엑셀 교육
⑤ 빅데이터 교육

61 N은행에서는 영업점 근무 직원들을 대상으로 본사 승진 관련 공문을 발송하였다. 다음 공문과 승진 신청 직원들 현황에 따라 본사에 승진하는 직원을 바르게 짝지은 것을 고르면?

2022년 본사 승진 관련 지침

■ 본사 승진 대상자

1. 금융직렬(아래 조건 중 최소 1가지 이상 충족 시)
   - 비수도권 지사에서 5년 이상 근무
   - 수도권 지사 포함 지사에서 총 8년 이상 근무
2. IT직렬
   - 지사 3년 이상 근무

■ 승진 직원 선정 방식

- 2019년, 2020년, 2021년의 근무 평정에 2 : 3 : 5의 가중치를 반영하여 총근무 평정 계산
- 금융직렬의 경우 수도권을 포함하여 지사에서 10년 이상 근무한 경우 초과 1년당 점수 1점 추가
- 금융직렬 동점자 발생 시 비수도권 지사 근무 연수가 더 긴 직원이 순위가 더 높은 것으로 함
- IT직렬 동점자 발생 시 2021년의 근무 평정이 더 좋은 직원의 순위가 더 높은 것으로 함
- 금융직렬 2명, IT직렬 1명 승진

[표] 승진 신청 직원 현황

직원	직렬	비수도권 지사 근무 연수(년)	수도권 지사 근무 연수(년)	근무 평정(점)		
				2019년	2020년	2021년
A	IT	2	2	80	90	90
B	금융	4	3	90	90	80
C	금융	4	8	100	90	80
D	금융	8	5	90	80	90
E	IT	2	0	90	80	100
F	금융	7	1	70	80	100
G	IT	0	3	100	90	80
H	금융	5	0	90	70	100

① A, C, D ② A, D, H ③ A, F, H
④ C, D, G ⑤ D, G, H

62 O사 해외영업팀 직원들은 해외출장 중 항공기 결항으로 피해를 입었다. 다음 [표]를 바탕으로 항공기 결항 배상을 신청하려고 할 때, 각자 지급받아야 하는 배상액으로 옳지 않은 것을 고르면?

[표1] 해외영업팀 항공기 결항 기록

직원	운항시간	상황	세부 상황	운임
A	3시간	결항	3시간 뒤 대체편 제공	300,000원
B	5시간	결항	2시간 뒤 대체편 제공	400,000원
C	6시간	결항	4시간 30분 뒤 대체편 제공	800,000원
D	2시간	결항	5시간 뒤 대체편 제공	1,000,000원
E	3시간	결항	대체편 제공불가	500,000원

[표2] 국제선 항공편 지연, 결항 보상액 기준

상황	유형	기준	배상액
결항	운항시간 4시간 이내	2시간 이후~4시간 이내 대체편 제공 시	USD 200불
		4시간 경과 후 대체편 제공시	USD 400불
	운항시간 4시간 초과	2시간 이후~4시간 이내 대체편 제공 시	USD 300불
		4시간 경과 후 대체편 제공 시	USD 600불
	대체편 제공 불가 시		운임 전액 환불+USD 600불

※ USD 1불=1,300원으로 환산하여 보상액 지급

① A직원 배상액: 260,000원
② B직원 배상액: 390,000원
③ C직원 배상액: 780,000원
④ D직원 배상액: 520,000원
⑤ E직원 배상액: 1,180,000원

63 **박 차장은 마음에 드는 가방을 구매하고자 이 가방을 판매하는 국가를 찾아보았다. 다음 [표]의 국가별 현재 가방 가격 및 환율을 바탕으로 박 차장이 구매하고자 하는 가방 1개의 최소비용을 고르면?**(단, 엔화는 달러를 기준으로 한 간접 환거래만 가능하며, 비고를 제외한 기타 세금 및 환전 수수료 등은 고려하지 않는다.)

[표1] 국가별 현재 가방 가격

국가	가방 가격	비고
한국	334,000원	8% 할인
미국	298달러	10달러 할인
중국	2,200위안	12% 할인
일본	27,100엔	–
독일	220유로	관세 10% 추가

[표2] 환율

환율 단위	원/달러	원/위안	엔/달러	원/유로
환율	1,120	160	90	1,250

① 302,500원 ② 307,280원 ③ 309,760원
④ 322,560원 ⑤ 325,200원

64 **다음 [표]는 B공장에서 이번 달부터 추가로 생산하는 제품 생산 정보이다. 이 공장에서 추가 생산량에 맞추어 생산설비를 설치하려고 할 때, 설치해야 하는 생산설비의 대수를 고르면?**(단, 생산설비 1대당 최대 8시간 동안 생산이 가능하다.)

[표] 추가로 생산하는 제품별 생산 정보

제품	1대당 생산 시간	하루 생산량
A	2시간	24대
B	3시간	24대
C	1시간	32대
D	2시간	20대
E	3시간	32대

① 28대 ② 30대 ③ 32대
④ 36대 ⑤ 40대

65 MS Excel을 활용하여 다음과 같은 표를 만들었다. 각 항목의 총 재고가치를 일일이 구하여 합산하지 않고 함수식을 이용하여 [C9] 셀의 결괏값을 도출하였다. 이때 [C9] 셀에 들어가야 할 함수식으로 가장 적절한 것을 고르면?

[그림] 워크시트

	A	B	C
1	가격(원)	재고 수량(개)	총 재고가치(원)
2	1,000	10	
3	500	10	
4	3,000	20	
5	5,000	5	
6	10,000	5	
7	5,000	50	50
8	4,000	10	
9	합계	–	440,000

① =VLOOKUP(A2:B8)

② =SUBTOTAL(A2:B8)

③ =SUBTOTAL(A2:A8,B2:B8)

④ =SUMPRODUCT(A2:B8)

⑤ =SUMPRODUCT(A2:A8,B2:B8)

66 MS Excel을 활용하여 다음과 같은 표를 작성하였다. [E3] 셀과 [F3] 셀의 결괏값을 함수식으로 나타낼 경우, 두 셀에 입력해야 할 함수식을 바르게 짝지은 것을 고르면?

[그림] 워크시트

	A	B	C	D	E	F
1	거래처명	매출액(원)	수금액(원)			
2	A	1,733,450	1,733,450		거래 건수	수금 건수
3	B	864,300	387,400		11	7
4	C	264,890	미입금			
5	D	2,786,400	1,475,080			
6	E	579,200	미입금			
7	F	563,000	563,000			
8	G	176,840	미입금			
9	H	1,874,300	1,874,300			
10	I	684,300	미입금			
11	J	3,874,300	1,877,400			
12	K	1,987,400	876,400			

	[E3] 셀	[F3] 셀
①	=COUNT(C2:C12)	=COUNTA(A2:A12)
②	=COUNT(A2:A12)	=COUNTA(C2:C12)
③	=COUNTA(A2:A12)	=COUNT(C2:C12)
④	=COUNTA(A2:A12)	=COUNT(B2:B12)
⑤	=COUNTA(A2:A12)	=COUNTIF(C2:C12)

67 MS Excel을 활용하여 다음과 같은 인사관리 시트를 작성하였다. 판매량이 많은 순으로 순위가 표기되고, 판매량이 60개 이상인 경우 H열에 [H2] 셀부터 '우수', 60개 미만인 경우 '미흡'이 기재되도록 할 때, [G2] 셀과 [H2] 셀에 들어갈 함수식을 바르게 짝지은 것을 고르면?

[그림] 워크시트

	A	B	C	D	E	F	G	H
1	구분	이름	생년월일	사번	부서 코드	판매량(개)	판매순위	기타
2	1	김사랑	750215	4157	110	78	1	우수
3	2	이정우	770123	3567	130	60	2	우수
4	3	허안나	870412	9845	120	50	4	미흡
5	4	박진현	891225	4571	90	52	3	미흡
6	5	최현우	901015	1254	100	39	5	미흡

	[G2] 셀	[H2] 셀
①	=RANK(F2,$F$2:$F$6)	=IF(F2><=60,"미흡","우수")
②	=RANK($F$2:$F$6,F2)	=IF(F2>=60,"미흡","우수")
③	=RANK(F2,$F$2:$F$6)	=IF(F2><=60,"우수","미흡")
④	=RANK($F$2:$F$6,F2)	=IF(F2>=60,"우수","미흡")
⑤	=RANK(F2,$F$2:$F$6)	=IF(F2>=60,"우수","미흡")

68 다음 중 4차 산업혁명의 핵심 기술에 속하지 않는 것을 고르면?

① ICT ② IoT ③ 3D 프린터
④ 빅데이터 ⑤ 로봇 공학

69 A씨는 하드 디스크의 공간이 부족하여 디스크 정리를 하려고 한다. 다음 [보기]에서 디스크 정리로 삭제할 수 있는 파일을 모두 고르면?

보기

㉠ Windows 업데이트 정리
㉡ 사용하지 않은 폰트(*.TTF) 파일
㉢ 임시 인터넷 파일
㉣ DirectX 셰이더 캐시
㉤ 이미지 파일
㉥ Microsoft Defender 바이러스 백신
㉦ 휴지통

① ㉡, ㉢, ㉤, ㉦
② ㉢, ㉣, ㉥, ㉦
③ ㉠, ㉡, ㉢, ㉤, ㉦
④ ㉠, ㉢, ㉣, ㉥, ㉦
⑤ ㉢, ㉣, ㉤, ㉥, ㉦

70 해외여행 후 집에 돌아온 D씨는 컴퓨터의 전원 버튼을 눌렀으나 비프음만 들릴 뿐 컴퓨터가 정상적으로 부팅되지 않는 문제를 겪었다. 다음 중 문제의 원인으로 옳지 <u>않은</u> 것을 고르면?

① RAM이 제대로 꽂혀 있지 않아 메인보드가 메모리 인식을 하지 못했다.
② GPU의 핀 전원이 제대로 공급되지 않았다.
③ 먼지로 인해 발생한 일시적인 접촉 불량일 것이다.
④ 본체 뒤편의 파워 스위치가 OFF로 되어 있었다.
⑤ 바이오스 설정에 충돌이나 에러가 발생하였다.

정답과 해설 P.2

에듀윌이
너를
지지할게

ENERGY

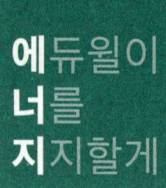

인생에 새로운 시도가 없다면
결코 실패하지 않습니다.

단 한 번도 실패하지 않은 인생은
결코 새롭게 시도해 보지 않았기 때문입니다.

– 조정민, 『인생은 선물이다』, 두란노

PART 01

의사소통능력

NH농협은행

CHAPTER 01

최신경향 분석

영역 소개

의사소통능력은 글의 세부 내용을 파악하여 답을 찾는 유형의 비중이 높은 편이다. 제시문의 상황을 해결하기 위한 방안을 묻기도 하며, 실무와 관련된 고객응대와 보고서 작성법을 묻기도 한다. 온라인 시험으로 전환되면서 지문의 길이는 줄어들었지만 내용 해석이 까다로운 지문도 있었다. 한편 이전 시험보다 금융상품에 관한 문항 비중은 줄어들었다. 이처럼 출제 경향에 차이가 있기 때문에 다양한 문제 유형을 학습해야 한다. 의사소통능력은 다른 출제 영역에 비해 상대적으로 난도가 낮지만 그만큼 정답률을 높여야 하는 영역이다. 따라서 기출 문제 풀이로 유형을 익히고, 다양한 지문을 접하면서 배경 지식과 문해력을 키워야 한다.

출제유형 소개

유형 독해

2024년 필기시험에는 제시문의 핵심과 세부 내용을 파악하는 독해 유형이 많았다. 그밖에도 실무와 관련된 고객응대 등의 유형도 출제되었다.

세부유형	핵심 내용 파악	제시문의 중심 내용을 파악하여 주제나 제목을 고르는 유형
	세부 내용 파악	제시문의 내용을 바탕으로 선택지의 설명이 제시문의 내용과 부합하는지 판별하는 유형
	추론	제시문의 내용을 바탕으로 제시문의 맥락에 상응하는 선택지를 고르거나 문맥상 빈칸에 들어갈 내용을 추론하는 유형 또는 글의 순서에 맞게 문단을 배열하는 유형
	고객응대	추론형의 응용으로 제시문과 자료를 바탕으로 고객 문의에 대한 올바른 답변을 고르는 유형

최신 필기시험 기출분석

2024년

1. 온라인 시험으로 진행되면서 지문의 길이는 줄었지만, 지문의 내용은 어려운 편이었다.
2. 제시문의 상황을 세부적으로 파악하여 해결 방안을 찾는 문항이 출제되었으며, 실무와 관련된 고객응대, 보고서 작성 유형이 출제되었다.
3. 이전 시험보다 금융상품에 관한 문항 비중이 줄어들었다.

2023년

1. 지문의 전반적인 내용을 이해해야 풀 수 있는 추론형과 세부 내용 파악형 문항이 높은 비중으로 출제되었다.
2. 오프라인으로 진행했던 시험 당시의 제시문보다 전반적으로 지문 길이가 짧아졌지만, 지문의 내용이 어려워 체감 난도는 높았다.
3. 경제·금융 관련 키워드뿐만 아니라 다양한 시사 이슈를 소재로 한 글이 제시되었다.

CHAPTER 02 | 대표기출 유형

유형 독해

세부 유형 핵심 내용 파악

다음 글의 제목으로 가장 적절한 것을 고르면?

> 통계청의 인구 경향에 따르면 2023년 7월을 기준으로 출생아 수 2만 명선이 무너져 합계 출산율 0.7명으로 역대 최저를 기록했다. 정부에서는 수많은 저출산 대책을 제시하고 막대한 예산을 투자하고 있지만 실제 효과성에 대한 평가는 부정적이다. 앞으로도 저출산이 지속된다면 노인 가구 수와 노인인구 비중의 증가로 2050년 국내 인구 구조는 65세 이상 고령인구가 40%를 차지할 것으로 보인다. 이제 우리나라는 저출산과 초고령사회 문제에 대한 적극적인 준비가 필요하다.
>
> 고령화 인구가 증가함에 따라 생산가능인구 1인당 부담해야 하는 노인 부양비는 높아지고 있다. 신혼부부의 내집 마련으로 인한 대출, 출산 후 경력단절, 양육비용 등 가계 경제의 부담이 커지는 상황에 놓여있어 청년층의 결혼과 출산 기피 현상은 당연하다. 전문가들은 이러한 사회 인구변동을 고려할 때 청년층의 경제적 부담을 해소할 수 있는 방안과 확실한 저출산 대응책 및 고령 사회에 대비한 사회보장 시스템 마련에 힘써야 한다고 강조하며, 난제의 악순환을 끊어내지 못한다면 앞으로의 우리나라는 인구절벽 위기만 가중될 것이라고 경고하고 있다.

① 우리나라 영유아 양육문제 개선
② 우리나라 고령화의 현안
③ 우리나라 성비 불균형
④ 우리나라 고령인구 감소 원인
⑤ 우리나라 인구감소로 인한 경제 악화

시간단축TIP

핵심 내용 파악 유형은 글의 제목이나 주제로 적절한 것을 고르는 유형이며, 내용 일치나 추론 등의 독해 유형과는 달리 지문을 자세하게 기억하며 읽을 필요는 없다. 따라서 글을 읽어 내려가며 필자가 주장하거나 드러내고자 하는 핵심 논지를 파악하는 것이 중요하다.

정답해설

우리나라의 역대 최저 합계 출산율과 초고령사회 진입에 따른 인구 절벽 위기와 그에 대한 대책 마련 시급에 대해 말하고 있으므로 '우리나라 고령화의 현안'이라는 제목이 적절하다.

[오답풀이]

① 우리나라 청년들의 결혼과 출산 기피 현상에 대해서는 언급하지만 영유아 양육문제 개선에 대한 구체적인 내용은 확인할 수 없으므로 제목으로 적절하지 않다.

③ 우리나라 인구 성비 불균형에 대해서 언급하지 않아 제목으로 적절하지 않다.

④ 우리나라 노인 가구 수와 노인인구 비중의 증가로 초고령사회에 대한 대비가 필요하다는 내용이므로 고령인구 감소 원인과는 상반되는 내용으로 적절하지 않다.

⑤ 우리나라 저출산, 고령화로 직면한 인구 절벽 현실에 대해 언급하나 구체적인 경제 악화에 대한 내용은 찾을 수 없으므로 제목으로 적절하지 않다.

| 정답 | ②

세부 유형	세부 내용 파악

다음 글을 읽고 K 사원이 이해한 것으로 옳지 않은 것을 고르면?

> 국내에 방카슈랑스가 도입된 지 20주년을 맞이한 가운데 규제 완화를 놓고 찬반 의견이 팽팽히 맞서고 있다. 규제 완화를 찬성하는 입장에서는 법인 보험대리점 팽창, 플랫폼 회사의 보험업 진출 등 과거와 다른 보험판매 환경이 형성된 상황에서 규제의 실효성이 퇴색됐다는 주장이다. 반면 '불완전 판매 우려'와 '중소형사 경쟁력 약화'에 대한 문제가 여전히 존재한다는 주장도 있다.
>
> 방카슈랑스는 지난 2003년 8월에 도입된 제도로, 보험사가 은행 등과 제휴를 해서 보험상품을 위탁판매하는 것을 의미한다. 그동안 단계별로 판매 보험상품의 종목이 확대됐으나, 2008년 4월 시행 예정이었던 4단계 시행(종신보험 및 자동차보험 종목 허용)은 논란 끝에 유보됐다.
>
> 이에 따라 현재 방카슈랑스 제도는 △종신보험 등 개인보장성 상품 및 자동차보험은 취급할 수 없도록 제한하는 '판매상품 규제' △특정 보험사 상품을 25% 이상 팔 수 없도록 하는 '판매비중 규제' △각 점포별로 최대 2명의 범위 내에서만 방카슈랑스 상품을 판매하도록 하는 '판매인 수 규제'를 적용하고 있다. 계열사 간 몰아주기를 막기 위해 마련한 규정이지만, 판매비중을 지키기 위해 연초에 경쟁력 있는 보험상품을 팔고, 이후 판매를 중단하는 상황까지 발생하고 있다. 점포별로 보험 판매를 맡는 직원 수는 최대 2명까지만 가능하고 보험 외에 대출 업무 등 다른 금융 서비스를 제공할 수 없다. 판매 장소도 오프라인 점포와 인터넷 홈페이지로 한정돼 있어, 은행들도 온라인 보험 비교·추천 플랫폼에 입점할 수 있게 해 공정한 경쟁 환경을 조성해야 한다는 주장도 있다.

① 현재 종신보험 및 자동차보험 종목은 은행에서 판매할 수 없다.
② 판매상품 규제는 계열사 간 몰아주기를 막기 위해 마련한 규정이다.
③ 방카슈랑스는 '판매상품·판매비중·판매인 수'를 제한하는 규제를 받고 있다.
④ 규제로 인해 고객이 원하는 상품을 가입하지 못하는 경우가 발생할 수 있다.
⑤ 방카슈랑스는 보험사가 은행 등과 제휴를 하여 보험상품을 위탁판매하는 제도이다.

시간단축TIP

세부 내용 파악 유형의 경우 문제의 오답 선택지는 제시문에서 언급되지 않은 내용을 포함하거나, 언급된 내용과 반대되는 내용의 선택지로 주어지는 경우가 대부분이다. 그러므로 각 선택지의 내용이 글에서 명확하게 언급되어 있는지 확인하는 것이 중요하다.

정답해설

3문단에 따르면 계열사 간 몰아주기를 막기 위해 마련한 규정은 특정 보험사 상품을 25% 이상 팔 수 없도록 하는 '판매비중 규제'이다.

[오답풀이]

① '그동안 단계별로~유보됐다.'는 내용을 통해서 현재 종신보험 및 자동차보험 종목은 은행에서 판매할 수 없음을 확인할 수 있다.

③ '이에 따라 현재~적용하고 있다.'는 내용을 통해서 방카슈랑스는 '판매상품 · 판매비중 · 판매인 수'를 제한하는 규제를 받고 있음을 알 수 있다.

④ '계열사 간 몰아주기를~발생하고 있다.'는 내용을 통해서 규제로 인해 고객이 원하는 상품을 가입하지 못하는 경우가 발생할 수 있음을 알 수 있다.

⑤ '방카슈랑스는 지난 2003년~의미한다.'는 내용을 통해서 방카슈랑스는 보험사가 은행 등과 제휴를 하여 보험상품을 위탁판매하는 제도임을 알 수 있다.

| 정답 | ②

세부 유형	추론

다음 글을 읽고 추론한 내용으로 적절하지 않은 것을 고르면?

> QR코드는 2차원 형식으로 된 바코드다. 한 방향으로 나열된 막대를 통해 정보를 담은 바코드에서 더 나아가 가로세로 두 방향으로 정보를 담을 수 있도록 해 정보량 및 활용도를 늘렸다. QR코드 결제는 지자체에서 자영업자들의 카드 결제 수수료 절감을 위해 개발한 간편결제 서비스에서 활발히 응용된다.
>
> QR코드 결제는 QR코드 생성자의 주체에 따라 CPM(Customer Presented Mode) 방식과 MPM(Merchant Presented Mode) 방식으로 나뉜다. CPM은 소비자가 QR코드를 생성해 내면 이를 가맹점주가 스캔해 통신하는 방식이다. 소비자 입장에서는 QR코드를 가맹점에 제시하는 CPM 방식이 가장 간편하다. MPM은 반대로 가맹점주의 QR코드를 소비자가 휴대폰으로 읽어내는 방식이다.
>
> MPM은 다시 고정형과 변동형으로 구분된다. 고정형은 하나의 고정된 QR코드로 통신하는 방식으로 소비자가 가맹점의 QR코드를 스캔한 후 거래금액을 입력해야 한다. 가게 내 부착된 QR코드 스티커를 소비자가 스캔하고 가격을 입력하고 가맹점주가 이를 확인하고 승인하면 결제가 완료된다. 변동형은 가맹점의 포스(POS)단말기를 통해 결제 시마다 새로운 QR코드를 띄우는 방식으로 거래금액 정보가 포함돼 소비자가 별도로 거래액을 입력하지 않아도 된다. 다만 이를 위해서는 포스 단말기 구입과 프로그램 개발에 따른 별도 비용이 발생한다.

① QR코드 결제를 위해 QR코드를 읽는 단말기가 필요하다.
② 변동형 MPM방식은 고정형 MPM방식에 비해 추가 비용이 발생한다.
③ 자영업자들은 지자체가 제공하는 결제 플랫폼을 통해 비용을 절감할 수 있다.
④ QR코드를 이용한 결제 시 가맹점주 입장에서는 MPM이 CPM보다 편하다.
⑤ 고정형 MPM은 QR코드 스티커만 부착하면 돼 가맹점주의 비용 부담이 적은 편이다.

시간단축TIP

추론 유형의 경우 문제의 오답 선택지는 제시문에서 언급되지 않은 내용을 포함하거나, 언급된 내용과 반대되는 내용의 선택지로 주어지는 경우가 대부분이다. 그러므로 각 선택지의 내용이 글에서 명확하게 언급되어 있는지 확인하는 것이 중요하다.

정답해설

CPM은 소비자가 QR코드를 생성해내면 이를 가맹점주가 스캔해 통신하는 방식이고, MPM은 가맹점주의 QR코드를 소비자가 휴대폰으로 읽어내는 방식이다. 고정형 MPM의 경우 소비자가 거래금액을 입력하고, 가맹점주는 이를 확인을 해야 한다는 내용만 제시되어 있다. 이를 통해 가맹점주 입장에서 MPM이 CPM보다 편하다는 내용은 추론할 수 없다.

[오답풀이]

① QR코드를 스캔해야 결제를 할 수 있으므로 휴대폰 등의 단말기가 필요함을 알 수 있다.

② 변동형 MPM방식은 가맹점의 포스(POS)단말기를 통해 결제 시마다 새로운 QR코드를 띄우는 방식으로 거래금액 정보가 포함돼 소비자가 별도로 거래금액을 입력하지 않아도 된다. 다만 이를 위해서는 포스 단말기 구입과 프로그램 개발에 따른 별도 비용이 발생한다는 내용을 통해 변동형 MPM방식은 고정형 MPM방식에 비해 추가 비용이 발생함을 알 수 있다.

③ 지자체에서 자영업자들의 카드결제 수수료 절감을 위해 간편결제 서비스를 개발했다는 내용을 통해 추론할 수 있다.

⑤ 고정형 MPM은 포스단말기 구입과 프로그램 개발을 위한 비용 대신 QR코드 스티커만 부착하면 되므로 가맹점주의 비용 부담이 적은 편이다.

| 정답 | ④

세부 유형	고객응대

다음 안내문의 내용을 바탕으로 고객문의에 답변할 때, 가장 적절한 것을 고르면?

주택채권안내

국민주택채권은 부동산등기 및 각종 인허가 신청 시 또는 국가·지방자치단체·정부투자기관과 건설공사의 도급계약을 체결할 때 필요합니다.

■ 발행조건
- 상환기간: 발행일로부터 5년
- 이율: 연 1.30%(연 단위 복리)

■ 발행일 및 등록일
- 발행일: 매출한 달의 말일
- 채권등록: 매입 익일

■ 중도상환
- 중도상환 대상요건
  - 당해 면허, 허가 또는 인가가 국민주택채권 매입자의 귀책사유 없이 철회되거나 취소된 경우
  - 국민주택채권 매입대상자가 아닌 자가 착오로 인하여 매입하였거나 법정 매입금액을 초과하여 매입한 경우
  - 국가, 지방자치단체 또는 정부투자기관과 건설공사의 도급계약을 체결한 자가 그의 귀책사유 없이 계약을 취소당한 경우
- 중도상환 신청방법
  - 즉시매도: 농협은행 영업점에서 직접 중도상환신청(당일은 매입 취소 가능)
  - 계좌입고: 증권사에서 출고신청 후 농협은행 영업점에서 중도상환 신청

■ 등록채권의 중도상환
- 등록채권 중도상환의 기본사항
  - 매입액 중 일부가 사용된 경우 나머지 미사용 금액을 중도상환 받을 수 있습니다.
  - 사용하지 않은 경우에는 채권 매입액 전액을 중도상환 받을 수 있습니다.
  - 등록채권 중도상환은 16:00까지 가능합니다.
- 매입즉시 매도한 경우 중도상환
  - 농협과 증권사 간 연계시스템을 구축하여 농협영업점에서 One-stop Service를 제공합니다.

[고객문의]

제가 아파트를 매수하면서 국민주택채권을 매입하였는데 저의 귀책사유가 아닌 집주인의 계약파기로 인해 필요가 없어졌습니다. 매입 취소가 가능하나요?

① 국민주택채권은 국가가 원리금 상환을 보증하는 채권이며, 국민주택기금의 재원으로 활용됩니다.

② 농협창구에서 매입과 동시에 매도할 수 있습니다. 즉시 매도하는 경우에는 전체 발행금액이 아닌 본인부담금(차액)만 있으면 매도가 가능합니다.

③ 당초 매입한 점포에서 「국민주택채권 매입내역정정신청서」에 정정내용을 기재하여 제출하시면 매입 내역 정정이 가능합니다.

④ 취소는 매입 당일 중에만 가능하며, 익일 이후에는 증권사에서 출고신청 후 중도상환을 하셔야 합니다. 따라서 취소사유가 발생한 경우에는 즉시 영업점에 조치하셔야 합니다.

⑤ 매입액 중 일부가 사용된 경우 나머지 미사용 금액을 중도상환 받을 수 있으며 중도상환은 할인율 및 수수료 등이 감안되어 계산됩니다.

시간단축TIP

고객응대 유형은 응대 및 서비스 관련 매뉴얼 또는 상품 약관과 함께 고객의 문의사항 또는 실무 상황이 글로 제시된다. 따라서 주어진 자료를 모두 숙지하고 풀기보다는 출제 의도가 담겨 있는 내용을 대략적으로 파악한 뒤, 이와 관련된 내용 위주로 찾아가면서 문제해결에 대해 판단 및 확인하면 문제 풀이 시간을 단축할 수 있다.

정답해설

고객은 국민주택채권을 매입하였으나 집주인의 계약파기로 인해 국민주택채권의 매입을 취소할 수 있는지를 묻고 있다. 안내문에 근거하면 매입 당일 취소가 가능하다고 언급하고 있으므로 이를 안내해야 한다. 한편 매입 익일부터는 등록채권으로 분류되어 중도상환 절차에 따른 사항을 안내해야 한다.

[오답풀이]

① 고객이 문의한 내용과 관련이 없다.

② 취소에 관한 안내가 아닌 매도에 관한 안내이므로 적절하지 않다.

③ 매입정정에 관한 안내이므로 적절하지 않다.

⑤ 고객의 문의 내용을 보았을 때, 매입액 중 일부가 사용된 경우가 아니므로 해당 내용을 안내할 필요가 없다.

| 정답 | ④

CHAPTER 03 | 유형연습 문제

유형 독해

01 다음 글의 주제로 가장 적절한 것을 고르면?

> 농업기계는 농작업의 특성상 같은 반복 작업이 이뤄지기 때문에 단순히 A지점에서 B지점으로 이동하는 A·B라인 직진 주행 기능만으로도 작업자에게는 큰 이점을 안겨 준다. 예를 들어 일반 트랙터로 로터리 작업을 수행하는 경우 작업 상태 확인을 위해 수시로 뒤돌아봐야 하는 작업 과정은 전방주시를 소홀히 할 수밖에 없어 사고위험이 높아진다. 또한, 장시간 반복 작업으로 이뤄지는 농작업의 경우에는 반복 작업에 따른 작업 피로도와 압박강도가 높을 수밖에 없다. 농작업 분야에 자율주행이 가능해지면 이와 같은 사고 위험성과 작업 피로도를 낮출 수 있다.
>
> 현재 글로벌 농기계 기업의 자율주행 기술과 비교해 국내 농기계 기업의 자율주행 개발기술 수준은 아직 상용화 단계까지 더 많은 연구가 필요한 것이 사실이지만, 직진 자율주행의 경우에는 고정밀 위치정보기술을 사용해 오차범위 2cm 이내로 작업이 가능할 정도로 정밀도 측면에서 뒤처지지 않는다. 따라서 국내 자율주행 농기계의 활성화를 위해서는 운전자가 설정한 직진 경로만을 자율주행 할 수 있는 'Level 1' 기능의 농업기계 개발과 보급 확대에 초점을 두는 것이 현실적인 대안일 수 있다. 특히 자율주행 기술적용으로 작업 피로도 경감과 인력 절감 효과가 큰 분야인 방제작업과 고령화 인력을 대체하기 위한 소형운반차·야간 자율작업 등의 농업기계 분야에 우선적으로 접목되는 것이 고령화와 농촌 인력 감소로 어려움을 겪고 있는 우리나라 실정에 적합할 것이다.

① 농업기술 혁신: 완전자율주행시대 도래
② 농업기계의 자율주행 기술과 국내 농기계 기업의 방향성
③ 농업기술과 생산량 증대 속도의 관계
④ 농업인의 감소 방지 대책
⑤ 국내 농기계 기업의 자율주행 기술 우수성

02 다음 글의 내용과 일치하는 것을 고르면?

> 우리나라 청소년금융교육협의회에서 제시한 청소년 대상의 금융이해력 조사에 따르면, 표본집단 고등학교의 2학년 학생 717명 평균 점수는 46.8점대로 미국 금융교육기관에서 설정한 낙제 점수 60점보다도 훨씬 낮은 수준이었다. 또한 한국은행이 2023년에 발표한 2022년 19~79세 대상 '전 국민 금융이해력 조사'에 따르면 디지털 금융이해력이 100점 만점에 42.9점에 불과하다고 한다. 청소년부터 성인까지 돈을 어떻게 관리해야 하는지 모르는 금융 문맹률이 높다고 볼 수 있다.
>
> 집에서도 학교에서도 금융경제에 대한 기본적인 지식을 가르치지 않아 금융 취약 계층 청소년은 금융 범죄 사기의 먹잇감이 되기 십상이다. 금융 선진국에서는 공교육에 금융교육을 의무화하는 반면, 우리나라에는 금융교육을 정규 교육과정에 포함해야 한다는 주장도 있었지만 반영은 되지 않았다. 그 이유는 경제 과목을 가르칠 교사의 수도 많지 않을뿐더러 우리나라는 입시와 취업 위주 교육에 집중하기 때문이다. 하지만 지금이라도 금융 문맹률을 낮추기 위한 노력을 사회가 기울이지 않는다면, 금융 취약 계층인 청소년과 고령층, 금융 문맹자는 지능화된 금융 불법 범죄 피해에 계속 노출될 것이다.
>
> 금융 환경도 디지털화 흐름을 타는 중이다. 다양한 금융 범죄, 사기, 사고, 손실, 피해를 줄이기 위해서라도 정부는 청소년이 건전한 경제 주체로 성장할 수 있도록 힘써야 한다. 공교육에서 내실 있는 금융교육 기회를 마련함과 동시에, 성인 대상의 금융이해력 교육 프로그램도 함께 진행하여 금융 사고를 예방할 수 있도록 해야 한다.

① 우리나라 청소년들의 금융이해력 조사 평균 점수가 하위권이다.

② 2023년 실시한 성인 대상 금융이해력 조사에 따르면 디지털 금융이해력 50점 이하의 점수를 받았다.

③ 우리나라는 금융 취약 계층 청소년을 위하여 정규 교육과정에 금융교육을 편성했다.

④ 우리나라는 입시와 취업 위주의 교육보다는 실용적인 지식을 전달하는 교육에 집중한다.

⑤ 우리나라 19~79세의 금융 문맹률이 높아 다양한 금융 범죄 사기에 노출될 가능성이 크다.

03 다음은 'NH올원뱅크 해외결제 서비스' 이용약관의 일부이다. 이를 바탕으로 한 고객문의에 대한 답변 ㉠~㉤ 중 적절하지 않은 것을 모두 고르면?

> 제7조("서비스"의 이용)
>
> ① "이용자"는 "회사"와 "서비스" 이용에 대한 계약을 체결한 해외 오프라인 가맹점에서 "서비스"를 이용할 수 있습니다.
>
> ② 오프라인 가맹점에서의 결제는 "NH올원뱅크 앱" 실행 후 가맹점에 비치된 QR코드를 "NH올원뱅크 앱"을 통해 스캔하거나 또는 "NH올원뱅크 앱"에서 생성한 QR코드를 가맹점에서 스캔하고 "인증정보"를 제출한 후 결제 승인 절차를 완료합니다.
>
> ③ 오프라인 가맹점에서 결제 취소는 "NH올원뱅크 앱" 실행 및 취소할 거래 내역 조회를 통해 결제 시 사용한 "가상카드번호"를 가맹점에 제시하여 결제와 동일한 방법으로 처리하거나, "이용자"의 요청에 의한 가맹점의 취소에 의해 처리됩니다.
>
> ④ "서비스" 이용시간은 연중무휴 1일 24시간을 원칙으로 하나, 서비스의 종류 및 내용에 따라 일부 서비스는 따로 이용시간을 정할 수 있습니다.
>
> 1. 매일 00:00~00:30(30분간)은 시스템 점검에 따라 서비스 제공이 중단됩니다.
> 2. 매월 3주차 첫 영업일 00:00~04:00은 시스템 정기점검으로 인하여 서비스 제공이 일시 중단됩니다.
> 3. 세부 서비스별 이용시간은 "NH올원뱅크 앱"에 게시합니다.
>
> 제8조(정보의 제공)
>
> "회사"는 "서비스"의 운영과 관련한 정보와 공지사항을 "이용자"에게 통지할 때 "회사"의 홈페이지나 "NH올원뱅크 앱"의 서비스 화면에 게재하고, 또한 "이용자"가 "회사"에 지정한 전자우편(e-mail), 휴대폰 문자메시지 서비스, PUSH 알림 등을 통하여 통지합니다.

> [고객문의]
>
> 얼마 전 해외여행에서 사용하기 위해 NH올원뱅크 앱을 설치하여 대상 카드를 등록하였는데, 몇 가지 궁금한 사항이 있어 문의 드립니다. NH올원뱅크 해외결제 서비스는 해외의 모든 매장에서 이용할 수 있는 건가요? 그리고 실물카드가 아닌데 결제를 취소하고 싶은 경우 어떻게 해야 할지, 또 해외결제 서비스 관련 정보는 어떤 방식으로 받아볼 수 있는지도 궁금합니다.
>
> [답변]
>
> 안녕하세요, 고객님. 고객님께서 등록하여 이용하시고자 하는 ㉠ NH올원뱅크 해외결제 서비스는 가맹점 또는 NH올원뱅크 앱의 QR코드를 통해 결제하는 시스템으로, ㉡ 해당 서비스에 대한 계약을 체결한 해외의 오프라인 가맹점에서만 사용 가능합니다. ㉢ 결제 후 취소를 원하실 경우 실물 카드를 지참해 제시해 주셔야 합니다. 결제 내역의 경우, NH올원뱅크 앱과 전자우편, 문자서비스 등으로 확인하실 수 있습니다. 단, ㉣ NH올원뱅크 앱을 이용하실 경우 매일 자정부터 새벽 4시까지는 시스템 점검으로 인해 서비스를 이용하실 수 없으며, ㉤ 서비스 이용과 관련한 정보 확인은 고객님이 원하시는 방법으로 지정하여 이용하실 수 있습니다.

① ㉠, ㉡　　② ㉢, ㉣　　③ ㉠, ㉡, ㉤
④ ㉡, ㉢, ㉣　　⑤ ㉢, ㉣, ㉤

04 다음 글을 읽고 추론할 수 있는 내용으로 가장 적절한 것을 고르면?

> 금이 세계 화폐의 중심이 되는 금본위제도는 금이 화폐와 어떻게 교환되는가에 따라 몇 가지로 나뉘는데, 우선 '금화본위제'는 영국을 중심으로 제1차 세계대전 이전까지 운영된 제도로, 금화가 유통되고 금화의 자유로운 주조와 금 수출입의 자유가 인정되는 가장 원시적인 형태이다. '금지금본위제'란 금의 자유로운 주조를 인정하지 않고 화폐 발행기관이 일정 가격으로 금을 매입·매각할 의무를 가짐으로써 금과 지폐와의 관계를 유지하는 제도이다. 그리고 '금환본위제'란 한 국가의 통화를 다른 국가에서 발행한 환어음과 바꾸는 방식이다. 이때 환어음은 자국통화를 일정 환율로 금과 바꿀 수 있는 나라에서 발행하기 때문에 각국은 이 나라(금본위국)를 통해 화폐단위와 금의 등가관계를 유지할 수 있다.
>
> 영국은 19세기 초에 최초로 금본위제도를 채택하였는데, 금을 기초로 한 통화 중 영국 파운드화는 세계 무역 결제 금액 가운데 60%를 장악하였고, 런던 금융시장은 전 세계 투자의 절반을 소화했다. 하지만 국제금본위제도는 제1차 세계대전의 전쟁비용 마련 때문에 많은 돈을 찍어내면서 막을 내렸다. 결국 영국은 1914년에 금본위제 포기를 선언하였다.
>
> 그 후 1944년부터 금본위제도의 중심 통화를 파운드화에서 미 달러화로 바꾼 브레턴우즈 체제가 유지되었다. 브레턴우즈 체제와 고전적 금본위제와의 결정적인 차이는 각국의 중앙은행이 금 태환을 독자적으로 행하는 것이 아니라 미국만이 독점적으로 금 태환을 실시하는 것으로써, 타국 통화는 모두 USD와의 환전을 통해 간접적으로 금과 연결되었다. 세계 각국의 화폐가 (주기적으로 변경되는) 고정 환율로 달러에 고정되고, 달러는 35달러당 1온스로 교환할 수 있게 고정한 것이다. 하지만 베트남 전쟁 후 미국이 보유한 금의 양은 점점 바닥을 보이기 시작했고, 미국 정부의 막대한 부채를 감당할 능력이 없던 닉슨 대통령은 1971년 달러와 금을 교환하는 금 태환 정지를 선언한다.

① 금본위제도에서 중앙은행들은 금의 확보보다는 물가를 조절하는 데 초점을 맞추었을 것이다.
② 브레턴우즈 체제의 금본위제에서 미국을 제외한 국가의 통화와 금의 결합은 직접적이고 강력하게 유지되었다.
③ 1차 세계대전 이후에는 금본위제가 실질적인 역할을 하지 못하다가 다시 영국을 중심으로 재정비되었다.
④ 금화본위제는 여러 사람을 거쳐 사용하다 보니 화폐의 훼손도가 높고, 무게가 많이 나가는 단점이 있었을 것이다.
⑤ 금본위제는 두 나라 간의 통화 간 가치 기반이 금으로 고정되어 있어 경제 변동에 신속하게 대처할 수 있었을 것이다.

05 다음은 레버리지 분석에 대한 설명이다. 이를 읽고 이해한 바로 옳지 않은 것을 고르면?

사전적 의미의 레버리지란 지렛대 작용을 의미하며, 경영에서 레버리지 효과란 지렛대를 이용하면 작은 힘으로 무거운 물체를 들어올리듯이 비용을 투입하여 수익을 확대하는 것을 말한다. 레버리지 효과는 재무레버리지와 영업레버리지로 구분된다.

영업레버리지 효과란 고정영업비에 의해 발생하는 손익확대 효과이다. 고정영업비용은 매출량과 관계없이 일정하게 발생하는 비용으로 인건비, 임차료, 감가상각비 등이다. 기업 경영에서 매출액에 대한 고정비용의 비율이 작을수록 생산량의 변화에 따르는 이익의 변동률이 작아지게 되어 기업의 안정화가 이루어질 수 있는데, 이러한 고정비용의 역할이 영업레버리지이다. 영업레버리지 분석은 매출액과 고정영업비용, 영업이익의 변화 사이에 나타나는 관계를 분석하는 것으로, 영업레버리지도(DOL)로 표현할 수 있다. 영업레버리지도란 매출액 또는 판매량이 변동할 때 영업이익이 어느 정도 변동할 것인가를 측정하는 지표로, 매출액 증감률에 대한 영업이익 증감률의 비율을 말한다.

$$\text{DOL}=\frac{\text{영업이익 증감률}}{\text{매출액 증감률}}$$

한편 기업은 타인자본을 끌어와 더 큰 수익을 견인할 수 있는데, 이를 재무레버리지 효과라고 한다. 타인자본의 비율이 클수록 영업이익의 변동률이 확대되어 이익의 변동률은 그 이상으로 커진다. 재무레버리지는 총비용 중 고정금융비용의 비중을 의미하는데, 부채의존도가 높을수록 고정금융비용의 부담이 증가하기 때문에 영업이익의 변동에 비해 순이익이나 주당순이익의 변동이 큰 폭으로 확대된다. 재무레버리지는 총자본에 대한 부채의 비율이 증가함에 따라 증가하므로 투자자들은 재무레버리지와 재무위험을 동일하게 간주하며, 재무레버리지도(DFL)를 통해 이를 확인할 수 있다. 재무레버리지도란 영업이익 증감률에 대한 주당순이익의 증감률이며, 일반적으로 타인자본의존도가 클수록 이자비용의 부담도 늘어나 재무레버리지도가 높게 나타나는 경향이 있다.

$$\text{DFL}=\frac{\text{주당순이익 증감률}}{\text{영업이익 증감률}}$$

① 고정영업비용은 재무레버리지를 발생시켜 매출액 변화 대비 높은 영업이익을 발생시킨다.
② 영업레버리지가 높으면 영업위험이 높다.
③ 재무레버리지가 높을수록 영업이익의 감소율보다 세후순이익의 감소율이 커진다.
④ 영업레버리지와 재무레버리지를 통해 매출액 증감률 대비 주당순이익 증감률을 구할 수 있다.
⑤ 매출액이 10% 변동할 때 영억이익이 50% 변동하면 DOL는 5이다.

06 다음 글의 빈칸에 들어갈 문장으로 가장 적절한 것을 고르면?

심리학에서 감각은 어떠한 자극의 존재를 알아차리는 것으로, 자극에 대한 뇌의 해석 과정이라고 볼 수 있다. 인간의 감각세포는 무수히 많은 자극에 노출되지만 모든 자극이 지각되고 해석되는 것은 아니다. 자극이 뇌가 의식적으로 해석할 수 있는 감각 정보의 수준인 절대역에 미치지 못하기 때문이다.

절대역이란 자극의 존재를 알아차리는 최소한의 에너지 강도로, 개인이 감각을 경험할 수 있는 가장 낮은 수준이자 자극에 대한 탐지를 측정하는 개념이다. 사람의 감각은 자극 에너지가 일정 이하로 절대역에 도달하지 못하면 자극의 탐지가 이루어지지 않는다. 예를 들어 특정 제품을 소비자가 인지하려면 광고, 마케팅 활동 등 노출되는 자극이 최소한의 절대역을 지니고 있어야 한다. 이러한 절대역은 개인마다 그 수준이 상이하며, 변화가 없는 일정한 자극 조건에서는 절대역의 증가, 즉 감각이 둔해질 수 있다.

절대역이 자극의 탐지와 관련된 개념이라면 자극의 변별과 관련된 용어로 차이역이 있다. 차이역은 두 자극 간의 차이를 감지할 수 있는 최소한의 에너지 강도의 차인 '최소 가치 차이'를 말한다. 절대역과 마찬가지로 차이역 또한 개인마다 다른데, 예를 들어 어떤 사람은 10g과 15g의 차이를 구분할 수 있지만, 또 어떤 사람은 10g과 25g 정도가 되어야 차이를 구분할 수 있다.

19세기에 생리학자 하인리히 베버는 이와 같은 최소 가치 차이를 수식화한 베버의 법칙을 발표했다. 베버의 법칙에 따르면 자극을 받고 있는 감각기에서 자극의 크기가 변화된 것을 느끼기 위해서는 처음에 약한 자극을 주면 자극의 변화가 적어도 그 변화를 쉽게 감지할 수 있다. 그러나 처음에 강한 자극을 주면 자극의 변화를 감지하는 능력이 약해져서 작은 자극은 느낄 수 없으며 더 큰 자극에서만 변화를 느낄 수 있다. 즉, (   )

예를 들어 처음에 강도가 100럭스인 빛에 자극되었을 경우 자극의 변화량이 1럭스 이상이어야 그 밝기의 변화를 느낄 수 있고 만약 처음 빛이 1000럭스였을 경우 자극의 변화량이 10럭스 이상이 되어야만 밝기의 변화를 느낄 수 있다. 베버는 이 법칙이 우리의 감각기가 수용할 수 있는 범위에서만 적용되며 자극의 세기가 너무 크거나 약할 경우에는 적용되지 않는다고 보았다.

이러한 절대역과 차이역은 오늘날 소비자 행동을 이해하고 마케팅을 전략적으로 활용하는 데 활발하게 이용되고 있다. 제품의 변화를 소비자들이 인지하게 할 것인지, 또는 어떠한 변화는 있지만 기존과의 차이를 감지하지 못하게 할 것인지의 문제는 판촉과 이미지 전략에 중요한 요소로 작용한다.

① 베버의 법칙은 자연 환경에만 적용될 수 있다는 것이다.
② 지각에 필요한 변화의 양이 원래 자극의 크기에 비례한다는 것이다.
③ 자극은 자극의 강도 외에도 사전 경험, 순간의 감정 등의 영향을 받는다.
④ 절대역과 달리 차이역은 사람마다 다른 상대적인 개념이라는 것이다.
⑤ 절대역 이하의 자극이더라도 무의식중에 변화를 감지할 수 있다.

07 다음 글을 읽고 추론한 내용으로 적절하지 않은 것을 고르면?

정밀농업이란 한마디로 말해 농업에 ICT 기술을 활용하는 것이다. 농작물 재배에 영향을 미치는 요인에 관한 정보를 수집하고, 이를 분석하여 불필요한 농자재 및 작업을 최소화함으로써 농산물 생산 관리의 효율을 최적화하는 시스템이다.

정밀농업은 '관찰'과 '처방', 그리고 '농작업' 및 '피드백' 등 총 4단계에 걸쳐 진행된다. 1단계인 관찰 단계에서는 기초 정보를 수집해서 센서 및 토양 지도를 만들어내고, 2단계인 처방 단계에서는 센서 기술로 얻은 정보를 기반으로 농약과 비료의 알맞은 양을 결정해 정보 처리 분석 기술로 이용한다. 다음으로 3단계인 농작업 단계에서는 최적화된 정보에 따라 필요한 양의 농자재와 비료를 투입하고, 마지막 4단계인 피드백 단계에서는 모든 농작업을 마치고 기존의 수확량과 비교하면서 데이터를 수정 보완하여 축적한다. 정밀농업은 하나의 기술을 일컫는 단어가 아닌, 농업의 새로운 변화를 이야기하는 총체적인 개념이다. 따라서 비료를 살포하는 양을 정하는 과정도 통계와 ICT를 기반으로 하는 과학적 시스템을 토대로 정하는 것이 특징이다.

정밀농업에 주목하는 이유에 대해 전문가들은 부족한 노동력에 대응할 수 있는 농법이라는 점과 불확실성을 감소시킬 수 있다는 점, 그리고 친환경과 경제성을 동시에 달성할 수 있다는 점을 꼽는다. 부족한 노동력에 대응할 수 있는 이유는 스마트팜 형태로 농업이 운영되기 때문이다. 스마트 기기를 활용하여 실시간으로 농작물의 상태를 확인하면서 적절한 조치를 취할 수 있고, 자동주행기술의 발달로 농기계까지 자동화되면서 최소한의 인력만 가지고도 운영할 수 있다. 또한 불확실성 감소는 농업이 갖고 있는 취약점을 보완하는 정밀농업만의 강점이라 할 수 있다. 토양에 대한 정보의 시각화로 지도가 만들어지고, 각종 센서 기술들로 부족한 양분과 취약한 병충해 관리가 가능해지므로 불확실성이 감소되는 것이다. 친환경과 경제성을 동시에 달성할 수 있는 정밀농업의 특성을 통해 지속가능한 농업을 가능해 질 것이다. 실제로 정밀농업을 적용한 스페인 농가의 경우 비료의 평균 사용량이 14% 정도 감소했고, 물 사용량도 25%나 감소한 반면에 생산성은 20%가량 증가하였다.

정밀농업은 양질의 일자리 창출에도 많은 기여를 할 것으로 전망되고 있다. 정밀농업을 전담하는 기술자는 농산물 생산에 영향을 주는 요소인 토양과 생육 분야 등을 연구하고 지리정보체계(GIS) 같은 지구과학 기술을 활용해서 정확한 정보를 분석한다. 따라서 정밀농업기술자가 되면 농촌진흥청이나 농업기술센터 등에 취업하여 기술직이나 연구직 등에 종사할 수 있다. 정부도 법·제도적 차원에서 정밀농업 활성화 계획을 수립하고 있으므로, 앞으로 정밀농업기술자에 대한 수요가 점차 늘어날 것으로 전망된다.

① 농업에 ICT 기술을 활용함으로써 생산량의 불확실성을 감소시킬 수 있다.
② 각 단계별로 농작물의 상태를 고려하지 않더라도 불필요한 농자재 및 작업을 최소화할 수 있다.
③ 다양한 기술이 활용된다는 점에서 이를 대상으로 하는 새로운 기업이 출현하는 계기가 될 수 있다.
④ 화학비료와 살충제 사용 등으로 오염이 되어 농작물 생산 규모가 줄어드는 것을 극복하는 방안이 될 수 있다.
⑤ 스마트팜 형태로 농업이 운영되기 때문에 관련된 기술직이나 연구직과 같은 일자리 창출이 가능하다.

08 **다음 신문기사를 읽고 [보기]와 같이 대화를 나누었을 때, 대화의 결론으로 가장 적절한 것을 고르면?**

NH농협은행은 중앙은행 디지털화폐(이하 CBDC) 대응 파일럿시스템을 구축하고 자체 CBDC 모의테스트를 성공적으로 완료했다고 2022년 8월에 밝힌 바 있다. NH농협은행은 이번 파일럿시스템 구축으로 한국은행이 CBDC 도입 시 블록체인 플랫폼과 전자지갑을 활용해 원활한 유통과 결제 서비스를 제공할 수 있는 기술을 확보하게 됐다고 설명했다. 특히 금융권 최초로 이더리움 계열과 하이퍼레저 블록체인 플랫폼 2종을 구축함으로써 블록체인 기반 서비스의 확장성과 유연성을 확보하는 계기를 마련했다. NH농협은행은 이렇게 구축한 블록체인 플랫폼을 활용하여 연말까지 대체불가토큰, NH농협은행 자체 디지털화폐 및 멀티자산 전자지갑 등 다양한 디지털자산 관련 사업모델을 검증할 계획이라고 밝혔다.

보기

- 갑: "NH농협은행이 CBDC 모의테스트를 성공했다는데, 어떤 의미가 있지?"
- 을: "중앙은행 디지털화폐를 이용할 수 있는 기술을 확보했다는 의미지."
- 갑: "그렇군. 기존의 금융기관 시스템으로는 새로운 이익을 창출하기 어렵지. NH농협은행에서 모의테스트를 통해 새로운 기술을 적용하는 것도 같은 맥락이겠어."

① NH농협은행은 디지털자산 시장을 선도할 수 있는 신기술에 중점을 두고 있군.
② NH농협은행은 블록체인 플랫폼 사업을 개척함으로써 경제적 소외계층을 배려하고 있군.
③ NH농협은행은 디지털화폐 파일럿시스템 구축을 위해 예산을 집중적으로 투자하고 있군.
④ NH농협은행은 전자지갑을 활용한 결제 서비스를 제공함으로써 경쟁력을 키워내고 있군.
⑤ NH농협은행은 자체 디지털화폐를 발행함으로써 블록체인에 기반한 유통 서비스를 제공하고 있군.

09 다음 글을 읽고 J 사원이 정리한 보고서에 대한 L 과장의 피드백 내용 중 적절하지 않은 것을 고르면?

대출금리 산정 시 혼합형 주택담보대출은 은행채 5년물(AAA: 무보증)을, 변동형 주택담보대출금리는 코픽스(COFIX: 자금조달비용지수)를 기준으로 삼는다. 은행채 5년물 금리는 2023년 11월 기준 4.5000%로 치솟았으며, 코픽스 역시 신규 취급액이 8월 16일 기준으로 2%대를 훌쩍 넘어 3%에 가까워졌다. 이처럼 과거 저금리 시기에 주택담보대출을 이용해 주택을 구매한 여파가 금리인상기로 접어들면서, 변동금리의 이자부담이 늘고 있다. 고정형보다 변동형 주택담보대출을 이용한 가입자가 많은 만큼, 가계 부담 경감을 위해 금융감독원이 은행권과 함께 금리상한형 주택담보대출의 혜택을 확대하고 판매기간을 연장했다.

구체적인 상품 개선 상항으로는 먼저 종전에 직전 금리 대비 연간 0.75%p, 5년간 2%p까지만 인상할 수 있었던 금리인상 제한 폭을 직전 금리 대비 연간 0.45~0.75%p 또는 5년간 2%p 이내로 제한한다. 또한 가입비용(프리미엄)의 경우 종전에는 대출금리에 0.15~0.2%p 가산되던 것이 개선 후에는 대출금리에 0%(한시적 면제)~0.2%p 가산된다.

이와 같은 금리상한형 주택담보대출은 변동금리 주택담보대출을 이용 중이거나 신규로 받는 경우 가입할 수 있다. 단, 전세자금대출, 집단대출 대출자 등은 가입대상에 포함되지 않는다. 변동금리 주택담보대출을 이용하던 은행에서 기존 대출에 특약을 추가하는 형태로 가입하기 때문에 별도 심사는 하지 않는다. 다만, 상품의 금리상승 제한 폭, 가입비용 등은 은행별로 다르므로 개별 은행에 상담이 필요하다.

[J 사원의 보고서]

- 제목: 금리상한형 주택담보대출의 혜택 확대
- 상품 개선 배경: 변동금리 대출자 부담 가중
- 상품 개선 사항: (금리상승 제한폭) 종전 직전 금리 대비 연간 0.75%p, 5년간 2%p까지만 인상 → 직전 금리 대비 연간 0.45~0.75%p 또는 5년간 2%p까지만 인상
  (가입 비용(프리미엄)) 종전 대출금리에 0.15~0.2%p 가산 → 대출금리에 0%(한시적 면제)~0.2%p가산
- 운영 시기: 대출자 금리상승 위험 대비 지원

[L 과장의 피드백]

작성한 보고서 잘 받아보았습니다. ① 제목은 보고서의 핵심 내용이 잘 드러나도록 작성되었습니다. 다만 ② 개선 배경의 경우, 대출자의 부담이 어떻게 가중되었는지 알 수 있도록 변동금리 변화 추세를 수치를 통해 추가하면 좋겠네요. 또한 ③ 개선 사항도 변화 전과 후가 줄글로 나열되어 가독성이 떨어지므로 표 형태로 수정해 주세요. 그리고 ④ 글의 내용 중 금리상한 주택담보대출의 가입기간에 대한 내용이 보고서에서 생략되었으니 이 부분 추가해 주시고, ⑤ 마지막 부분은 '운영 시기'보다는 '기대 효과'로 항목명을 변경하는 것이 좋겠습니다.

10 다음 신문기사를 읽고 '농업정책자금'에 대해 옳게 이해한 것을 고르면?

> 농림축산식품부는 다양한 용도로 쓸 수 있는 다양한 농업정책자금을 NH농협은행과 지역 농·축협을 통해 저리로 융자하고 있다. 우선 후계농업경영인육성자금은 농업 발전을 이끌 농업 인력을 발굴·육성하기 위한 자금이다. 만 18세 이상 50세 미만으로 영농경력이 없거나 종사한 지 10년 이하인 영농인을 대상으로 하며, 대상자는 농업계고등학교 또는 농업 관련 대학교를 졸업했거나 시장·군수·구청장이 인정한 농업교육기관에서 교육을 이수해야 한다. 자금은 농지 구입·임차, 비닐하우스·온실·축사 등 시설 설치·임차 등에 쓸 수 있다.
>
> 청년창업농육성자금은 만 18세 이상 40세 미만으로 영농경력이 없거나 종사한 지 3년 이하인 청년농이 대상이다. 사업 대상자로 선정되면 영농정착지원금으로 3년간 월 최대 100만 원을 받는다. 아울러 농림수산업자신용보증기금(농신보) 우대보증, 농지 임대 우선 지원, 영농기술 교육 지원도 받을 수 있다. 다만 후계농업경영인과 청년창업농 선발은 별도로 이뤄지며, 중복 신청은 불가하므로 본인 나이와 영농경력을 따져보고 선택하여 지원하면 된다. 기존에 선정된 후계농업경영인도 신청 자격·요건을 갖추면 청년창업농 선발에 지원할 수 있다.
>
> 귀농창업자금·귀농주택구입자금은 귀농을 희망하는 도시민의 영농정착을 돕는 자금이다. 대상은 만 65세 이하인 귀농인 또는 재촌 비농민이다. 농촌지역 전입일로부터 이주기한·거주기간 등을 충족해야 하며, 정부나 지방자치단체가 주관·위탁하는 귀농·영농 교육을 100시간 이상 이수해야 하는 등 일정 요건을 갖춰야 한다. 단 주택구입자금에는 나이 기준을 적용하지 않는다.
>
> 농업정책자금 대출은 개인 신용도나 담보 가치에 따라 대출금액이 달라질 수 있고, 경우에 따라 대출이 아예 불가능할 수도 있다. 따라서 가까운 농협은행이나 지역 농·축협 영업점에 가서 상담을 받고 대출 가능금액을 알아보는 것이 좋다. 또한 정책자금을 지원받으면 본인 명의로 사업을 하는 것이 원칙이므로 다른 사람 명의로 사업을 할 수 없으며, 정책자금으로 구입한 농지나 시설을 마음대로 매매·이전해서도 안 된다.

① 대출 대상자로 선정된 경우에는 대출금액이 동일하게 적용되어 지급된다.

② 농업계고등학교를 졸업했지만 영농경력이 없는 경우에는 지원받을 수 있는 자금이 없다.

③ 귀농을 희망하는 도시민은 만 65세가 넘은 경우에는 귀농주택구입자금은 지원받을 수 없다.

④ 어떤 유형의 자금을 지원받더라도 해당 자금으로 구입한 농지 등은 마음대로 매매가 불가능하다.

⑤ 청년창업농에 선발된 경우에는 지방자치단체장이 인정한 농업교육기관에서 교육을 이수해야 한다.

정답과 해설 P.16

PART 02

수리능력

NH농협은행

CHAPTER 01

최신경향 분석

영역 소개

수리능력은 수의 연산을 논리적으로 도출해야 하는 응용수리 유형, 그래프·표 등을 해석하여 결과를 찾는 자료해석 유형이 출제된다. 온라인 시험으로 전환되면서 기존보다 수의 계산이 복잡한 문항은 줄었다. 특히 최근 시험에서는 금융상품, 원리금 계산 등의 고난도 문항 비중이 줄었지만 금융기관 시험임을 명심하면서 관련 유형을 학습해 두는 것이 좋다.

출제유형 소개

유형 1 응용수리

계산 공식을 활용해야 하는 응용수리 문항은 2023년에 출제되었고, 최근 시험에서는 일반적인 식의 연산이 필요한 수리 문항이 출제되었다. 최근 2년간 출제 경향이 다르므로 넓게 학습하는 것이 좋다.

세부유형	방정식과 부등식 활용	방정식과 부등식을 활용하는 유형
	거리·속력·시간	'거리=속력×시간' 공식을 활용하는 유형
	집합	벤다이어그램과 집합의 공식을 활용하는 유형
	경우의 수와 확률	조건부확률, 길 찾기 등 각종 경우의 수와 확률을 구하는 유형
	원가·정가·할인가	할인·할증 전후의 원가, 정가 등을 구하는 유형
	농도와 비율	농도와 백분율의 개념을 이용하는 유형
	일률	작업량을 구하는 유형
	금융수리	원리금 합계, 원리금 균등분할상환액, 연금 일시불 수령액 등을 계산하는 유형

유형 2 자료해석

주어진 그래프·표를 해석하여 증감률, 변화 추이, 비중 등의 결과를 찾아야 하는 문항이 출제된다. 단순 계산이 필요한 문항도 있었지만, 계산이 다소 복잡한 문항도 출제되었다.

최신 필기시험 기출분석

2024년

1. 2023년에 출제되었던 계산 공식이 필요한 응용수리 유형의 비중은 줄었으나, 일반적인 식의 연산이 필요한 수리 문항은 출제되었다.
2. 금융상품, 원리금 등의 금융수리 문항의 비중은 줄었고, 그래프 · 표를 해석해야 하는 자료해석 문항의 비중이 컸다.
3. 단순한 계산식의 문항도 있었지만, 다소 복잡한 계산식의 문항도 있었다.

2023년

1. 자료해석 유형과 2022년에는 출제비중이 낮았던 응용수리 유형이 출제되었다.
2. 문항 난도가 낮고, 제시된 값들이 복잡하지 않았다.
3. 계산기 및 필기구 사용이 불가하여 암산으로 문제를 풀어야 했다.

1 금융상품 계산법

1 예 · 적금 원리금 계산

① 단리와 복리의 계산 비교

<table>
<tr><th>구분</th><th>내용</th></tr>
<tr><td>차이점</td><td>• 단리와 복리는 모두 원금에 이자가 붙는 방식의 일종
• 단리: 원금에만 이자가 붙음
• 복리: 원금과 이자에 모두 이자가 붙음</td></tr>
<tr><td>단리 계산법</td><td>• 이율 r인 상품에 원금 a를 총 n번 이자가 붙는 기간 동안 예치한 경우
<table>
<tr><th>날짜</th><th>원리금 합계</th></tr>
<tr><td>납입 첫날</td><td>a</td></tr>
<tr><td>첫 번째 이자 붙는 날</td><td>$a+a\times r=a(1+r)$</td></tr>
<tr><td>두 번째 이자 붙는 날</td><td>$a+a\times r+a\times r=a(1+2r)$</td></tr>
<tr><td>세 번째 이자 붙는 날</td><td>$a+a\times r+a\times r+a\times r=a(1+3r)$</td></tr>
<tr><td>…</td><td>…</td></tr>
<tr><td>n번째 이자 붙는 날</td><td>$a+a\times r+a\times r+a\times r+\cdots+a\times r=a(1+nr)$</td></tr>
</table>
▶ 이자가 붙는 날짜 단위가 1년이면 r은 연이율, n년 동안 예치
▶ 이자가 붙는 날짜 단위가 1달이면 r은 월이율, n개월 동안 예치</td></tr>
<tr><td>복리 계산법</td><td>• 이율 r인 상품에 원금 a를 총 n번 이자가 붙는 기간 동안 예치한 경우
<table>
<tr><th>날짜</th><th>원리금 합계</th></tr>
<tr><td>납입 첫날</td><td>a</td></tr>
<tr><td>첫 번째 이자 붙는 날</td><td>$a+a\times r=a(1+r)$</td></tr>
<tr><td>두 번째 이자 붙는 날</td><td>$a(1+r)+a(1+r)\times r=a(1+r)(1+r)=a(1+r)^2$</td></tr>
<tr><td>세 번째 이자 붙는 날</td><td>$a(1+r)^2+a(1+r)^2\times r=a(1+r)^2(1+r)=a(1+r)^3$</td></tr>
<tr><td>…</td><td>…</td></tr>
<tr><td>n번째 이자 붙는 날</td><td>$a(1+r)^{(n-1)}+a(1+r)^{(n-1)}\times r$
$=a(1+r)^{(n-1)}(1+r)=a(1+r)^n$</td></tr>
</table>
▶ 이자가 붙는 날짜 단위가 1년이면 r은 연이율, n년 동안 예치
▶ 이자가 붙는 날짜 단위가 1달이면 r은 월이율, n개월 동안 예치</td></tr>
</table>

② 수치변환

구분	내용
변환 목적	• 대부분의 금융상품 수익률은 연 단위 이율(연이율) 기준으로 표기함 • 실제 투자기간은 딱 떨어지는 연 단위가 아닌 월 단위일 수 있음 → 수치변환을 통해 실제 투자기간 동안의 수익률을 계산
이율 변환	• 월 복리, 월 단리에서 활용함: 1달이 기준이므로, 연이율을 월이율로 변환해야 함 • 연이율 → 월이율 변환: $\frac{\text{연이율}}{12}=\text{월이율}(\%)$ 예) 연이율 12% → 월이율 1% 예) 원금 a, 연이율 r%, 투자기간 n개월, 월 단리 예금의 원리금 합계 $\rightarrow a\left(1+\frac{nr}{12}\right)$ 예) 원금 a, 연이율 r%, 투자기간 n개월, 월 복리 예금의 원리금 합계 $\rightarrow a\left(1+\frac{r}{12}\right)^n$
기간 변환	• 연 단리, 연 복리에서 활용함: 1년이 기준이므로, 월 단위 기간을 연 단위 기간으로 변환해야 함 • 개월 → 연 변환: $n\text{개월}=\frac{n}{12}\text{년}$ 예) 18개월 → 1.5년 예) 원금 a, 연이율 r%, 투자기간 n개월, 연 단리 예금의 원리금 합계 $\rightarrow a\left(1+\frac{n}{12}r\right)$ 예) 원금 a, 연이율 r%, 투자기간 n개월, 연 복리 예금의 원리금 합계 $\rightarrow a(1+r)^{\frac{n}{12}}$
참고사항	• 월 단리와 연 단리는 결과가 동일함 • 원리금 합계 단독 문제에서 자주 보이는 연 복리 상품은 실제 투자기간이 딱 떨어지는 연 단위가 아니면 계산이 복잡하므로 시중에서 거의 찾아볼 수 없음

③ 예금과 적금의 원리금 합계

<table>
<tr><th>구분</th><th>내용</th></tr>
<tr><td>차이점</td><td>• 예금: 일정 금액을 한꺼번에 납입한 후 추가납입 없이 이자를 받는 방식 → 거치식
• 적금: 일정 금액을 정기적으로 추가납입하며 이자를 받는 방식 → 적립식</td></tr>
<tr><td>단리예금</td><td>• ①의 단리 계산법, ②의 기간 변환 연 단리 내용과 같음
<table>
<tr><th colspan="2">구분</th><th>원리금 합계</th></tr>
<tr><td rowspan="2">연 단리
= 월 단리</td><td>n과 r이 (년, 연이율) 단위인 경우</td><td>$a(1+nr)$</td></tr>
<tr><td>n과 r이 (월, 연이율) 단위인 경우</td><td>$a\left(1+\frac{n}{12}r\right)$</td></tr>
</table></td></tr>
<tr><td>복리예금</td><td>• ①의 복리 계산법, ②의 이율 변환 월 복리 내용과 같음
<table>
<tr><th colspan="2">구분</th><th>원리금 합계</th></tr>
<tr><td>연 복리</td><td>n과 r이 (년, 연이율) 단위인 경우</td><td>$a(1+r)^n$</td></tr>
<tr><td>월 복리</td><td>n과 r이 (월, 연이율) 단위인 경우</td><td>$a\left(1+\frac{r}{12}\right)^n$</td></tr>
</table></td></tr>
<tr><td>단리적금</td><td>• 연이율 r인 상품에 매달 초 a를 n개월 동안 납입하는 경우(연 단리 = 월 단리)
— 뒤로 갈수록 예치기간이 짧아지는 원금 a짜리 단리예금 여러 개가 하나로 합쳐진 형태
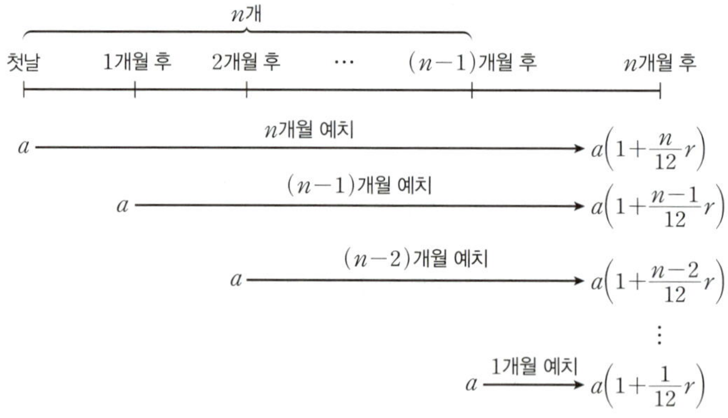

→ n개월 후 원리금 합계 $=a\left(1+\frac{1}{12}r\right)+a\left(1+\frac{2}{12}r\right)+\cdots+a\left(1+\frac{n}{12}r\right)$
$=a\left(n+\frac{1+2+\cdots+n}{12}r\right)=a\left(n+\frac{n(n+1)/2}{12}r\right)$
$=an\left(1+\frac{n+1}{24}r\right)$</td></tr>
</table>

복리적금	• 연이율 r인 상품에 매달 초 a를 n개월 동안 납입하는 경우(월 복리) – 뒤로 갈수록 예치기간이 짧아지는 원금 a짜리 복리예금 여러 개가 하나로 합쳐진 형태 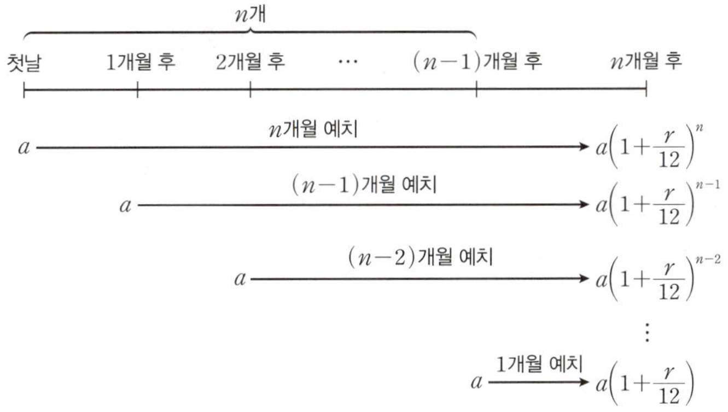 → n개월 후 원리금 합계$=a\left(1+\frac{r}{12}\right)+a\left(1+\frac{r}{12}\right)^{2}+\cdots+a\left(1+\frac{r}{12}\right)^{n}$ 이는 초항이 $a\left(1+\frac{r}{12}\right)$, 공비가 $1+\frac{r}{12}$, 항의 개수가 n개인 등비수열의 합이므로 $\frac{a\left(1+\frac{r}{12}\right)\left\{\left(1+\frac{r}{12}\right)^{n}-1\right\}}{1+\frac{r}{12}-1}=\frac{a\left(1+\frac{r}{12}\right)\left\{\left(1+\frac{r}{12}\right)^{n}-1\right\}}{\frac{r}{12}}$이다.
참고사항	• 단리적금과 복리적금의 원리금 합계 최종 공식은 첫날부터 매 기간 초에 일정한 금액 a를 납입하고, 각 기간에 도달할 때마다 이전에 납입했던 금액에 대해서는 반드시 이자를 지급한다는 가정하에 도출된 공식임 – 위 조건을 만족하지 못할 시(매 기간 동안 다른 금액 납입, 다른 형태의 이자 지급 등)에는 최종 공식이 성립하지 않음 – 따라서 복잡한 식을 외우는 것보다 유도 과정을 이해하는 것이 중요 • 만약 연이율 r인 상품에 매년 a를 n년 동안 납입하는 연 복리의 경우의 원리금 합계는 최종 공식에서 월이율 $\frac{r}{12}$을 연이율 r로 치환하여 계산해야 함(n은 그대로지만 n개월이 n년으로 바뀌었다는 것에 주의) – 이 경우 최종 공식은 $\frac{a(1+r)\{(1+r)^{n}-1\}}{r}$이라는 흔히 알려진 전형적인 원리금 합계 공식으로 도출 – 만약 납입일이 매년 말이라면 등비수열 합의 모든 항에 이자가 한 번씩 덜 붙으므로 최종 공식의 분자에서 $(1+r)$을 제외한 $\frac{a\{(1+r)^{n}-1\}}{r}$의 식으로 도출

2 대출금 상환

① 대출금 상환 방법

구분	내용	장점	단점
만기 일시 상환	대출기간 동안 매월 이자만 납부하다가 만기일에 원금과 마지막 이자를 일시 상환. 이자만 납부하므로 만기일까지 원금은 일정함	• 조기상환부담 적음 • 만기일까지 대출금리보다 높은 수익률을 달성할 수 있다면 유리함	• 이자 비용이 높음 • 만기에 원금 일시 상환의 부담이 큼
원금 균등 분할 상환	대출원금을 이자와 함께 대출기간 동안 매월 일정한 금액으로 상환. 이자는 줄어든 원금에서 계산하기 때문에 계속해서 감소함	• 이자 비용이 낮음 • 시간이 흐를수록 상환금액이 감소함	• 초기부터 상환의 부담이 큼 • 매월 갚아야 할 금액이 달라서 번거로움
원리금 균등 분할 상환	대출금 만기일까지의 총 이자와 원금을 합하여 대출기간으로 나누어서 매번 일정 금액 상환	• 상환 금액이 항상 일정함 • 계획적인 자금 운영이 가능	• 상환 방법 중 초기 상환의 부담이 가장 큼

② 상환 방법별 대출 이자 계산 (기준: 원금 1,200만 원, 연 12%, 12개월간 상환)

<table>
<tr><th>구분</th><th>내용</th></tr>
<tr><td>만기 일시 상환</td><td>• 월이율 1%, 매월 말 $1{,}200$만$\times 0.01=12$(만 원)씩 이자 상환
→ 12개월간 총 $12\times 12=144$(만 원) 이자 상환
• 마지막 달에 이자 12만 원과 함께 원금 1,200만 원 일시 상환</td></tr>
<tr><td>원금 균등 분할 상환</td><td>• 월이율 1%, 매월 말 $1{,}200$만$\div 12=100$(만 원)씩 원금 상환과 함께 다음과 같이 이자 상환
<table>
<tr><th>날짜</th><th>월 이자 상환액</th></tr>
<tr><td>첫 번째 달</td><td>$1{,}200$만$\times 0.01=12$(만 원)</td></tr>
<tr><td>두 번째 달</td><td>$(1{,}200$만$-100)\times 0.01=11$(만 원)</td></tr>
<tr><td>세 번째 달</td><td>$(1{,}200$만$-100\times 2)\times 0.01=10$(만 원)</td></tr>
<tr><td>…</td><td>…</td></tr>
<tr><td>열두 번째 달</td><td>$(1{,}200$만$-100\times 11)\times 0.01=1$(만 원)</td></tr>
</table>
→ 12개월간 총 $1+2+3+\cdots+12=78$(만 원) 이자 상환
• 마지막 달에 이자 1만 원과 함께 남은 원금 100만 원까지 상환</td></tr>
<tr><td>원리금 균등 분할 상환</td><td>• 월이율 1%, 매월 말 원금과 이자를 합하여 일정 금액 a원 상환
<table>
<tr><th>날짜</th><th>대출 원리금 잔액</th></tr>
<tr><td>첫 번째 달</td><td>$1{,}200$만$\times 1.01-a$(이자가 붙은 후, a원 상환)</td></tr>
<tr><td>두 번째 달</td><td>$(1{,}200$만$\times 1.01-a)\times 1.01-a=1{,}200$만$\times(1.01)^2-a\times 1.01-a$</td></tr>
<tr><td>세 번째 달</td><td>$1{,}200$만$\times(1.01)^3-a\times(1.01)^2-a\times 1.01-a$</td></tr>
<tr><td>…</td><td>…</td></tr>
<tr><td>열두 번째 달</td><td>$1{,}200$만$\times(1.01)^{12}-a\times(1.01)^{11}-\cdots-a\times 1.01-a$</td></tr>
</table>
• 열두 번째 달에는 빚을 다 갚아 대출 원리금 합계는 0원이 되어야 하므로
$1{,}200$만$\times(1.01)^{12}-a\times(1.01)^{11}-\cdots-a\times 1.01-a=0$
→ $a+a\times 1.01+\cdots+a\times(1.01)^{11}=1{,}200$만$\times(1.01)^{12}$</td></tr>
</table>

→ 좌변은 초항이 a, 공비가 1.01, 항의 개수가 12개인 등비수열의 합이므로 $\frac{a\{(1.01)^{12}-1\}}{1.01-1}=1{,}200\text{만}\times(1.01)^{12}$을 풀면 매달 상환해야 하는 금액 a를 구할 수 있음

3 연금 일시불 수령 계산

① 시간 가치에 대한 이해

- 일반적으로 현재 a원의 가치와 1년 후 a원의 가치는 서로 다름
  - 원인: 갈수록 돈의 가치가 떨어지는 인플레이션 때문(시간 가치)
  - 따라서 미래에 받을 돈을 지금 당장 받는다면 시간 가치를 따져 현재 가치로 환산해야 함
- 경제학에서는 인플레이션율로 현재 가치를 환산하지만 실제 시험 문제에서는 이자율로 현재 가치를 환산하는 것이 암묵적으로 전제되어 있음
  - 돈을 통장에 넣어두고 시간이 흐르면 이자가 붙으므로 현재의 돈과 n년 후 이자까지 합한 돈의 가치가 서로 같다고 보는 것이 포인트
- 시간 가치는 무조건 복리계산법 활용

  예 연이율 r일 때, 현재 a원의 n년 후 가치: $a(1+r)^n$

  연이율 r일 때, n년 후 a원의 현재 가치: $\frac{a}{(1+r)^n}$

② 연금 일시불 수령 계산 예시

- 1년 후부터 1년 단위로 a원씩, 총 n년 동안 받는 연금을 현재 일시불로 수령할 때의 금액을 구할 경우

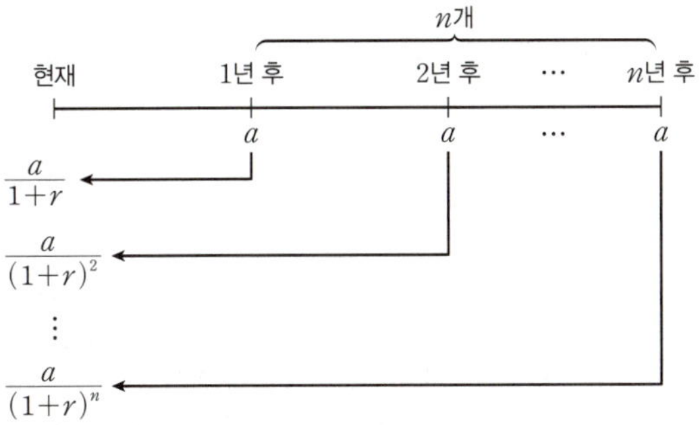

→ 현재 일시불로 수령 받는 금액을 S라 하면 $S=\frac{a}{1+r}+\frac{a}{(1+r)^2}+\cdots+\frac{a}{(1+r)^n}$이다.

양변에 $(1+r)^n$을 곱하면 $S\times(1+r)^n=a(1+r)^{n-1}+a(1+r)^{n-2}+\cdots+a$이다.

우변의 항들의 순서를 반대로 나열하면 초항이 a, 공비가 $1+r$, 항의 개수가 n개인 등비수열의 합이므로

$S(1+r)^n=\frac{a\{(1+r)^n-1\}}{1+r-1}$의 식을 통해 S를 구할 수 있음

2 금융상품별 핵심 포인트

1 예 · 적금 상품

가입 대상	• 가입이 제한되는 조건들을 꼼꼼히 확인해야 함
가입 기간	• 최소 · 최대 가입 기간, 연 · 월 단위인지 확인해야 함 • 가입일과 정기 납입일이 서로 다를 수 있음 → 원리금 합계 계산 시 주의
납입한도	• 회별 · 분기별 · 연별 최대 납부 금액 확인해야 함 • 보통 월 단위 납입 • 초입금: 계좌를 개설하자마자 납입하는 금액. 초입금액과 정기 납입액이 서로 다를 수 있음 → 원리금 합계 계산 시 주의
기본금리	• 가입 대상, 가입 기간, 기타 조건에 따라 기본금리가 달라질 수 있음 • 금리는 항상 연이율로 표시되어 있으므로 월 복리 계산 시 주의
우대금리	• 특정 조건을 만족하면 기본금리에 더해지는 추가금리 • 상한선이 존재하는 경우가 있으므로 주의 • 가입 시에 조건을 만족하면 바로 우대금리 혜택을 주는 경우와 가입 기간 중에 조건을 만족하면 만기에 우대금리 혜택을 주는 경우가 있음
이자 지급 방식	연 단리 / 월 복리
중도해지 금리	중도해지 시 우대금리를 적용하지 않고 기본금리에 패널티가 붙는 경우가 대부분임 → 남은 기간만큼의 비율을 공제하고 지급하는 것에 주의 예 기본금리 연 3% 단리, 우대금리 1%p, 1년 만기 예금을 8개월 만에 해지했을 때 받을 수 있는 이자(중도해지 시 금리 적용률 50%) → 원금 $\times 0.03 \times \frac{1}{2} \times \frac{8}{12}$ → 원금 $\times 0.01$
기타 정보	• CRM: 고객관계관리(Customer Relationship Management)로, 고객의 대내외 정보를 수집하고 이를 분석하여 고객 특성에 맞는 맞춤형 서비스를 제공하는 것에 그 목적이 있음. 만약 당행 첫 고객이라면 무조건 CRM 원장 등록부터 하게 되어 있으며, 농협은행과 지역 단위 농협은 전산이 분리되어 있으므로 농협은행 기 고객이어도 지역 단위 농협의 신규 고객이 될 수 있음 • 비대면 계좌: 핀테크가 발달하면서 지점에 내방하지 않고도 스마트폰 등을 통해 계좌를 개설하고 금융거래를 할 수 있는 금융 서비스. 비대면, 전자금융 전용이라는 용어가 붙은 상품은 영업점 창구에서 일반적인 업무 처리가 불가능한 대신 금리우대 등의 혜택이 제공됨

2 대출 상품

대출 유형	• 신용 대출: 아무런 담보 없이 채무자를 믿고 대출하는 것. 위험성이 높은 만큼 대출금리도 높음 • 담보 대출: 채무자가 채무불이행을 일으킬 경우 담보를 통해 대출금을 상환할 수 있는 수단을 확보하고 대출하는 것. 위험성이 낮은 만큼 대출금리도 낮음
대출 대상	예·적금에 비해 대출 대상 적용 기준이 까다로움(LTV, DTI, DSR 등의 규제 있음)
대출기간	최소·최대 대출기간 확인해야 함
대출한도	조건마다 한도가 다를 수 있으므로 확인해야 함
대출금리	신용등급, 담보 가치, 대출 금액, 대출기간 등 무수한 요인에 의해 달라질 수 있음
우대금리	예·적금과 반대로 우대금리 적용 시 금리가 낮아짐
상환 방법	만기 일시 상환 / 원금 균등 분할 상환 / 원리금 균등 분할 상환 / 기타
중도 상환	만기를 채우지 않고 중도 상환할 경우 중도 상환 해약금을 내는 것이 일반적
기타 정보	KB시세: KB부동산 리브온에서 제공하는 부동산 시세 정보로, 대부분의 은행들이 부동산 담보 가치를 평가할 때 KB시세를 참고함. KB시세에서 검색되지 않을 경우 자체적으로 감정평가를 해야 하므로 감정 비용이 추가적으로 발생할 수 있음. 아파트, 오피스텔은 대부분 KB시세에서 검색되지만, 연립·다세대 주택은 검색되지 않았다가 2018년 7월부터 연립·다세대 주택도 빅데이터를 활용해 시세 산정 서비스가 제공됨

3 카드 상품

연회비	• 신용카드를 사용하기 위해 일 년에 한 번씩 카드사에 납부해야 하는 금액 • 국내 전용, 국·내외 겸용의 연회비에 차이가 있는 경우가 다수 • 전년 사용 실적에 따라 연회비 면제 조항이 있을 수 있음 • 체크카드는 연회비가 없는 경우가 다수
혜택	• 대부분의 혜택은 전월 사용 실적에 따라 폭이 달라짐 • 혜택의 일 한도·월 한도·건수 한도 등 각종 한도를 확인해야 함

CHAPTER 02

대표기출 유형

유형 1 응용수리

세부 유형	방정식과 부등식 활용

어느 공영 주차장의 주차 요금은 30분까지는 4,000원이고, 30분이 지나면 1분마다 500원씩 요금이 추가된다고 한다. 주차 요금이 8,000원 이하가 되게 하려면 최대 몇 분 동안 주차할 수 있는지 고르면?

① 30분 ② 35분 ③ 38분
④ 40분 ⑤ 43분

시간단축TIP

위 문제는 중학교 수준의 지식을 요구하므로 기초적인 개념을 이해하고 있으면 모두 풀 수 있기 때문에 핵심 공식에 대한 암기가 필수적이다. 또한 방정식은 무궁무진하게 활용될 수 있으므로 다양한 유형의 문제를 접해보는 것이 중요하다. 관건은 주어진 문제에서 미지수를 두고 그에 따라 식을 도출하는 것이다. 이 능력을 키우기 위해서는 해설을 미리 보지 않고 식을 도출할 때까지 고민해 보는 시간을 갖는 것이 좋다.

정답해설

x분 동안 주차한다고 하면
$4,000+500(x-30)\leq 8,000$
$500x\leq 19,000$
$\therefore\ x\leq 38$
따라서 최대 38분 동안 주차할 수 있다.

| 정답 | ③

세부 유형	거리 · 속력 · 시간

수아와 현주는 전동 킥보드를 타고 둘레의 길이가 6km인 운동장 원형 트랙을 따라 돌고 있다. 두 사람이 같은 지점에서 마주 보고 출발해서 반대 방향으로 돌면 20분 후에 처음으로 만난다고 한다. 만약 두 사람이 같은 지점에서 같은 방향으로 출발한다면 몇 분 후에 처음으로 만나게 되는지 고르면?(단, 수아의 속력이 현주 속력의 1.5배이고, 수아와 현주 모두 일정한 속력을 유지한다.)

① 60분 ② 70분 ③ 80분
④ 90분 ⑤ 100분

시간단축TIP

- (거리)=(속력)×(시간)
- 공식을 적용할 때 단위(시속, 분속, km, m 등)에 주의하여 계산한다.

정답해설

현주의 속력을 $y$km/분이라 하자. 수아의 속력이 현주 속력의 1.5배이므로 수아의 속력을 $1.5y$km/분이라고 할 수 있다. 서로 반대 방향으로 돌았을 때 20분 후에 처음으로 만나므로 수아가 간 거리+현주가 간 거리=운동장 트랙의 둘레 길이이다. 따라서 $(1.5y\times20)+20y=6 \rightarrow y=0.12$이다. 따라서 수아의 속력은 0.18km/분, 현주의 속력은 0.12km/분이다.

두 사람이 같은 방향으로 돌았을 때 서로 만나기 위해서는 속력이 빠른 사람이 속력이 느린 사람보다 운동장 한 바퀴를 더 돌아야만 한다. 따라서 같은 시간 동안 현주가 $a$km를 간다면 수아는 $(a+6)$km를 가야한다. 따라서 $\frac{a}{0.12}=\frac{a+6}{0.18} \rightarrow 0.18a=0.12a+0.72 \rightarrow a=12$이다.

그러므로 두 사람이 같은 지점에서 같은 방향으로 출발할 때 만나게 되는 시간은 $\frac{12}{0.12}=100$(분)이다.

| 정답 | ⑤

세부 유형 | 집합

공공기관을 이전하기 위해 경기도, 충청도, 강원도에 속하는 세 곳을 후보지로 검토하고 있다. 전문가 200명에게 중복 투표가 가능하도록 해서 문의한 결과 경기도를 선택한 사람은 85명, 경기도와 충청도를 선택한 사람은 26명, 경기도, 충청도, 강원도를 모두 선택한 사람은 12명, 충청도와 강원도를 선택한 사람은 30명, 강원도만을 선택한 사람은 22명이라고 한다. 이때 충청도만을 선택한 사람은 최대 몇 명인지 고르면?(단, 전문가가 어느 곳에도 투표하지 않을 수 있다.)

① 62명 ② 75명 ③ 93명

④ 105명 ⑤ 119명

시간단축TIP

유한집합 A, B, C의 원소의 개수를 n(A), n(B), n(C)라 할 때, 합집합의 원소의 개수는 다음과 같이 구할 수 있다.

- 집합 2개: $n(A \cup B) = n(A) + n(B) - n(A \cap B)$
- 집합 3개: $n(A \cup B \cup C) = n(A) + n(B) + n(C) - n(A \cap B) - n(B \cap C) - n(A \cap C) + n(A \cap B \cap C)$

정답해설

경기도를 선택한 사람의 집합을 A, 충청도를 선택한 사람의 집합을 B, 강원도를 선택한 사람의 집합을 C라고 하자.

경기도만 선택한 사람을 a명, 충청도만 선택한 사람을 b명, 강원도만 선택한 사람을 c명이라 할 때 벤다이어그램으로 나타내면 오른쪽 그림과 같다.

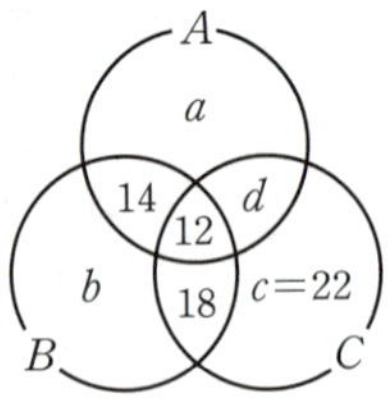

경기도를 선택한 사람이 85명이므로

$85 + b + 18 + 22 \leq 200$

$b \leq 75$이므로 충청도만을 선택한 사람은 최대 75명이다.

| 정답 | ②

세부 유형 | 경우의 수와 확률

A 사원이 포함된 10명의 인사팀 사원 중에서 사내 체육대회의 100m, 500m, 1,000m 달리기 종목에 나갈 선수를 각각 1명씩 뽑으려 한다. 이때 A사원이 500m 달리기 선수로 뽑히는 경우의 수를 고르면?(단, 각 선수는 한 종목에만 참가한다.)

① 18가지 ② 36가지 ③ 72가지
④ 120가지 ⑤ 180가지

시간단축TIP

• 순열: 서로 다른 n개 중 r개를 골라 순서를 고려해 나열하는 방법의 수는 다음과 같다.

$${}_nP_r = n\times(n-1)\times(n-2)\times(n-3)\times\cdots\times(n-r+1) \text{ (단, } 0\le r\le n)$$
$$= \frac{n!}{(n-r)!}$$

• 조합: n개 중 순서를 고려하지 않고 서로 다른 r개를 선택하는 방법의 수는 다음과 같다.

$${}_nC_r = \frac{n!}{r!(n-r)!} \text{ (단, } 0\le r\le n)$$

정답해설

500m 달리기 선수로 A 사원을 뽑는다고 하면 나머지 9명 중에서 100m 달리기, 1,000m 달리기 선수를 각각 1명씩 뽑아야 한다. 따라서 구하는 경우의 수는 ${}_9P_2 = 9\times 8 = 72$(가지)이다.

| 정답 | ③

세부 유형 | 원가·정가·할인가

원가가 10,000원인 어떤 물건에 대하여 정가의 30%를 할인하여 판매할 때, 원가의 5% 이상으로 이익이 남으려면 정가를 적어도 얼마로 정해야 하는지 고르면?

① 14,625원
② 15,000원
③ 15,125원
④ 15,500원
⑤ 15,625원

시간단축TIP

- (정가)=(원가)+(이익)
  - 정가: 제품의 정상적인 판매가
  - 원가: 제품을 만들 때 사용되는 비용
- (정가)의 x%를 할인 적용한 가격=(할인가)
- (정가) 또는 (할인가)=(판매가)
- (이익)=(판매가)−(원가)
- 만약 원가 x원에 a%의 이익을 정가로 정하는 경우: (정가)$=(1+\frac{a}{100})\times x$원
- 만약 원가 x원에 b%의 할인을 적용하여 판매가(할인가)로 정하는 경우:
  (판매가 또는 할인가)$=\left(1-\frac{b}{100}\right)\times x$원

정답해설

정가를 x원이라 하면 판매가는 정가에서 30%를 할인한 가격이므로 $(1-0.3)x=0.7x$(원)이다. 해당 판매가로 판매할 때 원가의 5% 이상으로 이익이 발생해야 하므로 다음과 같이 식을 세울 수 있다.

$0.7x\geq(1+0.05)\times10{,}000$

$\therefore\ x\geq\frac{10{,}500}{0.7}(=15{,}000)$

따라서 정가는 적어도 15,000원으로 정해야 한다.

| 정답 | ②

세부 유형 | 농도와 비율

6%의 소금물과 14%의 소금물을 섞어 12%의 소금물 500g을 만들려고 한다. 이때 6% 소금물의 양을 고르면?

① 100g ② 125g ③ 150g
④ 180g ⑤ 200g

시간단축TIP

• 농도= (용질의 양)÷(용액의 양)×100
　= (용질의 양)÷{(용매의 양)+(용질의 양)}×100,
• 비율
x가 $a\%$ 증가하면: $x\left(1+\frac{a}{100}\right)$
x가 $a\%$ 감소하면: $x\left(1-\frac{a}{100}\right)$

정답해설

6%의 소금물을 xg 섞는다고 하면 14%의 소금물의 양은 $(500-x)$g이므로 다음의 식이 성립한다.

$\frac{6}{100}\times x+\frac{14}{100}(500-x)=\frac{12}{100}\times 500$

$6x+14(500-x)=12\times 500$

$\therefore\ x=125$

따라서 6% 소금물의 양은 125g이다.

| 정답 | ②

세부 유형 | 일률

어떤 물탱크에 물을 가득 채우려면 A 수도로는 12시간, B 수도로는 16시간이 걸린다. A, B 두 수도로 6시간 동안 물을 채우다가 B 수도로만 물을 채우려고 할 때, 이 물탱크에 물을 가득 채우려면 B 수도로 몇 시간을 더 채워야 하는지 고르면?

① 1시간　　② 2시간　　③ 3시간
④ 4시간　　⑤ 5시간

시간단축TIP

A가 혼자서 일을 마치는 데 a시간이 걸리고, B가 혼자서 일을 마치는 데 b시간이 걸린다면 A가 1시간 동안 할 수 있는 일의 양은 $\frac{1}{a}$이고, B가 1시간 동안 할 수 있는 일의 양은 $\frac{1}{b}$이다. 따라서 A와 B가 둘이서 1시간 동안 할 수 있는 일의 양은 $\left(\frac{1}{a}+\frac{1}{b}\right)$이고, n시간 동안 하여 일을 마친다면 $\left(\frac{1}{a}+\frac{1}{b}\right)\times n=1$이라는 식을 세울 수 있다.

정답해설

물탱크에 가득 찬 물의 양을 1이라 하면 A 수도, B 수도로 한 시간에 채우는 물의 양은 각각 $\frac{1}{12}$, $\frac{1}{16}$이다.
B 수도로 물을 x시간 더 채운다고 하면 다음과 같은 식이 성립한다.

$\left(\frac{1}{12}+\frac{1}{16}\right)\times 6+\frac{1}{16}x=1$

$\therefore x=2$

따라서 B 수도로 2시간을 더 채워야 한다.

| 정답 | ②

세부 유형 | 금융수리

연이율 5%, 1년마다 복리로 매년 초 200만 원씩 적립할 때, 6년째 말의 적립금의 원리합계를 고르면?
(단, $1.05^6 \fallingdotseq 1.34$로 계산하고, 만 원 미만은 버린다.)

① 1,360만 원 ② 1,380만 원 ③ 1,428만 원
④ 1,524만 원 ⑤ 1,612만 원

시간단축TIP

금융수리에서 등비수열을 활용하는 유형은 크게 원리금 합계 계산, 원리금 균등분할상환 계산, 연금 일시불 수령 계산이 있다. 유형별로 답을 도출하는 공식이 있으나, 여러 조건의 변경으로 공식을 적용할 수 없는 문제가 출제될 수 있으니 풀이 과정을 이해하는 것이 중요하다.

정답해설

6년째 말의 적립금의 원리합계는 $200\times1.05+200\times1.05^2+\cdots+200\times1.05^6=\frac{200\times1.05(1.05^6-1)}{1.05-1}$
$=\frac{210(1.34-1)}{0.05}=1{,}428$(만 원)이다.

| 정답 | ③

유형 2 자료해석

다음 [표]는 지역별 1인 가구 및 1인 취업가구에 관한 자료이다. 이에 대한 설명으로 옳지 않은 것을 고르면?

[표1] 지역별 1인 가구 (단위: 천 가구)

구분	2020년	2021년	2022년
전국	6,624	7,041	7,224
서울특별시	1,388	1,464	1,492
부산광역시	454	479	489
대구광역시	304	321	327
인천광역시	324	349	360
광주광역시	195	208	214
대전광역시	226	239	245
울산광역시	123	130	132
세종특별자치시	43	47	49
경기	1,405	1,512	1,568
강원	229	242	250
충청	537	572	589
전라	511	541	551
경상	805	852	869
제주	82	87	90

[표2] 지역별 1인 취업가구 (단위: 천 가구)

구분	2020년	2021년	2022년
전국	3,972	4,352	4,555
서울특별시	826	893	946
부산광역시	229	241	257
대구광역시	161	180	183
인천광역시	192	217	231
광주광역시	112	120	132
대전광역시	135	147	152
울산광역시	74	83	87
세종특별자치시	29	34	36
경기	903	1,007	1,076
강원	138	150	157

충청	342	372	381
전라	309	336	337
경상	464	507	518
제주	59	63	64

① 2021년에 경상의 1인 취업가구 수는 전년 대비 43,000가구 증가했다.
② 2022년 전국 1인 가구 중 취업가구의 비중은 60% 미만이다.
③ 2020년 대비 2022년에 충청의 1인 가구의 수의 증가율은 10% 미만이다.
④ 조사기간 동안 1인 취업가구의 전년 대비 증감 추이는 모든 지역이 동일하다.
⑤ 2021년에 전국에서 1인 취업가구의 비중이 가장 높은 지역은 가장 낮은 지역의 20배 이상이다.

시간단축TIP

제시된 자료의 제목, 항목, 단위 등 주어진 모든 요소를 꼼꼼하게 확인해야 한다. 특히 단위에 함정이 있는 경우가 많으므로 유의한다. 선택지를 확인할 때에는 ①부터 순차적으로 풀이하는 것이 아니라, 계산할 필요가 없는 선택지부터 확인하여 계산을 최소화하는 것이 좋다. 계산 시에는 문제에서 묻는 단위와 자료의 단위가 같은지 먼저 확인하여 계산한다.

정답해설

2022년 전국 1인 가구 중 취업가구의 비중은 4,555÷7,224×100≒63.1(%)이므로 60%를 초과한다.

[오답풀이]
① 2021년에 경상의 1인 취업가구 수는 507－464＝43(천 가구)＝43,000(가구) 증가했다.
③ 2020년 대비 2022년에 충청의 1인 가구의 수의 증가율은 (589－537)÷537×100≒9.7(%)이므로 10% 미만이다.
④ 조사기간 동안 1인 취업가구의 전년 대비 증감 추이는 모든 지역이 (증가, 증가)로 동일하다.
⑤ 2021년에 전국에서 1인 취업가구의 비중이 가장 높은 지역은 경기이며, 가장 낮은 지역은 세종특별자치시이다. 경기는 세종특별자치시 대비 1,007÷34≒29.6(배)이므로 20배 이상이다.

| 정답 | ②

CHAPTER 03

유형연습 문제

유형 1 응용수리

01 어느 박물관의 입장료는 한 사람당 5,000원이고, 25명 이상의 단체 관람객은 입장료의 20%를 할인해 준다. 25명 미만의 단체가 입장하려고 할 때, 몇 명 이상이면 25명의 단체 입장권을 사는 것이 유리한지 고르면?

① 19명　② 20명　③ 21명
④ 22명　⑤ 23명

02 A, B 두 사람이 자전거를 타고 둘레의 길이가 6km인 원형 운동장을 돌고 있다. 두 사람이 같은 지점에서 출발하여 서로 반대 방향으로 가면 20분 만에 처음 만나고, 같은 방향으로 가면 45분 만에 처음 만난다고 할 때, 두 사람 중 속력이 더 빠른 사람의 속력을 고르면?

① 5km/h　② 7km/h　③ 9km/h
④ 11km/h　⑤ 13km/h

03 S기업에서는 모든 임직원에게 자신의 명의로 된 주택 및 차량 보유 여부에 대한 설문조사를 실시하였다. 설문조사 결과 주택 및 차량 보유자가 각각 전체 인원의 $\frac{4}{7}$, $\frac{5}{7}$이었고, 주택과 차량을 모두 보유한 사람 수는 주택 보유자의 $\frac{3}{4}$이었다. 자신의 명의로 된 주택과 차량이 모두 없는 사람이 14명일 때, S기업의 전체 임직원 수를 고르면?

① 84명　② 98명　③ 112명
④ 126명　⑤ 140명

04 서로 다른 두 개의 주사위를 동시에 던질 때, 적어도 한 개는 짝수의 눈이 나올 확률을 고르면?

① $\frac{5}{12}$ ② $\frac{1}{2}$ ③ $\frac{7}{12}$
④ $\frac{2}{3}$ ⑤ $\frac{3}{4}$

05 A회사에서는 1,020개의 제품을 만들었을 때 60개의 불량품이 나온다고 한다. 불량품을 포함해 1,020개를 모두 판매했을 때 얻게 되는 이익은 제품 1개당 a%였다고 한다. 불량품이 아닌 정상 제품만을 판매해서 처음에 생각했던 이익과 똑같은 이익을 얻기 위해서는 이익을 처음 생각했던 이익의 몇 %만큼 늘려야 하는지 고르면?

① 5.88% ② 6.25% ③ 8%
④ 10.2% ⑤ 12%

06 2L 부피의 PET병에 75%만큼의 물이 들어 있다. 이 PET병의 부피를 10% 줄이고 넣는 물의 양은 바뀐 PET병의 80%로 하려고 한다. 처음에 물이 들어 있는 2L 부피의 PET병이 48개 있고, 이 물을 모두 바뀐 PET병에 옮겨 담는다고 할 때, 필요한 바뀐 PET병의 개수를 고르면?

① 40개 ② 45개 ③ 50개
④ 55개 ⑤ 60개

07 농도가 10%인 소금물 200g에서 일정량을 퍼내고, 퍼낸 만큼 다시 물을 부었다. 그리고 다시 농도가 2%인 소금물을 더 넣었더니 농도가 5%인 소금물 340g이 되었을 때, 처음 퍼낸 소금물의 양을 고르면?

① 52g
② 54g
③ 56g
④ 58g
⑤ 60g

08 A는 책 한 권을 다 읽는 데 3일이 걸렸다. 첫째 날에는 전체의 $\frac{1}{5}$, 둘째 날에는 전체의 $\frac{1}{3}$, 셋째 날에는 21쪽을 읽었다고 할 때, 이 책의 전체 쪽수를 고르면?

① 30쪽
② 35쪽
③ 40쪽
④ 45쪽
⑤ 50쪽

09 **지원이는 2019년 1월 초에 2,000만 원을 예금하였고, 1월 말부터 100만 원씩 인출하였다. 이때 2020년 1월 초 지원이의 예금 통장에 남아 있는 금액은 얼마인지 고르면?**(단, 월이율은 1% 복리이고, $(1.01)^{12}=1.13$으로 계산한다.)

① 800만 원　② 840만 원　③ 880만 원
④ 920만 원　⑤ 960만 원

10 **A씨는 적금으로 매년 초 일정한 금액을 넣어 3년 후 연말에 840만 원을 마련하고자 한다. 연이율 5%의 비과세 복리로 계산할 때, 매년 초 적립해야 하는 금액을 고르면?**(단, $(1.05)^3 \fallingdotseq 1.16$로 계산한다.)

① 240만 원　② 250만 원　③ 260만 원
④ 270만 원　⑤ 280만 원

정답과 해설 P.19

유형 2 자료해석

01 다음은 학생 1인당 월평균 사교육비에 관한 자료이다. 이에 대한 설명으로 옳은 것을 고르면?

[표] 2022년 학교급 및 시도별 학생 1인당 월평균 사교육비 (단위: 만 원)

구분	평균	초등학교	중학교	고등학교	
					일반고
전국	41.0	37.2	43.8	46.0	52.5
서울	59.6	53.6	60.5	70.3	79.5
부산	39.5	35.1	45.0	43.3	51.2
대구	43.7	40.4	46.9	47.3	56.4
인천	38.6	35.1	39.7	44.9	52.7
광주	35.6	31.0	41.4	38.7	44.0
대전	38.9	37.0	41.1	40.2	46.1
울산	36.7	35.4	39.3	36.7	42.6
세종	41.8	37.7	45.8	48.1	49.9
경기	44.6	40.1	47.3	51.8	56.7
강원	29.6	28.8	30.7	29.9	33.9
충청	61.0	55.9	68.6	63.6	76.8
전라	55.7	51.7	61.1	57.9	69.1
경상	60.5	57.0	67.8	60.4	70.0
제주	31.4	28.5	36.4	32.6	36.8

[그래프] 연도별 학생 1인당 전국 월평균 사교육비 (단위: 만 원)

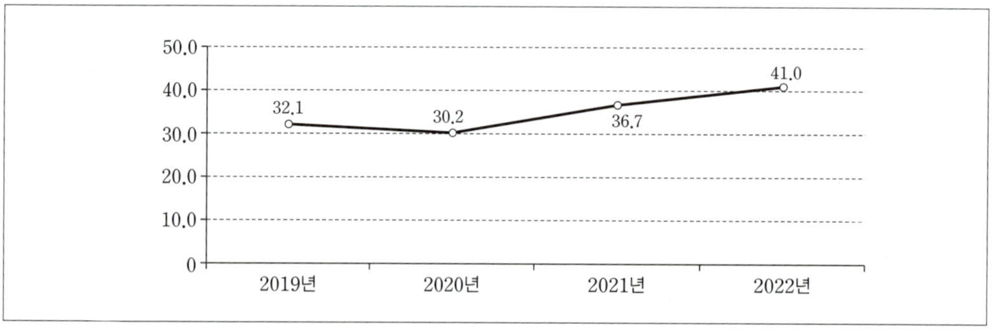

① 2022년에 학생 1인당 전국 월평균 사교육비는 3년 전에 비해 8.9% 증가했다.
② 2021년에 전년 대비 학생 1인당 전국 월평균 사교육비의 증가율은 25% 이상이다.
③ 2022년에 경상의 학생 1인당 월평균 사교육비는 일반고가 고등학교에 비해 10만 원 이상 높다.
④ 2022년에 시도별 학생 1인당 월평균 사교육비가 고등학교보다 중학교가 더 높은 지역은 7곳이다.
⑤ 2022년에 초등학교 학생 1인당 월평균 사교육비가 가장 높은 지역의 사교육비는 가장 낮은 지역의 2배이다.

02 다음 [표]는 에너지원별 발전량에 관한 자료이다. 이에 대한 설명으로 옳지 않은 것을 고르면?

[표] 에너지원별 발전량 (단위: GWh)

구분	2019년	2020년	2021년	2022년
합계	563,040	552,162	576,809	594,401
원자력	145,910	160,184	158,015	176,054
화력	375,031	344,499	368,699	358,772
석탄	227,384	196,333	197,966	193,232
유연탄	224,825	194,257	196,105	191,413
무연탄	2,559	2,076	1,861	1,819
유류	3,292	2,255	2,354	1,966
LNG	144,355	145,911	168,378	163,575
양수	3,458	3,271	3,683	3,715
신재생 및 기타	38,641	44,208	46,412	55,860

① 2022년의 무연탄 발전량은 화력 발전량 중 2% 이상이다.
② 2019년 대비 2022년에 양수 발전량의 증가율은 10% 미만이다.
③ 2020년의 원자력 발전량은 신재생 및 기타 발전량의 4배 미만이다.
④ 전년 대비 2020년에 전체 발전량의 감소량은 10,000GWh 이상이다.
⑤ 조사기간 동안 유류 발전량의 전년 대비 증감 추이는 석탄 발전량의 증감 추이와 동일하다.

03 다음 [표]는 2022년 1~4월 온라인 쇼핑몰 취급상품의 범위별·상품군별 거래액에 관한 자료이다. 이에 대한 설명으로 옳지 않은 것을 고르면?

[표] 2022년 온라인 쇼핑몰 취급상품의 범위별 · 상품군별 거래액 (단위: 백만 원)

구분	1월	2월	3월	4월
컴퓨터 및 주변기기	786,027	888,101	864,298	678,141
가전 · 전자 · 통신기기	1,657,726	1,742,480	1,569,640	1,490,064
서적	217,261	218,686	262,888	185,994
사무 · 문구	152,804	162,761	179,338	158,726
의복	1,382,234	1,386,896	1,820,831	1,650,729
신발	277,765	304,187	368,852	340,789
가방	235,179	244,744	272,692	256,149
화장품	928,339	889,940	987,033	984,578
음 · 식료품	2,575,567	2,140,355	2,453,210	2,356,730
농축수산물	1,067,499	729,801	815,600	783,558
생활용품	1,332,249	1,278,424	1,453,950	1,375,405
이쿠폰 서비스	740,828	703,959	747,555	751,375
음식 서비스	2,233,259	2,028,048	2,108,928	2,103,962

① 월별로 거래액이 가장 많은 순서대로 거래 품목을 나열했을 때 상위 3개 품목이 1월과 2월은 동일하다.

② 전월 대비 4월에 농축수산물 거래액의 감소량은 30,000백만 원 이상이다.

③ 2월에 컴퓨터 및 주변기기 거래액은 가방 거래액의 3배 이상이다.

④ 1월 대비 3월에 가방 거래액의 증가율은 20% 미만이다.

⑤ 2022년 1~4월의 서적 거래액은 총 800,000백만 원 미만이다.

04 다음은 A국의 2019~2021년 데이터 산업 수요처별 시장규모에 관한 자료이다. 이에 대한 [보기]의 ㉠~㉣ 중 옳지 않은 것을 모두 고르면?

[표] A국 2019~2021년 데이터 산업 수요처별 시장규모 (단위: 억 원)

구분	2019년	2020년	2021년
전체	168,582	200,023	230,972

[그래프1] A국 2019년 데이터 산업 수요처별 비중 (단위: %)

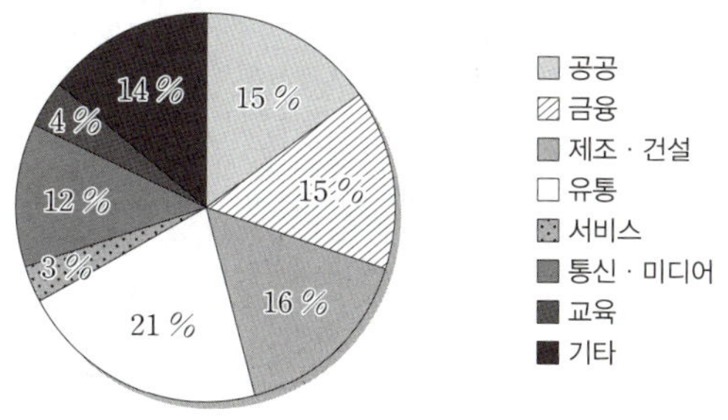

[그래프1] A국 2021년 데이터 산업 수요처별 비중 (단위: %)

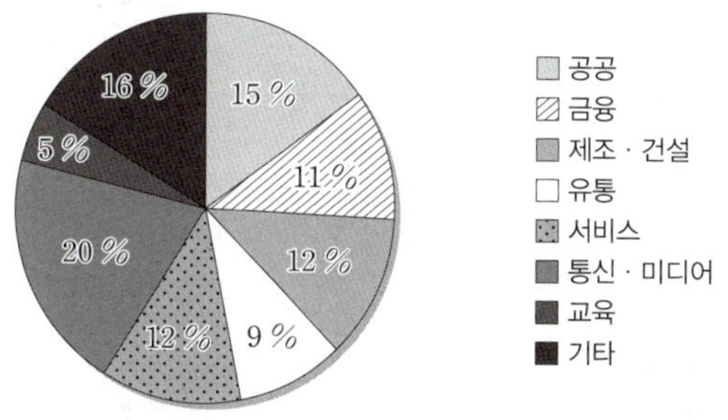

보기

㉠ 데이터 산업 시장 규모가 가장 큰 수요처는 2019년과 2021년에 동일하다.
㉡ 2019년에 공공과 금융 수요처의 데이터 산업 시장규모의 합은 50,000억 원 이상이다.
㉢ 2019년과 2021년에 데이터 산업 규모의 비중의 차이가 가장 큰 수요처는 유통이다.
㉣ 2019년 대비 2021년에 데이터 산업 규모의 비중이 변하지 않은 수요처의 2021년 시장규모는 30,000억 원 이상이다.

① ㉠ ② ㉠, ㉡ ③ ㉡, ㉣
④ ㉠, ㉢, ㉣ ⑤ ㉡, ㉢, ㉣

[05~06] 다음 [표]는 2018년부터 2020년까지 G사의 분기별 매출 및 영업이익에 관한 자료이고, [그래프]는 G사의 2020년 4분기 사업 부문별 매출 및 영업이익에 관한 자료이다. 이를 바탕으로 이어지는 질문에 답하시오.(단, G사의 사업 부문은 사업 A~D 4개 부문뿐이다.)

[표] G사 2018~2020년 분기별 매출 및 영업이익

(단위: 억 원)

연도	분기	매출액	영업이익
2018년	1	13.22	0.48
	2	14.41	0.13
	3	13.43	−0.19
	4	14.70	−0.25
2019년	1	13.20	0.13
	2	14.40	0.16
	3	13.60	−0.04
	4	13.80	0.02
2020년	1	12.23	0.45
	2	12.86	0.35
	3	12.38	0.22
	4	13.50	0.11

※ 영업이익률(%): 매출액에 대한 영업이익 비율

[그래프] G사 2020년 4분기 사업 부문별 매출액 및 영업이익

(단위: 억 원)

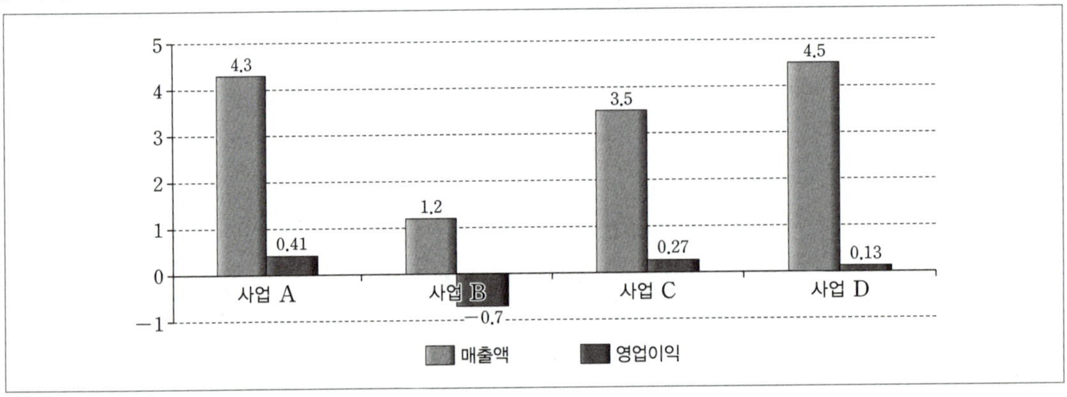

05 다음 [보기]에서 주어진 자료에 관한 설명으로 옳지 않은 것의 개수를 고르면?

> **보기**
>
> ㉠ 2020년 1분기 영업이익률은 3.5% 이상이다.
> ㉡ 2018년 3분기의 영업이익률은 4분기보다 높다.
> ㉢ 2020년 4분기에 영업이익률이 가장 높은 사업은 A이다.
> ㉣ 2018년 2분기부터 전분기 대비 분기별 매출액은 증가와 감소를 계속 반복한다.

① 0개 ② 1개 ③ 2개
④ 3개 ⑤ 4개

06 2019년 총 매출액에 대한 사업 D의 영업이익률이 15.0%일 때, 다음 중 2019년 사업 D의 영업이익을 고르면?

① 5억 8,900만 원 ② 6억 9,800만 원 ③ 7억 1,200만 원
④ 8억 2,500만 원 ⑤ 9억 2,500만 원

07 다음 [표]는 2022년 일반국도 월별 교통사고 현황에 관한 자료이다. 이에 대한 설명으로 옳지 않은 것을 고르면?

[표] 2022년 일반국도 월별 교통사고 현황

구분	사고건수(건)	사망자 수(명)	부상자 수(명)
전체	20,588	468	31,673
1월	1,561	37	2,402
2월	1,307	25	1,975
3월	1,459	36	2,150
4월	1,682	34	2,620
5월	1,856	36	2,869
6월	1,711	53	2,583
7월	1,771	28	2,776
8월	1,756	36	2,705
9월	1,787	55	2,789
10월	2,018	51	3,111
11월	1,881	43	2,917
12월	1,799	34	2,776

① 3월에 부상자 수는 사망자 수의 60배 이상이다.
② 전월 대비 12월에 사고건수는 80건 이상 감소했다.
③ 2022년에 사고건수 1명당 부상자 수는 2명 미만이다.
④ 1월 대비 6월에 사망자 수의 증가율은 40% 이상이다.
⑤ 전체 부상자 수 중 10월 부상자 수의 비중은 10% 미만이다.

08 다음 [그래프]는 어느 회사에서 판매하는 A~D제품의 연도별 판매량에 관한 자료이다. 이에 대한 설명으로 옳은 것을 고르면?

[그래프] A~D제품의 연도별 판매량 (단위: 천 개)

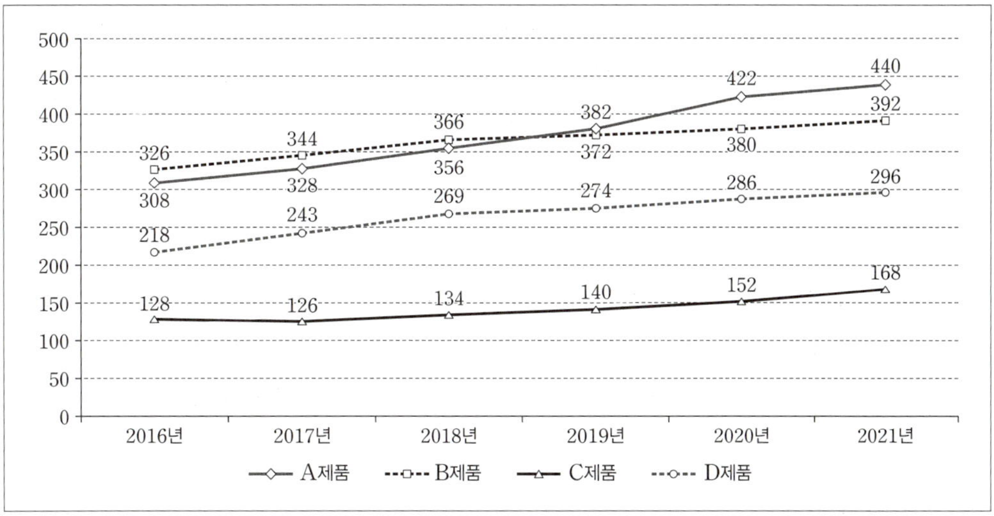

① 2017~2021년 동안 제품별 판매량은 각각 매년 전년 대비 증가하였다.

② 2021년 전체 판매량 중 B제품의 판매량이 차지하는 비율은 30% 미만이다.

③ 2016~2021년 A제품의 연평균 판매량은 C제품 연평균 판매량의 3배 이상이다.

④ A제품과 D제품의 2016년 대비 2020년 판매량의 증가량의 차이는 5만 개 이하이다.

⑤ B제품 판매량의 전년 대비 증가율이 가장 큰 해에 D제품 판매량의 전년 대비 증가율도 가장 크다.

09 다음 [표]는 2018~2019년의 10대 수출입품목에 관한 자료이다. 이에 대한 설명으로 옳은 것을 고르면?

[표1] 2018~2019년의 10대 수출품목 (단위: 백만 달러)

구분	2018년		2019년	
	품목명	금액	품목명	금액
1위	반도체	126,706	반도체	93,930
2위	석유제품	46,350	자동차	43,036
3위	자동차	40,887	석유제품	40,691
4위	평판디스플레이 및 센서	24,856	자동차부품	22,535
5위	자동차부품	23,119	평판디스플레이 및 센서	20,657
6위	합성수지	22,960	합성수지	20,251
7위	선박 해양구조물 및 부품	21,275	선박 해양구조물 및 부품	20,159
8위	철강판	19,669	철강판	18,606
9위	무선통신기기	17,089	무선통신기기	14,082
10위	컴퓨터	10,760	플라스틱 제품	10,292
10대 품목 수출액	—	353,671	—	304,238
총수출액 대비 비중(%)	—	58.5	—	56.1

※ (무역수지)=(수출액)−(수입액)

[표2] 2018~2019년의 10대 수입품목 (단위: 백만 달러)

구분	2018년		2019년	
	품목명	금액	품목명	금액
1위	원유	80,393	원유	70,252
2위	반도체	44,728	반도체	47,032
3위	천연가스	23,189	천연가스	20,567
4위	석유제품	21,443	석유제품	17,539
5위	반도체 제조용 장비	18,805	석탄	14,209
6위	석탄	16,703	무선통신기기	13,626
7위	정밀화학원료	13,021	자동차	11,986
8위	컴퓨터	12,708	컴퓨터	11,345
9위	무선통신기기	12,429	정밀화학원료	11,334
10위	자동차	12,099	의류	10,891
10대 품목 수입액	—	255,519	—	228,779
총수입액 대비 비중(%)	—	57.7	—	45.5

① 2019년 플라스틱 제품의 수출액은 2018년 대비 상승하였다.

② 2019년 10대 품목의 수출액 중 평판디스플레이 및 센서가 차지하는 비중은 전년 대비 증가하였다.

③ 2019년 석유제품의 무역수지는 전년 대비 1,755만 달러 감소하였다.

④ 2019년 반도체 수출액의 총수출액 대비 비중은 20% 미만이다.

⑤ 2018년 수입액 상위 10위 이내에 해당하는 모든 품목의 수입액은 2019년에 감소하였다.

10 다음 글은 우리나라의 경제 상황에 대한 내용이다. 이를 바탕으로 옳게 나타낸 그래프를 고르면?

2021년 우리나라의 국내총생산(GDP)은 2,057조 원으로 전년보다 6.4% 증가하였다. 그리고 국민의 평균적 생활 수준을 나타내는 지표인 1인당 국민총소득(GNI)은 3만 5,168달러로 전년보다 10.3% 증가하였다. 하지만 소비자물가지수는 102.50으로 전년보다 2.5% 상승하였고, 생활물가지수는 103.21로 전년보다 3.2% 상승하였다. 물가상승률은 2011년에 4.0%를 기록한 후 최근 10년 중 가장 큰 상승 폭을 나타내면서 국민들의 주머니 사정을 어렵게 만들었다.

2020년 연평균 가구 소득은 6,125만 원이었는데, 이는 전년보다 201만 원 증가한 수치이다. 특이하게도 가구주가 남자인 가구의 평균 소득은 6,997만 원으로, 가구주가 여자인 가구의 평균 소득인 3,348만 원의 약 2.1배 수준을 나타내었다. 소득 원천별 소득 구성을 살펴보았을 때 근로소득(62.9%)과 사업소득(18.5%)은 전년 대비 각각 1.1%p, 0.9%p 감소하였으나, 재산소득(7.1%) 및 공적이전소득(9.8%)은 각각 0.1%p, 2.1%p 증가하였다. 이에 큰 비중을 차지하고 있는 근로자와 사업자들은 상대적으로 소득이 늘지 않았지만 부동산 등을 통해 이득을 취한 사람들은 비중이 적지만 오히려 소득이 크게 늘었다고 볼 수 있다.

2021년 가구 월평균 소비지출액은 249만 원이었는데, 소비지출 비목별 비중은 식료품·비주류 음료(15.9%)가 가장 높았고, 음식·숙박(13.5%), 주거·수도·광열(12.0%), 교통(11.5%) 순으로 나타났다. 이를 분석해 보면 역시 사람들은 먹고 자는 것에 대해 가장 많은 소비지출이 있음을 확인할 수 있다.

2021년 가구당 평균 자산총액은 5억 253만 원으로 전년보다 12.8% 증가하였다. 구체적으로 살펴보면 금융자산은 전년 대비 7.8% 증가하였고, 실물자산은 14.4% 증가하였다. 자산총액이 증가한 만큼 부채도 증가하였다. 가구당 평균 부채는 8,801만 원이었는데, 이는 전년보다 6.6% 증가한 것이다. 자산총액 중 순자산액은 4억 1,452만 원으로 전년보다 14.2% 증가하였다. 순자산액은 전 연령대에서 전년 대비 증가하였는데, 50대(4억 6,666만 원), 60세 이상(4억 3,211만 원), 40대(4억 3,162만 원), 30대(2억 8,827만 원), 30세 미만(8,590만 원) 순으로 높게 나타났다.

① 2021년 가구당 평균 자산총액 비중

(단위: %)

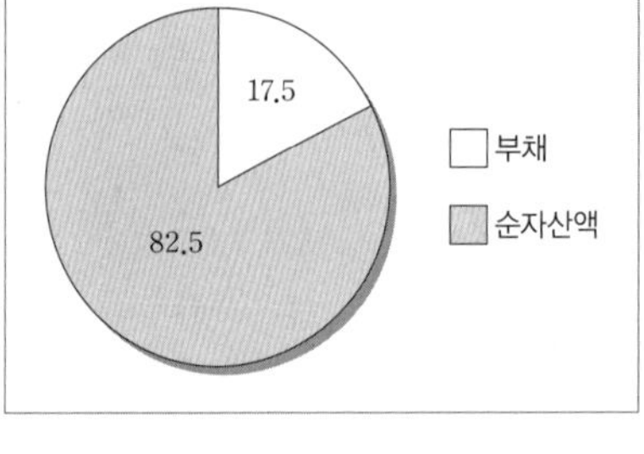

② 2019~2020년 연평균 가구 소득

(단위: 만 원)

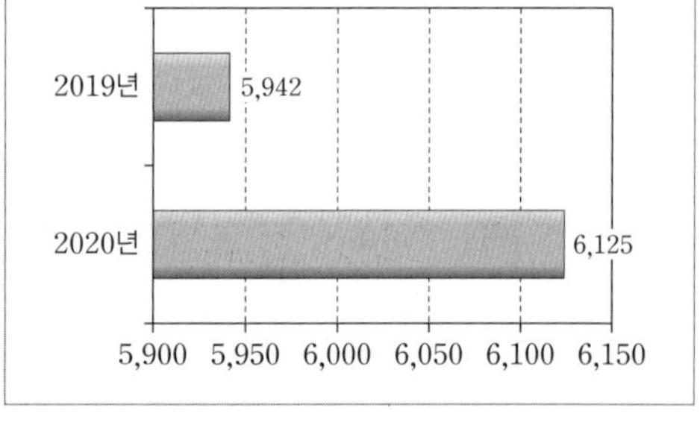

③ 2019년 소득 원천별 소득 구성

(단위: %)

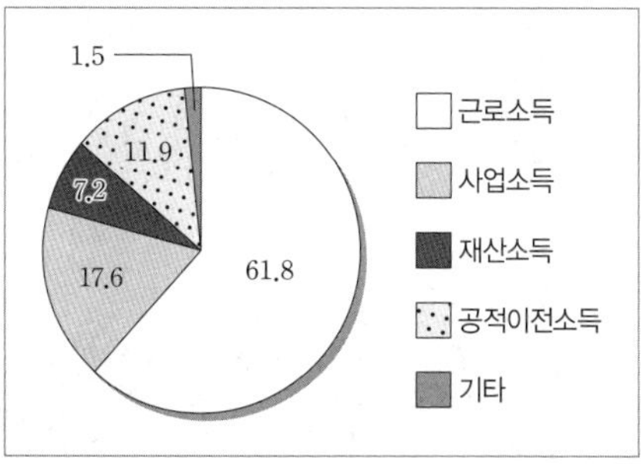

④ 2021년 가구 월평균 소비지출액 비중

(단위: %)

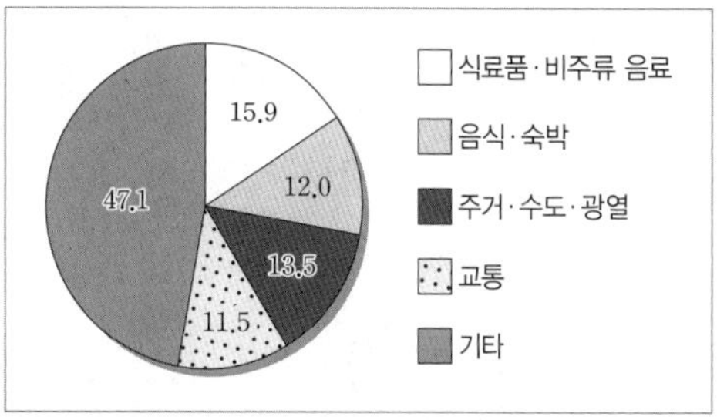

⑤ 2020~2021년 국내총생산 (단위: 조 원)

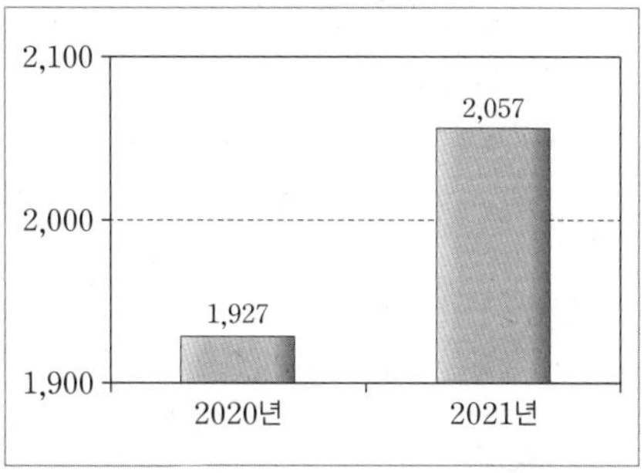

정답과 해설 P.22

PART 03

문제해결능력

NH농협은행

CHAPTER 01

최신경향 분석

영역 소개

문제해결능력은 논리적인 사고로 문맥을 이해하고 결론을 도출하는 논리·추리적 문항이 출제된다. 또한, 주어진 제시문과 표·그림 등을 해석하여 결과를 찾는 유형도 출제되며, 특히 최근 시험에는 SWOT 분석 문항도 출제되었다. 상황 파악과 수리적 사고, 문제해결능력 등이 종합적으로 필요하기 때문에 다른 영역에 비해 난도가 높고, 문제풀이에 필요한 시간도 많은 편이다. 따라서 주어진 자료와 상황을 빠르게 이해하고 문제를 명확하게 풀 수 있도록 학습해야 한다.

출제유형 소개

유형 1 논리추리

세부유형		
	언어논리	연역 추론을 통해 조건문의 결론을 도출하거나 명제의 참·거짓을 판정하는 유형
	조건추리	주어진 조건과 정보에 부합하는 대상을 찾거나, 대상 간의 배열이나 대소관계를 파악하는 유형

유형 2 상황판단

세부유형		
	제시문형	규정이나 주어진 자료의 내용을 파악하고 이를 바탕으로 문제상황에 가장 적절한 결괏값이나 해결안을 선택하는 유형
	SWOT 분석	기업의 SWOT 분석 결과를 토대로 상황에 맞는 마케팅 전략을 도출하는 유형

최신 필기시험 기출분석

2024년

1. 주어진 조건을 논리적으로 이해하고 결과를 추론하는 논리·추리형 문항이 출제되었으며, SWOT 분석 문항이 출제되었다.
2. 제시문과 표·그림 등을 해석하여 결과를 찾는 종합적인 문제해결 유형이 출제되었다.
3. 2023년과 달리 금융상품을 활용한 문항의 비중은 줄었지만, 출제 경향에 차이가 있을 수 있기 때문에 넓게 학습하는 것이 좋다.

2023년

1. 주어진 조건에 따라 삼단논법을 적용하거나 포함관계를 추론하여 문제를 풀어야 하는 논리추리형 문항이 출제되었다.
2. 긴 지문이 제시되는 상황판단형의 경우, 직전 연도에 출제된 문항보다 난도가 낮아지고 자료를 활용한 계산 과정이 복잡하지 않도록 구성되었다.

CHAPTER 02 | 대표기출 유형

유형 1 논리추리

세부 유형 | 언어논리 – ❶ 삼단논법

아래의 명제가 모두 참일 때, 다음 [보기] 중 항상 참인 명제를 모두 고르면?

- 커피가 준비되어 있으면 L 과장이 바쁘지 않다.
- 커피가 준비되어 있지 않은 날은 월요일이다.
- L 과장이 바쁘면 직원들의 아침 업무 준비에 차질이 생긴다.
- 월요일에는 L 과장이 바쁘며, L 과장이 바쁠 때 부사수인 H 대리 역시 바쁘다.

보기

㉠ 커피가 준비되어 있으면 H 대리가 바쁘지 않다.
㉡ 월요일에는 H 대리가 바쁘다.
㉢ 커피가 준비되어 있으면 월요일이 아니다.

① ㉠ ② ㉡ ③ ㉠, ㉡
④ ㉡, ㉢ ⑤ ㉠, ㉡, ㉢

시간단축TIP

'A → B', 'B → C'이면 'A → C'임을 이용한다. 'A → B'가 참이면 대우명제인 '~B → ~A'도 항상 참이며, 역 'B → A', 이 '~A → ~B'는 항상 참은 아니다.

정답해설

주어진 명제를 간단히 나타내면 다음과 같다.

- 커피 준비 → L 바쁘지 않음
- 커피 준비 × → 월요일
- L 바쁨 → 직원 아침 업무 준비 차질
- 월요일 → L 바쁨 → H 바쁨

이때, 주어진 명제들의 인과관계에 대한 대우 명제를 간단히 나타내면 다음과 같다.

- L 바쁨 → 커피 준비 ×
- 월요일 × → 커피 준비
- 직원 아침 업무 준비 차질 × → L 바쁘지 않음
- H 바쁘지 않음 → L 바쁘지 않음 → 월요일 ×

이에 따라 ㉡, ㉢은 다음과 같이 성립한다.

㉡ [월요일 → L 바쁨 → H 바쁨]이 성립하므로 월요일 → H 바쁨 역시 성립한다.

㉢ [커피 준비 → L 바쁘지 않음]의 명제와 [L 바쁘지 않음 → 월요일 ×] 명제를 삼단논법으로 연결하면 [커피 준비 → L 바쁘지 않음 → 월요일 ×]가 성립한다.

[오답풀이]

㉠ 참인지 거짓인지 알 수 없다.

| 정답 | ④

세부 유형 | 언어논리 – ❷ 참·거짓

K 상점에서 물품을 도난당하였다. 용의자 A~E가 다음 [조건]과 같이 진술하였는데 이 중 참을 말하는 사람이 2명이고, 거짓을 말하는 사람이 3명이다. 용의자 중 1명이 범인이라고 할 때, 범인인 사람을 고르면?(단, 참을 말하는 사람의 모든 발언은 참이고, 거짓을 말하는 사람의 모든 발언은 거짓이다.)

조건

- A: C가 거짓을 말하고 있고, D가 범인이야.
- B: 범인인 사람은 참을 말하고 있어.
- C: E가 범인이야.
- D: 나는 범인이 아니고, B는 진실을 말하고 있어.
- E: 나와 C는 범인이 아니야.

① A ② B ③ C
④ D ⑤ E

시간단축TIP

진실과 거짓 유형의 문제는 서로 모순된 진술을 하는 사람을 찾아 진실일 경우와 거짓일 경우로 나누어 본다. 만약 서로 모순된 진술을 하는 사람이 없을 경우에는 가장 많이 언급되는 사람을 찾아 진실일 경우와 거짓일 경우로 나누어 모순이 발생하지 않는지 경우를 따져보며 빠르게 푸는 연습을 한다.

정답해설

A는 C가 거짓을 말하고 있다고 하였으므로 A가 참이면 C가 거짓이고, A가 거짓이면 C가 참이다. 따라서 A의 발언을 기준으로 참, 거짓인 경우로 나누어 풀이를 하는 것이 편하다.
만약 A가 참이라면 D가 범인이다. 또한 C의 말이 거짓이므로 E는 범인이 아니다. D가 범인이라면 자신이 범인이 아니라고 말한 D의 발언이 거짓이고, D의 발언이 거짓이므로 B는 거짓을 말하고 있다. 또한 C, E가 범인이 아니므로 E의 발언은 참이 된다. 따라서 A의 발언이 참이라면 E의 발언도 참이고, 나머지 B, C, D의 발언이 거짓이다. 이때 모순이 생기지 않고 범인은 D이다.
만약 A가 거짓이라면 D는 범인이 아니다. 또한 C의 말이 참이므로 E가 범인이다. E가 범인이라면 자신이 범인이 아니라고 한 E의 발언이 거짓이 된다. 따라서 범인인 E가 거짓을 말하고 있으므로 B의 발언도 거짓이 된다. 이때 B가 진실을 말하고 있다는 D의 발언도 거짓이 되므로 모순이 생긴다.
따라서 A의 발언은 거짓이 아닌 참이므로 D가 범인이다.

| 정답 | ④

세부 유형	조건추리 — ❶ 매칭

K 사원은 5개의 주식 종목 A~E 중 3개 종목에 투자하려고 한다. 다음 진술 중 1개만 참일 때 투자하지 않는 종목을 바르게 나열한 것을 고르면?

- C는 투자한다.
- D는 투자하지 않는다.
- B와 C 중 1개 이상 투자한다.
- A와 D 중 1개만 투자한다.

① A, C ② A, E ③ B, C
④ C, D ⑤ C, E

정답해설

종목 C에 대한 진술이 첫 번째, 세 번째 진술에 나와 있으므로 먼저 살펴본다. C를 투자한다는 첫 번째 진술이 참이면 세 번째 진술도 참인데 발문에서 1개의 진술만 참이라고 했으므로 발문의 조건과 상충한다. 따라서 첫 번째 진술은 참이 아니며 C에는 투자하지 않는다.
다음으로 세 번째 진술이 참이고 나머지 진술이 거짓이면 B와 C 중 1개 이상 투자하는 것은 참이다. 첫 번째 진술은 거짓이므로 B와 C 중 B에만 투자한다. 두 번째 진술도 거짓이므로 D는 투자한다. 네 번째 진술도 거짓이므로 A와 D 모두 투자하거나, 모두 투자하지 않는데, 거짓인 두 번째 진술에 따라 D에 투자하므로 A와 D 모두 투자한다. 따라서 K 사원은 종목 A, B, D에 투자하고, 종목 C와 E는 투자하지 않는다.

| 정답 | ⑤

세부 유형	조건추리 – ❷ 대소·배열·순서

남자 직원인 A 과장, B 과장, C 대리, D 대리와 여자 직원인 E 과장, F 대리, G 사원, H 사원이 출장을 갔다. 각 직원들이 머물 숙소가 아래와 같고, 다음 [조건]에 따라 숙소를 배정한다고 할 때, 옳은 것을 고르면?

401호	402호	403호
301호	302호	303호

조건

- 같은 숙소에는 성별과 직위가 같은 사람만 배정된다.
- 과장은 혼자 배정된다.
- 402호에는 대리가 배정된다.
- 남자 직원은 홀수 방에만 배정된다.
- 직위가 같은 경우에는 위, 아래, 옆방에 서로 인접하지 않는다.
- G 사원은 301호에 배정되고, A 과장은 H 사원 윗방에 배정되지 않는다.

① D 대리는 303호에 배정된다.
② 과장은 모두 홀수 방에 배정된다.
③ H 사원의 윗방에는 대리가 배정된다.
④ F 대리의 아랫방에는 남자 직원이 배정된다.
⑤ C 대리 윗방에는 B 과장이 배정된다.

시간단축TIP

주어진 조건 중 확실하게 정해진 조건을 기준으로 하여, 고려해야 하는 경우의 수를 확인하여 빠르고 정확하게 문제를 푸는 연습을 한다.

정답해설

과장은 각자 한 방씩 차지하므로 여섯 방 중 세 방을 먼저 배정하면 남은 방은 세 방이다. 이 방에 C 대리, D 대리, F 대리, G 사원, H 사원이 배정되어야 하는데 같은 방에는 성별과 직위가 같은 사람만 배정되므로 이를 셋으로 나누는 경우는 (C 대리, D 대리), (F 대리), (G 사원, H 사원)이다.
402호에 대리가 배정되는데 남자 직원은 홀수 방에만 배정된다. 즉, 402호에 배정된 대리는 여자 대리이므로 F 대리이다. 따라서 401호, 403호에는 대리가 배정되지 않는다. G 사원은 301호에 배정되므로 H 사원 역시 301호에 배정된다. 따라서 302호, 401호, 403호에는 과장이 배정되는데 남자 직원은 홀수 방에만 배정되므로 401호, 403호에 A 과장, B 과장이 배정된다. 남은 E 과장은 302호에 배정된다. A 과장은 H 사원의 윗방(401호)에 배정되지 않으므로 403호에 배정되고, B 과장이 401호에 배정된다. 남은 C 대리, D 대리는 303호에 배정된다. 이를 정리하면 다음과 같다.

B 과장	F 대리	A 과장
G 사원, H 사원	E 과장	C 대리, D 대리

따라서 D 대리가 303호에 배정된다는 내용만 옳다.

| 정답 | ①

김 대리는 서울, 광주, 대전, 대구, 부산 5개 도시로 1일에서 13일까지 13일간 출장을 간다. 김 대리의 출장 계획은 다음 [조건]과 같으며 하루에 한 도시만 방문할 때, 반드시 옳은 것을 고르면?

조건

- 광주가 첫 출장지이며 2일 동안 머무른다.
- 대구에서 3일을 머물고, 바로 다음 날 대전에 간다.
- 부산에서는 5일간 머무른다.
- 대전은 마지막 출장지가 아니다.
- 서울은 마지막 출장지가 아니며, 하루만 머무른다.

① 7일에는 대전에 머무른다.
② 3일에는 대구에 머무른다.
③ 대구는 두 번째로 방문한다.
④ 서울 다음으로 2개 이상의 도시를 방문한다.
⑤ 네 번째로 서울을 방문하면 대구는 세 번째로 방문한다.

정답해설

주어진 조건을 통해 확실한 내용을 표로 정리하면 다음과 같다.

1일	2일	3일	4일	5일	6일	7일	8일	9일	10일	11일	12일	13일
광주	광주							부산	부산	부산	부산	부산

13일 중 비어 있는 6일간의 출장 일정에서 두 번째 조건인 '대구에서 3일 머문 뒤 대전으로 가는 것'을 감안할 때, 대구에서 머무는 첫 날은 3일, 4일, 5일 중 하루가 되어야 하며, 서울에서 하루만 머문다고 하였으므로, 대구 사흘과 서울 하루를 뺀 나머지 이틀이 대전에서 머무는 기간이 된다. 이에 따라 대구, 대전, 서울의 출장 일자를 정리해 보면 다음과 같다.

ⅰ) 대구 3일~5일, 대전 6일~7일, 서울 8일 → 대구, 대전, 서울 순

ⅱ) 대구 4일~6일, 대전 7일~8일, 서울 3일 → 서울, 대구, 대전 순

따라서 위의 ⅰ), ⅱ) 두 가지 경우와 선택지를 비교했을 때, '7일에는 대전에 머무른다.'가 어느 경우에서도 옳은 내용임을 알 수 있다.

| 정답 | ①

유형 2 상황판단

세부 유형 | 제시문형

다음 글을 참고할 때, 주어진 [상황]에서의 A와 B에 대한 답변으로 바르게 짝지은 것을 고르면?

상가 투자를 하기 위해서는 월 임대료, 공실률, 유지보수 추가 비용 등 고려할 사항이 많다. 다만 투자이기 때문에 '수익률'을 따져보는 것이 가장 중요하다는 것을 반드시 기억해야 한다. 주변 상가의 철저한 계산을 통해서 수익률을 비교해 보고 선택해야 한다. 참고로 최근 상가 수익률은 4~6% 정도면 적당하다고 평가되고 있는 추세이다.

수익률을 산정할 때 대출금, 대출이자, 실 투입금 등을 고려할 수도 있으나 다음과 같이 간단한 방법으로 수익률(연간)을 산정하는 것을 기본으로 한다.

$$월세\times 12개월\div(감정가-임대보증금)\times 100=수익률$$

물론 이를 활용하면 임대료(월세)와 매매가 산정도 가능하다. 평당 임대료는 주변 시세를 통해 실제 관심이 가는 물건의 임대료를 산정하기 위해 필요하다. 보증금은 월세의 15~20배가량 측정하여 월세가 밀리는 경우에 차감할 수 있는 여유를 두는 것이 일반적이다.

$$월세\div 전용평수=평당\ 임대료$$

주변 평당 임대료를 구해보고 위치가 비슷한 상가의 평당 임대료(보수적이라면 최저 평당 임대료)를 기준으로 하여 관심이 있는 상가의 임대료를 구할 수 있다.

상황

- A: '갑'은 감정가가 2.5억 원인 상가 건물을 매입하고자 한다. 입주해 있는 상가의 임대보증금이 9,000만 원이며, 월 임대료가 60만 원인 경우 예상할 수 있는 연간 수익률은 얼마인가?
- B: '을'은 상가 임대보증금이 1,000만 원, 월 임대료가 80만 원인 상가 건물을 연간 수익률 5%에 매도하고자 한다. 이 경우 '을'이 받을 수 있는 상가 건물의 매도 가격은 얼마인가?

	A	B
①	4.5%	2억 2백만 원
②	4.5%	2억 2천만 원
③	5.5%	2억 2천만 원
④	5.5%	2억 2백만 원
⑤	5.5%	2억 5백만 원

정답해설

- A: '월세×12개월÷(감정가−임대보증금)×100=수익률' 산식을 적용하면 60만 원×12=720(만 원)이며, 2.5억 원−0.9억 원=1.6(억 원)이므로 연간 수익률은 $\frac{720\text{만 원}}{1.6\text{억 원}}\times 100=4.5(\%)$이다.
- B: '월세×12개월÷(감정가−임대보증금)×100=수익률' 산식을 바꾸어 보면 '월세×12개월×100÷수익률+임대보증금=감정가'의 산식을 도출할 수 있다. 따라서 80만 원×12÷0.05+1,000만 원=20,200(만 원)=202,000,000(원)이 되어 감정가는 2억 2백만 원이 된다.

| 정답 | ①

세부 유형 | SWOT 분석

1 SWOT 분석이란?

① 기업의 환경 분석을 통해 강점(Strength)과 약점(Weakness), 기회(Opportunity)와 위협(Threat) 요인을 규정하고, 이를 토대로 마케팅 전략을 수립하는 기법이다.

② 어떤 기업의 내부 환경을 분석하여 강점과 약점을 발견하고, 외부 환경을 분석하여 기회와 위협을 찾아내어 이를 바탕으로 강점은 살리고 약점은 죽이며, 기회는 활용하고 위협은 억제하는 마케팅 전략을 수립하는 것을 말한다.

2 SWOT 분석 요소

SWOT 분석에서 사용되는 요소는 강점 · 약점 · 기회 · 위협(SWOT) 4가지가 있다.

① 강점(S)은 경쟁 기업과 비교하여 소비자로부터 강점으로 인식되는 것은 무엇인지를 찾아낸다.

② 약점(W)은 경쟁 기업과 비교하여 소비자로부터 약점으로 인식되는 것은 무엇인지를 찾아낸다.

③ 기회(O)는 외부 환경에서 유리한 기회요인은 무엇인지를 찾아낸다.

④ 위협(T)은 외부 환경에서 불리한 위협요인은 무엇인지를 찾아낸다.

3 SWOT 분석에 따른 전략

SWOT 분석 요소에 따라 나온 결과인 기업 내부의 강점과 약점을, 기업 외부의 기회와 위협을 대응시켜 기업의 목표를 달성하려는 마케팅 전략의 특성은 다음과 같이 구분할 수 있다.

① SO전략(강점–기회전략): 시장의 기회를 활용하기 위해 강점을 사용하는 전략을 선택한다.

② ST전략(강점–위협전략): 시장의 위협을 회피하기 위해 강점을 사용하는 전략을 선택한다.

③ WO전략(약점–기회전략): 약점을 극복함으로써 시장의 기회를 활용하는 전략을 선택한다.

④ WT전략(약점–위협전략): 시장의 위협을 회피하고 약점을 최소화하는 전략을 선택한다.

내적요소 / 외적요소	강점(Strength)	약점(Weakness)
기회(Opportunity)	SO전략 (기회의 이점을 얻기 위해 강점을 활용하는 전략)	WO전략 (약점을 극복하면서 기회의 이점을 살리는 전략)
위협(Threat)	ST전략 (위협을 피하기 위해 강점을 활용하는 전략)	WT전략 (약점을 최소화하고 위협을 피하는 전략)

다음 자료의 밑줄 친 ㉠~㉤의 항목 중 SWOT 분석 결과로 적절하지 않은 것을 고르면?

○○시에서는 최근 4차 산업혁명의 첨단 기술을 조직 및 업무수행 체계에 도입하여 보다 효율적이고 개선된 업무를 수행하고자 한다. 기술 도입에 앞서, ○○시청의 김 과장은 이와 관련된 분석을 실시하여 다음과 같이 정리하였다.

[기술 도입 관련 ○○시의 SWOT 분석]

강점	약점
• ㉠ 신속한 의사전달 및 경쟁 체계 • 유관기관과의 체계적인 업무 협조 • ㉡ 전문가 및 유관기관과의 높은 유대관계로 지원 확보 용이	• 대외 활동 관련 조직 및 역할 부족 • ㉢ 정책수립 기능과 정책집행 기능 분리 • 문제해결을 위한 조직과 권한 미흡
기회요인	**위협요인**
• ㉣ 신속한 IT환경 대응체계 구축에 대한 사회적 요구로 신축적 조직 개편 가능 • 국제 정보통신 협약 증가	• ㉤ 신규 기술 운용에 필요한 숙련도 높은 자사 인력 부족 • 중앙정부의 지자체별 할당 예산 감축

① ㉠　② ㉡　③ ㉢　④ ㉣　⑤ ㉤

정답해설

위협요인은 외부의 환경요인 중 자사에게 위협이 되는 불리한 요인(Threats)을 말한다. 신규 기술 운용에 필요한 숙련도 높은 자사 인력이 부족하다는 점은 내부 환경요인인 약점(Weakness)에 해당한다.

[오답풀이]

① ○○시가 가진 강점을 의미하므로 내부의 강점(Strength)에 해당한다.

② 높은 유대관계에 따른 지원 확보가 용이하다는 점 역시 ○○시의 강점이므로 내부의 강점(Strength)에 해당한다.

③ 정책수립과 집행의 기능이 분리되어 있어 정책을 집행하는 데 있어 문제가 있다는 분석 결과이므로 이는 ○○시 내부의 약점(Weakness)에 해당한다.

④ 특정한 사회적 요구는 외부의 요인이며, 이것이 신축적인 조직 개편을 가능케 한다는 것은 경영 환경에 긍정적으로 작용하는 요인이므로 외부의 기회요인(Opportunities)에 해당한다.

| 정답 | ⑤

유형 1 논리추리

01 다음 결론이 반드시 참이 되게 하는 전제2를 고르면?

전제1	금리가 오르지 않으면 주가가 오른다.
전제2	
결론	주가가 오르지 않으면 채권 수익률이 오른다.

① 금리가 오르면 채권 수익률이 오르지 않는다.
② 금리가 오르지 않으면 채권 수익률이 오른다.
③ 금리가 오르면 채권 수익률이 오른다.
④ 채권 수익률이 오르지 않으면 금리가 오른다.
⑤ 금리가 오르지 않으면 채권 수익률이 오르지 않는다.

02 다음 명제를 참고하여 도출한 [보기]의 결론 A, B에 대한 설명으로 옳은 것을 고르면?

- 저축이 늘어나면 기업의 투자가 증가한다.
- 기업의 투자가 증가하면 고용이 증가한다.
- 저축이 늘어나지 않으면 고용이 증가하지 않는다.

보기

- A: 기업의 투자가 증가하면 저축이 늘어난다.
- B: 고용이 증가하지 않으면 저축이 늘어나지 않는다.

① A만 옳다.
② B만 옳다.
③ A, B 모두 옳다.
④ A, B 모두 옳지 않다.
⑤ A, B 모두 옳은지 옳지 않은지 알 수 없다.

03 다음 전제를 보고 항상 참인 결론을 고르면?

전제1	커피를 마시는 사람은 모두 늦게 잠든다.
전제2	커피를 마시는 어떤 사람은 피곤하다.
결론	

① 피곤한 사람은 모두 늦게 잠든다.
② 늦게 잠드는 사람은 모두 피곤하지 않다.
③ 피곤한 어떤 사람은 늦게 잠들지 않는다.
④ 늦게 잠드는 사람은 모두 피곤하다.
⑤ 늦게 잠드는 어떤 사람은 피곤하다.

04 대리 A~D는 마케팅팀, IR팀, 회계팀, 개발팀 중 각기 다른 팀에 소속되어 있다. 대리 A~D는 운동 동호회인 테니스, 농구 동호회와 문화 동호회인 오케스트라, 독서 동호회 중 각기 다른 동호회에서 활동한다. 다음 [조건]을 고려할 때, 항상 옳은 것을 고르면?

조건

- A는 운동 동호회에서 활동한다.
- 마케팅팀 사원은 오케스트라 동호회에서 활동한다.
- IR팀 사원은 농구 동호회에서 활동한다.
- D는 개발팀 소속이고 문화 동호회에서 활동한다.
- IR팀 사원은 B 또는 C이다.

① A는 농구 동호회에서 활동한다.
② B는 오케스트라 동호회에서 활동한다.
③ C는 마케팅팀 소속이다.
④ A는 회계팀 소속이다.
⑤ B는 IR팀 소속이다.

05 **갑, 을, 병, 정, 무 5명의 직원들은 오늘 아침 출근 순서에 대하여 각각 두 가지씩 진술하였다. 5명 모두 두 가지 진술 중 한 가지만 진실이라고 할 때, 옳은 것을 고르면?**(단, 동시에 출근한 직원은 없다.)

> • 갑: "저는 세 번째로 출근하였고, 을이 가장 먼저 출근했습니다."
> • 을: "정이 가장 먼저 출근하였고, 저는 네 번째로 출근했습니다."
> • 병: "저는 다섯 번째로 출근하였고, 무가 가장 먼저 출근했습니다."
> • 정: "저는 다섯 번째로 출근하였고, 병은 세 번째로 출근했습니다."
> • 무: "병은 두 번째로 출근하였고, 저는 네 번째로 출근했습니다."

① 갑은 세 번째로 출근하였다.
② 병은 네 번째로 출근하였다.
③ 을은 다섯 번째로 출근하였다.
④ 정은 첫 번째로 출근하였다.
⑤ 무는 두 번째로 출근하였다.

06 **A~E 5명의 나이 순서에 대한 진술 중 1명의 진술만이 거짓이고, 4명의 진술은 참이라고 할 때, 5명 중 진술이 반드시 참인 사람을 고르면?**(단, 동갑은 없다고 가정한다.)

> • A: "E는 나보다 나이가 많다."
> • B: "C는 E보다 나이가 많다."
> • C: "B는 D보다 나이가 많다."
> • D: "A는 나보다 나이가 많다."
> • E: "B는 나보다 나이가 많다."

① A ② B ③ C
④ D ⑤ E

07 **새로운 사옥으로 이사하는 A사의 인사팀, 홍보팀, 영업팀, 기술팀, 자금팀의 직원은 1명씩 나와 층별 부서 배치도를 확인하였다. 이에 대한 직원들의 진술이 다음과 같을 때, 층별 부서 배치 상황에 대한 설명으로 옳은 것을 고르면?**(단, 각 직원마다 2개의 진술 중 1개만 참이며, 5개 팀은 6~10층까지 각 층마다 1개 팀씩 배치되었다.)

- 인사팀 직원: "우리 팀은 8층에 있고, 홍보팀은 6층에 있군요."
- 홍보팀 직원: "기술팀은 6층에 있고, 우리 팀은 9층이네요."
- 영업팀 직원: "자금팀은 가장 높은 층이고, 우리 팀은 가장 낮은 층이네."
- 기술팀 직원: "우리 팀은 가장 높은 층이고, 자금팀은 8층입니다."
- 자금팀 직원: "우리 팀은 7층이고, 영업팀은 9층입니다."

① 영업팀은 7층에 배치되었다.
② 기술팀은 9층에 배치되었다.
③ 인사팀은 8층에 배치되었다.
④ 자금팀은 가장 높은 층에 배치되었다.
⑤ 홍보팀은 가장 낮은 층에 배치되었다.

08 **회사로부터 일직선상에 A~D 4개의 대리점이 위치해 있다. 다음 [조건]을 바탕으로 회사에서 D지점까지의 이동 시간을 고르면?**

조건

- B지점~C지점 간 이동 시간은 31분이다.
- A지점~C지점 간 이동 시간은 15분이다.
- B지점~D지점 간 이동 시간은 28분이다.
- A지점~C지점 사이에는 1개 지점이 있다.
- 회사에서 가장 먼 C지점까지는 41분의 이동 시간이 소요된다.

① 10분 ② 16분 ③ 26분
④ 38분 ⑤ 40분

정답과 해설 P.25

유형 2 상황판단

01 L은행은 동남아시아 시장 개척을 위해 베트남에 지점을 설립하고자 한다. 이에 대해 경영기획팀이 실시한 SWOT 분석 결과에 대응하는 전략으로 가장 적절한 것을 고르면?

[표1] L은행의 SWOT 분석 결과

강점(Strength)	• 해외 조직 관리 경험 풍부 • 자사 해외 네트워크 및 유통망 다수 확보
약점(Weakness)	• 순환 보직으로 잦은 담당자 교체 • 브랜드 이미지 관리에 따른 업무 융통성 부족
기회(Opportunity)	• 현지에서 친숙한 자사 이미지 • 현지 정부의 우대 혜택 및 세제 지원 약속
위협(Threat)	• 베트남 경쟁업체와의 본격 경쟁 체제 돌입 • 현지 통화 환율 불안에 따른 환차손 우려

[표2] L은행의 SWOT 분석 결과에 따른 대응 전략

내부환경 / 외부환경	강점(Strength)	약점(Weakness)
기회(Opportunity)	① 세제 혜택을 통하여 환차손 리스크 회피 모색	② 타 해외 조직의 운영 경험을 살려 업무 효율성 벤치마킹
위협(Threat)	③ 다양한 유통 채널을 통하여 경쟁 체제 우회 극복	④ 해외 진출 경험으로 축적된 우수 인력 투입으로 업무 누수 방지 ⑤ 자사의 우수한 이미지를 내세워 경쟁 우위 선점

02 다음 기준에 따라 부서별로 부서장 권한 대행자를 1명씩 선정하려고 한다. 부서별로 선정된 권한 대행자 중 적절하지 않은 것을 고르면?

부서장 권한 대행자 선정 기준

1. 시행 목적
   부서장 외부 활동 증가에 따른 업무 공백을 최소화하고자 부서별로 권한 대행자를 1명씩 선정하고자 함

2. 선정 방법
   부서별로 근무실적이 높은 사람을 권한 대행자로 선정한다. 근무실적이 같다면 승진 가능성이 높은 사람을, 승진 가능성이 같다면 승진 가능성 세부 항목 점수합계가 높은 사람을 권한 대행자로 선정한다. 승진 가능성 세부 항목 점수합계도 같다면 세부 항목 중 리더십 항목에 20%의 가산점을 주어 점수합계가 높은 사람을 권한 대행자로 선정한다. 근무실적과 승진 가능성은 '가'가 '나'보다 더 높은 것으로 본다.

3. 부서별 권한 대행자 후보 리스트

부서	후보	근무실적	승진 가능성	승진 가능성 세부 항목			
				리더십	협조성	전문성	소통력
기획부	A	가	나	100점	80점	80점	80점
	B	가	나	90점	80점	80점	90점
총무부	C	가	나	80점	80점	90점	80점
	D	나	가	90점	100점	90점	90점
홍보부	E	가	가	80점	100점	90점	100점
	F	가	가	100점	80점	90점	90점
영업부	G	나	가	80점	90점	90점	100점
	H	가	나	70점	100점	80점	70점
기술부	I	나	나	80점	70점	90점	90점
	J	나	가	100점	90점	80점	90점

① 기획부: A ② 총무부: C ③ 홍보부: F
④ 영업부: H ⑤ 기술부: J

03 **하루에 최대 4,500명이 입장하는 행사에서 입장객들에게 3가지 기념품을 나눠주려고 한다. 행사 계획이 다음과 같을 때, 3가지 기념품을 각각 최대 몇 개까지 준비해야 하는지 고르면?**

> ■ 행사목적
> ○○그룹 계열사 및 협력사 채용설명회를 개최하여 우수 인재에게 회사를 홍보하고 회사의 인재상과 직무를 설명하며 지원자들의 문의를 현장에서 해소하는 정보 교류의 장을 만들고자 함
>
> ■ 행사일정
> • 2021. 09. 13.~2021. 09. 17.(5일간)
> • 오전 10~12시: 무대 세팅 및 리허설
> • 오후 2~4시: 본 행사
> • 오후 4~5시: 정리 및 철수
>
> ■ 기념품 배부 계획
> • 기념품은 A, B, C 총 3가지가 있다.
> • A기념품은 60명 간격으로 1개씩 증정한다.
> → A기념품을 받는 사람: 60번째 입장객, 120번째 입장객, 180번째 입장객, …
> • B기념품은 100명 간격으로 1개씩 증정한다.
> → B기념품을 받는 사람: 100번째 입장객, 200번째 입장객, 300번째 입장객, …
> • C기념품은 A기념품과 B기념품을 모두 받는 사람에게 1개씩 증정한다.
> • 한 사람이 여러 종류의 기념품을 함께 수령할 수 있다.
> • 기념품 증정은 행사일정 내내 이루어진다.

	A	B	C
①	75개	45개	15개
②	75개	45개	30개
③	375개	225개	45개
④	375개	225개	75개
⑤	575개	300개	125개

04 **다음 기회비용의 개념에 관한 글과 [보기]를 바탕으로 할 때, A가 B를 영입하기 위해 제시해야 할 최소 연봉을 고르면?**

합리적인 의사결정을 하기 위해서는 반드시 기회비용을 고려해야 한다. 기회비용이란 어떤 선택으로 인해 포기된 기회들 가운데 가장 큰 가치를 갖는 기회 또는 그러한 기회가 갖는 가치를 말한다. 가령 한 빌딩에 아무도 입주하지 않아 비어 있는 사무실이 있다고 하자. 빌딩 주인은 이 공실로 표면적인 피해는 입지 않는다. 그러나 만약 비어 있는 사무실에 누군가가 입주해 있다면 임대 수익을 올릴 수도 있을 것이다. 이 임대 수익이 곧 기회비용이다. 즉, 공실로 인한 표면적인 비용은 없지만 기회비용이 존재하므로 빌딩 주인은 누군가가 입주하려고 한다면 비어 있는 사무실을 그냥 놔두는 선택보다는 입주자를 받으려는 선택을 하게 되는 것이다.

보기

○○프랜차이즈의 오너인 A는 최근 건강상의 이유로 경영 일선에서 물러나고 B를 전문경영인으로 영입하려고 한다. 영입제안을 받은 B는 입사와 식당 창업을 두고 고민 중인데 창업에 따른 제반 상황을 조사한 결과는 다음과 같다.

창업 시 소요 비용 및 기대 매출액	• 보증금: 3억 원 • 임대료: 연 6,000만 원 • 인건비: 연 14,000만 원 • 재료비: 연 4,500만 원 • 기타 경비: 연 5,800만 원 • 기대 매출액: 연 4억 원
보유자산	• 부동산: 5억 원(처분 불가. 자산가치의 60%까지 연이율 6%로 대출 가능) • 현금: 1억 원(예금으로 거치 시 연이율 2%)

① 8,100만 원　② 8,300만 원　③ 8,500만 원
④ 8,700만 원　⑤ 8,900만 원

05 다음 금융상품에 대한 설명으로 옳지 않은 것을 고르면?

함께 걷는 독도적금	
가입 대상	실명의 개인(1인 1계좌)
가입 기간	6개월 ~ 2년
가입 금액	매회 1천 원 이상 ~ 20만 원 이하(자유적립식, 최소 월 1회 이상 납입)
가입 방법	온라인뱅킹
기본 금리	연 2.5%p
우대 금리	1) 탄소포인트 가입 동참 서명 시: 0.3%p 2) 가입일로부터 100일까지 누적 걸음 수 30만 보 이상부터 60만 보 달성까지 10만 보당 0.1%p(최고 0.4%p) * Google 피트니스, 아이폰 건강 앱을 적금과 연동하여 적립된 걸음 수로 측정 3) NH멤버스 회원 가입 완료 시: 0.5%p (만기 3일 전까지 인정)
이자 지급 방식	• 월 복리(원금 및 이자는 만기 또는 해지 시 일시 지급) (단, 월이율$=\frac{\text{연이율}}{12}$로 계산, 소수점 셋째 자리에서 반올림) • 매월 1일, 계좌에 예치된 기간이 1개월 이상된 금액에 한하여 이자 지급

• 독도 걷기 대회 이벤트 진행
1) 참여기간: 2022. 08. 11. ~ 2022. 10. 09.(60일)
2) 참여방법: 자사 인터넷 뱅킹에서 NH함께 걷는 독도적금 가입 후, 걷기 대회 참여 응모
3) 대회 참가자 혜택: 이벤트 참여 고객 전원 10,000원 지급, 걸음 수 60만보 달성 고객 중 1,000,000원(1명), 30만보 달성 고객 중 300,000원(10명) 추첨을 통해 만기 시 개인 계좌로 지급
4) 독도 환경보전사업 지원: 대회 기간 내 60만보를 기록한 참가자 1인당 6천 원씩 기금 적립

① 적금 만기 도래 시 납입금의 최소 금액은 6,000원이다.

② 가입일로부터 100일 이내에 누적 55만 보를 걸을 경우 0.3%p의 우대금리를 받을 수 있다.

③ 우대금리를 최대로 받으려면 특정 앱을 휴대폰에 설치해야 한다.

④ 최대 금리를 적용 받을 경우 월이율은 0.32% 이상이다.

⑤ 함께 걷는 독도적금의 가입인원이 5만 명이고 이 중 대회 기간 중 20%의 인원이 60만보를 기록하였다면 독도 환경보전사업 기금으로 6천만 원이 적립된다.

06 **다음은 P사 해외영업팀의 근무지 및 시차에 대한 자료이다. [조건]을 고려하여 1시간 동안 화상회의를 진행하려고 할 때, 근무지별 가능한 회의시간으로 옳지 않은 것을 고르면?**(단, 서울 시간을 시차 계산의 기준으로 한다.)

[표] 직원별 근무지 및 시차

구분	근무지	시차
A 부장	서울(본사)	–
B 차장	파리	기준시차 −8시간
C 차장	뉴욕	기준시차 −14시간
D 대리	시드니	기준시차 +1시간
E 사원	두바이	기준시차 −5시간

조건

- 서울 본사 시간을 기준으로 11/15(수) 08:00~22:00 사이에 회의를 진행한다.
- 파리 시간을 기준으로 11/15(수) 13:00 이전에 회의를 진행한다.
- 뉴욕 시간을 기준으로 11/14(화)~11/15(수)에 회의를 진행한다.
- 시드니 시간을 기준으로 11/15(수) 정오 이전에 회의가 완료되어야 한다.
- 두바이 시간을 기준으로 11/15(수) 05:00 이후에 회의를 진행한다.
- 회의는 모든 근무지의 조건을 만족하는 시간을 고려해서 진행한다.

① 서울 시각 11/15(수) 10:00~11:00
② 파리 시각 11/15(수) 02:00~03:00
③ 뉴욕 시각 11/14(화) 21:00~22:00
④ 시드니 시각 11/15(수) 11:00~12:00
⑤ 두바이 시각 11/15(수) 05:00~06:00

정답과 해설 P.27

PART 04

자원관리능력

NH농협은행

CHAPTER 01

최신경향 분석

영역 소개

자원관리능력은 의사소통능력, 문제해결능력 등이 혼합된 융합형 문제 형태로 출제되며, 출제되는 문제 유형은 아래 구분한 유형과 같이 정형화되어 있는 편이다. 24년 상반기 필기시험까지 문제해결능력 영역에 포함되어 출제되었으며, 출제 문항 수가 많지 않았다. 앞서 언급한 바와 같이 다른 영역과 혼합하여 문제가 출제될 가능성이 있으므로 충분한 문제풀이 연습을 통해 접근 방법 및 공략법을 익혀 둘 필요가 있다.

출제유형 소개

유형 1 물적자원관리

물적자원관리 유형은 직업생활에서 필요한 물적자원을 확인하고 확보하여 업무 수행에 할당하는 능력을 파악하기 위한 문제 유형으로, 궁극적으로 물적자원의 불필요한 낭비를 막고 자원을 효율적으로 관리하는 것을 목적으로 한다. 이를 위해 최단 거리, 최적안 선택 등 다양한 물적자원의 종류 및 관리 능력을 확인할 수 있는 소재로 문제가 출제된다.

유형 2 인적자원관리

인적자원관리 유형은 직업생활에서 필요한 근로자의 기술, 능력, 업무 등의 인적자원을 파악하고, 동원할 수 있는 인적자원을 최대한 확보하여 실제 업무에 어떻게 배치할 것인지에 대한 계획을 수립하며, 이에 따른 인적자원을 효율적으로 배치하여 관리하는 능력을 확인하기 위한 문제 유형이다. 채용인원이나 승진 대상자 선발, 성과금, 업무 배분 등 다양한 상황을 소재로 하여 출제된다.

유형 3 예산관리

예산관리 유형은 직업생활에서 한정된 예산을 효율적으로 관리하고 수립할 수 있는 능력을 파악하기 위한 문제 유형으로, 거래 업체나 제품 등 예산에 맞는 것을 선택하거나 출장이나 워크숍 등 행사에 필요한 예산을 수립하는 등 다양한 상황을 소재로 하여 출제된다.

유형 4 시간관리

시간관리 유형은 직업생활에서 시간을 효율적으로 안배하고 관리하여 업무 효율을 향상시킬 수 있는 능력을 파악하기 위한 문제 유형으로, 회의 시간이나 미팅 등 일정 수립, 공정 작업 최소 시간, 업무 소요 시간 등 다양한 상황을 소재로 하여 출제된다.

최신 필기시험 기출분석

2024년

1. 물적자원관리/인적자원관리/예산관리/시간관리 유형이 모두 출제되었다.
2. 제시문과 표 · 그림 등을 해석하여 결과를 찾는 복합자료 형태로 출제되었다.
3. 금융상품을 활용한 문항의 비중은 크지 않지만, 출제 경향에 차이가 있을 수 있기 때문에 넓게 학습하는 것이 좋다.

2023년

1. 주어진 자료를 보고 승진 대상자를 고르거나 회의시간 일정 혹은 최적안을 선택해야 하는 다양한 자원관리 능력 문항이 출제되었다.
2. 큰 범주로 문제해결능력 영역에 포함되어 출제되었고, 그만큼 난도가 높지 않았으며 자료를 활용한 계산 과정이 복잡하지 않도록 구성되었다.

CHAPTER 02 | 대표기출 유형

유형 1 물적자원관리

다음은 M사의 비품구매 계획과 구매 채널별 단가에 대한 자료이다. M사가 최저비용으로 비품을 구매할 때 선택할 구매 채널을 고르면?

[표1] 구매 채널별 단가 (단위: 원)

구분	아울렛	지역 가구점	대형마트	온라인	B2B
책상	200,000	220,000	180,000	160,000	220,000
의자	100,000	80,000	150,000	120,000	80,000
모니터 받침대	30,000	15,000	20,000	25,000	40,000

[표2] M사의 비품구매 계획

구분	수량
책상	10개
의자	20개
모니터받침대	20개

① 아울렛 ② 지역 가구점 ③ 대형마트
④ 온라인 ⑤ B2B

시간단축TIP

의자와 모니터받침대는 각각 20개씩 구매하고 책상만 10개를 구매한다. 책상 10개의 구매비용은 (구매 채널별 책상 단가×$\frac{1}{2}$)×20개의 값과 동일하다. 따라서 책상 단가의 $\frac{1}{2}$, 의자, 모니터받침대 단가를 모두 더했을 때 값이 가장 작은 채널을 고르면 빠르게 정답을 찾을 수 있다. 즉, 책상 단가의 $\frac{1}{2}$, 의자, 모니터받침대 단가의 합이 205,000원으로 가장 저렴한 지역 가구점에서 비품을 구매해야 한다.

정답해설

각 채널별 구매단가에 구매수량을 곱해 총 합으로 비용을 구하면 다음과 같다.
비품을 최저비용으로 구매할 수 있는 채널은 합계가 4,100,000원인 지역 가구점이다.

(단위: 원)

구분	아울렛	지역 가구점	대형마트	온라인	B2B
책상 10개	2,000,000	2,200,000	1,800,000	1,600,000	2,200,000
의자 20개	2,000,000	1,600,000	3,000,000	2,400,000	1,600,000
모니터받침대 20개	600,000	300,000	400,000	500,000	800,000
합계	4,600,000	4,100,000	5,200,000	4,500,000	4,600,000

| 정답 | ②

유형 2 인적자원관리

다음은 어느 기업의 승진 기준에 관한 자료이다. 이 자료를 바탕으로 할 때, 다음 중 승진한 직원은?

2022년 3월 정기 승진을 시행하는데, 근무 평정과 승진 시험 점수를 바탕으로 이루어진다.

○ 승진 기준

- 근무 평정이 '중' 이상인 직원 중 5명이 승진한다.
- 직급별로 가장 점수가 높은 직원은 반드시 승진한다.
- 남은 인원 중 승진 시험 점수가 높은 직원부터 차례로 승진한다.
- 동일 부서에 근무하는 2명 이상의 과장을 승진시키지 않는다.
- 각 부서의 직원을 1명 이상 승진시킨다.
- 점수가 동일한 경우 근무 평정이 더 높은 직원이 승진하고, 근무 평정이 동일한 경우 직급이 더 낮은 직원이 승진한다. 단, 직전 승진 인사가 2년 미만인 직원은 승진 대상이 아니다.

직원	부서	직급	근무 평정	승진 시험 점수	직전 인사
A	기획부	과장	중상	90점	2016년 3월
B	기획부	대리	중하	94점	2020년 3월
C	영업부	과장	상	95점	2014년 3월
D	영업부	과장	상	92점	2015년 8월
E	영업부	사원	중	88점	–
F	홍보부	사원	중상	90점	–
G	홍보부	대리	상	92점	2018년 3월
H	홍보부	대리	중	90점	2020년 8월
I	기획부	사원	중상	91점	–
J	영업부	대리	상	90점	2020년 3월

① A ② B ③ D ④ H ⑤ J

시간단축TIP

B는 근무 평정이 중하이므로 승진 대상에서 제외된다. H는 직전 인사가 2년 이상 경과하지 않았으므로 승진 대상에서 제외된다. A, D, J 중 D의 점수가 가장 높은데 D가 과장이므로 동일한 부서에서 승진한 과장이 있는지 확인해보면 C가 승진하였으므로 D는 승진 대상에서 제외된다. A, J의 승진 시험 점수는 동일한데, J의 근무 평정이 더 높으므로 J가 합격하였을 것이다.

정답해설

B는 근무 평정이 중 이하이므로 승진 대상에서 제외된다. H는 직전 인사가 2년이 되지 않았으므로 승진 대상에서 제외된다. 과장 중 승진 시험 점수가 가장 높은 직원은 C(영업부)이고, 대리 중 승진 시험 점수가 가장 높은 직원은 G(홍보부)이고, 사원 중 승진 시험 점수가 가장 높은 직원은 I(기획부)이다. 이 세 명을 제외하고 승진 시험 점수는 D가 가장 높은데 D의 경우 영업부 과장이고, 같은 부서인 경우 과장이 2명 이상 승진할 수 없으므로 D는 승진 대상에서 제외된다. 다음으로 점수가 높은 직원은 A, F, J이다. 이 중 근무 평정이 가장 높은 직원은 J이므로 J가 승진하고, A, F는 근무 평정이 동일하므로 직급이 더 낮은 F가 승진한다. | 정답 | ⑤

유형 3 예산관리

A사 영업팀의 최 상무와 박 대리는 6월에 E국으로 3박 4일간의 출장을 다녀왔으며, 남 차장과 홍 사원은 7월에 H국으로 5박 6일간 출장을 다녀왔다. 다음 [표]의 출장비 지급 규정을 바탕으로 할 때, 6월과 7월 영업팀의 출장비 지급 총액을 고르면?(단, 출장비는 숙박비와 일당만 고려한다.)

[표] A사의 지역별/직급별 출장비 지급 규정 (단위: 만 원)

구분	갑지		을지		병지	
	숙박(1박당)	일당	숙박(1박당)	일당	숙박(1박당)	일당
사장, 부사장	18	12	17	11	16	10
전무~이사	17	11	16	10	15	9
이사부장, 부장	16	10	15	8	14	7
차장, 과장	14	9	14	7	13	6
대리, 사원	13	8	13	6	12	5

※ 출발과 도착 당일도 일당이 지급된다.
※ 지역은 다음과 같이 구분한다.
- 갑지: A, B, C국
- 을지: D, E, F국
- 병지: G, H, I국

① 342만 원 ② 338만 원 ③ 330만 원
④ 326만 원 ⑤ 315만 원

정답해설

- 최 상무와 박 대리가 E국(을지)으로 3박 4일간 다녀온 출장비는 다음과 같이 계산할 수 있다.
  (16×3)+(10×4)+(13×3)+(6×4)=48+40+39+24=151(만 원)
- 남 차장과 홍 사원이 H국(병지)으로 5박 6일간 다녀온 출장비는 다음과 같이 계산할 수 있다.
  (13×5)+(6×6)+(12×5)+(5×6)=65+36+60+30=191(만 원)

따라서 6월과 7월 영업팀의 출장비로 지급될 총액은 151+191=342(만 원)이다.

| 정답 | ①

유형 4 시간관리

다음은 숙소 및 5개의 관광지의 이동노선 및 소요시간에 대한 자료이다. 워크숍 다음날 숙소 근처 인근 4개의 관광지를 모두 관광하고자 할 때 최소 소요시간을 고르면?

[그림] 숙소 및 관광지 이동노선

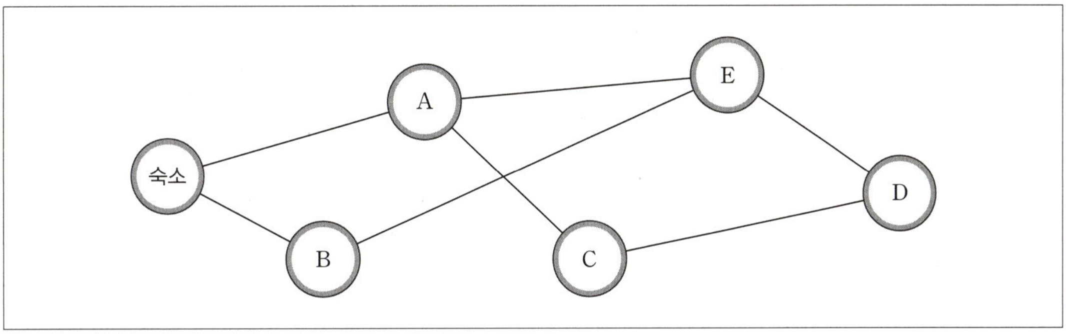

[표] 숙소 및 관광지 간 소요시간 (단위: 분)

구분	A	B	C	D	E
숙소	15	10			
A			20		30
B					40
C				25	
D					10
E	30	40		10	

※ 관광지에서 관광하는 시간은 고려하지 않는다.

① 105분 ② 110분 ③ 115분
④ 120분 ⑤ 125분

정답해설

관광지를 모두 방문하는 경우는 2가지이며 각각의 소요시간은 다음과 같다.

경우 1) 숙소−A−C−D−E−B
15+20+25+10+40=110(분)

경우 2) 숙소−B−E−D−C−A
10+40+10+25+20=105(분)

따라서 최소 소요시간은 '숙소−B−E−D−C−A' 순서로 이동할 때의 105분이다.

| 정답 | ①

CHAPTER 03 | 유형연습 문제

유형 1 물적자원관리

01 다음은 신혼부부인 갑과 을이 소파를 구입하기 위해 브랜드별로 비교한 자료이다. 이를 바탕으로 갑과 을이 구입하는 소파의 가격이 얼마인지 고르면?

> 갑과 을은 소파를 가격, 디자인, 내구도를 기준으로 각각 가격, 디자인, 내구도에 대해 평가하였다. 가격은 아주 나쁨을 10점, 나쁨을 9점, 보통을 8점, 좋음을 7점, 아주 좋음을 6점으로 부여하였고, 디자인과 내구도는 아주 나쁨을 6점, 나쁨을 7점, 보통을 8점, 좋음을 9점, 아주 좋음을 10점으로 부여하였다.
>
> 각자 소파에 대한 만족도를 $\frac{\text{디자인}\times 0.3+\text{내구도}\times 0.7}{\text{가격}}$으로 산출하며 두 사람의 만족도의 평균이 가장 높은 소파를 구입한다. 단, 둘 중 한 명의 만족도가 1.1점 미만인 브랜드의 경우에는 소파를 구입하지 않는다.

[표] 브랜드별 갑과 을의 평가 점수 (단위: 점)

브랜드	가격(만 원)	갑의 평가 점수			을의 평가 점수		
		가격	디자인	내구도	가격	디자인	내구도
A	90	9	8	10	8	9	10
B	100	10	10	10	9	9	9
C	50	6	10	6	6	9	6
D	60	7	8	8	7	9	8
E	100	9	9	10	8	10	10
F	60	6	7	9	7	8	8
G	90	8	10	8	8	10	9
H	80	7	9	9	7	8	10

① 50만 원 ② 60만 원 ③ 80만 원
④ 90만 원 ⑤ 100만 원

02 영업팀 김부장의 거래처 4개 지점의 거리에 대한 자료이다. 김부장이 4개 지점을 최단거리로 모두 방문한다고 할 때 총 이동거리를 고르면?

[표] 회사 및 영업지점간의 이동거리 (단위: km)

구분	A지점	B지점	C지점	D지점
회사		20		25
A지점			15	30
B지점	15			
C지점		20		
D지점			25	

① 70km ② 75km ③ 80km
④ 85km ⑤ 90km

03 다음 [표]는 업무용 PC제품 A~E의 스펙이다. 다음 [조건]에 모두 부합하는 업무용 PC제품을 고르면?

[표] 업무용 PC 비교견적서

구분	A	B	C	D	E
CPU	3세대	5세대	5세대	5세대	7세대
메모리	8GB	8GB	16GB	16GB	16GB
HDD 용량	2TB	3TB	1TB	2TB	4TB
파워	600W	500W	600W	600W	600W
1대당 금액	100만 원	120만 원	150만 원	170만 원	200만 원

조건

- CPU: 5세대이상
- 메모리: 8GB이상
- 용량: 2TB이상
- 파워: 600W이상
- 금액: 1대당 200만 원 미만

① A ② B ③ C
④ D ⑤ E

04 **다음 [표]는 2022년 S기업의 재무상태를 간략히 나타낸 것이다. [조건]의 정보를 바탕으로 S기업이 '안정적' 등급을 받기 위해 늘려야 하는 유동자산 금액의 최솟값을 고르면?**(단, 유동자산 및 유동자산의 변화에 따라 자동으로 변하는 항목 외에는 모두 변하지 않는다고 가정한다.)

[표] 2022년 S기업의 재무상태 (단위: 억 원)

구분		금액
자산총계		( )
	유동자산	5,000
	비유동자산	19,000
부채총계		( )
	유동부채	8,000
	비유동부채	8,000
	고유목적사업준비금	3,000
자본총계		( )

※ (자산총계)=(유동자산)+(비유동자산)

※ (부채총계)=(유동부채)+(비유동부채)+(고유목적사업준비금)

※ (자본총계)=(자산총계)−(부채총계)

※ (유동비율)(%)=$\frac{\text{(유동자산)}}{\text{(유동부채)}}\times 100$

※ (부채비율)(%)=$\frac{\text{(부채총계)}}{\text{(자본총계)}}\times 100$

조건

기업의 안정성 지표로는 1년 정도에 해당하는 단기간의 안정성을 보여주는 유동비율과 장기간의 안정성을 보여주는 부채비율이 있다. 유동비율은 1년 이내에 갚아야 할 빚(유동부채)을 변제하기 위해 1년 이내에 현금화할 수 있는 자산(유동자산)이 충분히 마련되어 있는지 알아보는 지표로, 유동비율이 100% 이상이라면 유동부채를 변제할 기본적인 능력은 갖춘 기업이라고 평가할 수 있다. 그러나 사업을 영위하다 보면 여러 가지 변수가 발생하기 때문에 유동비율이 200% 이상이어야 안정적이라고 볼 수 있다. 부채비율은 차입한 금액을 사업자의 자기자본으로 충당할 수 있는지 알아보는 지표로, 부채비율이 100% 이하라면 안정적이라고 볼 수 있다. 유동비율과 부채비율 모두 안정적일 때 안정성 지표에서 '안정적' 등급을 받는다.

① 1조 4,000억 원

② 1조 5,000억 원

③ 1조 6,000억 원

④ 1조 7,000억 원

⑤ 1조 8,000억 원

정답과 해설 P.29

01 다음은 N은행의 우수 직원 선정 안내문과 A지점 직원들의 실적에 관한 자료이다. 이를 바탕으로 우수 직원에 선정되는 사람을 고르면?

우수 직원 선정에 관한 안내

■ 개요

본사에서는 11월 금융 상품 판매 실적에 따라 우수 직원을 선정하고 있습니다. 우수 직원에 선정된 직원에게는 성과급을 지급할 예정입니다. 각 지사에서는 아래 조건에 따라 우수 직원을 선정하여 주시기 바랍니다.

■ 우수 직원 선정 방식

- 기존 고객에게 금융 상품 판매 시 건당 1점 부과(최대 15점)
- 신규 고객에게 금융 상품 판매 시 건당 3점 부과(최대 30점)
- 거래 금액이 10억 원 이상인 판매 건이 있는 경우 5점 가산
- 전월 실적에 비하여 실적이 증가한 경우 2점 가산
- 고객 만족도가 70점 이하인 경우 5점 차감
- 고객 만족도가 90점을 초과하는 경우 3점 가산
- 최종 점수가 가장 높은 직원 1명을 선정. 최종 점수가 동일한 경우 당월 총 상품 판매 건수가 가장 많은 직원이 선정되고, 총 상품 판매 건수도 동일한 경우 고객 만족도가 더 높은 직원으로 선정

[표] A지점 직원들의 11월 실적

직원	전월 판매 실적	당월 판매 실적		10억 원 이상 판매 건	고객 만족도
		기존 고객	신규 고객		
A	10건	4건	7건	없음	82점
B	18건	2건	12건	없음	70점
C	20건	15건	6건	없음	92점
D	14건	12건	9건	없음	88점
E	24건	6건	10건	있음	90점

① A ② B ③ C
④ D ⑤ E

02 다음 [표]는 A사의 전결규정에 관한 자료이다. 이에 대한 설명으로 옳은 것을 고르면?

[표] A사의 전결규정

업무 내용		전결권자			
		사장	부사장	본부장	팀장
주간업무보고					○
팀장급 인수인계			○		
일반예산 집행	잔업수당	○			
	회식비			○	
	업무활동비			○	
	교육비		○		
	해외연수비	○			
	시내교통비			○	
	출장비	○			
	도서인쇄비				○
	법인카드사용		○		
	소모품비				○
	접대비(식대)			○	
	접대비(기타)				○
이사회 위원 위촉		○			
임직원 해외출장		○(임원)		○(직원)	
임직원 휴가		○(임원)		○(직원)	
노조관련 협의사항			○		

① 팀장급 인수인계서는 담당자를 제외하고 2명의 결재를 거치게 된다.

② 업무활동비 집행을 위한 결재 문서에는 '사장' 결재란에 아무도 서명하지 않는다.

③ 해외연수비와 시내교통비 집행을 위한 두 결재 문서의 '부사장' 결재란에는 아무도 서명하지 않는다.

④ 접대비 집행을 위한 결재 문서에는 금액에 관계없이 사장과 부사장 모두 결재하지 않는다.

⑤ 임직원 해외출장을 위한 결재 문서에는 항상 부사장의 결재가 필요하다.

03 다음은 어느 공단의 퇴직금 지급 규정과 명예퇴직을 신청한 김 부장의 [상황]에 관한 자료일 때, 김 부장이 받게 될 퇴직금을 고르면?

퇴직금 규정

제3조(명예퇴직수당) ① 만 20년 이상 재직한 직원으로서 정년 잔여기간이 1년 이상인 직원은 자진하여 명예퇴직할 수 있으며, 이 경우 별도의 명예퇴직수당을 지급할 수 있다.

② 제1항의 규정에 의한 명예퇴직수당의 세부 지급기준은 [별표]와 같다.

[별표] 명예퇴직수당 지급액 산정표

정년까지 남은 기간	산정 기준
1년 이상 5년 이내	(산정기초금액)×(정년잔여월수)÷2
5년 초과	(산정기초금액)×{30+(정년잔여월수−60)÷4}

[비고]

1. 위 [별표]에서 "산정기초금액"이란 퇴직일 전날의 기본급에 해당하는 금액을 말한다.
2. 위 [별표]에서 "정년잔여월수"란 명예퇴직수당 지급대상자의 정년퇴직 예정일부터 계산하여 명예퇴직일까지 역법에 따라 계산한 월수를 말한다. 이 경우 월수 계산 후 15일 미만이 남으면 이를 계산하지 아니하고, 15일 이상은 1개월로 산입한다.
3. 정년까지 남은 기간이 10년을 넘는 경우에 명예퇴직수당은 10년까지만 지급한다.

상황

김 부장은 1995년 3월 10일에 입사하여 2021년 6월 1일에 명예퇴직할 예정이다. 김 부장은 재직 중 2년 2개월 동안 군 휴직을 하였다. 김 부장의 정년퇴직일은 2028년 2월 10일이고, 명예퇴직일 전날 기준 기본급은 450만 원이다.

① 1억 1,850만 원 ② 1억 5,500만 원 ③ 1억 5,525만 원

④ 1억 5,750만 원 ⑤ 1억 7,500만 원

04 법무팀에는 추 사원을 포함하여 7명의 직원들이 근무한다. 다음 [조건]을 바탕으로 추 사원이 휴가를 갈 수 있는 날을 고르면?

조건

- 추 사원은 3월 중에 3일의 휴가를 써야 한다.
- 휴가는 3일을 반드시 붙여 써야 한다.
- 휴가 3일 사이에 주말 및 공휴일(대선 등 포함)이 포함될 수 있으며, 주말 및 공휴일은 휴가 일수에서 제외한다.
- 평일에는 사무실에 스케줄이 없는 사람이 최소한 5명 있어야 한다.
- 추 사원은 권 인턴의 교육을 담당하고 있어, 권 인턴 교육이 있는 날에는 휴가를 사용할 수 없다.
- 김 부장과의 밀접한 업무연관성으로 인하여 김 부장의 스케줄과 최소한 이틀 이상 겹치는 날짜에 휴가를 사용한다.
- 직원들의 스케줄은 다음과 같다.

김 부장	금요일마다 회의 참석, 21~24일 휴가
민 차장	매월 마지막 3일 동안 재고 실사, 7~11일 휴가
정 과장	7일, 14일, 28일 출장, 2~4일 휴가
신 대리	10일 회의 참석, 14~16일 휴가
박 주임	22일 발표, 31일 휴가
권 인턴	17일, 23일 교육

[3월 달력]

일	월	화	수	목	금	토
		1 삼일절	2	3	4	5
6	7	8	9 20대 대선	10	11	12
13	14	15	16	17	18	19
20	21	22	23	24	25	26
27	28	29	30	31		

① 3/2~4　② 3/15~17　③ 3/17~21
④ 3/24~28　⑤ 3/28~30

정답과 해설 P.30

유형 3 예산관리

01 다음은 재개발 시 관리처분계획 전 조합원의 분담금 산정 방식에 대한 자료이다. 조합원 A씨의 분담금을 책정한 금액으로 옳은 것을 고르면?

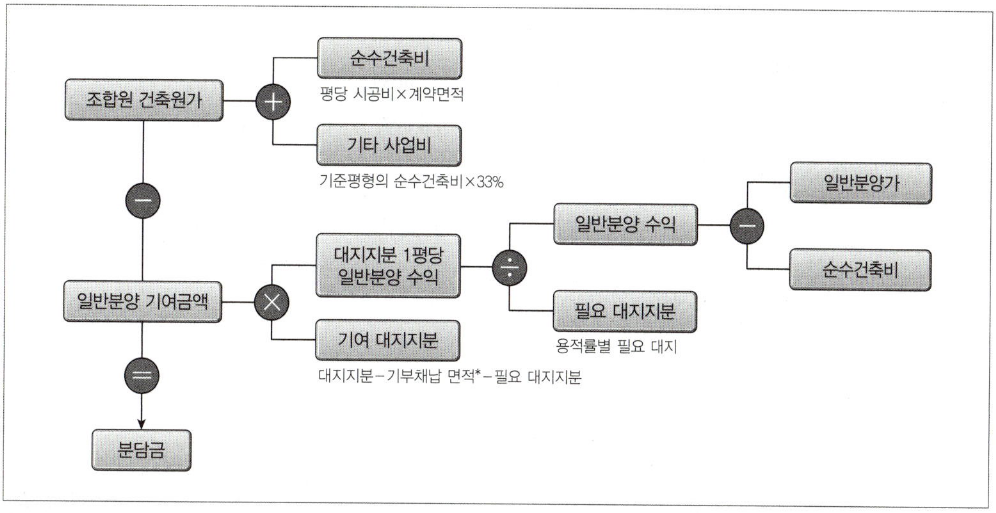

(*기부채납 면적＝대지지분×기부채납비율)

[조합원 A씨]
- 보유 대지지분: 15평
- 기부채납비율: 5%
- 희망 조합원 분양 평형: 26평형
- 26평의 계약면적: 45평
- 26평형의 필요 대지지분: 11.25평
- 평당 시공비: 300만 원/평
- 26평형의 일반분양가(예상): 4억 8,000만 원

① 87,250,000원　② 87,350,000원　③ 87,450,000원
④ 87,550,000원　⑤ 87,650,000원

02 **다음은 R놀이공원의 이용요금 안내이다. A씨 가족이 R놀이공원을 가장 저렴한 방법으로 이용하려고 할 때, 지불하는 총금액을 고르면?**(단, A씨와 A씨의 아내, 여동생은 성인이며, 아들은 만 6세이다.)

○ 일반 이용요금(입장 시)

구분	권종	성인	청소년	어린이/경로
개인	입장권	12,000원	7,000원	5,000원
	자유이용권	29,000원	23,000원	20,000원
단체 (20명 이상)	입장권	9,000원	21,000원	4,000원
	패키지권	17,000원	6,000원	11,000원
	자유이용권	21,000원	14,000원	15,000원

※ 성인은 만 19세 이상, 청소년은 만 13세 이상~만 18세 이하, 어린이는 만 3세 이상~만 12세 이하, 경로는 만 65세 이상에 해당하며, 36개월 미만 영유아는 무료입장임

※ 개인이 자유이용권을 지역상품권으로 결제하는 경우 성인과 청소년은 1매당 2,000원, 어린이/경로는 1매당 1,000원 할인됨

○ 원내 이용요금(원내 입장 후)

입장권을 사용하여 입장할 경우 내에서 추가되는 요금(할인 불가)

권종	성인	청소년	어린이/경로
원내 자유이용권	17,000원	16,000원	15,000원
사파리 이용권	6,000원		
놀이기구 이용권	4,000원		

※ 원내 자유이용권 및 사파리 이용권은 1인당 1매 원칙이며, 놀이기구 이용권은 놀이기구 1개당 1매 사용 가능함

○ 권종별 이용 가능 시설

- 입장권: 입장(주랜드+플라워랜드+버드랜드)
- 자유이용권: 입장+사파리+놀이기구 자유이용
- 원내 자유이용권: 사파리+놀이기구 자유이용
- 통합권(단체 전용): 입장+사파리
- 패키지권(단체 전용): 입장+사파리+놀이기구 3종

[A씨 가족의 이용 정보]

A씨는 자신의 아내, 여동생, 아들과 함께 놀이공원을 방문하였다. A씨는 놀이기구를 1개, 아들은 놀이기구를 3개 탈 예정이고, 다 함께 주랜드, 플라워랜드, 사파리를 구경할 예정이다. 버드랜드는 현재 코로나19로 인하여 입장이 불가능하다. A씨와 A씨의 아내는 지역상품권을 가지고 있고, A씨의 여동생과 아들은 지역상품권을 가지고 있지 않다. A씨 가족은 입장 시에는 모두 같은 이용권을 결제하고, 원내 입장 후에는 필요에 따라 각각 다른 이용권을 이용하기로 하였다.

① 77,000원　② 78,000원　③ 81,000원
④ 83,000원　⑤ 85,000원

03 다음은 A씨가 소유한 카드(22년 10월 25일 가입)**의 상세 설명과 2개월간의 사용한 내역에 대한 설명이다. 이를 바탕으로 12월 13일 결제될 금액은 얼마인가?**(단, 결제일 13일은 전월 1일~말일 사용분이 결제된다.)

[올바른 지구카드]

1. 연회비(가입 후 다음 결제일에 청구)

등급	기본	제휴	총연회비
일반	6,000원	9,000원	15,000원

※ 기본연회비는 회원관리(카드 발급, 이용대금명세서 발송 등) 비용으로 청구되는 연회비이며, 제휴연회비는 서비스 제공을 위해 청구되는 연회비임

2. 주요서비스

교통서비스	1) 버스(고속·시외버스 포함)/지하철/택시/철도(KTX/SRT에 한함) 7% 청구할인 2) 공유모빌리티(렌터카, 쏘카, 그린카, 카카오T바이크) 7% 청구할인
생활서비스	1) 이동통신(SKT, KT, LGU+ 자동이체 건에 한함) 5% 청구할인(월 1건) 2) 오픈마켓(쿠팡, 11번가, G마켓)/배달앱(배달의 민족, 요기요) 5% 청구할인 3) 스포츠 매장(스포츠 센터, 요가, 수영장, 볼링장 가맹점에 한함) 5% 청구할인
기타	1) 커피전문점(스타벅스, 이디야, 커피빈, 투썸플레이스) 1만 원 이상 결제시 1,000원 청구할인(월 2회) 2) 편의점 이용건당 1만 원 이상 결제시 1,000원 청구할인(월 2회) * 기타 항목은 전월 실적에 상관없이 제공됨

3. 전월실적 기준 및 통합할인 한도

교통서비스	40만 원 이상 ~ 80만 원 미만: 1만 원 80만 원 이상: 2만 원	최초 카드 사용등록일로부터 다음달 말일까지 실적이 없는 경우에도 2구간(80만 원 이상) 서비스가 제공됩니다.
생활서비스	40만 원 이상 ~ 80만 원 미만: 5천 원 80만 원 이상: 1만 원	

[A씨의 2개월간 카드 사용 내역]

2022년 10월

이용일	이용한 곳	이용금액	비고
2022－10－31	지하철 5 건	6,250원	
2022－10－31	버스 6 건	7,200원	
2022－10－31	㈜귀뚜라미에너지	7,490원	자동이체
2022－10－27	코웨이(주)	32,900원	자동이체
2022－10－26	옥션	15,500원	
2022－10－26	스타벅스코리아	10,000원	

2022년 11월

이용일	이용한 곳	이용금액	비고
2022－11－30	지하철 23 건	22,000원	
2022－11－30	버스 9 건	8,000원	
2022－11－30	(주)귀뚜라미에너지	7,100원	자동이체
2022－11－27	코웨이(주)	32,900원	자동이체
2022－11－24	KTX	150,000원	
2022－11－20	쏘카	120,000원	
2022－11－18	배달의 민족	25,000원	
2022－11－17	쿠팡	5,000원	
2022－11－15	스타벅스	15,000원	
2022－11－13	KT	75,000원	
2022－11－10	편의점	3,000원	
2022－11－07	편의점	14,600원	
2022－11－01	스타벅스	25,400원	

※ 자동이체 항목은 비고에 별도 표기

① 473,750원 ② 474,750원 ③ 478,500원
④ 503,000원 ⑤ 520,000원

04 다음은 친환경농산물 인증제도에 관한 자료이다. A작물을 [보기]의 (가)~(다) 방식으로 각각 재배할 경우 얻을 수 있는 인증과 각 생산농가에서 생각하는 적정가로 바르게 짝지어진 것을 고르면?

[친환경농산물 인증제도]

친환경농산물이란 환경을 보전하고 소비자에게 안전한 농산물을 공급하기 위하여 농약과 화학비료 및 사료첨가제 등 합성 화학 물질을 사용하지 않거나, 최소량만 사용하여 생산한 농산물을 말한다. 친환경농산물은 재배할 때 몸에 유해한 물질을 사용하지 않기 때문에 안심하고 먹을 수 있다. 또 맛과 향이 좋고, 영양가 함량이 높으며, 인공첨가물을 넣지 않아 신선도가 오래 지속된다.

종류	기준
유기농인증 농산물	• 전환기간 이상을 유기합성농약과 화학비료를 사용하지 않고 재배 (전환기간: 다년생 작물은 3년, 그 외 작물은 2년)
무농약인증 농산물	• 유기합성농약을 사용하지 않고, 화학비료는 권장시비량의 1/2 이하로 사용
저농약인증 농산물	• 화학비료는 권장시비량의 1/2 이하로 사용 • 농약 살포횟수는 농약안전사용기준의 1/2 이하로 사용 • 제초제는 사용하지 않아야 함 • 잔류농약은 농산물의 농약잔류허용기준의 1/2 이하로 사용

다음은 농산물 유통에 참여하는 각 주체들을 대상으로 그들이 각 유통 단계별로 거래 현장에서 실제로 접하는 현재 가격과 그들이 적절하다고 생각하는 적정 가격을 조사한 것이다. 아래 표 내의 수치는 각 유통 단계별로 일반 농산물 가격을 100으로 했을 때의 환산 가격이다.

예를 들어 생산농의 경우, 일반 농산물의 현재 판매 가격이 1만 원이고 저농약인증 농산물의 현재 판매 가격이 1만 1천 원이라면, 일반 농산물의 환산 가격은 100, 저농약인증 농산물의 환산 가격은 110이다.

유통 주체	가격	일반농산물	저농약인증 농산물	무농약인증 농산물	유기농인증 농산물
생산농	현재가	100	110	115	125
	적정가	100	122	124	130
도매상	현재가	100	105	105	131
	적정가	100	107	120	138
소매상	현재가	100	110	113	135
	적정가	100	105	126	140
소비자	현재가	100	110	113	135
	적정가	100	110	112	130

보기

(가) 4년간 유기합성농약과 화학비료를 사용하지 않고 재배한 A작물의 현재 가격은 5,500원이다.
(나) 농약안전사용기준과 잔류허용기준의 절반 이하를 사용 및 유지하였으며, 권장시비량의 40%에 해당하는 화학비료를 사용한 A작물의 현재 가격은 6,000원이다.
(다) 농약은 전혀 사용하지 않고 화학비료만 권장시비량의 30%를 사용한 A작물의 현재 가격은 6,500원이다.

	(가)	(나)	(다)
①	유기농인증(5,720원)	저농약인증(6,655원)	무농약인증(7,009원)
②	저농약인증(6,655원)	유기농인증(5,720원)	무농약인증(7,009원)
③	유기농인증(5,760원)	무농약인증(7,015원)	저농약인증(6,660원)
④	저농약인증(6,660원)	무농약인증(7,015원)	유기농인증(5,760원)
⑤	유기농인증(5,760원)	저농약인증(6,660원)	무농약인증(7,015원)

정답과 해설 P.32

01 **N은행에서는 직원들을 대상으로 '보이스피싱 사기 예방 교육'을 이수하도록 하였다. 교육 일정과 직원 A, B의 일정이 다음 [표]와 같을 때, 직원 A가 월요일에 수강하는 강의와 B가 수요일에 수강하는 강의로 바르게 짝지어진 것을 고르면?**(단, 공문에 나와 있는 조건을 모두 만족한 경우에 교육을 이수한 것으로 하며, 직원 A, B는 일정이 없는 시간에 강의를 수강할 수 있다.)

보이스피싱 사기 예방을 위한 교육 이수 안내

■ 개요

보이스피싱 사기 행각이 더욱 교묘해짐에 따라 고객들의 보이스피싱 사기 예방과 안전한 금융거래에 도움을 주기 위하여 보이스피싱 관련 교육을 이수하도록 한다.

■ 교육 일정

월요일		화요일		수요일	
강의명	강의시간	강의명	강의시간	강의명	강의시간
최신 피싱정보	09:00~10:00	피해구제신청	09:00~10:00	채권추심업무	09:00~11:00
노년 대상 보이스피싱	10:00~11:00	최신 피싱정보	10:00~11:00	피해구제신청	11:00~12:00
피해구제신청	11:00~12:00	파밍 사기	11:00~12:00	보이스피싱 예방서비스	14:00~15:00
채권추심업무	14:00~16:00	노년 대상 보이스피싱	14:00~15:00	스미싱 사기	15:00~16:00
보이스피싱 예방서비스	16:00~17:00	보이스피싱 예방서비스	15:00~16:00	최신 피싱정보	16:00~17:00

■ 교육 이수 지침

- 5개의 서로 다른 강의를 이수해야 한다.
- 과장은 채권추심업무 강의를 반드시 이수해야 한다.
- 모든 직원은 최신 피싱정보 강의를 반드시 이수해야 한다.
- 모든 직원은 피해구제신청 강의를 반드시 이수해야 한다.
- 동일한 강의는 두 번 이상 수강할 수 없다.
- 하루에 강의를 최대 2시간 수강할 수 있다.
- 강의는 처음부터 끝까지 수강하는 경우에 이수한 것으로 한다.

[표] 월요일~수요일 직원 A, B의 근무 일정

구분	직급	월요일	화요일	수요일
A	과장	13:00~17:00 외근	09:00~12:00 외근	15:00~17:00 외근
B	주임	09:00~13:00 외근	09:00~10:00 외근 14:00~17:00 외근	15:00~17:00 외근

	A가 월요일에 수강하는 강의	B가 수요일에 수강하는 강의
①	최신 피싱정보	피해구제신청
②	최신 피싱정보, 노년 대상 보이스피싱	피해구제신청, 보이스피싱 예방서비스
③	최신 피싱정보, 피해구제신청	피해구제신청, 보이스피싱 예방서비스
④	최신 피싱정보, 피해구제신청	피해구제신청
⑤	피해구제신청	피해구제신청, 보이스피싱 예방서비스

02 다음은 P제품 제작 공정에 관한 자료이다. 이 업체에서 쉬지 않고 P제품 168개를 제작해야 할 때, 공정 개선 전에 비해 공정 개선 후에 단축된 시간을 고르면?

[그림] P제품 제작 공정

원료입고 → A공정 → B공정 → C공정 → D공정 → E공정 → F공정 → 외관검사 → 치수검사 → 기능검사 → 포장 → 출고

[표] P제품 10개 제작 시 과정별 소요시간 (단위: 분)

구분	공정 개선 전	공정 개선 후	구분	공정 개선 전	공정 개선 후
원료입고	10	8	F공정	8	6
A공정	16	12	외관검사	16	16
B공정	14	12	치수검사	14	12
C공정	25	20	기능검사	10	10
D공정	8	8	포장	5	4
E공정	12	10	출고	2	2

※ 단, P제품은 한 번 공정 시 10개 단위로 제작 가능함

① 5시간 10분
② 5시간 20분
③ 5시간 30분
④ 5시간 40분
⑤ 5시간 50분

[03~04] 다음은 ○○기업의 업무별 소요시간 및 오후 회의실 예약 가능 시간표이다. 이를 바탕으로 이어지는 질문에 답하시오.

1. 업무별 소요시간

업무	소요시간	업무	소요시간
광고 편집	20분	SNS 마케팅	15분
홍보물 작성	35분	홈페이지 관리	10분
홍보물 인쇄	5분	보고서 작성	30분
판매점 방문	60분	메일 발송	10분

2. 금일 오후 회의실 예약 가능 시간표

구분	예약 시작 시각	예약 종료 시각	수용인원(명)
회의실 A	13:00	13:50	10
회의실 B	13:30	14:10	8
회의실 C	14:35	15:15	5
회의실 D	14:40	15:30	10
회의실 E	16:00	16:50	8

03 **G 씨는 ○○기업의 홍보팀에 근무 중이다. 그는 오전 11시 15분부터 광고 편집, 홍보물 작성 및 인쇄, 홈페이지 관리와 SNS 마케팅 업무를 마치고 거래처 직원 4명과 함께 회의를 진행하고자 한다. G 씨가 가장 빠르게 예약할 수 있는 회의실을 고르면?**(단, 12시부터 13시까지는 점심시간으로 업무를 진행할 수 없고, 하나의 업무는 연속해서 진행해야 한다.)

① 회의실 A ② 회의실 B ③ 회의실 C
④ 회의실 D ⑤ 회의실 E

04 **○○기업의 신제품을 개발과 관련하여 마케팅 부서에서 근무하고 있는 부서원 6명은 금일 오후 업무 일정을 모두 마친 후 시간을 맞추어 함께 회의를 진행하여야 한다. 주어진 자료와 다음 [표]를 바탕으로 할 때, 6명이 함께 회의를 진행할 수 있는 가장 빠른 회의 시작 시간을 고르면?**(단, 현재 시각은 12시 30분이며, 모든 직원의 오후 업무 시작 시간은 13시부터이고, 이동시간 등 다른 조건은 고려하지 않는다.)

[표] 마케팅 부서원 6명의 금일 오후 업무 일정

구분	업무 내용
K 과장	판매점 방문 → 광고 편집 → 메일 발송
J 대리	홍보물 작성 → 홍보물 인쇄 → SNS 마케팅
H 대리	광고 편집 → 홍보물 인쇄 → 판매점 방문
P 주임	홈페이지 관리 → 보고서 작성 → 홍보물 인쇄
S 사원	홍보물 작성 → 보고서 작성 → 메일 발송
L 사원	SNS 마케팅 → 홈페이지 관리 → 광고 편집

① 13:00 ② 13:30 ③ 14:35
④ 14:40 ⑤ 16:00

정답과 해설 P.33

PART 05

정보능력

NH농협은행

CHAPTER 01

최신경향 분석

영역 소개

정보능력은 실무와 관련된 엑셀 활용과 컴퓨터 일반 지식 문항의 비중이 늘고 있다. 특히 프로그래밍 유형이 출제되었던 전력이 있으므로, 관련 개념을 학습해 두는 것도 중요하다.

출제유형 소개

유형 1 프로그래밍

2023년 필기시험부터 프로그래밍 유형의 출제 비중은 대폭 감소하였다. 하지만 최근 출제 경향에 차이가 크므로 직무능력평가에서의 프로그래밍 유형은 학습해 두는 것이 좋다. 직무능력평가에서 프로그래밍 문항은 프로그램 언어를 자세히 모르더라도 규칙을 파악하여 문제를 풀 수 있는 난도로 출제되었다.

세부유형	C언어	제시된 코드의 특성을 파악하고, 결과를 추론하는 유형
	Java	

유형 2 컴퓨터 활용

2024년 필기시험에서는 엑셀 활용 및 컴퓨터 일반 지식을 묻는 컴퓨터 활용 문항의 비중이 높았다. 실무에 밀접한 소프트웨어 활용 지식을 미리 익힐 필요가 있다.

세부유형	프로그램 활용	엑셀 등의 각종 프로그램의 활용능력을 평가하는 유형

최신 필기시험 기출분석

2024년

1. 직무능력평가에서의 정보능력은 전문적인 IT 지식을 요하지 않는 문항이 출제되었다.
2. 실무와 관련된 엑셀 활용과 컴퓨터 일반 지식을 묻는 문항이 대부분이었다.

2023년

1. 컴퓨터에 대한 일반적인 지식을 묻는 유형의 비중이 높았다.
2. 주어진 알고리즘에 따라 결괏값을 구하는 프로그램 논리를 이해하고 있는지 검증하는 문항이 출제되었다.
3. 사무 업무에 흔히 쓰이는 함수를 활용할 수 있는지 묻는 문항이 다수 출제되었다.

기출유형 이론

1 C언어

1 C프로그램의 기본 구조

```
#include <stdio.h>                  → 선행처리기

main()                              → 메인 함수
{                                   → 메인 함수의 시작
        int SUM;                    → 정수형 변수 선언
        int A;
        int B;
        A=10;                       → 변수의 초기화
        B=5;
        SUM=A+B;                    → 합계를 구함
        printf("%d \n", SUM);       → 결과를 10진 정수의 형식으로 화면에 출력
}                                   → 메인 함수의 끝
```

- C프로그램은 한 개 이상의 함수로 구성되며, 반드시 main() 함수를 포함해야 한다.
- 함수의 시작과 끝을 알리는 중괄호({ })를 사용해야 한다.
- 중괄호 안에는 변수선언문, 치환문, 연산문, 함수 등의 명령을 기입한다.
- 모든 C 문장은 세미콜론(;)으로 종료된다.
- 한 줄에 여러 개의 세미콜론을 사용하여 여러 문장을 써도 되고, 한 개의 문장이 길면 여러 줄에 걸쳐 써도 된다.

2 C언어의 자료형

자료형이란 사용하는 자료의 형태로, 변수나 함수 등에 사용되는 자료의 종류나 크기 등의 특징을 의미한다.

자료형	내용
정수형	int형, short int형, long int형
실수형	float형, double형, long double형
문자형	char형

3 C언어의 연산자

연산자	내용
산술 연산자	+(덧셈), −(뺄셈), *(곱셈), /(나눗셈), %(나머지), ++(증가), −−(감소)
대입 연산자	=(대입), +=, −=, *=, /=, %=, &=, |=, ^=, <<=, >>= (연산 후 대입)
관계 연산자	>(크다), >=(크거나 같다), <(작다), <=(작거나 같다), ==(같다), !=(같지 않다)
논리 연산자	&&(AND), ||(OR), !(NOT)
비트 연산자	&(AND), |(OR), ~(NOT), ^(XOR)
시프트 연산자	<<(왼쪽 시프트), >>(오른쪽 시프트)
포인터 연산자	&(번지 연산자), *(간접 번지 연산자)

4 입출력 함수

① printf 함수

- 모니터 화면에 자료를 출력하고자 할 때 사용되는 양식 지정 출력 함수
- 형식: printf("출력 형식", 출력 대상);
- 사용 예: printf("Hello, world!\n"); → "Hello, world"를 출력
  printf("A=%d, B=%d\n",a,b); → 변수 a, b를 10진 정수로 출력

② scanf 함수

- 키보드로부터 자료를 입력받을 때 사용되는 양식 지정 입력 함수
- 형식: scanf("입력 형식",입력 대상);
- 사용 예: scanf("%d",&a); → 변수 a에 정수를 입력받음

5 선택 제어문

① 단순 if문

- 형식: if(조건) 문장;
- 의미: 조건이 참일 경우만 문장을 수행한다.

② if~else문

- 형식: if(조건) 문장1;
  else 문장2;
- 의미: 조건이 참인 경우에는 문장1을 수행하고, 거짓인 경우 문장2를 수행한다.

③ 다중 if~else문

- 형식: if(조건1) 문장1;
  else if(조건2) 문장2;
  else 문장3;

• 의미: 조건1이 참인 경우에는 문장1을 수행하고, 조건1이 거짓이고 조건2가 참이면 문장2를 수행하고, 조건1과 조건2가 모두 거짓이면 문장3을 수행한다.

④ switch문

• 형식: switch(수식)
```
{
case 값1 : 문장1;
case 값2 : 문장2;
.........
case 값n : 문장n;
default : 문장x;
}
```

• 의미: 수식의 계산 결과가 어느 case문의 값과 일치하는지 찾아서 그 지점부터 switch 구문 마지막까지 모든 문장들을 수행한다.

6 반복 제어문

① for문

• 형식: for(초기식; 조건식; 증감식){
```
    반복 실행할 문장;
    }
```

• 기능: 초기식을 수행한 후 조건식을 점검하여 참인 경우에만 반복할 문장을 수행하고, 증감식을 수행한 후 다시 조건식을 점검하여 참인 경우에만 반복한다.

② while문

• 형식: while(조건식){
```
    반복 실행할 문장;
    }
```

• 기능: 조건식이 참인 경우에만 반복할 문장을 실행한다.

③ do~while문

• 형식: do {
```
    반복 실행할 문장;
    } while(조건식);
```

• 기능: 반복할 문장을 무조건 먼저 수행한 후, 조건식이 참인 경우에만 다시 반복한다.

2 Java언어

1 Java프로그램의 기본 구조

```
public class Exam {                                  → 클래스의 시작
        public static void main(String[] args) {     → main 메소드의 시작
        int SUM, A, B;                               → 정수형 변수 선언
        A=10;                                        → 변수의 초기화
        B=25;
        SUM=A+B;                                     → 합계를 구함
        System.out.println(SUM);                     → 결과를 화면에 표시
        }                                            → main 메소드의 끝
}                                                    → 클래스의 끝
```

- Java프로그램은 한 개의 public class와 0개 이상의 class로 구성된다.
- 클래스(class)란 자신의 객체(object)들을 생성하게 될 기본 틀이다.
- main( ) 메소드가 포함되는 클래스명을 파일명으로 저장해야 한다. 즉, 이 프로그램은 Exam. Java로 저장해야 한다.
- public은 클래스 Exam에 대한 접근 여부를 명시한 한정자의 일종으로서, 다른 모든 클래스에서 클래스 Exam을 접근하는 것이 허용되어 있음을 의미한다.
- 대문자와 소문자가 구별된다.

2 Java의 자료형

- Java언어에서 제공하는 자료형으로 크게 기본(primitive) 자료형과 참조(referential) 자료형이 있다.
- 기본 자료형으로는 정수형(byte, short, int, long), 실수형(float, double), 문자형(char), 논리형(boolean) 등 총 8가지가 제공된다.
- Java언어에서의 참조형 자료로는 클래스형, 인터페이스형, 배열형, 열거형 등 총 4가지가 있다.

3 배열

```
type [ ] 배열명=new type[첨자];
```

```
예
3행 4열의 크기를 갖는 정수형 배열
int [ ][ ] a=new int[3][4];
int a [ ][ ]=new int[3][4];
```

```
예
int a[ ]=new int[5];                    → 5의 크기를 갖는 정수형 배열
for(int i=0; i<a.length; i++)           → 배열의 크기가 배열 객체의 length 필드에 저장됨
        System.out.println(a[i]);       → 배열의 각 요소를 출력
```

4 1~100까지의 짝수 합을 구하는 프로그램

```
public class EvenSum {
        public static void main(String[ ] agrs) {
                int sum=0;                                          → ①
                        for(int i=1; i<=100; i++)                   → ②
                          if(i % 2 !=0) continue;                   → ③
                              else sum+=i                           → ④
                System.out.println("1~100까지 짝수의 합 : "+sum);    → ⑤
        }
    }
```

① 정수형 변수 sum의 초기값을 0으로 지정한다.

② i는 1에서 100까지 1씩 증가한다.

③ i를 2로 나눈 나머지가 0이 아니면 다시 반복으로 돌아간다.

④ 그렇지 않으면 sum에 1을 누적한다.

⑤ 반복이 모두 끝나면 "1~100까지 짝수의 합 : "을 출력하고 sum 변수에 저장된 값을 출력한다.

5 5개의 정수 중 가장 작은 값을 찾아서 출력하는 프로그램

```
public class Sample {
    public static void main(String[] args) {
        int N[]={60, 50, 90, 100, 80};              → ①
        int MIN=9999, i;                            → ②
        for (i=0; i<N.length; i++) {                → ③
            if (MIN>N[i]) {                         → ④
                MIN=N[i];
            }
        }
        System.out.print("최솟값 : "+MIN);           → ⑤
    }
}
```

① 배열 변수 N을 선언하고 5개의 정수를 초기값으로 지정한다.
② MIN의 초기값을 9999로 지정하고, i를 정수형 변수로 선언한다.
③ i는 0에서 배열 크기인 5보다 작은 값인 4까지 반복하고 1씩 증가한다.
④ MIN과 N의 i번째 값을 비교하여 MIN이 크면 MIN에 i번째 값을 보관한다.
⑤ 반복이 모두 끝나면 "최솟값 : "을 출력하고 MIN 변수에 저장된 값을 출력한다.

3 엑셀의 함수

1 수학/삼각 함수

함수명	내용
ABS(수)	수의 절대값을 구함
INT(수)	수의 가장 가까운 정수로 내린 값을 구함
RAND( )	0과 1 사이의 난수를 구함
MOD(수1, 수2)	수1을 수2로 나눈 나머지를 구함
FACT(수)	1×2×3×…×수로 계산한 계승값을 구함
SQRT(수)	수의 양의 제곱근을 구함
PI( )	원주율 값을 구함
POWER(수1, 수2)	수1을 수2만큼 거듭 제곱한 값을 구함
SUM(수1, 수2…)	수의 합계를 구함

SUMIF(검색범위, 조건, 합계범위)	검색범위에서 조건을 검사하여 만족하는 경우 합계범위에서 합계를 구함
PRODUCT(수1, 수2…)	인수를 모두 곱한 결과를 표시
SUMPRODUCT(배열1, 배열2)	배열에서 해당 요소들을 모두 곱하고 그 곱의 합계를 반환
ROUND(수, 자릿수)	수를 지정한 자릿수로 반올림함
ROUNDUP(수, 자릿수)	수를 지정한 자릿수로 올림함
ROUNDDOWN(수, 자릿수)	수를 지정한 자릿수로 내림함

2 통계 함수

함수명	내용
AVERAGE(수1, 수2…)	수의 평균을 구함
MAX(수1, 수2…)	인수 중에서 최댓값을 구함
MIN(수1, 수2…)	인수 중에서 최솟값을 구함
LARGE(배열, k)	인수로 지정한 숫자 중 k번째로 큰 값을 구함
SMALL(배열, k)	인수로 지정한 숫자 중 k번째로 작은 값을 구함
COUNT(인수1, 인수2…)	인수 중에서 숫자의 개수를 구함
COUNTA(인수1, 인수2…)	공백이 아닌 인수의 개수를 구함
COUNTIF(검색범위, 조건)	검색범위에서 조건을 만족하는 셀의 개수를 구함
RANK(수, 범위, 방법)	범위에서 수의 순위를 구함(방법을 생략하거나 0으로 지정하면 내림차순, 나머지는 오름차순)

3 날짜/시간 함수

함수명	내용
NOW( )	현재 컴퓨터 시스템의 날짜와 시간을 표시
TODAY( )	현재 컴퓨터 시스템의 날짜를 표시
DATE(연, 월, 일)	해당 날짜 데이터를 표시
YEAR(날짜)	날짜의 연도를 표시
MONTH(날짜)	날짜의 월을 표시
DAY(날짜)	날짜의 일을 표시
TIME(시, 분, 초)	해당 시간 데이터를 표시
HOUR(시간)	시간에서 시를 표시
MINUTE(시간)	시간에서 분을 표시
SECOND(시간)	시간에서 초를 표시
WEEKDAY(날짜, 유형)	요일 번호를 표시(유형이 1이거나 생략하면 일요일=1, 유형이 2이면 월요일=1로 표시)

4 논리 함수

함수명	내용
IF(조건식, 값1, 값2)	조건식이 참이면 값1, 거짓이면 값2를 반환
NOT(조건식)	조건식의 결과를 반대로 반환
AND(조건1, 조건2…)	모든 조건이 참이면 TRUE, 나머지는 FALSE를 반환
OR(조건1, 조건2…)	조건 중 하나 이상이 참이면 TRUE, 나머지는 FALSE를 반환

5 문자열 함수

함수명	내용
LEFT(문자열, 개수)	문자열의 왼쪽에서 개수만큼 문자를 추출
RIGHT(문자열, 개수)	문자열의 오른쪽에서 개수만큼 문자를 추출
MID(문자열, 시작위치, 개수)	문자열의 시작위치에서 개수만큼 문자를 추출
LOWER(문자열)	문자열을 모두 소문자로 반환
UPPER(문자열)	문자열을 모두 대문자로 반환
PROPER(문자열)	단어 첫 글자만 대문자로 나머지는 소문자로 반환
REPLACE(문자열1, 시작위치, 개수, 문자열2)	시작위치의 바꿀 개수만큼 문자열1의 일부를 문자열2로 교체
LEN(문자열)	문자열의 길이를 숫자로 구함

6 참조 함수

함수명	내용
VLOOKUP(값, 범위, 열번호, 방법)	범위의 첫 번째 열에서 값을 찾아 지정한 열에서 대응하는 값을 반환(찾을 방법은 정확히 일치하는 값만 찾을 경우 0, 근사치를 찾을 경우 1)
HLOOKUP(값, 범위, 행번호, 방법)	범위의 첫 번째 행에서 값을 찾아 지정한 행에서 대응하는 값을 반환(찾을 방법은 정확히 일치하는 값만 찾을 경우 0, 근사치를 찾을 경우 1)
CHOOSE(검색값, 값1, 값2…)	검색값이 1이면 값1, 2이면 값2… 순서로 값을 반환
INDEX(범위, 행, 열)	범위에서 지정한 행, 열에 있는 값을 반환

7 데이터베이스 함수

함수명	내용
DSUM(데이터베이스,필드,조건범위)	조건을 만족하는 데이터의 합계를 구함
DAVERAGE(데이터베이스,필드,조건범위)	조건을 만족하는 데이터의 평균을 구함
DCOUNT(데이터베이스,필드,조건범위)	조건을 만족하는 데이터 중 숫자 개수를 구함
DCOUNTA(데이터베이스,필드,조건범위)	조건을 만족하는 데이터의 개수를 구함
DMAX(데이터베이스,필드,조건범위)	조건을 만족하는 데이터 중 최댓값을 구함
DMIN(데이터베이스,필드,조건범위)	조건을 만족하는 데이터 중 최솟값을 구함

CHAPTER 02

대표기출 유형

유형 1 프로그래밍

세부 유형	C언어

[01~02] **다음은 C언어로 작성된 코드이고, 제시된 코드의 일부가 [보기]의 결과를 가져온다고 한다. 이를 바탕으로 이어지는 질문에 답하시오.**

```
#include <stdio.h>
int main(void) {

    int orders[8] = {10500, 28000, 31000, 9800, 50300, 67600, 4900, 34500};
    int evaluation[8] = {1, 1, 1, 0, 1, 1, 0, 0};

    int bicycle_delivery = 0;
    int walk_delivery = 0;
    int car_delivery = 0;

    for(int i = 0; i < sizeof(orders)/sizeof(int); i++) {
        if(orders[i] < 10000) {
            walk_delivery += orders[i];
            walk_delivery -= evaluation[i] ? 0 : orders[i];
        } else if(orders[i] < 30000) {
            bicycle_delivery += orders[i];
            bicycle_delivery -= evaluation[i] ? 0 : orders[i];
        } else {
            car_delivery += orders[i];
            car_delivery -= evaluation[i] ? 0 : orders[i];
        }
    }
    printf("자동차: %d, 자전거: %d, 걷기: %d", car_delivery, bicycle_delivery, walk_delivery);
    return 0;
}
```

보기

A씨는 주문 금액별로 이동수단을 나눠서 배달한다. 대신 고객의 평가에 따라 A씨의 최종 수익은 달라지게 된다.

01 주어진 자료와 [보기]를 고려하였을 때, A씨가 자동차를 통해 배달한 수익을 고르면?

① 76,900원 ② 86,900원 ③ 132,000원
④ 148,900원 ⑤ 183,400원

시간단축TIP

제시된 코드 내용의 알고리즘에 따라 각 변수에 어떤 값들이 입력되는지 기록하면서 파악하는 것이 우선이다. 이때, 알고리즘과 함께 [보기]의 내용을 활용하여 이해한다면 더욱 빠른 파악이 가능할 것이다.

정답해설

evaluation 필드에서 1(True)을 받은 경우에는 총수익에서 감액이 되지 않으므로, 30,000원 이상의 배달 건에 대하여 해당 값을 받은 경우만 더해주면 31,500+50,300+67,600=148,900(원)이 출력 값으로 나오게 된다.

| 정답 | ④

02 만약 변수 evaluation의 값이 {1, 0, 0, 1, 0, 0, 1, 1}인 경우, A씨가 걷기를 통해 배달한 수익을 고르면?

① 4,900원 ② 9,800원 ③ 10,500원
④ 14,700원 ⑤ 25,200원

정답해설

A씨는 10,000원 미만의 배달 건에 대해서는 걷기로 배달을 하게 된다. 이러한 경우는 index가 3, 6인 경우에 해당하는데 이 둘의 경우 evaluation이 1(True)이므로 감액이 발생하지 않는다. 따라서 출력 값은 두 건의 총합인 14,700원이 된다.

| 정답 | ④

세부 유형	Java

[01~02] 다음은 Java언어로 작성된 코드이고, 제시된 코드의 일부가 [보기]의 결과를 가져온다고 한다. 이를 바탕으로 이어지는 질문에 답하시오.

```
import java.util.Arrays;

public classTriangle{
    public static void main(String[] args) {
        int[] triangle = {3, 11, 8};
        Arrays.sort(triangle);

        if (triangle[0]+triangle[1] < = triangle[2]) {
            System.out.println("삼각형이 아닙니다.");
        }
        else {
            if (Math.pow(triangle[0], 2) + Math.pow(triangle[1], 2) == Math.
                pow(triangle[2], 2)) {
                System.out.println("직각삼각형입니다.");
            }
            else {
                System.out.println("삼각형입니다.");
            }
        }
    }
}
```

보기

- Arrays.sort(A) 함수는 A 배열을 오름차순으로 정렬해주는 것임을 알았다.
- Math.pow(a, b) 함수는 a의 b승을 계산해주는 것임을 알았다.

01 주어진 자료에 대한 설명으로 옳은 것을 고르면?

① 6행의 Arrays.sort(triangle)이 없으면 실행 결과는 달라진다.
② triangle={3, 4, 5}와 triangle={5, 4, 3}의 실행결과는 다르다.
③ triangle 배열의 인자로 음수를 넣으면 프로그램은 정상적으로 컴파일되지 않는다.
④ triangle변수에 {5, 12, 13}을 넣으면 예문과 실행 결과가 동일하다.
⑤ Math.pow(triangle[0],2)를 (traingle[0] * triangle[0])으로 변경하면, 실행 결과는 다르다.

시간단축TIP

C언어 유형과 마찬가지로 [보기]의 내용과 제시된 코드 내용을 같이 활용하여 파악한 알고리즘에 따라 각 변수에 어떤 값들이 입력되는지 기록하면서 해결하도록 한다.

정답해설

Arrays.sort( ) 함수로 정렬을 해주는 이유는 삼각형의 가장 긴 변을 배열의 마지막에 들 수 있기 때문이다. 6행이 없다면 삼각형이 아닌 배열을 입력받았음에도 불구하고 삼각형이 도출된다.

| 정답 | ①

02 다음 중 "삼각형이 아닙니다." 를 출력하는 triangle의 변수값을 고르면?

① {3, 4, 5}　② {5, 12, 13}　③ {2, 3, 4}
④ {5, 7, 1}　⑤ {6, 8, 10}

정답해설

제시된 선택지 ①, ②, ⑤는 "직각삼각형입니다."를 출력하며, ③은 "삼각형입니다."를 출력한다.

| 정답 | ④

유형 2 컴퓨터 활용

세부 유형 프로그램 활용

MS Excel을 활용하여 이번 달 사용한 카드 사용금액을 시기별, 항목별로 다음과 같이 정리하였다. 항목별 단가를 확인한 후 [D2] 셀에 함수식을 넣어 D5까지 드래그를 하여 결괏값을 알아보고자 한다. [D2] 셀에 입력해야 할 함수식으로 적절한 것을 고르면?

	A	B	C	D
1	시기	항목	횟수	사용금액(원)
2	1주	식비	10	
3	2주	의류구입	3	
4	3주	교통비	12	
5	4주	식비	8	
6				
7	항목	단가		
8	식비	6,500		
9	의류구입	43,000		
10	교통비	3,500		

① =C2*HLOOKUP(B2,$A$8:$B$10,2,0)

② =B2*HLOOKUP(C2,$A$8:$B$10,2,0)

③ =B2*VLOOKUP(B2,$A$8:$B$10,2,0)

④ =C2*VLOOKUP(B2,$A$8:$B$10,2,0)

⑤ =C2*HLOOKUP($A$8:$B$10,2,0)

정답해설

VLOOKUP 함수는 범위의 첫 열에서 찾을 값에 해당하는 데이터를 찾은 후 찾을 값이 있는 행에서 열 번호 위치에 해당하는 데이터를 구하는 함수이다. 단가를 찾아 연결하기 위해서는 열에 대하여 '항목'을 찾아 단가를 구해야 하므로 VLOOKUP 함수를 사용해야 한다.
찾을 방법은 TRUE(1) 또는 생략할 경우 찾을 값의 아래로 근삿값, FALSE(0)이면 정확한 값을 표시한다. VLOOKUP(B2,$A$8:$B$10,2,0)은 'A8:B10' 영역의 첫 열에서 '식비'에 해당하는 데이터를 찾아 2열에 있는 단가 값인 6,500을 선택하게 된다. 따라서 '=C2*VLOOKUP(B2,$A$8:$B$10,2,0)'은 10×6,500이 되어 결괏값으로 65,000이 도출되며, 이를 드래그 하면, 각각 129,000, 42,000, 52,000의 사용금액이 결괏값으로 도출된다.

| 정답 | ④

CHAPTER 03

유형연습 문제

유형 1 프로그래밍

[01~02] 다음은 C언어에서 작성한 코드이고, 제시된 코드가 [보기]의 결과를 가져온다고 한다. 이를 바탕으로 이어지는 질문에 답하시오.

```
#include <stdio.h>
int main(void)
{
float fahrenheit=44.45, celsius=12.46; int day1=20, day2=-8, day3=4, comp, i;
    comp=((day1>day2)?day1:day2)>day3?((day1>day2)?day1:day2):day3;
    if (comp>=25){
    for(i=0;i<5;i++)
  {
    fahrenheit=(9.0/5.0)*celsius+32;
    celsius+=10;
    printf("화씨온도 %10.1f\n",fahrenheit);
  }
    } else{
    for(i=0;i<5;i++)
    {
    celsius=(5.0/9.0)*(fahrenheit-32);
    fahrenheit+=10;
    printf("섭씨온도 %10.1f\n",celsius);
    }
    }
    return 0;
}
```

보기

K사원은 먼저 day1과 day2를 비교하여 큰 값을 찾아내고 그 값을 다시 day3와 비교하는 방식을 통해 3일 동안의 날씨 중 가장 더운 날씨를 알아낸다는 것과 그 값에 따라 섭씨온도를 화씨온도로 변경하거나 화씨온도를 섭씨온도로 변경한다는 것을 알았다.

01 주어진 자료에 대한 설명으로 옳은 것을 고르면?

① fahrenheit와 celsius는 C언어에서 자체적으로 제공하는 함수이다.
② fahrenheit값의 데이터 형식을 int(정수형)으로 설정해도 결과는 변함이 없다.
③ 9행에서 9.0/5.0라고 입력한 경우에는 결과가 1로 계산되고 9/5로 입력한 경우에는 1.8로 처리된다.
④ 9행의 출력 결과로 음수가 나올 수도 있다.
⑤ day3와 day1, day2의 순서가 바뀌어도 출력 결과는 같다.

02 제시된 코드에서 for문의 i값이 0일 때의 결괏값을 고르면?(단, 소수점 첫째 자리까지 표시한다.)

① 화씨온도 54.4
② 화씨온도 72.4
③ 섭씨온도 6.9
④ 섭씨온도 12.5
⑤ 섭씨온도 18.0

[03~04] 다음은 Java언어로 작성된 코드이고, 제시된 코드의 일부가 [보기]의 결과를 가져온다고 한다. 이를 바탕으로 이어지는 질문에 답하시오.

```
public class payment {
   public static void main(String[] args) {
      int workdays = 21; //평일 근무
      int workweekend = 2; //주말 근무
      int lunch = 3000; //점심 식대
      int weekendlunch = 0; //주말 점심은 식대 미지급
      double weekendrate = 1.5; //주말 수당
      int daily = 100000; //일당
      double bonus = workweekend*daily*weekendrate;
      double pay = workdays*daily + bonus;
      double food = lunch*workdays;
      int total = pay+food;
      System.out.printf("이번 달 월급은 %d원₩n", total);

      if (bonus > 300000)
         System.out.println("오늘은 외식이다!");
      else
         System.out.println("외식은 글렀군.");
   }
}
```

보기

회사원 A씨는 // 뒤에 붙는 것은 코드에 영향을 미치지 않는다는 것을 알았다.

03 주어진 코드는 회사원 A씨의 이번 달 월급을 계산한 내용일 때, 옳은 것을 고르면?

① A씨는 이번 달 월급날 외식을 할 수 있다.
② A씨의 이번 달 월급으로 2,500,000원을 넘게 받는다.
③ A씨는 이번 달 점심 식대는 69,000원이다.
④ A씨의 이번 보너스는 400,000원이다.
⑤ 만약 weekendrate의 값이 2였다면, A씨는 월급날 외식을 할 수 있었을 것이다.

04 다음 달부터 주말 수당이 1.5배에서 2배로 변경될 때, 외식을 하기 위한 최소 주말 근무 일수는 며칠인지 고르면?

① 1일	② 2일	③ 3일
④ 4일	⑤ 5일	

05 다음과 같이 C로 구현된 프로그램이 있을 때, 이 프로그램을 분석하여 출력되는 값을 고르면?

```
#include <stdio.h>

int main() {
    int i, j;
    int count=0;

     for(i=5; i>j; i--) {
          for(j=0; j<2; j++) {
               printf("*%d", count);
          }
          printf("₩n");
          count += 1;
     }

     return 0;
}
```

① * *
　 * *
　 * *

② * * 0
　 * * 1
　 * * 2

③ * 0 0 *
　 * 1 1 *
　 * 2 2 *

④ 0 * *
　 1 * *
　 2 * *

⑤ * 0 * 0
　 * 1 * 1
　 * 2 * 2

06 다음은 버블 정렬(Bubble Sort) 알고리즘에 대한 설명이다. [보기]의 수를 버블 정렬 알고리즘을 적용하여 오름차순으로 정렬할 때, 세 번째 패스(Pass)까지 실행한 결과로 옳은 것을 고르면?

버블 정렬(Bubble Sort)은 서로 이웃한 데이터들을 비교하면서 큰 데이터를 뒤로 보내며 정렬하는 방식을 말한다. 요소들이 교체 이동할 때 거품이 수면 위로 올라오는 것과 같이 보인다고 해서 버블 정렬이라고 불린다.

(5 7 1 4 2)

위와 같은 정렬되지 않은 데이터가 있을 때, 각 패스에서는 다음과 같이 정렬된다.

첫 번째 패스	두 번째 패스	세 번째 패스
(5 7 1 4 2) → (5 7 1 4 2) (5 7 1 4 2) → (5 1 7 4 2) (5 1 7 4 2) → (5 1 4 7 2) (5 1 4 7 2) → (5 1 4 2 7)	(5 1 4 2 7) → (1 5 4 2 7) (1 5 4 2 7) → (1 4 5 2 7) (1 4 5 2 7) → (1 4 2 5 7)	(1 4 2 5 7) → (1 4 2 5 7) (1 4 2 5 7) → (1 2 4 5 7)

보기

5, 2, 3, 8, 1

① 2, 1, 3, 5, 8 ② 1, 2, 3, 5, 8 ③ 2, 3, 1, 5, 8
④ 2, 3, 5, 1, 8 ⑤ 5, 8, 2, 3, 1

05

정보능력

정답과 해설 P.35

유형 2 컴퓨터 활용

01 MS Excel을 활용하여 다음과 같은 표를 작성하였다. C열에 전체 주소 중 '구' 이름만을 따로 표기하기 위하여 [C2] 셀에 '=LEFT(B2,2)'를 입력하여 [C4] 셀까지 드래그 하였다. 하지만 '구' 이름이 세 글자인 경우, '미추'와 같은 잘못된 결괏값이 나타났다. 올바른 이름이 나타날 수 있도록 [C2] 셀의 함수식으로 옳은 것을 고르면?

	A	B	C
1	이름	주소	구
2	홍길동	서구 당하동 123	서구
3	이순신	계양구 임학동 34	계양
4	이율곡	미추홀구 용현동 22	미추

① =LEFT(B2,SEARCH(" ",B2)−1)

② =LEFT(B2,SEARCH(" ",B2−1))

③ =SEARCH(B2,SEARCH(" ",B2)−1)

④ =SEARCH(B2,SEARCH(" ",B2−1))

⑤ =SEARCH(B2,LEFT(" ",B2)−1)

02 MS Excel을 활용하여 아래와 같이 요일별 사무용품 구매 내역을 정리하였다. 〈표A〉와 〈표B〉 모두 월요일의 구매금액란에 함수식을 넣어 금요일까지 드래그 하여 자동채우기를 했다. 바인더 구매금액란의 결괏값이 다른 이유에 대한 설명으로 옳은 것을 고르면?

	A	B	C	D	E
1	〈표A〉				
2	요일	구매물품	수량(묶음단위)	단가(원)	구매금액(원)
3	월요일	A4용지	2	4,500	9,000
4	화요일	볼펜	5	5,200	26,000
5	수요일	바인더	–	3,000	#VALUE!
6	목요일	마우스	1	24,000	24,000
7	금요일	클립	5	1,200	6,000
8					
9	〈표B〉				
10	요일	구매물품	수량(묶음단위)	단가(원)	구매금액(원)
11	월요일	A4용지	2	4,500	9,000
12	화요일	볼펜	5	5,200	26,000
13	수요일	바인더	–	3,000	–
14	목요일	마우스	1	24,000	24,000
15	금요일	클립	5	1,200	6,000

① 〈표B〉는 〈표A〉와 달리 IFERROR 함수를 통해 오류 시의 결괏값을 '0'으로 지정해 주었다.

② 〈표B〉는 〈표A〉와 달리 IFERROR 함수를 통해 오류 시의 결괏값을 '–'으로 지정해 주었다.

③ 〈표B〉는 〈표A〉와 달리 VLOOKUP 함수를 적용하였다.

④ 〈표B〉는 〈표A〉와 달리 HLOOKUP 함수를 적용하였다.

⑤ [C13] 셀에 숫자가 아닌 기호 '–'가 입력되었으므로, [E13] 셀에는 별도로 '–'을 입력할 수밖에 없다.

03 MS Excel을 활용하여 다음과 같은 급여 관련 자료를 작성하였다. 이를 참고할 때, '갑'의 급여액 셀 [D3]에 함수식을 넣은 후 드래그 하여 나머지 네 명의 급여액을 구하였을 때 '병'의 급여액 셀에 입력된 함수식으로 옳은 것을 고르면?

	A	B	C	D	E	F	G	H	I
1	〈지급 급여〉					〈급여 지급 기준표, 단위: 원〉			
2	이름	직급	호봉	급여액(원)		직급 \ 호봉	1	2	3
3	갑	5	3	2,000,000		1	1,000,000	1,100,000	1,200,000
4	을	3	2			2	1,200,000	1,300,000	1,400,000
5	병	4	3			3	1,400,000	1,500,000	1,600,000
5	정	2	1			4	1,600,000	1,700,000	1,800,000
6	무	1	2			5	1,800,000	1,900,000	2,000,000

① =MATCH($G$3:$I$7,$B$5,$C$5)

② =MATCH(G3:I7,C5,B5)

③ =INDEX($G$3:$I$7,C5,B5)

④ =INDEX(G3:I7,B5,C5)

⑤ =INDEX($G$3:$I$7,B5,C5)

04 MS Excel을 활용하여 아래 좌측과 같은 표를 만든 후 함수식을 이용하여 우측과 같이 수정하였다. 이때 [H2] 셀에 들어갈 함수식으로 옳은 것을 고르면?

	A	B	C	D	E	F	G	H
1	입사연월일	부서명	이름	직급		입사연월일	부서명	이름
2	191011	영업팀	김길동	대리		191011	영업팀	대리 김길동
3	150320	홍보팀	이길동	과장		150320	홍보팀	과장 이길동
4	220305	총무팀	박길동	사원	➡	220305	총무팀	사원 박길동
5	200507	영업팀	정길동	사원		200507	영업팀	사원 정길동
6	171120	총무팀	최길동	대리		171120	총무팀	대리 최길동

① =MATCH(D2:C2)

② =MATCH(D2,C2)

③ =CONCATENATE(D2+C2)

④ =CONCATENATE(D2:C2)

⑤ =CONCATENATE(D2,C2)

05 다음 글의 밑줄 친 ㉠~㉢을 MS Excel에 입력하기 위한 단축키와 함수식이 바르게 짝지어진 것을 고르면?

> Y씨는 앞으로 100일 동안 무슨 일이 있어도 매일 운동을 하여 근육질 몸을 만들기로 결심하였다. 이러한 결심을 한 Y씨는 의지를 다지기 위해 매일의 운동 일지를 기록하려고 하며, MS Excel을 활용하여 ㉠오늘 날짜와 ㉡지금 시간을 단축키를 써서 입력하고, ㉢오늘로부터 정확히 100일째 되는 날짜가 언제인지를 함수식으로 찾아보고자 한다.

	㉠	㉡	㉢
①	ALT+:	ALT+SHIFT+:	=now()+99
②	ALT+;	ALT+SHIFT+;	=now()+100
③	CTRL+:	CTRL+SHIFT+;	=today()+99
④	CTRL+;	CTRL+SHIFT+;	=today()+99
⑤	CTRL+:	CTRL+SHIFT+:	=today()+100

06 다음 엑셀 워크시트에서 [D4] 셀에 '=RIGHT((C4, LEN(C4)−4) & "****")'을 입력했을 때, 결괏값으로 옳은 것을 고르면?

	A	B	C	D
1	이름	학번	연락처	
2	이철수	108-4101	010-2109-8765	
3	홍길동	108-4102	010-3456-7890	
4	이순희	108-4103	019-2119-9019	
5				

① ****2119−9019

② 019−2119−****

③ 019−****−9019

④ 2119−9019****

⑤ 019−2119−9019

정답과 해설 P.36

PART 06

직무상식평가

NH농협은행

CHAPTER 01

최신경향 분석

영역 소개

2024년 직무상식평가는 70문항 중 25문항으로 출제되었다. 25문항에는 모든 지원 분야에 출제되는 공통 영역이 있다. 공통 영역에서는 농협 · NH농협은행 정보, 농업 · 농촌 및 협동조합, 디지털 상식 등이 출제된다. 여기에 지원 분야가 '일반 분야'인 경우에는 금융 · 경제 상식 문항이 출제되고, 지원 분야가 'IT 분야'인 경우에는 정보통신 · 보안 문항이 출제된다. '일반'과 'IT'에 출제되는 문항은 지원 분야와 관련된 전문 지식을 묻는다.

출제유형 소개

유형 1 공통 영역

모든 지원 분야에 공통적으로 출제되는 유형이다.

세부유형	농협 · NH농협은행, 농업 · 농촌 · 협동조합	농협의 핵심가치와 NH농협은행의 인재상, 농업 · 농촌 및 협동조합과 관련된 시사 이슈 및 관련 법 · 제도 묻는 문항
	디지털	제시문에서 설명하는 ICT 기술의 개념을 고르거나 제시된 개념에 대한 설명이 옳은지/옳지 않은지 판단하는 문항

유형 2 지원 분야별 영역

직무적합성을 판별하고자 지원 분야별 전문 지식에 대한 문항이 출제되었다.

세부유형	금융 · 경제	지원 분야가 '일반'인 경우에 해당 경제학 및 경영학적 지식을 묻는 유형
	IT	지원 분야가 'IT'인 경우에 해당 해당 분야의 전문 지식을 묻는 유형

최신 필기시험 기출분석

2024년

1. 공통 영역에서는 농협 · NH농협은행 정보, 농업 · 농촌 및 협동조합 문항 비중이 높았고, 디지털 상식을 묻는 문항도 출제되었다.
2. '일반 분야'에서는 금융 · 경제 상식 문항 비중이 높았다.
3. 'IT 분야'에서는 하드웨어와 소프트웨어 등의 IT 문항이 출제되었다.

기출복원 키워드

✓ NH농협은행 인재상, ICA 7대 원칙, 신세대 협동조합, 빅데이터 설명, 엑셀 함수, 로렌츠 곡선, ABS, J커브, 립진스키 이론, 소프트웨어 방법론, 하드웨어, AR/VR, 운영체제, 마이크로프로세서

2023년

1. ICT 상식과 관련한 디지털 지식 문항의 비중이 높았다.
2. 농 · 축산업 정책 및 제도에 관한 문항이 출제되었다.
3. 경제학과 경영학에 관련한 문항보다 금융시장에 대한 이해도를 묻는 문항이 많았다.

기출복원 키워드

✓ 악성코드, PHP, 클라우드, UAM, 통화스와프, DSR 규제, 가축 전염병, 외환시장 균형

CHAPTER 02

대표기출 유형

유형 1 공통 영역

세부 유형	농협 · NH농협은행, 농업 · 농촌 · 협동조합

NH농협은행의 추진전략으로 옳지 않은 것을 고르면?

① 핵심사업 경쟁력 제고
② ESG 경영 및 사업 개선
③ 디지털금융 생태계 구축
④ 미래성장 수익구조 조성
⑤ 지속가능 성장기반 마련

정답해설

2024년 NH농협은행 홈페이지의 명시된 추진전략으로는 '핵심사업 경쟁력 제고', '디지털금융 생태계 구축', '미래성장 수익구조 조성', '지속가능 성장기반 마련'이 있다.

| 정답 | ②

다음 중 국제협동조합연맹이 제시한 협동조합 7대 원칙에 해당하지 않는 것을 고르면?

① 자율과 독립
② 조합원의 경제적 참여
③ 지역사회에 대한 기여
④ 조합원의 적극적인 정치 참여
⑤ 자발적이고 개방적인 조합원 제도

정답해설

1995년 영국 맨체스터에서 국제협동조합연맹(ICA) 창립 100주년 총회가 열렸는데, 이 자리에서 협동조합 7개 원칙이 다음과 같이 채택되었다.

- 1원칙: 자발적이고 개방적인 조합원 제도
- 2원칙: 조합원에 의한 민주적 관리
- 3원칙: 조합원의 경제적 참여
- 4원칙: 자율과 독립
- 5원칙: 교육, 훈련 및 정보 제공
- 6원칙: 협동조합 간의 협동
- 7원칙: 지역사회에 대한 기여

| 정답 | ④

세부 유형	디지털

다음 (A)~(D) 중 HTML, XML, PHP에 대한 설명을 순서대로 나열한 것을 고르면?

(A) 대표적인 서버 사이드 스크립트 언어로 전 세계 수많은 웹 시스템의 기반이 되는 언어이며, 비슷한 언어로는 Perl, Ruby 등이 있다. C－like 문법으로 되어 있고, CGI보다 나으며, Perl처럼 배열이 연관 배열이라 자료 구조가 간편하고, 기본적으로 내장된 웹 관련 함수들이 많아 웹 페이지 제작 시 생산성이 높다.

(B) 마크업 언어로 작성된 문서가 실제로 웹사이트에 표현되는 방법을 정해주는 스타일 시트 언어이다.

(C) 웹 문서를 만드는 데에 이용되는 문서 형식으로, 웹 문서에서 문자나 영상, 음향 등의 정보를 연결해 주는 하이퍼텍스트를 만들 수 있도록 해 준다.

(D) 웹상에서 보이는 문서 작성을 위해 개발된 SGML(Standard Generalized Markup Language)을 인터넷용으로 최적화하고 단순화한 SGML의 부분 집합이다.

① (A), (B), (C)
② (A), (C), (D)
③ (B), (A), (D)
④ (B), (C), (D)
⑤ (C), (D), (A)

정답해설

(A)는 PHP에 대한 설명이다. PHP는 대표적인 서버 사이드 스크립트 언어로 전 세계 수많은 웹 시스템의 기반이 되는 언어로 비슷한 언어로는 Perl, Ruby 등이 있다. C－like 문법으로 되어 있고, CGI보다 나으며, Perl처럼 배열이 연관 배열이라 자료 구조가 간편하고, 기본적으로 내장된 웹 관련 함수들이 많아 웹 페이지 제작 시 생산성이 높다는 점에서 사용자 및 사용처가 많다. 1995년 라스무스 러돌프가 처음 공개했고, 지금은 The PHP Group에서 개발 및 관리를 맡고 있다.

(B)는 CSS에 대한 설명이다. HTML 등의 마크업 언어로 작성된 문서가 실제로 웹사이트에 표현되는 방법을 정해주는 스타일 시트 언어로, HTML문서에 <style>태그 안에 삽입할 수도 있지만 별도의 파일로 분리하는 것도 가능해서 다른 HTML에서도 동일한 CSS를 사용할 수 있다.

(C)는 HTML에 대한 설명이다. 웹에서 볼 수 있는 문서를 만들기 위한 일종의 표준 언어로, 일반적인 텍스트로 되어 있으며 태그(Tag)를 통해 웹 브라우저로 보이는 모양을 나타낸다. 파일 확장자는 .html 또는 .htm이다.

(D)는 XML에 대한 설명으로 정식 명칭은 Extensible Markup Language(확장성 생성 언어)이다. XML은 1990년대에 개발되기 시작했다. 웹 페이지의 기본 형식인 HTML(Hypertext Markup Language)에는 확장성이 없어서 새롭게 만들어진 문서 요소들을 정의하는 데 적절하지 않았다. XML은 웹상에서 보여지는 문서 작성을 위해 개발된 SGML(Standard Generalized Markup Language)을 인터넷용으로 최적화하고 단순화한 SGML의 부분 집합이다. SGML과 마찬가지로 XML은 DTD(Document Type Definitions)를 이용해서 문서 형태와 문서 안에서 사용되는 태그의 의미들을 정의한다.

따라서 HTML, XML, PHP를 순서대로 나열한 것은 (C), (D), (A)이다.

| 정답 | ⑤

다음은 입력데이터, 표시형식, 결괏값 순으로 표시한 것이다. 입력데이터에 사용자 지정 표시 형식을 설정한 후 나타난 결괏값으로 옳은 것을 고르면?

① 123.456 → ?.? → 123.456

② 50.76 → #,##0.0 → 50.8

③ 0.57 → #.# → 0.6

④ 농협 → #“은행” → 농협은행

⑤ 2123500 → #,###,“천원” → 2,123.5천원

정답해설

#은 유효한 자릿수만 나타내고 유효하지 않은 0은 표시하지 않는다. 따라서 50.76을 입력하고 사용자 지정 표시 형식을 #,##0.0으로 지정하면 소수점 둘째 자리에서 반올림한 50.8이 표시된다.

[오답풀이]

① ?는 숫자데이터의 자릿수에 숫자가 있으면 그 자리만큼 표시하고 숫자가 없으면 공백으로 그 자릿수를 표현하고자 할 때 사용하는 서식이다. ?.?는 소수점 한 자리까지 표시하라는 서식이므로 123.5로 표시된다.

③ 소수점 앞의 #은 유효하지 않은 0은 표시하지 않는다. 소수점 이하 #이 한 개이므로 소수점 둘째 자리 값은 반올림된다. 따라서 '.6'이 표시된다.

④ 문자 데이터의 표시 위치를 지정할 때는 @을 사용하고 숫자데이터의 표시 위치를 지정할 때는 #을 사용한다. 따라서 농협으로 출력된다.

⑤ 천 단위마다 자릿점을 표시하고 마지막 자리는 반올림되어 2,124천원으로 표시된다.

| 정답 | ②

유형 2 지원 분야별 영역

세부 유형	금융 · 경제

다음 중 선도거래와 선물거래를 비교한 내용으로 옳지 않은 것을 고르면?

	특징	선도거래	선물거래
①	거래방식	중개기관을 통한 장외거래	거래소를 통한 거래
②	거래조건	당사자간 합의에 따라 거래조건을 조정	만기일, 가격표시, 계약단위 등을 표준화
③	거래상대방 위험	없음	있음
④	결제 시기	자금결제일 또는 만기일에 정산	가격변동에 의한 손익을 결제기관을 통해 매일 정산
⑤	인수도	만기일에 기초자산 인도	대부분 만기이전에 반대매매

정답해설

선물은 청산소라는 중개기관을 두어 선물거래의 체결 및 인도를 보장한다. 청산소는 선물거래자의 거래상대방으로서 선물매매를 하므로 선물거래자는 거래상대방에 대한 신용 위험을 제거하여 거래할 수 있다. 한편 선도거래는 당사자의 신용에 의존하여 거래가 이루어지므로 위험이 있다.

| 정답 | ③

다음 중 대출상환방식에 관한 설명으로 옳지 <u>않은</u> 것을 고르면?(단, 대출금액과 기타 대출조건은 동일하다고 가정한다.)

① 원리금균등분할상환방식은 원금이 상환됨에 따라 매기 이자액의 비중은 점차적으로 줄고 매기 원금상환액 비중은 점차적으로 증가한다.

② 원금균등분할상환방식은 대출기간 동안 매기 원금을 균등하게 분할 상환하고 이자는 점차적으로 감소하는 방식이다.

③ 체증분할상환방식은 원리금 상환액 부담을 초기에는 적게 하는 대신 시간이 경과할수록 원리금 상환액 부담을 늘려가는 상환방식이다.

④ 첫 회 이자지급액은 원금균등상환방식이 원리금균등상환방식보다 많다.

⑤ 대출기간 만기까지 대출기관의 총이자수입 크기는 '체증상환방식 > 원리금균등상환방식 > 원금균등상환방식' 순이다.

정답해설

대출조건이 동일하다면 대출원금이 같으므로 원금균등상환방식과 원리금균등상환방식의 첫 회 이자지급액은 동일하다.

| 정답 | ④

세부 유형	IT

다음 글의 밑줄 친 ㉠, ㉡을 일컫는 해시 함수 보완 방법을 바르게 짝지은 것을 고르면?

> 비밀번호는 법적으로 '일방향 암호화'를 하도록 정해져 있다. 즉, 복호화가 불가능하도록 저장해야 한다. 사용자가 비밀번호를 '1234'로 저장했고, DB에 저장된 정보가 'ad1432@!'이라면 사용자는 'ad1432@!'를 입력하지 않는다. 그렇다면 '1234'를 'ad1432@!'로 바꾸는 기법이 있을 것이며, 이러한 기법을 '해싱'이라고 한다.
>
> 해시 함수(Hash Function)는 임의의 길이의 데이터를 고정된 길이의 데이터로 맵핑하는 함수를 뜻한다. 이를 통해 얻은 값을 '해시 값'이라고 한다. 여기서 입력 값이 Key가 되고 해시 함수를 통해서 나온 '코드'를 통해서 자료를 빠르게 탐색할 수 있는 구조를 '해시 테이블'라고 한다. 해시 함수를 통한 검색은 매우 빠른 속도를 보장하기 때문에 많은 곳에 응용할 수 있다.
>
> 위 해시 함수의 '임의의 길이의 데이터를 고정된 길이의 데이터로 변환'하는 특징을 이용해서 비밀번호를 암호화하여 저장할 수 있게 된다. 즉, 저장된 비밀번호가 '그 값이 원래 무슨 값인지'를 알아내기 힘들도록 만들면 사용자 정보의 유출을 어느 정도 방지할 수 있다. 단방향 해시 함수 보완은 ㉠ 기존 해시 코드를 생성할 때 임의의 문자열을 추가하여 원본 패스워드가 어디부터 어디까지인지를 알아보기 힘들도록 하는 방법과 ㉡ 해시 코드를 다시 해시 함수에 넣어서 여러 번 연산하도록 하여 연산 속도를 늦추는 방법으로 정보를 알아내기 힘들게 하는 방법이 대표적으로 쓰인다.

	㉠	㉡
①	레이블링	솔팅
②	필터링	레이블링
③	솔팅	키 스트레칭
④	키 스트레칭	레이블링
⑤	키 스트레칭	솔팅

정답해설

단방향 암호화란 평문 즉, 입력된 값을 암호화할 수는 있지만 암호화된 문자를 다시 기존의 입력값으로 되돌리는 복호화가 불가능한 암호화 방법이다. 이 방법은 주로 해시 알고리즘을 이용하여 단방향 암호화를 구현한다. 여기서 해시는 임의의 크기를 가진 데이터를 고정된 데이터의 크기로 변환시키는 것을 말한다. 해시 알고리즘은 해시 함수의 특징인 특정 입력 데이터에서 정해진 데이터 크기에 맞추어 해시 값을 생성하는 특징을 이용하여 데이터를 최종 사용자가 원문을 추정하기 힘든 더 작고, 뒤섞인 조각으로 나눈 것을 말한다. 단방향 암호화를 사용하는 주된 이유는 메시지 또는 파일의 무결성을 보장하기 위함이다. 원본 값이 조금만 달라지면 해시 알고리즘을 통해 완전히 다른 해시 값이 나올 확률이 매우 높다.

단방향 암호화의 대표적인 방법으로 '솔팅(salting)'과 '키 스트레칭(key stretching)'이 있다. 솔팅이란 단방향 해시 함수를 통해 암호화를 진행할 때 본래 데이터에 추가적으로 랜덤한 더미 데이터를 더하여 암호화를 진행하는 방식으로 원래 데이터의 해시 값과 다른 해시 값을 가지게 한다. 키 스트레칭은 해시 알고리즘을 이용하여 생성된 해시 값을 다시 해시 알고리즘에 넣는 방식을 말하며, 이러한 방법을 통해 해시 값을 비교하는 속도를 늦출 수 있게 된다.

| 정답 | ③

암호화 코드에 대한 다음 설명을 참고할 때, 빈칸 ㉠, ㉡에 들어갈 말을 바르게 짝지은 것을 고르면?

> 메시지 보안에 있어 많이 사용되는 방식은 다음과 같다.
>
> '갑'이라는 메시지를 어떠한 암호화 알고리즘을 통해 '을'이라는 메시지로 변환하였다고 가정하자. 이때 '갑'을 암호화한 사람은 어떤 방법을 거쳐야 이 암호화된 '을'이 다시 '갑'으로 변하는지 알고 있다. 하지만 이 '을'이라는 메시지를 받은 사람은 복호화 방법을 모르기 때문에 메시지 전달자로부터 어떤 방법을 통해 암호화했는지에 대한 정보를 얻어야 한다.
>
> 보다 쉬운 예를 들어보자. 나는 특수한 물감 A를 만들었는데, 이 물감은 내가 만든 또 다른 화학물질 B에 닿을 때만 투명하게 변한다. 나는 A를 여러 개 만들어서 집 앞에 두기도 하고, 비밀 편지를 주고받고 싶은 사람들에게 전해주기도 한다. 나에게 비밀 편지를 보내고 싶은 사람들은 편지 위에 이 A를 덧칠하여 나에게 보낸다. 나는 B를 덧칠하여 편지의 내용을 확인할 수 있다. 다른 사람들은 A를 갖고 있기도 하고 이 편지가 A로 덧칠된 것이라는 사실을 알 수도 있지만, A를 어떻게 만든 건지도, B를 갖고 있지도, B를 만드는 방법을 알지도 못하기 때문에, 덧칠된 편지의 내용을 확인할 수 있는 방법을 알지 못한다. 이러한 경우, 물감 A는 누구나 가질 수 있는 (㉠)이지만, B는 나만이 가지고 있는 (㉡)인 것이다.

	㉠	㉡
①	공유키	보안키
②	설정키	튜터키
③	스팸키	보안키
④	개인키	공유키
⑤	공개키	개인키

정답해설

'공개키 암호화 방식'을 설명하는 글이다. 기존의 '대칭키 암호화 방식'은 하나의 키를 통해 내용을 암호화하고, 상대방도 같은 키로 복호화하는 방식이다. 이 방법은 제3자가 대칭키를 갖게 될 경우 복호화할 수 있는 위험이 있어, 상대방에게 안전하게 키를 넘겨줘야하는 허점이 있었다. 공개키 암호화 방식은 이러한 문제를 해결함으로써, 지금의 인터넷 암호화 통신을 가능하게 한 1등 공신이다. 따라서 주어진 사례에서 A에 해당하는 것은 공개키(Public key)이며, B에 해당하는 것은 개인키(Private key)가 된다.

| 정답 | ⑤

인생은 곱셈이다.

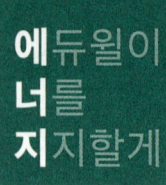

어떤 찬스가 와도 내가 제로라면
아무런 의미가 없다.

– 나카무라 미츠루

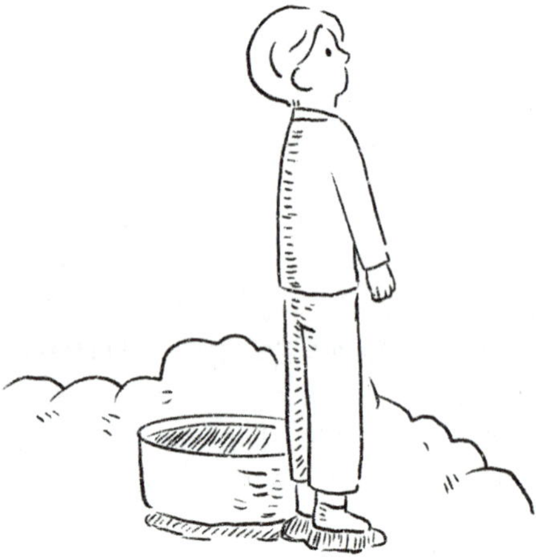

PART 07

실전모의고사

NH농협은행

※ 실제 온라인 시험에서 직무상식평가와 직무능력평가가 구분 없이 진행되는 점을 고려하여 3회분의 모의고사를 구성하였습니다.

실전모의고사 1회

직무상식평가 + 직무능력평가

정답과 해설 P 37

01 다음 중 주식회사와 협동조합의 차이점으로 적절하지 않은 것을 고르면?

구분	주식회사	협동조합
㉠ 의결권	투자액에 비례하여 1주 1표 행사	출자액에 무관하게 1인 1표 행사
㉡ 이사회 구성	주주에 의하여 선출	조합원에 의하여 선출
㉢ 자금 조달	증자, 채권 발행 등	조합원 출자 등
㉣ 설립 목적	이윤 극대화	조합원의 복지와 실익 증진
㉤ 법적 근거	상법에 의한 인가	협동조합기본법에 따른 신고

① ㉠ ② ㉡ ③ ㉢
④ ㉣ ⑤ ㉤

02 다음 중 농협의 부문별 사업에 대한 설명으로 옳지 않은 것을 고르면?

① 농업경제사업: 안전한 농산물을 공급하여 국민 건강에 기여한다.
② 축산경제사업: 가축 질병 예방으로 축산 농가의 성장을 지원한다.
③ 농협금융지주: 공적 자본을 바탕으로 종합 금융 서비스를 제공한다.
④ 상호금융사업: 농촌농협과 도시농협 사이에서 동반 상생을 도모한다.
⑤ 교육지원사업: 농촌에 활력을 불어넣는 다양한 교류 사업을 추진한다.

03 다음 중 협동조합에 대한 설명으로 옳지 않은 것은?

① 최초의 협동조합은 19세기 영국 로치데일에서 시작한 판매자 협동조합이다.
② 최초의 신용협동조합은 19세기 독일에서 결성되었다.
③ 덴마크에서 최초의 농업협동조합인 낙농협동조합이 설립되었다.
④ ICA의 협동조합 7대 원칙에 따르면 조합원마다 1인 1표가 보장되어야 한다.
⑤ 우리나라는 1957년 농업협동조합법이 제정되고 농업은행 및 농업협동조합이 출범하였다.

04 다음 중 협동조합기본법에 대한 설명으로 옳지 않은 것은?

① 협동조합은 공직 선거에서 특정 후보 또는 정당을 지지하는 의사를 표명할 수 없다.
② 협동조합의 조합원은 출자한 액수와 관계없이 각각 1인의 의결권과 선거권을 가진다.
③ 협동조합의 최소 설립 인원은 5인 이상이며 관할 지역의 시·도지사에게 설립 신고해야 한다.
④ 협동조합이 설립이나 운영에 전문적인 자문이 필요할 경우 고용노동부 장관의 지원을 받을 수 있다.
⑤ 협동조합은 조합원 등을 위하여 최대한 봉사할 의무가 있으며 투기를 목적으로 하는 사업을 할 수 없다.

05 다음 중 우루과이 라운드에 대한 설명으로 적절하지 않은 것을 고르면?

① 관세 및 무역에 관한 일반 협정(GATT)의 제8차 다자간 무역협상이다.
② 우루과이 라운드 타결은 세계무역기구(WTO)가 출범하는 데 큰 영향을 미쳤다.
③ 1986년 우루과이에서 첫 회합이 열렸다.
④ GATT 체제에서 농산물 무역을 꾸준히 다루었다.
⑤ 우루과이 라운드 타결로 농작물 무역 시장에 큰 변화가 생겼다.

06 다음 중 Active X에 대한 설명으로 옳지 않은 것을 고르면?

① Internet Explorer를 대체하는 브라우저들과 HTML 5 등의 다양한 웹 기술의 발전, 2022년 Internet Explorer의 지원 종료로 인해 Active X는 점차 사라지는 추세이다.
② MS가 개발한 기술로, 자동으로 필요한 프로그램을 설치해 준다는 장점이 있다.
③ 해외 사용자들이 한국 웹사이트에 접속하는 경우, Active X는 큰 불편을 야기할 수 있다.
④ 신뢰할 수 있는 경로를 통해서 설치되기 때문에 보안 및 해킹에 대한 문제로부터 안전하다는 특징이 있다.
⑤ 호환성이 낮아 일부 인터넷 브라우저로는 서비스를 사용할 수 없다.

07 **다음 중 대규모 데이터 셋으로부터 유의미한 패턴을 학습하는 사례로 적절하지 않은 것을 고르면?**

① 날씨 데이터를 기반으로 강수량을 예측
② 이메일에서 스팸 메일을 분류하여 삭제
③ 스마트폰 음성 인식으로 메시지를 작성하고 전송
④ 이미지를 보고 고양이인지 강아지인지 구별
⑤ 가계부의 수입과 지출 계산

08 **다음 중 엑셀에서의 매크로 실행 및 보안에 대한 설명으로 옳지 않은 것을 고르면?**

① Alt+F1 키를 누르면 Visual Basic Editor를 실행하여 매크로를 수정할 수 있다.
② Alt+F8 키를 누르면 매크로 대화 상자가 표시되고, 목록에서 매크로를 선택하여 실행할 수 있다.
③ 매크로 보안 설정 사항으로는 모든 매크로 제외(알림 표시 없음), 모든 매크로 제외(알림 표시), 디지털 서명된 매크로만 포함, 모든 매크로 포함(위험성 있는 코드가 실행될 수 있으므로 권장하지 않음) 등이 있다.
④ '개발 도구－코드 그룹'의 매크로를 클릭하거나 매크로를 기록할 때 지정한 바로가기 키를 눌러 매크로를 실행할 수 있다.
⑤ 빠른 실행 도구 모음에서 매크로를 선택하여 아이콘으로 추가하면 아이콘 클릭으로 매크로를 실행할 수 있다.

09 다음 [그림]의 워크시트에서 [E4]와 [F4] 셀에 수식 X와 Y를 입력하고, [E4:E11], [F4:F11]까지 각각 채우기 핸들을 이용하여 복사하였다. 이때 선수 E의 총점과 순위가 다음과 같이 나타날 수 있도록 하는 함수식 X와 Y로 옳은 것을 고르면?

[그림] 워크시트

	A	B	C	D	E	F
1						
2						
3		선수이름	예술점수	기술점수	총점	순위
4		A	32.2	108	X	Y
5		B	43.3	102		
6		C	36.5	99		
7		D	40.5	112		
8		E	40.5	100.5	141	3.5
9		F	39.8	100.5		
10		G	33.6	97.5		
11		H	36.5	104.5		

① X: =SUM(C4,D4), Y: =RANK.AVG(E4,E4:E11,0)

② X: =SUM(C4:C11,D4:D11), Y: =RANK.AVG(E4,$E$4:$E$11,0)

③ X: =SUM(C4,D4), Y: =RANK.EQ(E4,$E$4:$E$11,0)

④ X: =SUM(C4:C11,D4:D11), Y: =RANK.EQ(E4,$E$4:$E$11,0)

⑤ X: =SUM(C4,D4), Y: =RANK.AVG(E4,$E$4:$E$11,0)

10 다음 [그림]의 워크시트에서 [D4] 셀에 어떤 수식 A를 입력하고, [D4:D10]까지 채우기 핸들을 이용하여 수식을 복사하였다. 다음과 같은 결과가 나타날 수 있도록 하는 수식 A로 옳은 것을 고르면?

[그림] 워크시트

	A	B	C	D
1				
2				
3		고객명	결제금액	배달료
4		김가나	12000	2,500원
5		이다라	8800	4,000원
6		박마바	25000	무료배달
7		윤사아	18000	1,200원
8		국자차	37000	무료배달
9		안카타	19900	1,200원
10		최파하	14700	2,500원

① =COUNTIF(C4<10000, "4,000원", C4<15000, "2,500원", C4<25000, "1,200원")

② =IF(C4>25000, "무료배달", "1,200원":"2,500원":"4,000원")

③ =IFS(C4<10000, "4,000원", C4<15000, "2,500원", C4<25000, "1,200원", TRUE, "무료배달")

④ =RANDIF("2,500원", "4,000원", "무료배달", "1,200원")

⑤ 정답 없음

07 실전모의고사

11 다음 [보기]에서 자국 통화가치를 평가절하했을 때의 결과로 옳은 것을 모두 고르면?

보기

㉠ 평가절하 직후에는 경상수지가 악화된다.
㉡ 마샬-러너 조건을 만족한다면 경상수지가 개선된다.
㉢ 수입수요탄력성이 1보다 크면 경상수지가 악화된다.
㉣ 환율의 가격전가 효과가 나타날 경우, 경상수지 개선 효과가 강화된다.

① ㉠, ㉡
② ㉠, ㉢
③ ㉠, ㉣
④ ㉡, ㉢
⑤ ㉢, ㉣

12 A국과 B국은 노동만을 투입하여 X재와 Y재를 생산한다. 재화 한 단위를 생산하기 위한 노동시간이 다음 표와 같을 때 적절하지 않은 것을 고르면?

구분	A국	B국
X재	50	100
Y재	80	125

① A국은 X재 생산에서 비교우위를 가진다.
② A국에서 Y재 1개를 생산하는 데 발생하는 기회비용은 X재 $\frac{8}{5}$개이다.
③ B국은 Y재 생산에서 비교우위를 가진다.
④ B국에서 X재 1개 생산하는 데 발생하는 기회비용은 Y재 1.25개이다.
⑤ A국은 X재와 Y재 생산 모두에 있어 절대우위를 가진다.

13 다음 중 적대적 M&A를 막기 위한 방법으로 성격이 다른 하나를 고르면?

① 독약 조항
② 자사주 매입
③ 황금낙하산
④ 황금주 발행
⑤ 우호적 주주관계 유지

14 다음은 완전경쟁시장에 있는 한 기업의 그래프이다. 이에 대한 설명으로 옳은 것을 고르면?

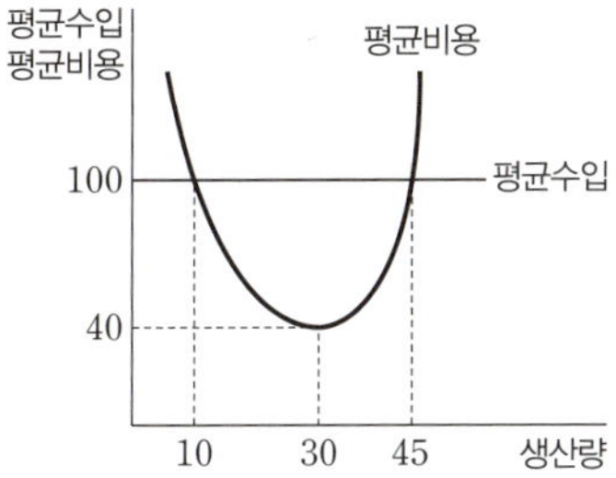

① 생산량이 증가하면 가격은 떨어진다.

② 생산량이 30일 때 평균비용이 가장 낮아 이윤이 극대화된다.

③ 생산량이 45일 때 한계비용은 한계수입보다 작다.

④ 평균비용이 감소하는 구간에서는 생산량을 늘릴수록 이윤이 증가한다.

⑤ 평균비용이 증가하는 구간에서는 생산량을 늘릴수록 이윤이 감소한다.

15 다음 중 자기주식 취득에 대한 설명으로 적절하지 않은 것을 고르면?

① 주주총회에서 자기주식 취득을 결의하면 이사회는 자기주식을 취득해야 한다.

② 취득한 자기주식에 대하여 의결권을 인정하지 않는다.

③ 취득한 자기주식을 이사회의 결의로 처분할 수 있다.

④ 상법의 규정에 위반한 자기주식의 취득이 있는 경우 이사는 손해배상책임을 부담한다.

⑤ 회사가 합병한 경우, 예외적으로 배당 가능이익을 넘어 자기주식을 취득할 수 있다.

16 다음 중 국민소득지표에 대한 설명으로 적절하지 않은 것을 고르면?

① 폐쇄경제에서 실질 GDP와 실질 GDI는 같다.

② 수출재 가격이 수입재 가격보다 상승했다면, 실질 GNI의 증가율이 실질 GDP의 증가율보다 높다.

③ 전년 대비 공무원 수는 변화가 없고 급여가 10% 감소했다면, 명목 GDP는 감소하고 실질 GDP는 변화가 없다.

④ 자동차의 품질과 생산대수가 동일하더라도 국산화율이 높아졌다면 실질 GDP는 증가한다.

⑤ 소비자물가지수를 구성하는 재화 품목은 매년 변한다.

17 다음 중 사채 만기가 길수록 이자율이 커지는 현상을 설명하는 가설을 고르면?

① 순수기대 가설
② 시장분할 가설
③ 인플레이션 프리미엄 이론
④ 효율적시장 가설
⑤ 유동성선호 가설

18 한국과 미국의 명목이자율은 각각 3%, 5%이고, 미국의 물가상승률이 4%이다. 현재 원/달러 환율이 1,000원일 때, 한국의 실질이자율을 고르면?(단, 구매력평가설과 이자율평가설이 성립한다.)

① −1%
② 0%
③ 1%
④ 2%
⑤ 3%

19 다음 내용의 ㉠~㉣에 들어갈 윈도우 명령어를 바르게 연결한 것을 고르면?

- (㉠)은(는) 도메인 네임을 얻거나 IP주소 매핑을 확인하기 위해 DNS에 질의할 때 사용하는 명령
- (㉡)은(는) 지정한 IP주소의 통신 장비 접속성을 확인하기 위한 명령
- (㉢)은(는) 패킷이 목적지까지 도달하는 동안 거쳐 가는 라우터의 IP주소를 확인하는 명령
- (㉣)은(는) 전송 프로토콜, 라우팅 테이블, 네트워크 인터페이스, 네트워크 프로토콜 통계를 위한 네트워크 연결 상태를 보여 주는 명령

	㉠	㉡	㉢	㉣
①	ping	tracert	netstat	nslookup
②	nslookup	ping	netstat	tracert
③	ping	nslookup	tracert	netstat
④	nslookup	ping	tracert	netstat
⑤	ping	tracert	nslookup	netstat

20 다음 중 대립적인 신경망 구조를 통해 경쟁하며 생성자와 판별자가 성능을 개선해 나가는 데이터 생성모델을 일컫는 것을 고르면?

① API ② Diffusion Model ③ GAN
④ OpenAI ⑤ RISC−V

21 다음 글의 빈칸에 공통으로 들어갈 말로 가장 적절한 것을 고르면?

> 사용자가 컴퓨터나 네트워크를 의식하지 않는 상태에서 장소에 구애받지 않고 자유롭게 네트워크에 접속할 수 있는 환경을 의미하는 유비쿼터스 시대가 시작된 이후 세계 각국에서는 유비쿼터스 컴퓨팅 및 네트워크 관련 기술을 개발하고 있다. 관련 기술로는 모든 디바이스를 통해 컴퓨팅 할 수 있도록 하기 위해 네트워크와의 연결, 이동성을 해결하는 문제가 핵심 요소라고 볼 수 있다. 이러한 핵심 요소를 기반으로 유비쿼터스 환경에 적응하기 위한 기술로 임베디드 소프트웨어 분야 및 텔레매틱스 분야 등이 있으며, 세계 각국은 이 분야에서 선도하기 위해 발빠르게 주력하고 있다.
>
> 이로 인해 컴퓨팅 환경은 도처에 널리 퍼져 있는 다양한 기기에서 서비스의 요구량이 늘어날 수 있는 다양한 서비스의 요구를 효율적으로 처리할 수 있는 방안으로 발전되어야 하며, 사용자와 고객이 필요로 할 때 언제, 어디서나 컴퓨팅 파워 및 서비스를 사용할 수 있는 주문형 컴퓨팅 환경 또한 필요로 하게 된다.
>
> 이러한 서비스를 포함하는 다양한 컴퓨팅 자원을 보다 유연하게 사용할 수 있도록 하는 (　　　)은(는) 유비쿼터스 서비스를 구현하기 위해 새로운 관심을 불러일으키고 있는 초기 단계의 기반 기술이라고도 볼 수 있다. (　　　)은(는) 사용자와 고객이 필요로 할 때 언제, 어디서나 컴퓨팅 파워 및 서비스를 사용할 수 있는 주문형 컴퓨팅 환경으로, 궁극적으로는 유틸리티 서비스 형태로 발전한다. 즉, 가정이나 회사가 전기, 수도, 가스 또는 전화와 같은 공공 인프라 서비스를 사용하는 것처럼 컴퓨팅 파워를 유틸리티 서비스 형태로 사용하게 되어, 수도꼭지를 틀면 물이 나오고 전원 스위치를 켜면 전기를 사용할 수 있는 것처럼 컴퓨팅 서비스도 유틸리티 개념으로 사용하게 될 것이다.

① 온 디맨드 컴퓨팅 ② 클라우드 컴퓨팅 ③ 라우팅 서버 컴퓨팅
④ 플랫폼 컴퓨팅 ⑤ SaaS 컴퓨팅

22 다음 [보기]의 프로세스들을 HRN 스케줄링 방식으로 처리할 때, 옳은 설명을 고르면?

보기

프로세스 번호	P1	P2	P3
실행 시간	2	1	8
대기 시간	1	5	10

① P1의 우선순위는 2이다.

② P2의 우선순위는 1.2이다.

③ P3의 우선순위는 2.25이다.

④ HRN은 선점 스케줄링 방식이다.

⑤ 우선순위는 P2 > P1 > P3이다.

23 다음은 어떤 정렬 방식을 순서대로 설명하는 그림이다. 이 정렬 방식의 특징으로 옳지 않은 것을 고르면?

7	4	5	1
4	7	5	1
4	5	7	1
4	5	1	7
4	1	5	7
1	4	5	7

① 안정적인 정렬방식이다.

② 리스트가 이미 정렬된 경우 최선의 시간복잡도를 가진다.

③ 최선의 시간복잡도는 O(n)이다.

④ 리스트가 역순으로 정렬된 경우 최악의 시간복잡도를 가진다.

⑤ 최악의 시간복잡도는 O(nlogn)이다.

24 **다음 중 네트워크로 다른 컴퓨터에서 실행되는 함수나 프로시저를 호출하는 방법을 고르면?**

① REST ② SOAP ③ FTP
④ RPC ⑤ Unix

25 **다음 중 소프트웨어 개발 프로세스에 대한 설명으로 옳지 <u>않은</u> 것을 고르면?**

① 폭포수 모델: 소프트웨어 개발 과정에서 각 단계가 순차적으로 진행됨
② V모델: 단위, 통합, 시스템, 인수 테스트 단계가 존재함
③ V모델: 각 단계가 순차적으로 진행되지 않으며 개발 과정이 유연함
④ V모델: 요구사항 분석, 시스템 설계, 아키텍처 설계, 모듈 설계 과정이 존재함
⑤ 폭포수 모델: 각 단계가 완전히 완료된 후 다음 단계로 진행되지만, 이전 단계로 돌아가는 것은 제한적임

26 다음 전화 민원 응대요령을 읽고 이해한 바로 가장 적절한 것을 고르면?

[첫인사 및 용건확인]
1. 전화벨이 3회 이상 울리기 전에 전화를 받는다. 부득이하게 늦게 받은 경우 반드시 양해를 구한다.
2. 민원인에게 인사를 한 뒤에 부서와 이름을 밝힌다.
3. 전화한 사유를 묻되 알아듣기 좋도록 친절하게 말한다.

[민원상담 및 끝인사]
1. 민원인의 말을 경청하고 중간에 끊지 않는다.
2. 어려운 용어나 절차 등은 알아듣기 쉽게 풀어서 설명한다.
3. 단답형 답변보다는 민원인을 배려하는 표현을 사용한다.
4. 민원 해결을 위해 최선을 다하되, 전화 처리가 어려운 민원(상급자 요청, 전화로 처리 불가능한 민원)은 홈페이지 내 예약을 통해서 방문을 유도한다.
5. 민원인이 폭언이나 욕설을 하는 경우 법령을 근거로 경고하고, 폭언이나 욕설이 2회 이상 반복될 경우 전화를 끊는다.
6. 전화 마무리 전 추가적으로 필요한 사항은 없는지 확인하고 “감사합니다.” 등 끝인사를 하고 부서와 이름을 밝힌 뒤 전화를 끊는다.
7. 5의 사유 등 불가피한 경우를 제외하고 전화를 먼저 끊지 않는다.

① 통화의 처음과 끝에 부서와 이름을 밝힌다.
② 표현이 어렵더라도 정확한 용어를 사용하여 민원인의 이해를 높인다.
③ 여러 민원을 빠르게 처리하기 위해 짧은 답변 위주로 응대한다.
④ 민원인에게 폭언을 들었다면, 경고하되 통화를 중단하지 않는다.
⑤ 말은 알아듣기 좋도록 말하되 전화로 민원 처리가 어려울 때에는 바로 해당 부서로 연결한다.

27 다음 글을 읽고 K 사원이 정리한 보고서에 대한 C 과장의 피드백 내용 중 가장 적절한 것을 고르면?

공인인증서가 폐지되면서 간편인증이 새로운 화두로 떠오르고 있다. 기존에는 카드 결제를 위해서 카드번호와 비밀번호를 매번 입력해야 했지만, 간편인증이 도입되면서 PIN 등으로 손쉽게 결제를 할 수 있게 되었다. 간편인증은 결제서비스뿐만 아니라 금융서비스에서도 활용된다. 예전에는 계좌를 개설하기 위해 신분증 등의 구비서류를 지참하여 은행 점포가 문을 닫기 전에 내방해야 했지만, 지금은 점포에 방문하지 않아도 휴대전화로 신분증을 촬영하여 쉽게 계좌를 개설할 수 있다.

뿐만 아니라 송금을 할 때에도 번거롭게 보안카드나 OTP를 사용할 필요 없이 지문인식 등의 간편한 확인절차를 통해 서비스 이용이 가능해졌다. 이러한 간편인증은 기술 수용력이 높고 간편한 것을 추구하는 20대를 중심으로 급속도로 확산되었다. 최근에는 지문인식을 넘어 얼굴만 보여주면 인증이 완료되는 안면인식이나 손의 정맥 패턴을 인식하는 정맥인식 등 다양한 간편인증 기술이 상용화되었다.

[K 사원의 보고서]

■ 제목: 간편인증의 현주소
■ 배경: 공인인증서 폐지 → 간편인증 대두
■ 변화 양상: (1) 결제서비스: 카드번호 및 비밀번호 입력 → PIN 등의 간편결제
(2) 금융서비스: (계좌 개설) 은행 내방 → 휴대전화로 개설
(송금) OTP → 보안카드
※ 20대를 중심으로 급격하게 확산 중
■ 향후 예측: 안면인식, 정맥인식 기술 상용화

[C 과장의 피드백]

① 보고서 항목은 잘 구성한 것 같은데 ② 제목에서 드러나는 내용이 너무 협소한 것 같으니 제목을 '간편인증의 현재와 미래'로 수정하고, ③ 공인인증서 폐지와 간편인증 대두 간의 연관성을 보다 확실히 하기 위해 공인인증서 도입 연도가 언제인지 추가적으로 조사하게. 그리고 ④ 변화 양상의 금융서비스(송금) 부분에서 OTP와 보안카드의 순서가 서로 바뀌었으니 수정하도록 하고, ⑤ 안면인식과 정맥인식 외에 또 대중적으로 이용되는 간편인증 기술이 있는지 추가적으로 조사하도록 하게.

07 실전모의고사

[28~29] 다음은 최 대리가 자사의 'AI 기술을 활용한 청소 앱 서비스' 도입을 위해 실시한 SWOT 분석 결과이다. 이를 바탕으로 이어지는 질문에 답하시오.

강점(Strength)	– AI 기술력 – 데이터 분석 능력 – 견고한 IT인프라 – 유능한 개발자와 기획자
약점(Weakness)	– 청소 시장에 대한 정보 부족 – 제한된 마케팅 자원
기회(Opportunity)	– 스마트홈 시장의 성장 – AI 기술에 대한 관심 증대 – 소비자의 청소 서비스 요구 확대
위협(Threat)	– 기존 선점 업체들의 시장 지배력에 따른 높은 진입 장벽 – 빠르게 변화하는 기술 트렌드 – 법적 규제 강화

28 SWOT 분석 결과에 따라 수립할 수 있는 전략으로 가장 적절한 것을 고르면?

① 법적 규제 강화에 대응하기 위해 마케팅 비용을 줄인다.
② AI 기술력을 활용하여 차별화된 서비스를 제공한다.
③ 청소 시장 경험 부족을 해결하기 위해 신기술 개발에 투자한다.
④ 높은 진입 장벽을 넘기 위해 기존 인프라를 축소한다.
⑤ 스마트홈 시장의 성장을 무시하고 기존 서비스에 집중한다.

29 최 대리의 SWOT 분석 결과를 바탕으로 각 부서가 해결해야 하는 업무 내용을 바르게 짝지은 것을 고르면?

① IT 부서 – 고객 맞춤형 시장 조사
② 마케팅 부서 – 데이터 분석 능력 향상
③ 인사 부서 – 스마트홈 시장 진출 전략 수립
④ 영업 부서 – 기존 선점 업체들과의 경쟁 극복
⑤ R&D 부서 – 법적 규제 강화 대응

30 다음 글을 읽고 NH농협은행이 중소기업과 혁신 기업을 지원하는 방안으로 옳지 않은 것을 고르면?

> NH농협은행은 우리 경제의 기둥이 되고 있는 중소기업과 신(新)성장 동력인 혁신 기업에 대한 자금 지원에도 적극적으로 나서고 있다. 또한, 일자리 창출 기업에 대한 금융 지원과 함께 중소기업의 경영 효율성 제고를 위한 기업 자금 관리 서비스도 제공하고 있다.
>
> 농협은행은 중소기업의 사업 기반 확충을 위해 여신 지원을 확대했다. 우선 우량 산업 단지 입주 기업과 기술력 우수 기업 등 우량 중소기업에 대한 여신을 늘려, 중소기업이 자금 부족으로 사업이 위축되지 않도록 했다.
>
> 아울러 정부의 일자리 창출 정책에 맞춰 일자리 창출 기업과 신성장 기업에 대한 자금 지원을 강화하고 있다. 이를 위해 농협은행은 2017년 8월 신용보증기금(이하 신보)과 일자리 창출 및 신성장 기업 지원을 위한 업무 협약을 체결한 바 있다. 농협은행은 신보에 120억 원을 특별 출연하고, 신보는 이를 재원으로 4,000억 원 규모의 협약 보증서를 발급해 자금을 지원한다. 또한, 보증 비율과 보증료를 우대해 자금 사정이 어려운 중소기업 및 창업 기업의 부담을 줄였다.
>
> 한편, 농협은행은 중소기업의 비용 절감 차원에서 클라우드를 활용해 기업 자금을 관리할 수 있는 '클라우드 브랜치'를 내놓았다. 클라우드 브랜치는 은행에 방문하지 않고 기업의 금융 업무와 자금 관리 업무를 온라인으로 처리할 수 있는 가상의 은행 점포로, 기업을 위한 자금 관리 시스템(CMS, Cash Management System)이다.
>
> 그동안 기업이 CMS를 이용하기 위해서는 별도의 서버를 설치해야 했지만, 농협은행은 이를 클라우드로 대체해 구축 비용과 이용료 부담을 크게 낮추었다. 중소기업은 이 서비스를 활용해 ▲금융 관리 ▲자금 수납 ▲자금 지급 ▲법인 카드 관리 ▲자금 보고서 등을 이용할 수 있다.
>
> 농협은 2020년까지 농가 소득 5,000만 원 달성을 목표로 세웠으며, 이를 위해 농업 관련 중소기업에 대한 여신을 확대하고, 청년 농업인 지원 등의 지원 프로그램도 마련했다. 농식품 기업에 대한 사업 컨설팅과 스마트팜 종합 자금도 여기에 해당된다. 아울러 농업 핀테크 기업을 적극 발굴·육성해 농업의 수익성을 높이고, 일자리 창출에도 기여한다는 방침이다.

① 협약 보증서 직접 발급
② 농식품 기업의 사업 컨설팅 제공
③ 사업 기반 확충을 위해 여신 지원 확대
④ 기업 자금 관리 서비스 제공
⑤ 적은 비용으로 기업 자금을 관리할 수 있는 '클라우드 브랜치' 출시

[31~32] 다음 글을 읽고 이어지는 질문에 답하시오.

CMA는 'Cash Management Account'의 약자로, '자산관리계좌'를 뜻한다. 종합금융회사나 증권사에서 CMA통장에 예치된 고객의 돈으로 펀드, RP(환매조건부채권), 기업어음 등에 투자하고, 그 수익을 고객에게 나누어주는 종합적인 자산관리를 해주기 때문에 자산관리계좌라고 불린다. 우리가 흔히 사용하는 은행의 보통예금처럼 수시입출금이 가능하고 예치된 돈을 종합금융사나 증권사에서 투자하여 수익을 내기 때문에 은행의 보통예금보다 높은 금리를 받을 수 있다. 하루만 예치해도 금리를 받을 수 있기에 단기여유자금을 넣어두기에 적합하다.

CMA통장은 돈을 어디에 투자하느냐에 따라 종금형, RP형, MMF형, MMW형으로 구분한다. 종금형은 종합금융 업무 인가를 받은 종합금융사(종금사)에서 운용하는 상품이다. CMA－종금형은 원금에 손실이 발생할 수 있는 실적배당형 상품이다. CMA 상품 중 유일하게 예금보험공사의 5,000만 원 한도 예금자보호제도의 적용을 받기 때문에 비교적 안전하지만, 수익률이 낮다는 특징이 있다. RP형은 RP에 투자하는 상품이다. RP란 금융기관 등이 단기자금을 조달하기 위해 발행하는 채권을 의미한다. CMA－RP형 상품은 국공채, 은행채와 같은 우량 채권에 투자하고, 확정형 금리상품이기 때문에 안정성이 높은 편이다. 시중의 CMA통장 대부분은 RP형이다. MMF형은 MMF(Money Market Fund)에 투자하는 상품이다. MMF형은 자산운용사에서 단기 국공채, 기업 어음(CP), 양도성 예금증서(CD)와 같은 단기금융상품에 투자하여 실적을 내는 구조다. 실적에 따라 변동금리로 배당이 되기 때문에 금리 상승기에는 고정금리로 운영되는 RP형보다 수익성이 높지만, 금리 하락기에는 수익성이 낮다는 것이 특징이다. MMW형은 MMW(Money Market Wrap)에 투자하는 상품이다. MMW형은 증권사가 신용등급이 높은 한국증권금융과 같은 우량 금융기관의 채권, 예금과 같은 단기 금융 상품에 투자하여 실적을 내는 구조다. 실적배당형 상품이며, 일복리로 계산되기 때문에 예치 기간이 길수록 유리하지만 오후 5시에서 다음 날 오전 8시에 예치한 금액을 출금하는 경우 하루치 이자를 받을 수 없다는 단점이 있다.

종금형을 제외한 CMA통장은 일반적인 은행 예금과 달리 예금보험공사의 예금자보호 대상이 아니다. 증권사에서 주식거래계좌를 개설할 때 함께 개설을 권유하는 CMA통장은 대부분 RP형이므로 예금자보호가 되지 않는다. 물론 네 가지 종류의 CMA 상품 모두 비교적 신용 등급이 높은 안전한 금융 상품에 주로 투자하지만, 원금 손실 가능성이 존재하니 주식거래를 위한 CMA통장 개설 시 이 점을 꼭 유의해야 한다.

'주식거래계좌'는 주식을 사고팔 수 있는, 즉 매수와 매도를 할 수 있는 기능을 가진 계좌다. 대부분의 CMA통장은 이러한 기능 없이 투자대기자금을 넣어둘 목적으로만 사용할 수 있다. 따라서 주식을 매매하기 위해서는 매번 CMA통장에 있는 자금을 주식거래계좌로 이체해야 하기에, 단기매매를 주로 한다면 번거로울 수 있다. 이외에도 공모주 청약, 해외주식 거래 등에서 제약이 존재한다. 다만 일부 증권사의 CMA통장은 주식매매 기능을 지원하므로 자신이 개설하고자 하는 CMA통장이 주식매매가 가능한 통장인지 확인이 필요하다.

31 주어진 글의 내용과 일치하는 것을 고르면?

① MMF형 상품은 약정된 이율로 운영된다.
② 대부분의 CMA통장에서는 주식을 직접 거래할 수 있다.
③ 종합금융사에서 운용하는 CMA 상품은 원금을 보장한다.
④ RP형은 오전 7시에 원리금을 출금하는 경우 하루치 이자의 손실이 발생한다.
⑤ CMA통장에 예치한 돈은 자유롭게 출금할 수 있다.

32 다음은 N투자증권에서 판매 중인 CMA 상품에 대한 설명일 때, 이에 대해 분석한 내용으로 적절한 것만을 [보기]에서 모두 고르면?

[A상품]
한국증권금융 등 우량금융기관의 예금, 콜론, 예수금 등을 편입하여 운영하는 상품으로 수시 입출금 및 재투자가 가능하여 금리 인상 시기에 유리합니다.
- 약정수익률: 실적 배당
- 선호고객: 재투자효과

[B상품]
국채, 특수채, 회사채 등 신용등급 A0 이상 우량 채권에 투자하여 약정된 수익률을 제공하는 상품으로, 주식거래 및 다양한 금융상품 거래가 가능한 편리한 서비스를 제공해 드립니다.
- 약정수익률: 2.05~2.10%(세전, 2022.08.26. 기준)
- 선호고객: 약정수익 선호

보기

㉠ 시중의 CMA통장 유형은 B상품보다 A상품의 비율이 높다.
㉡ A상품과 B상품 모두 예금자보호 대상에 해당하지 않는다.
㉢ A상품은 예치기간이 길수록 유리하다.

① ㉠
② ㉢
③ ㉠, ㉡
④ ㉡, ㉢
⑤ ㉠, ㉡, ㉢

33 다음 글의 [가]~[마]를 [보기] 이후 전개될 문맥상 흐름에 맞게 배열한 것을 고르면?

보기

경쟁하는 가설 중에서 하나를 선택해야 할 때, 우리는 관련된 경험적 증거를 살펴서 결정하게 된다. 경험적 증거를 어떻게 고려해야 하는지에 대해서는 다음 세 입장을 생각해 볼 수 있다. 우선 제거법은 여러 가설을 세우고 경험적 증거로 경쟁하는 가설들을 하나씩 제거해 감으로써 남는 가설을 선택하는 방법이다. 이 방법은 여러 가설 중에서 참임이 확실한 가설이 분명히 있고, 경험적 증거가 나머지 가설을 분명하게 제외시킬 때 유용하다.

[가] 고전적 귀납주의는 제거법의 이런 단점을 보완하여 경험적 증거가 배제하지 않는 가설들 사이에서 선택을 가능하게 해준다. 고전적 귀납주의는 특정 가설에 부합하는 경험적 증거가 많을수록 그 가설이 더욱 믿을 만하게 된다고 주장한다. 이에 따르면 우리는 관련된 경험적 증거 전체를 고려하여 가설을 선택할 수 있다. 예를 들어 비슷한 효능이 기대되는 두 신약 중 어느 것을 건강보험 대상 약품으로 지정할 것인지를 결정하는 경우를 생각해 보자. 고전적 귀납주의는 우리가 두 신약에 대한 다양한 임상 시험 결과를 종합적으로 고려해서 긍정적 결과를 더 많이 얻은 신약을 선택해야 한다고 조언한다. 물론 임상 시험에서 부정적 효과를 보인 신약에 대해서는 고전적 귀납주의에서도 제거법과 동일한 결론을 제시한다.

[나] 예를 들어 한 에어컨 회사가 여러 가지 기후 증거 자료를 통해 내년 여름 기온이 지난 10년 동안의 평균치보다 더 높아서 에어컨 판매가 늘 것이라는 가설을 세웠다고 하자. 이 가설의 사전 확률을 0.6이라고 하자. 그런데 내년 경기가 좋아져서 가전제품 소비가 늘 것이라는 새로운 증거가 제시되었을 때, 베이즈 정리를 적용하여 주어진 가설의 사후 확률이 0.8로 높아졌다고 하자. 이때 새로운 증거가 주어진 가설에 대해 갖는 힘은 0.2가 된다. 이처럼 베이즈주의는 증거와 가설 사이의 관계를 정확한 정량적 수치로 표현할 수 있어서 가설 선택의 엄밀성을 높일 수 있다.

[다] 하지만 제거법은 경험적 증거가 여러 가설에 부합하는 경우 아무런 도움이 되지 못한다. 예를 들어 최근 경제 지표가 좋다는 경험적 증거는 우리나라 경제가 건전한 성장을 하고 있다는 가설과 외적 성장에도 불구하고 위험 요인이 증대되고 있다는 가설 모두에 부합할 수 있다. 이 경우 경쟁하는 두 가설 어느 것도 주어진 경험적 증거에 의해 배제되지 않으므로 제거법은 가설 선택의 근거를 제공하지 못한다.

[라] 이와 같은 유용성에도 불구하고 베이즈주의에 대한 비판도 제기될 수 있다. 중요한 비판 하나는 베이즈주의가 제시하는 가설 평가 방법이 과학자들의 실제 연구 방법과 일치하지 않는다는 것이다. 베이즈주의는 증거와 가설의 관계에 있어서 확률을 이용하여 분석한다. 그런데 비판자들에 따르면, 실제로 과학자들은 그와 같은 확률 계산을 하지 않고 다른 증거 평가 방식을 사용하는 경우가 많다는 것이다. 이런 맥락에서 베이즈주의는 현실에 맞지 않는 이론이라고 비판받는다. 이에 대해 일부 베이즈주 의자들은 베이즈주의가 과학자들이 실제로 가설을 평가하는 방식을 기술한 이론이 아니라 과학자들이 마땅히 따라야 할 규범을 제시한 이론이라고 대응하기도 했다.

[마] 그런데 어떤 경험적 증거가 특정 가설에 부합할 때, 우리는 고전적 귀납주의로부터 그 가설의 신뢰도가 그 경험적 증거로 인하여 얼마나 높아지는지를 정량적으로 판단할 수 없다. 베이즈주의는 이 문제를 다음과 같이 해결한다. 새로운 경험적 증거가 입수되기 전 가설에 대해 우리가 가지고 있던 신뢰도를 0부터 1까지의 값으로 나타냈으며, 이를 '사전 확률'이라 하였다. 신뢰도 0은 가설이 거짓임을 우리가 확신한다는 의미이고, 1은 가설이 참임을 확신한다는 의미이다. 이 사전 확률이 새로운 경험적 증거에 의해 어떻게 새로운 신뢰도, 즉 '사후 확률'로 바뀌는지를 말해 주는 '베이즈 정리'라는 명확한 계산 방식이 있다. 베이즈주의는 사후 확률에서 사전 확률을 뺀 값을 '증거의 힘'이라고 부르며, 이를 통해 새로운 경험적 증거가 가설에 대해 얼마나 강력한 증거인지를 판별한다. 그러므로 주어진 가설의 신뢰도에 변화를 주지 않는 경험적 증거의 힘은 0이 된다.

① [가]－[나]－[다]－[라]－[마]
② [나]－[가]－[마]－[라]－[다]
③ [다]－[가]－[마]－[나]－[라]
④ [다]－[마]－[가]－[나]－[라]
⑤ [마]－[다]－[가]－[라]－[나]

34 다음은 디지털금융 플랫폼 전환 구축에 관한 공고이다. 이를 보고 K 과장이 이해한 내용으로 옳은 것을 고르면?

- 공고명: (공통) 디지털금융 플랫폼 전환 구축
- 계약기간: 착수일로부터 23개월(추후 변경될 수 있음)
- 사업예산: 98,379,953,000원(부가세 포함)
- 계약금액 구분: 총액
- 계약방법: 일반경쟁
- 입찰제한 횟수: 5회(재입찰 가능 횟수)
- 입찰 장소: 전자입찰
- 낙찰자 결정 방법: 협상에 의한 낙찰자 선정
  - 기술평가점수(80점)와 가격평가점수(30점)를 종합 평가한 결과 70점 이상인 자를 협상적격자로 선정 (단, 기술평가점수가 50점 미만인 경우 낙찰 불가능)
  - 협상방법: 최고득점 업체를 대상으로 협상을 진행하되, 협상결과가 적합하지 않을 경우 순차적으로 차 순위 업체와 협상
  - 세부평가항목과 방법은 제안요청서 참조
- 입찰참가자격: 별도자격 없음

① 계약기간은 착수일로부터 2년이고, 사업예산은 부가세를 포함하면 1,000억이 넘는군.
② 첫 입찰에서 떨어진다고 하더라도 3번의 기회가 더 있군.
③ 계약은 일반경쟁을 하고 입찰일에 공고기관에 방문해야 하는군.
④ 가격평가점수에서 만점을 받으면 기술점수를 40점만 받아도 협상이 가능하군.
⑤ 최고득점 업체와 협상을 했는데 결렬될 경우 다음 순위의 업체에게도 기회가 생기는군.

35 다음 글을 읽고 감정노동 문제의 대응 및 해결방안에 대해 파악한 바로 옳지 않은 것을 고르면?

> 감정노동은 실제 자신이 느끼는 감정과는 무관하게 직무를 행해야 하는 감정적 노동을 뜻하며, 이러한 직종 종사자를 감정노동 종사자라 한다. 고용노동부는 감정을 관리해야 하는 활동이 직무의 50%가 넘을 경우를 감정노동에 해당한다고 보고 있다. 일반적으로 은행원, 승무원, 전화상담원처럼 직접 고객을 응대하면서 자신의 감정은 드러내지 않고 서비스해야 하는 직업 종사자들이 감정노동 종사자로 분류된다.
>
> 감정노동을 오래 수행한 근로자의 상당수는 스마일 마스크 증후군을 앓고 있는 경우가 많다. 스마일 마스크 증후군은 겉으로는 밝은 표정을 유지하지만 속으로는 극심한 우울감에 시달리는 증상을 뜻한다. 이로 인해 식욕 감퇴, 불면증, 두통, 소화 불량 및 극심한 스트레스와 우울증이 유발될 수 있으며, 심한 경우 정신질환 또는 자살로 이어질 수 있다. 특히 대면 고객 서비스 실적을 중시하는 직군의 감정노동 종사자일수록 감정노동으로 입는 피해가 극심하여 일부 사례는 사회적 문제로까지 불거졌다.
>
> 스마일 마스크 증후군으로 의심될 경우에는 상담 치료, 인지행동 치료, 항우울제 복용이 도움이 된다. 또는 부정적인 감정을 적절하게 표현할 기회를 만들거나, 가까운 사람들과의 대화 또는 적절한 강도의 신체 활동을 통하여 증상을 상당히 완화할 수 있다. 그러나 개인적 차원의 대응방안에 앞서 사회 및 기업 차원에서 감정노동의 부작용을 예방할 필요가 있다. 우선 고객이 감정노동 종사자에게 폭언 등을 하지 않도록 미리 안내 및 고지하고, 고객의 폭언 등으로 인하여 직원에게 건강 장해가 발생하거나 발생할 현저한 우려가 있는 경우에는 업무의 일시적 중단 또는 전환이 즉각 이루어져야 한다. 또한 관련 치료 및 상담 지원을 의무화하고, 고객의 폭언 등을 증거물로 제출하여 고소, 고발 또는 손해배상 청구가 가능하도록 사업주가 적극적으로 지원하는 시스템이 정착되어야 한다.

① 개인적 차원의 대응방안에 앞서 사회 및 기업 차원의 대처가 필요하다.
② 사내에 심리상담원을 상주시켜 직원들의 멘탈 케어에 적극적으로 나서야 한다.
③ 고객 서비스 실적 중심의 보상 체계를 마련하여 직원들의 사기를 진작해야 한다.
④ 폭언을 일삼는 고객에 대한 법적 대응을 직원 개인의 일로 간과하지 말아야 한다.
⑤ 감정노동으로 인해 직원에게 문제가 생길 경우 즉시 고객으로부터 분리시켜야 한다.

36 **다음 불만민원 처리 단계에 대한 내용으로 적절하지 않은 것을 고르면?**

[표] 불만민원 처리 단계

단계	응대요령
1. 경청, 공감하기	• 시민의 요구 파악을 위해 진지한 경청을 합니다. • 이때 공감하며 경청하고 있음을 표현해야 합니다. ㉼ "아, 네. 그러셨군요? 많이 속상하셨겠네요."
2. 불평에 대한 사과	• 시민의 입장에서 직원에게 불평하는 것은 당연합니다. • 일단 불편사항에 대해 진심 어린 사과를 하여 시민의 화를 가라앉힙니다.(단, 무조건 잘못을 인정하는 태도는 지양하도록 합니다.)
3. 원인 분석	• 궁금한 사항에 대한 질문을 통해 시민의 불만 원인을 정확히 파악합니다. • 불만사항을 보편화하여 공감할 수 있도록 합니다. ㉼ "많은 분들이 그렇게 생각하십니다.", "많은 기관들이 ○○한 처리를 하고 있습니다."
4. 신속한 해결과 대안 제시	• 현재 적용할 수 있는 쉬운 해결방법부터 제시합니다. ㉼ "지금 상황에서는 A방안으로 처리 가능할 것 같습니다. 괜찮으시겠습니까?", "A방안과 B방안이 있습니다. 어떤 쪽이 더 좋으십니까?" 등
5. 긍정적 마무리	• 불편을 드린 점에 대해 거듭 사과하고 개선점을 알게 된 것에 감사한 마음을 갖습니다. • 긍정의 말 한 마디로 끝까지 좋은 인상을 남길 수 있도록 노력합니다. ㉼ "이해해 주셔서 감사합니다.", "개선하도록 하겠습니다."

① 원인 분석은 고객의 불평에 대해 사과한 다음 이루어져야 한다.
② 불만에 대한 사과는 민원을 접수하는 순간뿐만 아니라 마무리 단계에서도 이루어져야 한다.
③ 불만민원의 해결 방안은 시간이 다소 소요되더라도 효과적인 방법으로 제시한다.
④ 시민이 불편을 느낀 상황에 대해 사과하되, 모든 잘못을 인정하는 태도는 지양한다.
⑤ 대화 도중 공감의 표현을 함으로써 고객에게 경청하고 있다는 느낌을 주도록 한다.

37 **A, B 두 제품을 합하여 65,000원에 사서 A제품은 원가의 10%, B제품은 원가의 15%의 이익을 붙여 판매하였더니 8,500원의 이익을 얻었다. A제품의 원가를 고르면?**

① 15,000원 ② 20,000원 ③ 25,000원
④ 30,000원 ⑤ 40,000원

38 A는 책 한 권을 다 읽는 데 3일이 걸렸다. 첫째 날에는 전체의 $\frac{1}{5}$, 둘째 날에는 전체의 $\frac{1}{3}$, 셋째 날에는 21쪽을 읽었다고 할 때, 이 책의 전체 쪽수를 고르면?

① 30쪽 ② 35쪽 ③ 40쪽
④ 45쪽 ⑤ 50쪽

39 주영이는 대만 여행을 위하여 10월 1일에 120만 원을 대만달러로 환전한 후, 10월 3일에 대만으로 출국하여 3박 4일 동안 25,420대만달러를 소비하였다. 우리나라로 돌아온 뒤 10월 7일에 남은 금액을 환전하려고 하는데 100대만달러 단위로만 환전이 가능하다고 한다. 다음 환율표를 바탕으로 주영이가 환전 시 원화로 받게 되는 금액을 고르면?(단, 살 때와 팔 때의 가격은 동일하다.)

[표] 원화–대만달러 환율표 (단위: 원/대만달러)

날짜	환율
10월 1일~10월 2일	40
10월 3일~10월 4일	41
10월 5일~10월 6일	39
10월 7일~10월 8일	38

① 171,000원 ② 171,900원 ③ 172,800원
④ 173,900원 ⑤ 174,800원

40 용적률은 대지면적 대비 건축물의 지상층 연면적 비율을 뜻한다. 다음 [조건]에 해당하는 건축물의 용적률로 옳은 것을 고르면?(단, 주차 구역 및 조건에 명시되지 않은 것은 연면적에서 제외한다.)

조건
- 이 건축물의 대지면적은 400m²이다.
- 이 건축물은 지상 4층 건물이고, 1층은 주차 구역이며 면적은 300m²이다.
- 이 건축물 지상층의 연면적은 주차 구역 면적의 4배이다.

① 210% ② 215% ③ 220%
④ 225% ⑤ 230%

41 다음 [표]는 A~F 6개의 활동으로 이루어진 프로젝트에서 각 활동의 활동 시간과 직전 선행 활동을 나타낸 것이다. B의 여유 시간은 0이며, 프로젝트의 최단 완료 시간이 45일이라고 할 때, 옳지 않은 것을 고르면?

[표] A~F 6개 활동의 활동 시간과 직전 선행 활동

활동	A	B	C	D	E	F
활동 시간(일)	8	10	7	(　)	10	15
직전 선행 활동	–	A	A	B, C	C	D, E

※ 여유 시간이 0인 활동들을 연결하면 주경로가 된다.

① D의 활동 시간은 12일이다.

② C의 여유 시간은 3일이다.

③ 주경로는 A → B → D → F이다.

④ C에서 가장 늦은 완료 시간은 18일이다.

⑤ E에서 가장 늦은 완료 시간은 25일이다.

42 다음 [표]는 2022~2023년 고용 동향을 조사하여 나타낸 자료이다. 이 자료를 바탕으로 할 때, 2023년 고용률을 고르면?

[표] 2022~2023년 고용 동향

구분	경제활동 참가율	실업자 수	실업률
2022년	60%	600만 명	16%
2023년	전년 대비 3%p 상승	전년 대비 45만 명 감소	$\frac{50}{3}$%

※ (경제활동 참가율)(%)=(경제활동인구)÷(생산가능인구)×100

※ (경제활동인구)=(취업자 수)+(실업자 수)

※ (고용률)(%)=(취업자 수)÷(생산가능인구)×100

※ (실업률)(%)=(실업자 수)÷(경제활동인구)×100

① 50%　② 52.5%　③ 55%

④ 57.5%　⑤ 60%

43 다음 [그래프]는 12개 국가의 수자원 현황에 대한 자료이다. 이 자료와 아래의 [조건]을 근거로 판단할 때, 국가명을 알 수 <u>없는</u> 것을 고르면?

[그래프] 12개 국가의 수자원 현황

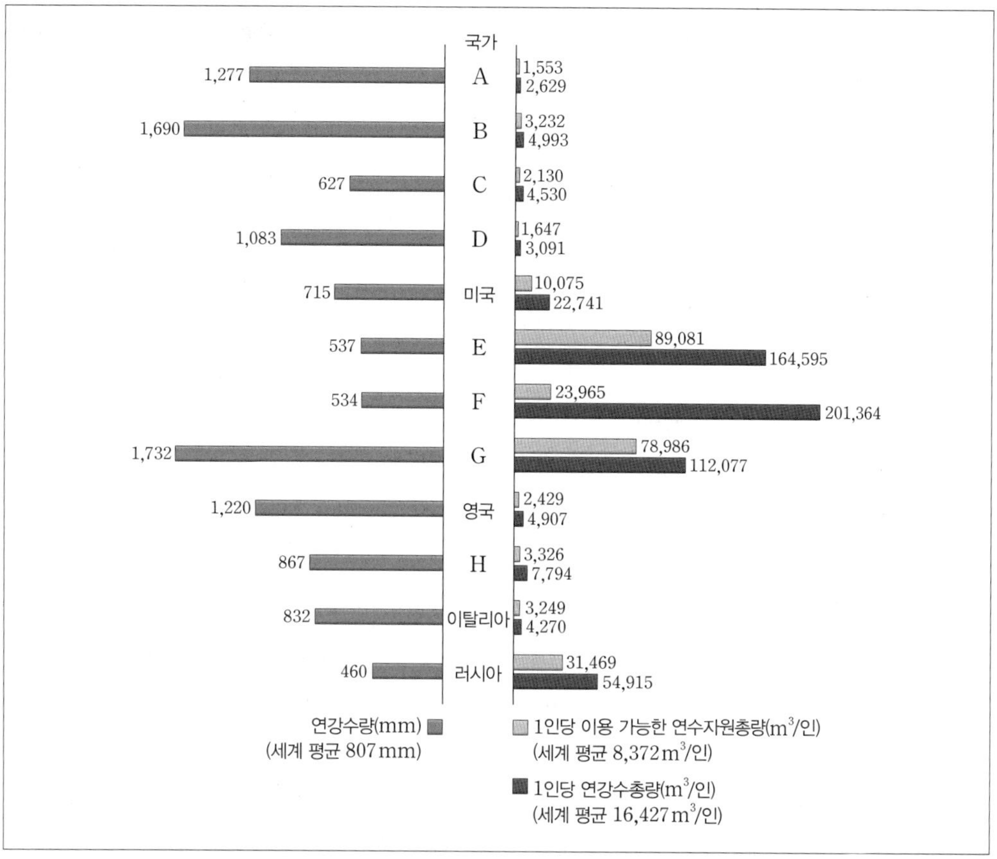

조건

- 연강수량이 세계 평균의 2배 이상인 국가는 일본과 뉴질랜드이다.
- 연강수량이 세계 평균보다 많은 국가 중 1인당 이용 가능한 연수자원총량이 가장 적은 국가는 한국이다.
- 1인당 연강수총량이 세계 평균의 5배 이상인 국가를 연강수량이 많은 국가부터 나열하면 뉴질랜드, 캐나다, 호주이다.
- 1인당 이용 가능한 연수자원총량이 영국보다 적은 국가 중 1인당 연강수총량이 세계 평균의 25% 이상인 국가는 중국이다.
- 1인당 이용 가능한 연수자원총량이 여섯 번째로 많은 국가는 프랑스이다.

① B ② C ③ D
④ E ⑤ F

[44~45] 다음 [표]는 연도별 상장회사의 영업이익, 순이익, 종업원 수와 전년 대비 2017년 종업원 수의 증감폭이 큰 상장회사 순위에 관한 자료이다. 이를 바탕으로 이어지는 질문에 답하시오.

[표1] 연도별 상장회사의 영업이익, 순이익, 종업원 수 (단위: 조 원, 만 명)

구분	2014년	2015년	2016년	2017년
영업이익	91.0	102.2	123.0	157.7
순이익	61.0	63.6	81.8	114.6
종업원 수	123.8	126.2	126.0	125.2

[표2] 전년 대비 2017년 종업원 수의 증감폭이 큰 상장회사 순위 (단위: 명)

순위	기업명	감소폭	기업명	증가폭
1	○○오일	6,732	○○전자	4,195
2	○○해운	5,232	○○닉스	2,645
3	○○중공업	5,198	○○화학	1,587
4	○○물산	3,774	○○생명	1,223
5	○○석유	2,901	○○전력공사	927

44 주어진 자료에 대한 설명으로 옳지 않은 것을 고르면?

① 2017년 상장 공기업들의 종업원 수는 전년보다 1,000명 이하로 증가하였다.

② 조사기간 동안 상장회사의 영업이익과 순이익 증감 추이는 서로 동일하다.

③ 조사기간 동안 상장회사의 종업원 수 대비 영업이익은 매년 증가하였다.

④ ○○전자의 종업원 수가 전체 상장회사 종업원에서 차지하는 비중은 2016년보다 2017년에 더 높다.

⑤ 전년 대비 2017년 종업원 수 감소폭이 가장 큰 상위 5개 상장회사의 종업원 감소폭은 증가폭이 가장 큰 상위 5개 상장회사의 종업원 증가폭보다 크다.

45 다음 중 2017년 상장회사 종업원 수의 전년 대비 증감률과 가장 가까운 값을 고르면?

① −0.8% ② −0.6% ③ −0.4%

④ −0.2% ⑤ −0.1%

46 다음 [표]는 2015년과 2020년의 시도별 농가 규모에 관한 자료이다. 이를 바탕으로 옳지 않은 것을 [보기]에서 모두 고르면?

[표] 2015년, 2020년 시도별 농가 규모

(단위: 천 가구, %)

구분	2015년	비율	2020년	비율	증감
전국	1,088.5	100.0	1,035.2	100.0	−53.3
특·광역시	82.1	7.5	111.0	10.7	28.9
경기	126.7	11.6	121.0	11.7	−5.7
강원	73.1	6.7	67.4	6.5	−5.7
충북	74.6	6.9	66.4	6.4	−8.2
충남	132.0	12.1	122.1	11.8	−9.9
전북	A	9.2	93.3	9.0	−7.0
전남	150.1	13.8	137.0	13.2	−13.1
경북	184.6	17.0	165.8	16.0	−18.8
경남	131.5	12.1	120.8	11.7	−10.7
제주	33.5	3.1	30.4	3.0	−3.1

보기

㉠ A의 값은 100 이상이다.
㉡ 2015년 대비 2020년 농가 수는 5만 가구 이상 감소하였다.
㉢ 2015년 대비 2020년 농가 수의 변화율이 30% 이상인 지역은 없다.
㉣ 2015년 대비 2020년 농가 수의 변화율이 두 번째로 낮은 지역은 강원이다.

① ㉠, ㉡ ② ㉠, ㉢ ③ ㉢, ㉣
④ ㉠, ㉢, ㉣ ⑤ ㉡, ㉢, ㉣

47 다음 [표]와 [그래프]는 농업기계 보유 현황 및 기계화율에 관한 자료이다. 이에 대한 설명으로 옳지 않은 것을 [보기]에서 모두 고르면?

[표] 농업기계 보유 현황 (단위: 천 대)

구분	2001년	2004년	2007년	2010년	2013년	2016년	2019년
트랙터	201	220	244	265	278	286	299
콤바인	88	87	85	81	79	77	74
이앙기	343	334	314	276	236	202	184
경운기	923	833	771	698	640	582	544

※ 네 가지 기계 외의 다른 농업기계는 고려하지 않음

[그래프] 농업기계화율 (단위: %)

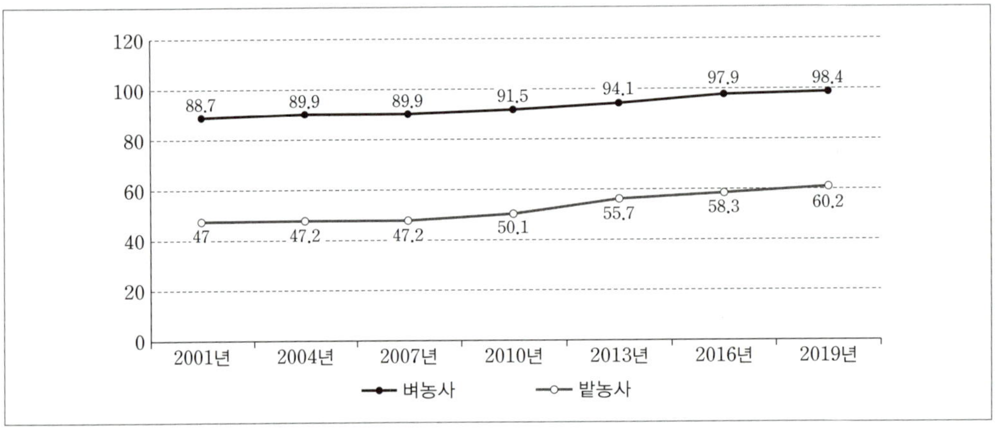

보기

㉠ 총 농업기계 보유 대수는 2001년 이후 3년마다 감소하고 있다.
㉡ 3년 전 대비 경운기 감소량이 가장 큰 해에 이앙기 감소량도 가장 크다.
㉢ 3년 전 대비 밭농사의 기계화율의 증가폭이 가장 큰 해에 벼농사 기계화율의 증가폭도 가장 크다.
㉣ 농업기계 중 트랙터가 차지하는 비율은 매년 증가하고 있다.

① ㉠, ㉡ ② ㉡, ㉣ ③ ㉢, ㉣
④ ㉠, ㉡, ㉢ ⑤ ㉡, ㉢, ㉣

48 다음 결론이 반드시 참이 되게 하는 전제로 옳은 것을 고르면?

전제1	어떤 전기차는 자율주행 차이다.
전제2	
결론	어떤 자율주행 차는 내연기관이 없다.

① 내연기관이 없으면 전기차이다.
② 전기차는 내연기관이 없다.
③ 내연기관이 없는 어떤 것은 전기차이다.
④ 전기차는 내연기관이 없지 않다.
⑤ 어떤 전기차는 내연기관이 없지 않다.

49 다음 명제를 참고하여 내린 [보기]의 결론 A, B, C에 대한 설명으로 옳은 것은?

- 어떤 사람은 축구를 좋아한다.
- 모든 축구를 좋아하는 사람은 운동을 좋아한다.
- 어떤 사람은 운동을 싫어한다.

보기

- A: 어떤 사람은 축구를 싫어한다.
- B: 운동을 싫어하는 사람 중 일부는 축구를 좋아한다.
- C: 축구를 싫어하는 사람 중 운동을 좋아하는 사람도 있다.

① A만 옳다.
② B만 옳다.
③ C만 옳다.
④ A, C가 옳다.
⑤ B, C가 옳다.

50 **A~J 10명을 5명씩 2개조로 나누려고 한다. 다음 [조건]을 바탕으로 할 때, 항상 참인 것을 고르면?**

조건
• A, B는 각 조의 조장이다. • E와 F는 사이가 나쁘므로 다른 조에 배정한다. • G와 H는 같은 조가 되었다. • B, D는 가족이다. • 가족은 서로 다른 조에 배정한다.

① B와 G는 같은 조이다.

② C, I, J가 같은 조라면, 이들은 A와 다른 조이다.

③ I와 J는 같은 조가 될 수 없다.

④ A와 G가 같은 조라면 C와 E는 B와 같은 조이다.

⑤ H는 J와 같은 조이다.

51 **A~E 5명이 말한 자리 배치에 관한 진술 중 1명은 거짓을 말하고, 나머지는 참을 말했을 때, 자리 배치에 관한 설명으로 옳은 것을 고르면?**(단, 한 자리에 1명만 앉을 수 있다.)

• A: "B는 왼쪽 끝자리에 앉지 않았어." • B: "나는 오른쪽 끝자리에 앉았고, A는 왼쪽 끝자리에 앉았어." • C: "나는 두 번째 자리에 앉았고, D는 두 번째 자리에 앉지 않았어." • D: "B는 오른쪽 끝자리에 앉았고, C는 세 번째 자리에 앉았어." • E: "나는 네 번째 자리에 앉았어."

① 왼쪽 끝자리에 앉은 사람은 C이다.

② 오른쪽 끝자리에 앉은 사람은 E이다.

③ 두 번째 자리에 앉은 사람은 A이다.

④ 세 번째 자리에 앉은 사람은 D이다.

⑤ 네 번째 자리에 앉은 사람은 E이다.

52 다음은 N사의 팀별 체육대회 이어달리기 [결과]이다. 이를 바탕으로 결승선에 들어온 순서를 바르게 나열한 것을 고르면?

결과

- 영업팀은 생산팀보다 빨리 들어왔다.
- 법무팀은 꼴찌가 아니다.
- 인사팀 다음으로 영업팀이 들어왔다.
- 혁신팀은 가장 먼저 들어왔다.
- 생산팀은 법무팀보다 빨리 들어왔다.
- 연구팀은 생산팀보다 늦게 들어왔다.

① 인사팀－영업팀－혁신팀－법무팀－생산팀－연구팀
② 인사팀－영업팀－혁신팀－연구팀－법무팀－생산팀
③ 혁신팀－인사팀－영업팀－생산팀－연구팀－법무팀
④ 혁신팀－인사팀－영업팀－생산팀－법무팀－연구팀
⑤ 혁신팀－인사팀－영업팀－법무팀－생산팀－법무팀

53 A~E 5명의 직원이 휴가를 사용하려고 한다. 월요일부터 금요일까지 각자 휴가 2일을 사용하려고 할 때, 다음 [조건]을 바탕으로 옳지 <u>않은</u> 것을 고르면?

조건

- 휴가는 이틀 연속 사용할 수 없다.
- 하루에 2명씩 휴가를 사용한다.
- B는 화요일과 목요일에 휴가를 사용하며, A는 B와 다른 날에 휴가를 사용한다.
- A가 휴가를 사용한 다음 날 D가 휴가를 사용한다.
- C와 E는 금요일에 휴가를 사용한다.

① A는 월요일과 수요일에 휴가를 사용한다.
② B는 D와 함께 휴가를 사용한다.
③ A와 함께 휴가를 사용할 수 있는 직원은 1명이다.
④ E가 월요일에 휴가를 사용하면, C가 수요일에 휴가를 사용해야 한다.
⑤ E가 수요일에 휴가를 사용하면, C가 월요일에 휴가를 사용해야 한다.

54 다음 [그림]은 직원 A~H의 회식 자리 배치도이다. 다음 [조건]을 바탕으로 자리를 배치했을 때, 옳지 않은 것을 고르면?

[그림] 회식 자리 배치도

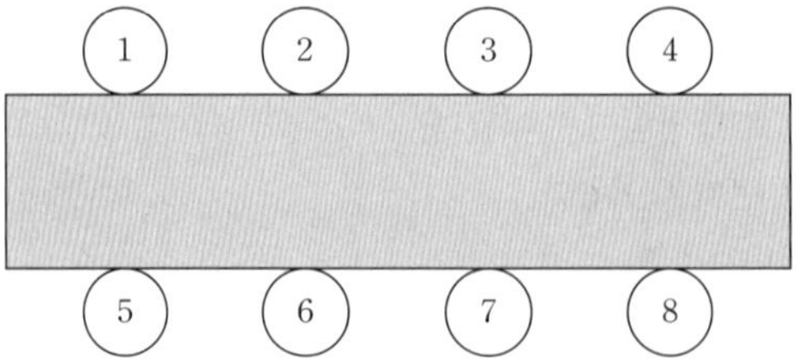

조건

- A는 1번 자리에 앉는다.
- B는 A의 옆자리, 앞자리에 앉을 수 없다.
- C는 D와 서로 마주보며 앉는다.
- B는 C의 옆자리에 앉는다.
- D는 A와 가장 먼 자리에 앉는다.
- F는 H와 G사이에 앉는다.
- G는 B와 마주보며 앉는다.

① E는 A의 옆자리에 앉는다.

② B는 3번 자리에 앉는다.

③ E와 H는 서로 마주보며 앉는다.

④ F는 6번 자리에 앉는다.

⑤ C는 4번 자리에 앉는다.

55 **다음은 6월 달력을 나타낸 것이다. 총무팀은 6월에 2박 3일간 워크숍을 계획하려고 한다. 직원 업무 일정을 참고할 때, 전 직원이 참석할 수 있는 워크숍 시작 날짜를 고르면?**(단, 주말은 고려하지 않는다.)

일요일	월요일	화요일	수요일	목요일	금요일	토요일
		1	2	3	4	5
6	7	8	9	10	11	12
13	14	15	16	17	18	19
20	21	22	23	24	25	26
27	28	29	30	31		

※ 6월 넷째 주 금요일: 회사 창립기념일로 전 직원 휴무

[직원 업무 일정]
- A 부장: 매월 둘째 주, 넷째 주 월요일 경영진 회의 참석
- B 차장: 6월 8~10일 출장
- C 과장: 6월 2일, 6월 14일 출장
- D 대리: 6월 17일 세미나 참석
- E 사원: 6월 31일 신입사원 OJT 참석

① 1일, 11일　② 11일, 15일　③ 15일, 22일
④ 18일, 28일　⑤ 22일, 28일

56 **A~F 6개 회사는 한 건물에 입주해 있는 각기 다른 회사이다. 다음 [조건]을 바탕으로 할 때, 이들의 입주 층수에 대한 설명으로 옳은 것을 고르면?**

조건

- A사, B사, C사, D사, E사, F사는 1~6층에 각 층당 1개 회사씩 입주해 있다.
- B사와 E사가 입주한 층수의 합은 C사와 D사가 입주한 층수의 합과 같다.
- F사는 D사보다 위층, B사보다 아래층에 입주해 있다.
- C사는 A사보다 위층에 입주해 있다.
- C사는 D사보다 아래층에 입주해 있다.

① F사는 4층에 입주해 있다.
② C사는 2층에 입주해 있다.
③ F사와 A사가 입주한 층 사이에는 3개 층이 있다.
④ E사보다 높은 층의 입주사는 3개 이상이다.
⑤ E사보다 낮은 층의 입주사는 1개이다.

57 **다음 직원 일정을 보고 직원 A~E가 모두 참석 가능한 회의 시간을 고르면?**(단, 회의는 오전이나 오후에 진행된다.)

[직원 일정]
- A는 수요일부터 목요일까지 연차이다.
- B는 월요일 오전, 금요일 오후 반차이다.
- D는 월요일 오후부터 화요일 오전까지 반차이다.
- E는 목요일 오후부터 금요일까지 출장이다.

① 월요일 오후 ② 화요일 오후 ③ 수요일 오후
④ 목요일 오전 ⑤ 금요일 오후

58 **다음 [표]는 최 과장의 회사와 납품처 간의 이동거리에 관한 자료이다. 최 과장은 물품을 납품하기 위해 회사에서 출발하여 5개 납품처를 최단거리로 방문하려고 한다. 납품처에서 보내는 시간이 5분 또는 10분일 때, 최소 소요시간과 최대 소요시간을 바르게 짝지은 것을 고르면?**(단, 1km당 이동시간은 5분이다.)

[표] 회사 및 납품처 간의 이동거리 (단위: km)

구분	회사	A	B	C	D	E
회사						
A	20			30		
B		15				25
C						
D				15		
E					35	

① 9시간 25분—11시간 5분
② 9시간 35분—11시간 15분
③ 9시간 45분—11시간 20분
④ 9시간 55분—11시간 25분
⑤ 10시간 5분—11시간 30분

[59~60] **다음은 ○○화학이 놓인 상황에 대해 설명한 글과 배터리 1대당 생산 비용에 관한 [그래프]이다. 이를 바탕으로 이어지는 질문에 답하시오.**

매월 전기자동차용 배터리 4,000대를 생산할 수 있는 ○○화학은 현재 매월 2,000대의 배터리를 생산하여 국내 시장에서 대당 100만 원에 판매하고 있다. 그런데 일본의 XX상사가 ○○화학에 수출용으로 매월 1,000대의 배터리를 대당 150만 원에 팔 것을 제안하였다. 배터리를 매달 2,000대 생산할 때의 대당 생산 비용은 80만 원이고, 증산 및 감산은 1,000대씩 할 수 있으며, 이에 따른 1대당 생산 비용의 변화는 다음과 같다.

[그래프] 배터리 1대당 생산 비용 (단위: 만 원)

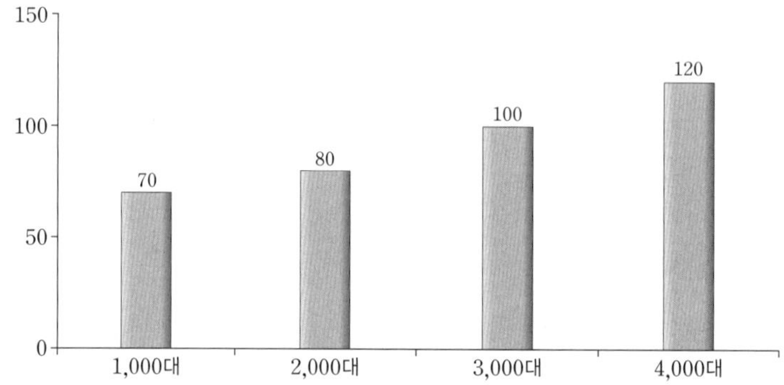

59 주어진 자료를 바탕으로 ○○화학이 선택할 수 있는 최적의 판매 방안을 고르면?

① 수출 제안을 거절하고 1,000대를 생산하여 국내에만 판매한다.

② 수출 제안을 거절하고 2,000대를 생산하여 국내에만 판매한다.

③ 1,000대를 생산하여 모두 일본에 수출한다.

④ 2,000대를 생산하여 1,000대는 국내에 판매하고, 1,000대는 일본에 수출한다.

⑤ 3,000대를 생산하여 2,000대는 국내에 판매하고, 1,000대는 일본에 수출한다.

60 **○○화학은 배터리의 증산이나 감산 시 1대당 생산 비용이 변동되지만 정확하게 얼마가 될지는 알 수 없어 5가지 방안을 준비하고, 아래의 방식으로 이사진의 선택에 따라 결정하기로 하였다. 이때 김 이사가 자신의 1순위를 지키기 위해 거부해야 하는 2가지 방안을 고르면?**(단, 세 사람은 다른 사람의 선호도를 모두 알고 있으며, 이를 고려하여 자신의 순위가 높은 방안이 선정되도록 행동한다.)

먼저 김 이사가 2가지 방안에 대해서 거부권을 행사하고, 다음으로 박 이사가 남은 3가지 방안 중 하나에 대해 거부권을 행사한다. 마지막으로 최 이사가 남은 두 방안 중 하나에 대해 거부권을 행사한다. 결과적으로 아무도 거부권을 행사하지 않은 방안이 최종안으로 선정된다. 이사 3명의 5가지 방안에 대한 선호도는 다음과 같다.

구분	1순위	2순위	3순위	4순위	5순위
김 이사	D방안	B방안	E방안	C방안	A방안
박 이사	C방안	D방안	B방안	A방안	E방안
최 이사	B방안	C방안	A방안	D방안	E방안

① A방안, B방안　② A방안, E방안　③ B방안, C방안
④ B방안, E방안　⑤ D방안, E방안

61 **다음은 N사의 승진 기준표 및 승진 예정자에 관한 기준이다. 승진 예정자 중 기준표를 충족하여 승진 대상이 되는 직원을 고르면?**

[표1] 승진 기준표

최소 임기	인사고과 점수	승진시험 점수 합계
4년	90점 이상	170점 이상

※ 인사고과 점수는 최근 2개년 점수의 평균으로 계산한다.
※ 승진시험 점수는 전공과 일반 과목의 합계이며 각 과목당 80점 미만은 과락이다.

[표2] 승진 예정자 (단위: 점)

후보	임기	인사고과 점수		승진시험 점수	
		전년도	당해년도	전공	일반
A	3년 10개월	95	94	88	93
B	4년 1개월	91	86	91	86
C	4년 5개월	88	92	82	87
D	5년 2개월	87	95	93	80
E	4년 8개월	92	89	92	79

① A ② B ③ C
④ D ⑤ E

62 A씨는 5월, 7월 모두 주택용 저압으로 전력량 550kWh를 사용했다. 다음 [표]를 바탕으로 A씨의 7월과 5월의 전기요금 차이를 고르면?

[표1] 주택용 저압(하계, 동계 제외)

사용 전력량	기본요금(원/호)	사용요금(원/kWh)
200kWh 이하	901	100.6
201~400kWh	1,600	195.2
400kWh 초과	7,300	287

[표2] 하계 주택용 저압(6월 1일~8월 31일)

사용 전력량	기본요금(원/호)	사용요금(원/kWh)
200kWh 이하	901	112
201~400kWh	1,600	206.6
400kWh 초과	7,300	299

① 6,160원 ② 6,260원 ③ 6,360원
④ 6,460원 ⑤ 6,560원

63 총무부에서는 A~E 5가지 인쇄기 중 하나를 구매하고자 한다. 다음 자료를 바탕으로 총무부가 구매할 인쇄기를 고르면?

> [인쇄기 구매 기준]
> • 각 특징별로 점수를 매겨 합산 점수가 가장 높은 인쇄기를 구매한다.
> • 합산 점수가 동일할 경우 분당 최대 인쇄 매수가 더 많은 인쇄기를 구매하며, 분당 최대 인쇄 매수도 동일할 경우 가격이 더 낮은 인쇄기를 구매한다.

[표1] A~E 인쇄기별 특징

인쇄기	분당 최대 인쇄 매수	카트리지 용량	에너지 효율등급	가격	품질보증 기간
A	18매	1,500매 분량	1등급	450,000원	12개월
B	15매	1,400매 분량	3등급	379,000원	24개월
C	18매	1,500매 분량	2등급	319,000원	12개월
D	15매	1,500매 분량	2등급	350,000원	12개월
E	14매	1,300매 분량	1등급	283,000원	24개월

[표2] 특징별 점수 산정법

구분	점수 산정법
분당 최대 인쇄 매수	14매 이하: 1점 / 15~17매: 2점 / 18~20매: 3점 / 21매 이상: 4점
카트리지 용량	1,400 이하: 1점 / 1,401~1,500: 2점 / 1,501~1,600: 3점 / 1,601 이상: 4점
에너지 효율등급	4등급: 1점 / 3등급: 2점 / 2등급: 3점 / 1등급: 4점
가격	40만 원대: 1점 / 30만 원대: 2점 / 20만 원대: 3점 / 10만 원대: 4점
품질보증 기간	1년 이하: 0점 / 1년 초과: 1점

① A ② B ③ C
④ D ⑤ E

64 다음 [표]는 B사의 IT 장비 유지 보수 비용에 관한 자료이다. 이를 바탕으로 연간 IT 장비 유지 보수 비용을 고르면?

[표] 품목별 유지 보수 정보

장비명	유지 보수 비용	유지 보수 작업 주기	수량
PC	50,000원	1개월	5대
프린터	30,000원	2개월	2대
서버	100,000원	3개월	1대
라우터	20,000원	1개월	2대
스위치	10,000원	2개월	4대

① 4,000,000원 ② 4,240,000원 ③ 4,480,000원
④ 4,720,000원 ⑤ 4,960,000원

07
실전모의고사

65 다음 자료에서 2인 가구의 전기요금만 산출하고자 한다. 이를 위한 함수식으로 가장 적절한 것을 고르면?

[그림] 워크시트

	A	B	C
1	지역	가구형태	전기요금(원)
2	A	2인	43,000
3	B	2인	45,000
4	A	3인	52,000
5	C	1인	40,000
6	A	1인	38,000
7	C	2인	42,000
8	A	2인	39,000
9	B	1인	40,000
10	B	3인	45,000
11	C	3인	48,000

① =SUM($B$2:$B$11,"2인",$C$2:$C$11)

② =SUM($B$2:$B$11,2인,$C$2:$C$11)

③ =SUMIFS($B$2:$B$11,2인,$C$2:$C$11)

④ =SUMIF("$B$2:$B$11","2인","$C$2:$C$11")

⑤ =SUMIF($B$2:$B$11,"2인",$C$2:$C$11)

66 MS Excel을 활용하여 다음과 같은 표를 작성하였다. [보기]의 ㉠~㉢의 함수식에 대한 결괏값을 모두 더한 값을 고르면?

[그림] 워크시트

	A	B	C	D	E
1	대한	3	4	친구	0
2	3		만세	7	
3	꽃	5	우리	@	8
4	7	나라	2	4	
5		%		10	집

보기

㉠ =COUNTIF(A1:E5,">0")

㉡ =COUNTA(A1:E5)

㉢ =COUNTBLANK(A1:E5)

① 31 ② 32 ③ 33

④ 34 ⑤ 35

67 MS Excel을 활용하여 다음과 같은 표를 만든 후, F열을 기준으로 오름차순으로 표를 정렬하였다. 이때 [F6] 셀에 나타날 값을 고르면?

[그림] 워크시트

	A	B	C	D	E	F
1	담당자	제품	판매처	판매가(원)	판매수량(개)	판매금액(원)
2	김현우	B	판교	23,000	37	851,000
3	조영구	C	강서	54,000	25	1,350,000
4	이시언	B	성북	18,500	28	518,000
5	박신혜	A	광진	22,800	31	706,800
6	강진호	A	도봉	37,000	22	814,000

① 851,000　② 1,350,000　③ 518,000
④ 706,800　⑤ 814,000

68 MS Excel을 활용하여 다음과 같은 표를 작성하고, 이메일 주소에서 '@' 앞의 아이디만 추출하여 C열에 입력하였다. [C2] 셀에 함수식을 입력하여 [C4] 셀까지 드래그 하였다면, [C2] 셀에 입력할 함수식으로 가장 적절한 것을 고르면?

[그림] 워크시트

	A	B	C
1	이름	이메일	아이디
2	A	james@korea.com	james
3	B	elephant@korea.com	elephant
4	C	chihcken@korea.com	chihcken

① =MID(B2,1,FIND("@",B2))
② =MID(B2,1,FIND("k",B2)−1)
③ =MID(B2,1,FIND("@",B2)−1)
④ =FIND(B2,2,FIND("k",B2)−1)
⑤ =FIND(B2,2,FIND("k",B2))

69 **다음 중 FIDO에 관한 설명으로 옳지 않은 것을 고르면?**

① UAF와 U2F 2가지 프로토콜로 구분된다.

② 인증 프로토콜과 인증 수단을 분리하였다.

③ 기존 비밀번호 기반 인증은 전혀 사용되지 않는다.

④ 지문, 홍채, 안면 인식, 목소리, 정맥 등의 생체 정보를 활용하기도 한다.

⑤ FIDO는 모바일뿐만 아니라 키오스크, 간편결제 등 여러 방면에서 활용되고 있다.

70 D 사원은 보안의 중요성을 대비하기 위해 윈도우10 환경에서 파일의 확장자를 항상 표시하려고 한다. 다음 [보기]에서 옳은 것을 모두 고르면?

보기

㉠ [메뉴]–[보기]에 들어가서 [폴더 및 검색 옵션 변경]에 들어가서 [보기] 탭에서 '알려진 파일 형식의 파일 확장명 숨기기'를 해제한다.
㉡ [메뉴]–[보기]에 들어가서 [표시/숨기기] 그룹에서 파일 확장명을 해제한다.
㉢ 확장자를 변경할 파일을 누르고 'Shift+Delete'를 누른다.

① ㉠ ② ㉡ ③ ㉠, ㉡
④ ㉠, ㉢ ⑤ ㉠, ㉡, ㉢

CHAPTER

02 실전모의고사 2회

직무능력평가 + 직무상식평가

정답과 해설 P 50

01 H 사원은 한국농촌경제연구원에서 「농어촌 분만의료 · 보육 실태와 삶의 질」이라는 내용으로 보고서를 작성하고자 한다. 작성하려는 보고서의 개요가 다음과 같을 때, ㉠~㉣의 수정 내용으로 적절하지 않은 것을 고르면?

> Ⅰ. 서론
> 1. 아이 낳아 키우기 어려운 농어촌 ………… ㉠
>   – 농어촌의 분만 의료 여건
>
> Ⅱ. 본론
> 1. 농어촌 여성에게 물어본 출산 · 육아 현실 ………… ㉡
>   1) 농어촌의 출산 및 육아 만족도 조사
>   2) 분만 이송 교통 수단의 미비
>   3) 응급 분만의료 대응 체계의 한계
>   4) 보육 인프라 개선점
>   5) 도시 소재 분만병원 및 산후조리원의 선호도
>   6) 강원대 병원의 안전한 인프라 구축 사업단
> 2. 농어촌의 행복한 출산과 보육을 위한 지역 사회의 노력 ………… ㉢
>   1) 강원 양구 공공산후조리원
>   2) 전남 공공산후조리원
>
> Ⅲ. 결론 ………… ㉣
> 1. 농어촌 분만의료 대응 정책 및 영유아 보육 대응 정책의 현재와 과제
>   – 지속가능한 농어촌 출산과 양육 환경 만들기의 핵심 과제

① ㉠에 농어촌의 영유아 보육 여건을 하위 내용으로 추가한다.

② ㉡의 '5) 도시 소재 분만병원 및 산후조리원의 선호도'를 삭제한다.

③ ㉡의 '6) 강원대 병원의 안전한 인프라 구축 사업단' 항목은 ㉢으로 옮긴다.

④ ㉣의 '1. 농어촌 분만의료 대응 정책 및 영유아 보육 대응 정책의 현재와 과제'를 '분만의료 대응 정책'과 '보육 대응 정책'으로 따로 분리하여 다룬다.

⑤ ㉣의 '지속가능한 농어촌 출산과 양육 환경 만들기의 핵심 과제'를 상위 항목으로 재배열한다.

02 다음 글의 내용을 바탕으로 한 [보기]의 고객문의에 대한 답변 중 적절하지 않은 것을 고르면?

> 제29조(청약의 철회) ① 계약자는 보험증권을 받은 날부터 15일 이내에 그 청약을 철회할 수 있습니다. 다만, 다음 중 어느 하나에 해당되는 경우에는 청약을 철회할 수 없습니다.
> 1. 청약한 날부터 30일(만 65세 이상을 계약자로 하는 '전화를 이용하여 체결된 보험계약'의 경우에는 45일로 합니다)을 초과하는 경우
> 2. 회사가 건강상태 진단을 지원하는 계약, 보험기간이 90일 이내인 계약 또는 전문금융소비자가 체결한 계약
>
> ② 청약철회는 계약자가 전화로 신청하거나, 철회의사를 표시하기 위한 서면, 전자우편, 휴대전화 문자메시지 또는 이에 준하는 전자적 의사표시(이하 '서면 등'이라 합니다)를 발송한 때 효력이 발생합니다. 계약자는 서면 등을 발송한 때에 그 발송 사실을 회사에 지체 없이 알려야 합니다.
>
> ③ 계약자가 청약을 철회한 때에는 회사는 청약의 철회를 접수한 날부터 영업일 기준 3일 이내에 납입한 보험료를 돌려드리며, 보험료 반환이 늦어진 기간에 대하여는 이 계약의 보험계약대출이율을 연단위 복리로 계산한 금액을 더하여 지급합니다. 다만, 계약자가 제1회 보험료를 신용카드로 납입한 계약의 청약을 철회하는 경우에는 회사는 청약의 철회를 접수한 날부터 영업일 기준 3일 이내에 해당 신용카드회사로 하여금 대금청구를 하지 않도록 해야 하며, 이 경우 회사는 보험료를 반환한 것으로 봅니다.
>
> ④ 청약을 철회할 때에 이미 보험금 지급사유가 발생하였으나 계약자가 그 보험금 지급 사유가 발생한 사실을 알지 못한 경우에는 청약철회의 효력은 발생하지 않습니다.

보기

> [고객문의]
>
> 5살 난 손주가 있는 70세 할아버지입니다. 얼마 전 손주에 대한 어린이보험 계약을 전화로 체결하였습니다. 계약하고 보니 이미 가입되어 있던 상품과 중복되는 항목이 너무 많아 계약을 취소하고 싶은데 가능할까요? 이미 납입한 1회분의 보험료도 반환되는지 궁금합니다. 현재 계약자는 손주가 아닌 저로 되어 있습니다.

① 청약 회수가 접수되면 영업일을 기준으로 3일 이내에 보험료가 반환됩니다.

② 보험기간이 90일 이내인 상품이라면 청약 철회가 불가능합니다.

③ 회사가 청약 철회 접수일에 신용카드회사에 대금청구를 정지하였다면 해당일에 보험료는 반환된 것으로 봅니다.

④ 계약을 체결한 날로부터 45일이 지난 상태라면 청약 철회가 불가능합니다.

⑤ 청약 철회를 서면으로 진행할 경우 발송 후 영업일 기준 3일 이내에 회사에 이를 알려야 합니다.

07

실전모의고사

03 다음은 N은행의 농촌 적금 상품 안내문이다. 이를 바탕으로 해당 상품에 가장 적합한 고객을 고르면?

○ 가입대상: 개인(1인 1계좌)
○ 가입기간: 1년/2년/3년(연단위)
○ 가입금액: 매회 1만 원 이상 매월 200만 원 이내
○ 적립방법: 자유적립식 적금
○ 기본금리

구분	기간	금리(연)
약정이율	1년	0.60%
	2년	0.65%
	3년	0.70%

○ 우대금리: 최고 연 2.00%p(세전) 이내(만기 해지 시 적용)

우대조건	한도
귀농귀촌종합센터에 회원가입 후 회원증을 발급받아 만기 전까지 제시하는 경우	0.20%p
이 적금 가입기간 중 농업교육포털 회원가입 후, 농업 관련 교육을 10시간 이상 이수하고, 수료증 발급받아 제시하는 경우	0.30%p
이 적금 가입기간 중 농·축협의 신규가입 조합원으로 조합원증명서 제시하는 경우 ※ 단, 준조합원은 우대대상에 포함하지 않습니다.	1.50%p

① 1년 전에 귀농하여 정착금을 마련 중인 농부 A씨
② 농촌으로 이주하여 개인 의원을 개원하기 위한 목돈을 마련 중인 의사 B씨
③ 농촌에 거주하며 대학교 학자금을 마련 중인 학생 C씨
④ 2년 후 귀농하기 위하여 준비자금을 마련 중인 회사원 D씨
⑤ 도시에 거주하며 농촌으로 이사 갈 준비 중인 N은행 조합원 농부 E씨

04 다음 글에서 설명하고 있는 '인터넷 전문 은행'에 대해 옳지 않은 것을 고르면?

> 지금 인터넷 전문 은행은 산업 자본의 은행 지분 보유를 제한하는 은산 분리 규제로 선제적 경영과 안정적 성장에 커다란 제한을 받고 있다. 대기업이 은행을 사금고처럼 편법으로 활용하지 못하도록 의결권이 있는 은행 지분을 최대 4%까지만 보유할 수 있도록 하는 것이 은산 분리 규제의 골자다.
>
> 인터넷 전문 은행도 '또 하나의 은행'이라면 기존 은행들에 적용되는 은산 분리 규제를 그대로 적용하는 것에 시비를 걸기 어렵다. 그러나 인터넷 전문 은행은 '또 하나의 은행'이 아니라 기존의 은행과는 전혀 다른 '새로운 은행'인 점을 인식해야 한다. 인터넷 뱅킹을 인터넷 전문 은행으로 착각해서는 안 된다. 인터넷 전문 은행은 인터넷 인프라를 비롯한 정보 자산과 빅데이터 기반 기술, 시스템 노하우, 제휴 능력을 바탕으로 운영되는 은행이다.
>
> 운영 방식만 다른 게 아니라 기존 은행이 포섭하지 못했던 중신용자들에게 양질의 금융 서비스를 제공할 수 있는 것도 차별적 요소 중 하나다. 통신비 납부 데이터나 생활 정보 등 다양한 빅데이터 분석을 통해 자체 신용 평가 모델을 만들어 4~7등급의 중신용자들도 낮은 금리의 대출이 가능해졌다. 이처럼 인터넷 전문 은행은 인터넷 인프라와 정보 기술을 기반으로 하는 까닭에 기존 은행과 차별화된 경영 전략과 타깃 마켓(target market)을 공략할 수 있다.

① 은산 분리 규제의 적용을 받고 있다.
② 기존 은행의 인터넷 뱅킹을 발전시킨 형태이다.
③ 중신용자들에게 양질의 금융 서비스를 제공한다.
④ 운영 방식은 인터넷 인프라와 정보 기술을 기반으로 한다.
⑤ 다양한 빅데이터 분석을 통해 자체 신용 평가 모델을 만들어 적용한다.

05 다음 글의 제목으로 가장 적절한 것을 고르면?

NH농협은행은 농림축산식품부와 농가 온실가스 감축 활성화(농가 탄소배출권 거래 지원)를 위한 업무협약을 맺었다. '배출권거래제'는 온실가스(탄소)를 배출하는 기업들에게 배출 가능한 할당량을 부여하고 그 초과·부족분을 배출권 형태로 사고팔 수 있도록 하는 제도다. 농민들 역시 영농 과정에서 탄소 감축 사실을 인정받으면 배출권을 발급받아 필요한 기업 등에 판매, 부수익을 올릴 수 있다. 이른바 '농업분야 배출권거래제 외부사업'이다. 하지만 농민들이 이 사업에 참여하기란 쉬운 일이 아니다. 건당 300~400만 원에 달하는 탄소감축량 검증 비용을 자부담해야 하는 것은 물론, 발급받은 배출권을 거래하려면 개인이 수요업체를 찾아 거래해야 하기 때문이다.

이번 업무협약은 이 문제를 완화해보려는 시도다. 농협은행이 농가의 감축량 검증비용을 지원하고 농가로부터 배출권도 매입해 보겠다는 내용이다. 매입한 배출권은 농협은행이 판매·사용·소멸 등 자체 처분하게 된다. 농식품부가 협약 이행을 위한 행정적·제도적 지원을 담당하므로 지원을 받는 농가는 큰 도움이 된다. 협약에 따른 지원대상 1호 ㈜그린케이팜은 딸기와 시서스를 재배하는 농업법인이다. 공기열 히트펌프를 설치해 연간 약 250톤의 탄소를 감축하고 있는데, 톤당 배출권 가격을 1만 2,000원이라 했을 때 2년간의 감축실적으로 600만 원의 소득을 창출할 것으로 기대된다.

농식품부 기획조정실장은 "농업은 대표적인 기후민감산업으로 안정적 식량확보를 우선순위에 두면서 온실가스를 감축하는 전략적인 접근이 필요하다."라며 "이번 업무협약을 통해 농가의 온실가스 감축이 활성화되길 바란다."고 말했다.

① 탄소배출권거래제 국내 현황
② 농업 온실가스 감축사업에서 NH농협은행의 역할
③ NH농협은행 ESG 실천: 농업 온실가스 감축사업 지원
④ 농림축산식품부의 온실가스 감축 계획
⑤ 탄소감축량 검증 비용 감소 방안

06 다음 글의 내용을 바탕으로 할 때, [보기]의 내용을 잘못 이해한 것을 고르면?

CDS는 채권 투자자들이 신용 위험을 피하려는 목적으로 활용하는 파생금융 상품이다. CDS 거래는 '보장 매입자'와 '보장 매도자' 사이에서 이루어진다. 여기서 '보장'이란 신용 위험으로부터의 보호를 뜻한다. 보장 매도자는 보장 매입자가 보유한 채권에서 부도가 나면 이에 따른 손실을 보상하는 역할을 한다. CDS 거래를 통해 채권의 신용 위험은 보장 매입자로부터 보장 매도자로 이전된다. CDS 거래에서 신용 위험의 이전이 일어나는 대상 자산을 '기초 자산'이라 한다.

보장 매도자는 기초 자산의 신용 위험을 부담하는 것에 대한 보상으로 보장 매입자로부터 일종의 보험료를 받는데, 이것의 요율이 CDS 프리미엄이다. CDS 프리미엄은 기초 자산의 신용 위험이나 보장 매도자의 유사시 지급 능력과 같은 여러 요인의 영향을 받는다. 다른 요인이 동일한 경우, 기초 자산의 신용 위험이 크면 CDS 프리미엄도 크다. 한편 보장 매도자의 지급 능력이 우수할수록 보장 매입자는 유사시 손실을 보다 확실히 보장받을 수 있으므로 보다 큰 CDS 프리미엄을 기꺼이 지불하는 경향이 있다. 만약 보장 매도자가 발행한 채권이 있다면, 그 신용 등급으로 보장 매도자의 지급 능력을 판단할 수 있다.

보기

은행 '갑'은, 기업 '을'이 발행한 채권을 매입하면서 그것의 신용 위험을 피하기 위해 보험 회사 '병'과 CDS 계약을 체결할 수 있다. 이때 기초 자산은 '을'이 발행한 채권이다.

① '병'은 '을'이 발행한 채권의 신용 위험을 부담하는 보장 매도자이다.
② '병'이 발행한 채권의 신용 등급이 높으면 CDS 프리미엄이 크다.
③ '병'의 지급 능력이 우수하면 '갑'은 유사시 손실을 보장받을 확률이 높다.
④ '병'이 발행한 채권의 신용 등급으로 '병'의 지급 능력을 판단할 수 있다.
⑤ '병'의 지급 능력이 우수하면 '갑'이 부담하는 CDS 프리미엄이 작다.

[07~08] 다음은 어떤 피자 가게의 SWOT 분석 결과이다. 이를 바탕으로 이어지는 질문에 답하시오.

강점(Strength)	약점(Weakness)
• 특별한 도우를 직접 개발하여 특허를 냈고, 고객들의 맛 평가도 매우 좋다. • ㉠ 고객들은 섬세한 서비스와 빠르게 제공되는 음식에 만족해한다.	• 가게의 홀이 크지 않기 때문에 많은 고객을 들이기가 어렵다. • ㉡ 주변에 동일 업종의 대형 프랜차이즈가 생기면서 경쟁이 치열해졌다.
기회(Opportunity)	**위협(Threat)**
• 최근 온라인 주문과 배달 서비스 확장으로 음식을 배달시켜 먹는 경우가 많아 졌다. • ㉣ 상권과 지역 커뮤니티를 활용하여 가게의 인지도를 높여 다양한 고객을 유치할 수 있다.	• ㉢ 다른 가게보다 피자 가격이 비싼 편이다. • ㉤ 경기가 침체되면서 소비자들이 외식비를 줄이고, 더 가성비가 좋은 음식을 찾고 있다.

07 분석 결과의 밑줄 친 ㉠~㉤ 중 옳지 않은 것을 모두 고르면?

① ㉠, ㉡ ② ㉠, ㉢ ③ ㉡, ㉢
④ ㉡, ㉣ ⑤ ㉢, ㉤

08 분석 결과에 대응하는 전략으로 가장 적절한 것을 고르면?

① SO 전략: 맞춤형 서비스와 운영으로 홀의 회전율을 높이기
② ST 전략: 특별한 도우 맛을 내세워 경쟁 업체를 견제
③ SW 전략: 지역 커뮤니티에 가게의 특별한 서비스를 홍보
④ WO 전략: 비싼 가격을 극복할만한 특별한 맛과 서비스로 경쟁력 강화
⑤ WT 전략: 온라인 주문과 배달 서비스로 제한된 홀의 공간을 극복

09 다음 글을 읽고 가짜뉴스의 문제 해결 방안으로 적절하지 않은 것을 고르면?

> 가짜뉴스는 사실과 다른 정보 전달과 거짓 정보를 일부러 유통한다는 점에서 일반적인 오보와 구분된다. 또 실제 뉴스와 유사한 구조를 갖기 때문에 진위 여부를 구별하기 어렵다는 특징도 있다. 가짜뉴스는 사회적 혼란을 야기하고 미디어에 대한 불신을 만드는 등의 부작용이 많아 이를 막기 위한 다양한 대책이 논의 중이다.
>
> 다양한 대책 중 정부의 법적 규제는 가짜뉴스를 금지하거나 처벌하는 방식이다. 하지만 이 법적 규제는 진위 여부를 명확히 판단하기 어렵다는 점과 정부 개입이 무분별한 콘텐츠 검열로 비판받을 우려가 있다. 반면에 자율 규제는 인터넷서비스 사업자들이 가짜뉴스를 유통할 경우, 경제적 이익을 받지 못하게 하여 가짜뉴스를 줄이도록 유도하는 방식이다. 또 다른 방식은 사업자들이 가짜뉴스를 더욱 엄격하게 검증하여 소비자에게 정확한 정보를 제공하는 것이다. 이는 가짜뉴스를 줄이는 '사실확인 방법'으로 볼 수 있지만, 이미 퍼진 가짜뉴스를 수정하는 데는 한계가 있다는 문제가 있다. 그 밖의 방식으로 미디어 리터러시 교육은 뉴스 소비자가 비판적 사고를 기르고 미디어 메시지를 분석할 수 있는 능력을 키우는 데 중점을 둔다. 그러나 이러한 방식은 시간과 비용이 많이 든다는 단점이 있다.
>
> 이 모든 접근 방식은 각각 장단점을 가지고 있다. 따라서 법적 규제의 신중한 적용과 자율 규제의 강화, 사실확인 방법의 효과적인 운영 그리고 미디어 리터러시 교육의 활성화가 통합적으로 이루어져야 한다. 이를 통해 더욱 건강한 뉴스 소비 환경이 조성되어야 한다.

① 법을 신중하게 적용하여 가짜뉴스 처벌을 강화한다.

② 가짜뉴스의 내용 검증을 강화하여 정확한 정보를 제공한다.

③ 사실확인 방법으로 이미 소비된 뉴스를 바로잡을 수 있다.

④ 교육을 통해 뉴스 소비자의 비판적 사고와 분석 능력을 키운다.

⑤ 가짜뉴스를 유통한 인터넷서비스 사업자들이 경제적으로 이익을 받지 못하게 한다.

10 다음 [사내 공지]와 [대화]를 바탕으로 할 때, C 대리가 D 과장에게 요청해야 할 내용을 고르면?

[사내 공지]

이번 주 주말 10:30~12:30까지 전기설비 점검이 진행되어 사무실이 정전이 될 예정입니다. 이와 관련하여 정전 시에 서버, 고가장비 및 냉장고 등에 피해가 발생하지 않도록 정전 대응 사항을 안내해 드리겠습니다.

정전 대응 사항	1. 냉장·냉동이 필요한 기계는 드라이아이스 신청 –기계당 2개 지급(팀별로 필요 개수 산정) –2시간 이상 온도 유지 가능 시 드라이아이스 요청 불가 2. 주말 당직자 2명 필요 –2개 팀 기준으로 협의하여 인원 선정 3. 서버 작업 필요 시 서버 담당자 1명 선정 –주말 당직자로 선정 가능

[대화]

- B 팀장: "이번에 작업공지 보셨죠?"
- C 대리: "네, 저희 B팀은 냉동고 하나와 배양기 온도 유지가 필요합니다. 냉동고는 전기가 끊어져도 3시간 정도 온도 유지가 가능하지만, 배양기는 전기가 끊어지면 30분 이후 온도가 변해서 제대로 작동하지 않습니다. 그리고 저희가 운영하는 서버는 자동으로 전원이 켜지지 않아서 정전 이후에 한 명이 서버 전원을 켜야 합니다."
- B 팀장: "그렇군요. 지난번 검사 때는 D팀이 주말 당직을 섰으니 이번에는 우리 팀에서만 주말 당직자를 뽑도록 하죠. D팀의 경우에는 기계 2대에 드라이아이스가 필요하다고 합니다. 나머지 기계는 해당사항 없습니다."
- C 대리: "네, 알겠습니다. 인원은 서버 담당자인 저와 한 명을 더 선정한 다음 필요한 드라이아이스 개수를 인사총무팀 D 과장에게 요청하도록 하겠습니다."

① B팀에서 주말 당직자 2명 선정, 드라이아이스 4개 요청
② B팀에서 주말 당직자 2명 선정, 드라이아이스 6개 요청
③ B팀과 D팀에서 주말 당직자 1명씩 선정, 드라이아이스 4개 요청
④ D팀에서 주말 당직자 2명 선정, 드라이아이스 2개 요청
⑤ D팀에서 주말 당직자 2명 선정, 드라이아이스 6개 요청

11 **다음 설명을 참고할 때, 도메인 이름으로 설정 가능한 것을 고르면?**

> [한국 도메인 등록 기준]
> • 허용 문자: 한글(11,172자), 영문(A~Z, a~z), 숫자(0~9), 하이픈(−)
> − 한글을 1글자 이상 포함하여야 함.
> − 하이픈으로 시작하거나 끝나지 않아야 하며, 세 번째와 네 번째 글자에 하이픈이 연이어 올 수 없음.
> − 허용 문자 외의 문자나 기호는 인정되지 않음.
> • 길이: 음절 기준 1자 이상 17자 이하

① 농협_은행.한국
② −call센터115.한국
③ 자랑스러워yo.한국
④ NCS국가직무능력표준−.한국
⑤ 우,리,나,라,대,한,민,국

12 A와 B가 가지고 있는 볼펜은 모두 24자루이다. A가 B에게 볼펜 6자루를 주었더니 B의 볼펜 수는 A의 볼펜 수의 3배가 되었다고 할 때, 처음에 B가 가지고 있던 볼펜의 수를 고르면?

① 6개 ② 10개 ③ 12개
④ 14개 ⑤ 16개

13 A사의 B지역 작년 총 직원 수는 1,000명이었다. 금년에는 작년에 비하여 남자 직원이 4%, 여자 직원이 6% 증가하여 전체적으로 49명이 증가하였다. 금년의 남자 직원과 여자 직원 수의 차이를 고르면?

① 45명 ② 52명 ③ 67명
④ 79명 ⑤ 95명

14 A와 B가 가위바위보를 하여 이긴 사람은 2계단을 올라가고 진 사람은 1계단을 내려가기로 하였다. 가위바위보를 총 20회 하여 A가 처음 위치보다 7계단을 올라가 있었을 때, B가 이긴 횟수를 고르면?(단, 비기는 경우는 없다.)

① 7회 ② 8회 ③ 9회
④ 10회 ⑤ 11회

15 **정원이는 2024년 1월 초인 아버지 환갑 때 선물을 해드리기 위하여 2021년 1월부터 매월 초 월급의 일정 금액을 저금하여 2023년 12월 말까지 1,000만 원을 마련할 계획이다. 매월 0.5% 복리로 계산할 경우 얼마씩 저금해야 하는지 고르면?**(단, $(1.005)^{36}=1.2$로 계산하고, 백 원 단위에서 반올림한다.)

① 249,000원 ② 251,000원 ③ 254,000원
④ 262,000원 ⑤ 277,000원

16 **다음 [표]는 어느 기업의 2024년 1분기 팀별 1인당 교통비를 나타낸 자료이다. 2024년 2분기 전체 직원 교통비가 이전 분기보다 5% 인상될 경우, 2분기와 1분기의 직원 1인당 평균 교통비 차이를 고르면?**(단, 이 기업은 영업팀, 재무팀, 학술팀, 인사팀으로만 이루어져 있다.)

[표] 2024년 1분기 팀별 1인당 교통비 (단위: 원, %)

구분	영업팀	재무팀	학술팀	인사팀
1인당 교통비	50,000	30,000	40,000	35,000
직원 비중	35	15	20	30

① 2,025원 ② 2,050원 ③ 2,075원
④ 2,100원 ⑤ 2,125원

17 다음 [표]는 전국 고등학교 학생들이 학습하는 방법에 따른 비율과 학습 비용에 따른 학생 수에 관한 자료이다. 이를 바탕으로 [보기]의 내용 중 옳은 것을 모두 고르면?

[표1] 학습 방법에 따른 비율 (단위: %)

연도	과외	방과후학교	온라인 강의	학원		기타	합계
				단과	종합		
2018년	12.7	15.2	8.9	8.5	24.0	30.7	100
2019년	12.9	14.2	9.3	8.4	22.7	32.5	100
2020년	13.3	13.3	11.1	7.9	20.8	33.6	100

[표2] 2020년 학습 비용에 따른 학생 수 (단위: 백 명)

비용	과외	방과후학교	온라인 강의	학원		기타	합계
				단과	종합		
10만 원 미만	0	90	61	1	0	281	433
10만 원 이상 40만 원 미만	299	310	221	79	358	265	1,532
40만 원 이상 70만 원 미만	69	0	46	95	203	197	610
70만 원 이상 100만 원 미만	29	0	4	38	40	161	272
100만 원 이상	2	0	1	23	22	102	150

※ 다수의 방법을 선택할 수 없으며, 중복되는 경우 비용이 더 높은 학습 방법을 택함
※ 단과의 경우 다수의 과목을 선택하는 경우라면 비용의 합을 구함

보기

㉠ 2018~2020년 동안 온라인 강의를 수강하는 학생 수는 매년 증가했다.
㉡ 2020년 10만 원 이상 40만 원 미만의 비용을 지불한 학생 수는 전체의 50% 이상이다.
㉢ 2018~2020년 동안 방과후학교에 참여한 학생 수는 과외를 받는 학생 수보다 항상 많았다.
㉣ 2020년 10만 원 이상의 경우 비용별로 단과 학원에 다니는 학생 수 대비 종합 학원에 다니는 학생 수의 비율은 항상 1보다 컸다.

① ㉠, ㉡　② ㉠, ㉢　③ ㉡, ㉢
④ ㉡, ㉣　⑤ ㉢, ㉣

18 다음 [표]는 업체별 물류 이동량을 조사하여 나타낸 자료이다. 이 자료를 바탕으로 할 때, [보기] 중 옳은 것을 모두 고르면?

[표] 업체별 물류 이동량 (단위: 개)

출발지＼도착지	A	B	C	D	E
A	—	17	29	8	16
B	19	—	26	8	10
C	28	25	—	27	46
D	9	7	27	—	36
E	18	9	45	34	—

※ (물류 이동량)=(출발 물량 수)+(도착 물량 수)

보기

㉠ 물류 이동량이 가장 많은 업체는 E이다.
㉡ 도착 물량 수가 가장 적은 업체는 A와 B이다.
㉢ 출발 물량 수가 도착 물량 수보다 더 많은 업체는 두 곳이다.
㉣ 업체별 도착 물량 중 업체 B로부터 도착한 물량의 비중이 가장 큰 업체는 A이다.

① ㉠, ㉢ ② ㉠, ㉣ ③ ㉡, ㉢
④ ㉠, ㉡, ㉢ ⑤ ㉡, ㉢, ㉣

19 다음 [표]는 A~D 기업의 재무 상황에 관한 자료이다. 이 자료를 바탕으로 할 때, 옳지 않은 것을 [보기]에서 모두 고르면?

[표] 기업별 재무 상황 (단위: 억 원, %)

구분	기업 A	기업 B	기업 C	기업 D
자기자본	2.5	3	1.5	2
매출액	10	24	30	15
부채비율	120	80	80	250
영업이익률	−50	75	20	300

※ (부채비율)(%)=(부채)÷(자기자본)×100
※ (영업이익률)(%)=(영업이익)÷(매출액)×100

보기

㉠ 기업 A의 영업이익은 0보다 작다.
㉡ 기업 B의 부채는 2억 5천만 원이다.
㉢ 기업 C의 영업이익이 6억 원이라면 영업이익률은 20%이다.
㉣ 기업 D의 부채가 5억 원이라면 부채비율은 240%이다.

① ㉠, ㉡ ② ㉠, ㉢ ③ ㉡, ㉢
④ ㉡, ㉣ ⑤ ㉢, ㉣

20 **다음 [그래프]는 2016년부터 2023년까지 어느 지역의 금융기관 점포 수를 나타낸 자료이다. 이 자료를 바탕으로 할 때, 옳지 않은 것을 고르면?**(단, 금융기관은 예금은행 또는 비은행기관으로만 분류된다.)

[그래프] 2016~2023년 금융기관 점포 수 (단위: 개)

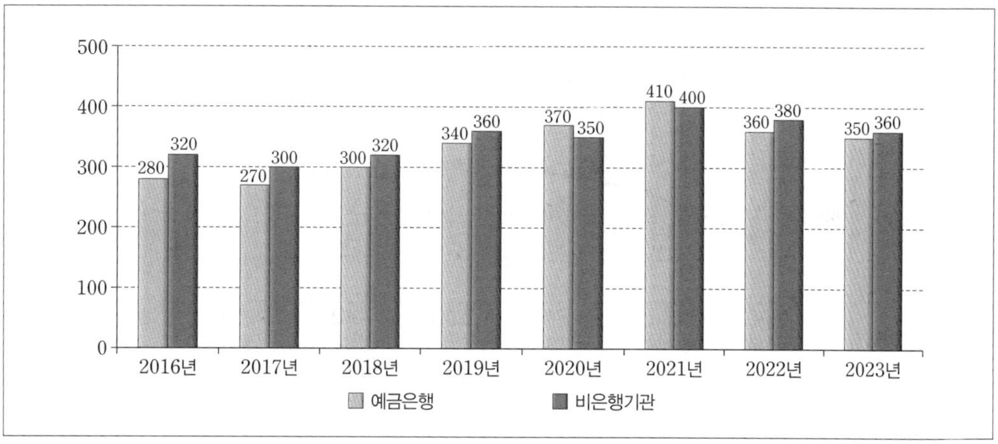

① 2020년 금융기관은 2017년 대비 150개 증가하였다.

② 2022년 예금은행 점포 수는 2018년 대비 20% 증가하였다.

③ 2019년 금융기관 점포 수는 전년 대비 15% 이상 증가하였다.

④ 2019년부터 2023년까지 비은행기관 점포 수는 평균 370개이다.

⑤ 금융기관 점포 수가 가장 많은 해의 점포 수는 가장 적은 해의 점포 수보다 240개 많다.

[21~22] 다음은 진통제 성분 중 하나인 아세트아미노펜 원료의약품의 수입 가격 추이와 국내 제약회사 A, B에 관한 분석 자료이다. 이를 바탕으로 이어지는 질문에 답하시오.

[그래프1] 아세트아미노펜 원료의약품의 수입 가격 추이 (단위: 달러/톤)

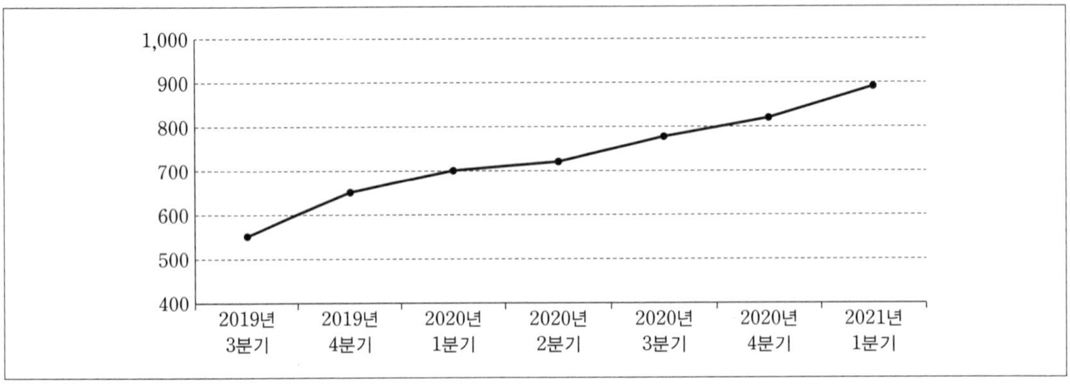

[그래프2] A 제약회사 이익률 (단위: %)

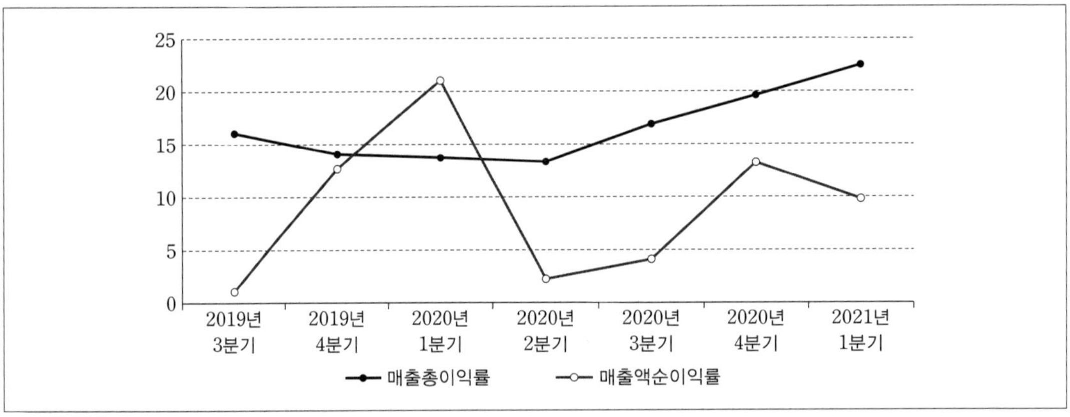

[분석 자료]

A 제약회사는 아세트아미노펜 원료의약품을 생산하고, 이 원료로 완제의약품 P를 생산한다. 이 제약회사에서는 생산한 아세트아미노펜 원료의약품을 다른 제약회사에 일부 판매하며, 원료의약품 생산 비용보다 수입 가격이 저렴한 경우 일부 수입해서 완제의약품 P를 생산한다. B 제약회사는 아세트아미노펜 원료의약품을 전량 수입하여 완제의약품 Q를 생산한다. B 제약회사는 2021년 1분기에 전년 동분기 대비 완제의약품 Q의 총판매량이 동일하지만 순이익은 증가하였다.

21 **주어진 자료에 대한 설명으로 옳은 것을 고르면?**

① B 제약회사는 2021년 1분기에 A 제약회사로부터 아세트아미노펜 원료의약품을 구입하였다.
② 2020년 2분기에 A 제약회사는 아세트아미노펜 원료의약품을 수입하였다.
③ A 제약회사의 완제의약품 P의 판매량은 2020년 2분기 이후 매분기 증가하였다.
④ B 제약회사의 완제의약품 Q의 가격은 2020년 1분기에 비해 2021년 1분기에 상승하였다.
⑤ A 제약회사의 아세트아미노펜 원료의약품 가격은 매분기 상승한다.

22 **다음 중 A 제약회사의 향후 수익성을 판단하기 위해 추가로 필요한 자료로 옳지 않은 것을 고르면?**

① 완제의약품 Q의 향후 제조원가 추이
② 아세트아미노펜 원료의약품 수입 가격 추이
③ 아세트아미노펜 원료의약품 생산 비용 추이
④ 완제의약품 Q의 향후 판매량 추이
⑤ 향후 아세트아미노펜 계열 진통제 수요 추이

23 **주어진 결론이 반드시 참이 되도록 빈칸 ㉠에 들어갈 명제로 옳은 것을 고르면?**

- 국어를 좋아하는 사람은 영어를 좋아하지 않는다.
- (　　　　　　　　　㉠　　　　　　　　　)
- 역사를 좋아하는 사람은 수학을 좋아한다.
- 지민이는 국어를 좋아한다.
- 결론: 지민이는 수학을 좋아한다.

① 지민이는 영어를 좋아한다.
② 지민이는 역사 이외의 어느 한 과목을 더 좋아한다.
③ 영어를 좋아하는 사람은 수학을 좋아하지 않는다.
④ 수학을 좋아하지 않는 사람은 영어를 좋아한다.
⑤ 국어를 좋아하지 않는 사람은 역사를 좋아하지 않는다.

24 **다음 결론이 반드시 참이 되게 하는 전제로 옳은 것을 고르면?**

전제1	모든 포유류는 척추동물이다.
전제2	
결론	모든 고래는 척추동물이다.

① 모든 척추동물은 고래이다.
② 모든 고래는 포유류이다.
③ 모든 포유류는 고래이다.
④ 고래가 아니면 척추동물이 아니다.
⑤ 모든 척추동물은 포유류이다.

25 **4명의 직원 A~D는 프로모션 관련 회의 참석에 관하여 [보기]와 같이 이야기했다. 4명 중 1명은 거짓을 말하고 3명은 진실을 말하였을 때, 회의에 참석하지 않는 인원수를 고르면?**(단, 거짓을 말하는 사람의 진술은 모두 거짓이고, 진실을 말하는 사람의 진술은 모두 진실이다.)

보기

- A: C는 참여하고, B는 참여하지 않는다.
- B: A는 참여하고, D도 참여한다.
- C: B는 참여하고, D는 참여하지 않는다.
- D: A는 참여하고, C도 참여한다.

① 1명 ② 2명 ③ 3명
④ 4명 ⑤ 알 수 없음

26 **A씨는 6월 1일부터 10일간 다음과 같이 한국여행을 계획했다. 하루에 한 도시만 방문하고 최소 1박 이상 숙박한다고 할 때, 반드시 옳은 것을 고르면?**

[여행 계획]
- 서울은 첫 번째로 방문하고, 2일간 연속으로 머무른다.
- 부산은 두 번째로 방문한다.
- 제주도는 3일간 연속으로 머무른다.
- 대전은 하루만 머무른다.
- 광주는 마지막 여행지가 아니며, 2일간 연속으로 머무른다.

① 마지막 여행지는 대전이다.
② 6일에는 광주 아니면 제주에 머무른다.
③ 4일에 광주에서 머무를 수 있다.
④ 5일에 대전에서 머무를 수 없다.
⑤ 8일 또는 9일에 대전에 머무를 수 있다.

27 **다음 [그림]은 S사 경영진이 앉을 비행기 좌석 배치도이다. [조건]을 바탕으로 좌석을 배치할 때 옳지 않은 것을 고르면?**(단, 1~3번 자리가 앞줄, 4~7번 자리가 뒷줄이며 모두 앞줄을 향해 앉는다.)

[그림] 비행기 좌석 배치도

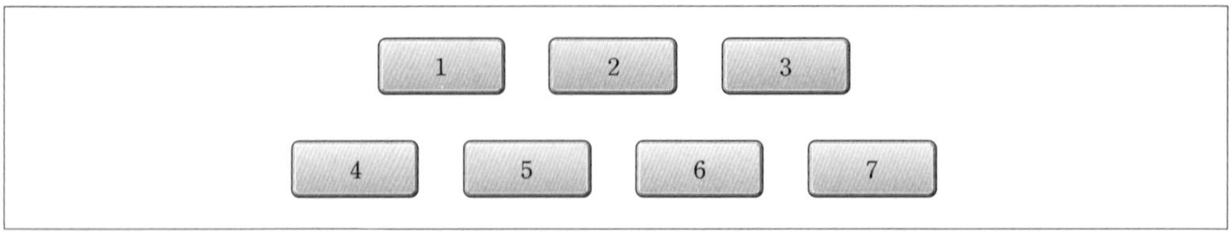

조건

- 사장은 비서실장 오른쪽 자리에 앉는다.
- 부사장은 전무와 본부장 사이에 앉는다.
- 부장은 본부장 옆에 앉는다.
- 사장은 앞줄에 앉는다.
- 상무는 비서실장 옆자리에 앉는다.
- 전무는 사장과 가장 먼 자리에 앉는다.

① 사장은 3번 자리에 앉는다.
② 부사장은 6번 자리에 앉는다.
③ 상무는 1번 자리에 앉는다.
④ 부사장과 부장 사이에 본부장이 앉는다.
⑤ 전무는 4번 자리에 앉는다.

28 **은행 본점의 인력지원팀에 근무하는 김 대리, 이 대리, 박 대리는 다음 [조건]과 같이 정해진 요일에 지점으로 출장을 간다. 이때 박 대리가 출장을 갈 수 없는 요일을 고르면?**

조건

- 세 사람 모두 월요일부터 금요일까지 근무를 하고 그중 이틀은 지점으로 출장을 간다.
- 김 대리는 월요일과 수요일에 출장을 간다.
- 이 대리는 출장 가는 요일이 김 대리와 겹치지 않으며 이틀을 연속해서 가지는 않는다.
- 박 대리는 출장 가는 요일이 이 대리와 겹치지 않으며 김 대리와는 하루가 겹친다.

① 월요일 ② 화요일 ③ 수요일
④ 목요일 ⑤ 금요일

29 직원 A~H 8명은 추석에 당직 근무를 한다. 서로 다른 날짜에 2인 1조로 당직 근무를 한다고 할 때, 다음 [조건]을 바탕으로 항상 옳은 것을 고르면?

[표] 추석 연휴 일정

일요일	월요일	화요일	수요일
추석 연휴	추석 당일	추석 연휴	대체 휴일

조건

- A는 G와 함께 근무한다.
- B는 추석 당일에 근무하지 않는다.
- C는 B보다 먼저 근무하며, H와 함께 근무한다.
- D는 일요일에 근무한다.
- E는 A보다 하루 먼저 근무한다.

① 추석 당일 근무자는 A와 G이다.
② E는 추석 연휴에 근무한다.
③ C가 추석 당일에 근무하면, F는 대체 휴일에 근무한다.
④ D는 F와 함께 근무한다.
⑤ B는 대체 휴일에 근무한다.

30 다음 [표]는 H사 경영진의 해외 출장에 관한 자료이다. 이를 바탕으로 해외출장 총 항공운임을 고르면?

[표1] 해외출장 일정

출장지 이동	참석자
인천 → 독일	사장, 비서실장, 해외사업전무, 감사실장
독일 → 북미	사장, 비서실장, 감사실장
북미 → 중남미	사장, 비서실장, 감사실장
중남미 → 인천	사장, 비서실장

[표2] 해외출장 항공운임 (단위: 원)

출장지 이동	1인당 항공운임	유류세 및 공항세
인천 → 독일	1,200,000	200,000
독일 → 북미	800,000	200,000
북미 → 중남미	500,000	100,000
중남미 → 인천	1,600,000	400,000

① 12,400,000원 ② 13,600,000원 ③ 14,400,000원
④ 15,200,000원 ⑤ 16,000,000원

[31~32] 다음 [표]는 E씨가 여름휴가 때 방문하기로 한 5개 도시에 관한 정보이다. 이를 바탕으로 이어지는 질문에 답하시오.

[표1] 자택 및 도시 간의 이동거리 (단위: km)

구분	A시	B시	C시	D시	E시
자택	80		100		80
A시					
B시	50				
C시				60	
D시		120			70
E시			40		

[표2] 자택 및 도시 간의 통행료 (단위: 원)

구분	통행료
자택 – A시	3,000
자택 – C시	4,000
자택 – E시	2,000
A시 – B시	2,000
B시 – D시	5,000
C시 – D시	2,000
C시 – E시	1,000
D시 – E시	2,000

31 E씨가 자택에서 출발하여 5개 도시를 모두 방문한다고 할 때, 최단거리를 고르면?

① 350km ② 360km ③ 370km
④ 380km ⑤ 390km

32 E씨가 5개의 도시를 최단거리로 방문할 때의 최소 비용을 고르면?(단, 이동수단의 평균 연비는 10km/L이고, 유류비는 리터당 1,300원이다.)

① 55,500원 ② 57,500원 ③ 58,500원
④ 59,500원 ⑤ 60,500원

33 다음은 K사의 현재 쇼핑몰 홈페이지 구성을 간략하게 나타낸 것이다. K사 마케팅실에서 [보기]의 정보를 바탕으로 홈페이지 리뉴얼을 진행하려고 할 때, 리뉴얼 방향이 적절하지 <u>않은</u> 것을 고르면?

<table>
<tr><td>메뉴</td><td>쇼핑몰
상호명</td><td colspan="2">검색창</td><td>로그인</td><td>배송조회</td></tr>
<tr><td colspan="5">메인 광고 배너</td><td>장바구니</td></tr>
<tr><td colspan="2">핫딜</td><td>이벤트</td><td>해외직구</td><td>여행 전용</td><td>사업자
전용</td></tr>
<tr><td>고객문의</td><td colspan="2">실시간 검색 TOP 10</td><td colspan="2">실시간 구매 TOP 10</td><td>쿠폰 사용</td></tr>
</table>

보기

- 주요 고객층인 20대의 핫딜 클릭률이 매우 높음
- 사업자 고객의 홈페이지 방문 건수가 현저히 적음
- 쿠폰 사용 방법에 대한 고객 문의 접수가 크게 증가함
- 물류 대란으로 인한 배송 지연이 발생할 것으로 예상됨
- 60대 이상 고객의 여행 상품 건당 결제액이 매우 높은 것으로 집계됨

① '쿠폰 사용' 메뉴 버튼의 크기를 키우고 상단으로 이동시켜 눈에 잘 띄도록 한다.
② '핫딜' 메뉴를 20대가 선호하는 상품으로 구성하여 클릭이 구매로 이어질 수 있도록 한다.
③ 60대 이상 고객이 편안하게 글자를 읽을 수 있도록 '여행 전용' 메뉴의 글씨 크기를 키운다.
④ 사업자 고객의 홈페이지 방문을 유도하기 위해 '사업자 전용' 메뉴 버튼을 상단으로 이동시킨다.
⑤ 홈페이지 접속 시 물류 대란으로 인한 배송 지연이 발생할 수 있다는 안내창을 띄워 고객이 충분히 인지할 수 있도록 한다.

34 다음 글을 보고 A사에게 적용된 '친환경기업우대론'의 우대금리를 고르면?

NH농협은행은 ESG 실천기업에 지원하는 'NH친환경기업우대론' 잔액이 2조 원을 돌파했다고 밝혔다.

'NH친환경기업우대론'은 환경성평가 우수등급 및 녹색인증(표지인증)기업 등 환경경영 수준이 우수한 기업에 금리우대 및 대출한도 우대(최대 대출한도 10억 원)를 지원하는 ESG 여신특화상품이다. 1년간 우대론을 이용한 A사의 자금 담당자는 ESG 경영으로 높은 우대금리를 받을 수 있었다는 소감을 밝히기도 하였다. A사는 대출한도 우대를 통해 4억 원의 대출을 실행하였으며 가장 낮은 기준금리 기준으로 1년간 사용 후 일시상환(월평균 이자 144만 원)하여 기업이 적시에 투자할 수 있는 투자금으로 사용하였다. 이 밖에도 자금지원을 받은 기업은 건설업, 화학제품제조업, 전기장비제조업 등 다양한 업종에 포진해 있으며, 녹색기술인증, 환경성평가 우수, ISO14001 인증 등 친환경 경영을 실천하는 기업은 최고 1.50%p 금리우대와 대출한도 우대를 받았으며, 기업체의 80%가 지방소재 ESG 경영 우수기업으로 파악됐다. 다음은 'NH친환경기업우대론'의 대출금리에 대한 내용이다.

기준금리		가산금리	우대금리
월중 신규 COFIX(12개월) 변동	2.96%	2.66%p	최고 1.50%p
금융채(6개월) 변동	3.78%	2.67%p	
CD(3개월) 변동	3.15%	3.15%p	
금융채(12개월) 고정	4.45%	2.68%p	

※ 우대금리: ①+②+③ (최고 1.50%p)
① 거래실적우대(최대 0.20%p): 외국환실적 $10,000 이상 0.20%p
② 정책우대(최대 0.40%p): 상위신용등급(1~4B등급)우대 0.20%p,
우량담보우대(보증비율 80% 이상, LTV 60% 이하) 0.20%p
③ 상품우대(최대 0.90%p): 모범납세자 0.10%p, 일자리창출기업 0.10%p, 녹색인증 0.10%p,
ISO14001(환경시스템)인증 0.10%p, ESG캠페인 참여 0.30%p,
환경성평가 BBB등급 이상 0.20%p, 기술금융여신 중 창업기업 0.10%p

① 0.60%p　② 0.70%p　③ 1.10%p
④ 1.30%p　⑤ 1.31%p

35 다음 금융상품 설명서를 바탕으로 해당 상품에 가장 적합한 고객을 고르면?

○○○을/를 위한 월 복리 적금

- 가입대상: 만 18세 이상 개인(개인사업자 제외)
- 가입기간: 12개월 이상 36개월 이내(월 단위)
- 가입금액: 초입금 및 매회 입금 1만 원 이상 원 단위(계좌당), 분기당 3백만 원 이내(1인당)
- 금리(연 이율 기준)

기본금리		우대금리	
가입기간	금리		
12개월 이상 24개월 미만	0.81%	당행에 3개월 이상 급여이체 실적	+0.3%p
24개월 이상 36개월 미만	0.84%	당행 카드 결제실적 100만 원 이상	+0.2%p
36개월 이상	0.95%	당행 주택청약저축 또는 적립식 펀드 중 1개 이상을 3개월 이상 유지	+0.2%p

※ 인터넷(스마트)뱅킹 또는 앱으로 이 적금에 가입할 경우 추가 우대금리 +0.1%p
※ 우대금리의 합계는 +0.8%p를 넘길 수 없음

- 이자지급방법: 입금액마다 입금일부터 만기일 전일까지 기간에 대하여 약정금리로 계산한 이자를 월 복리로 계산하여 지급
- 유의사항: 이 적금은 만기일 전일까지 기간에 대하여 월 복리로 이자를 계산하여 지급하며, 중도해지금리 및 만기후금리는 단리로 계산하여 지급
- 추가 적립: 자유적립식 상품으로 가입 및 적립금액 한도 내 추가 입금 가능

① 6개월 후 사용할 해외여행 경비를 마련하려는 대학생 A씨
② 향후 점포 확장을 위해 미리 자금을 마련하려는 자영업자 B씨
③ 주택청약 당첨 확률을 높여 내 집 마련의 꿈을 꾸는 30대 가장 C씨
④ 연 3% 이상의 수익을 추구하여 빠르게 개인 자산을 불려가려는 사회초년생 D씨
⑤ 해당 은행의 금융 상품을 활발하게 이용하면서 본격적인 투자를 위한 종잣돈을 마련하려는 직장인 E씨

36 V사는 연말 송년회를 호텔 연회장에서 1박 2일로 진행하려고 한다. 다음 송년회 정보와 호텔별 이용요금을 바탕으로 이용요금이 가장 저렴한 호텔을 고르면?

[송년회 정보]
- 행사 참석 인원 20명(투숙 인원은 10명)
- 저녁 식사 포함
- 행사 장비는 첫 날만 사용
- 2인 1실 제공

[표] 호텔별 이용요금 (단위: 원)

호텔명	1박 숙박비	1인 식대	연회장 2일 대관비	1일 행사 장비 사용료
A	150,000	70,000	1,000,000	100,000
B	200,000	50,000	800,000	150,000
C	150,000	40,000	700,000	200,000
D	250,000	60,000	600,000	100,000
E	200,000	50,000	800,000	150,000

※ 1박 숙박비는 2인 1실 기준

① A호텔 ② B호텔 ③ C호텔
④ D호텔 ⑤ E호텔

37 I연구소는 박사급 연구 인력을 채용하려고 한다. 지원자 A~E 중 다음 [표]와 채용 기준을 바탕으로 채용되는 지원자를 고르면?

[표] 지원자 평가결과 (단위: 점)

지원자	서류전형		면접전형		가산점	
	박사논문	연구실적	임원면접	실무면접	자격증 유무	경력 유무
A	23	12	16	37	O	X
B	25	13	20	34	X	O
C	24	12	14	38	O	X
D	24	15	19	36	O	X
E	23	14	20	32	X	O

[채용 기준]

- 서류전형 점수에 가중치 0.5를 곱하고, 면접전형 점수에 가중치 0.4를 곱하여 환산 점수를 산정한다.
- 환산 점수에 자격증 보유자는 5점을, 경력자는 5점을 가산하여 최종 평가점수를 산정한다.
- 최종 평가점수가 가장 높은 지원자를 채용한다.

① A ② B ③ C

④ D ⑤ E

07

실전모의고사

38 다음은 S사가 구매하려는 법인 차량에 대한 판매 정보이다. 법인용 차량 5대를 구매하려고 할 때, 가격과 유지비를 모두 고려하여 가장 저렴한 제조사를 고르면?

[표1] 제조사별 판매가격과 프로모션 (단위: 만 원)

구분	K사	T사	H사	C사	P사
판매가격	2,800	2,600	3,000	2,400	3,200
프로모션	1대당 5% 할인	–	1대당 10% 할인	–	1대당 20% 할인

[표2] 제조사별 차량 연평균 유지비 (단위: 만 원)

구분	K사	T사	H사	C사	P사
연평균 유지비	200	180	160	260	140

*연평균 유지비=보험료와 연비 등 종합적으로 고려해서 1년간 드는 유지비

① K사　② T사　③ H사
④ C사　⑤ P사

39 A공장은 잔업 근무자에게 시급의 50%를 가산하여 수당을 지급한다. 다음 [표]를 바탕으로 할 때, 생산 라인별 잔업 수당으로 옳지 <u>않은</u> 것을 고르면?

[표1] 생산 라인별 근무자 수 및 시급

생산 라인	근무자 수	시급
A	5명	18,000원
B	6명	20,000원
C	4명	16,000원
D	7명	20,000원
E	3명	22,000원

[표2] 생산 라인 근무자별 잔업 근무시간

생산 라인	근무자별 잔업 근무시간
A	2시간
B	3시간
C	5시간
D	4시간
E	5시간

① A라인: 270,000원　② B라인: 540,000원　③ C라인: 480,000원
④ D라인: 840,000원　⑤ E라인: 594,000원

40 인테리어 업체 담당자인 S씨는 공사할 곳에 대한 정보를 다음과 같이 MS Excel을 활용하여 정리하였다. '구분'란에는 '관리번호'의 두 번째 글자가 1이면 '아파트', 2이면 '빌라', 3이면 '오피스텔'로 분류되도록 CHOOSE 함수와 MID 함수를 함께 사용하였을 때 [E2] 셀에 입력된 함수식으로 가장 적절한 것을 고르면?

	A	B	C	D	E
1	관리번호	주택명	지역	공사기간	구분
2	B2-001	W빌	경기	5일	빌라
3	K1-001	P지오	서울	4일	아파트
4	K3-002	S그마	경기	3일	오피스텔
5	A1-001	L파크	인천	6일	아파트

① =CHOOSE(MID(A2,2,2),"아파트","빌라","오피스텔")
② =CHOOSE(MID(A2,1,2),"아파트","빌라","오피스텔")
③ =CHOOSE(MID(A2,2,1),"아파트","빌라","오피스텔")
④ =MID((A2,1,2),CHOOSE("아파트","빌라","오피스텔"))
⑤ =MID((A2,2,2),CHOOSE("아파트","빌라","오피스텔"))

41 다음 [그림]의 워크시트에 수식을 각각 입력했을 때 결괏값이 <u>다른</u> 것을 고르면?

[그림] 워크시트

	A	B	C
1	200	100	
2			

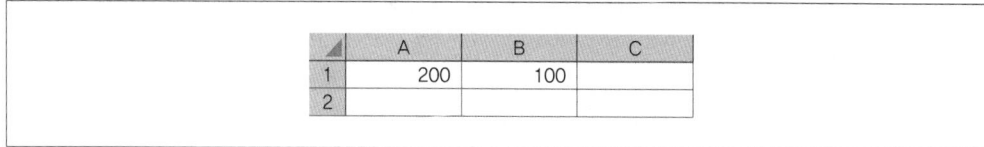

① =IF(A1< >B1,A1−B1,B1−A1)
② =IF(NOT(AND(A1<0,B1>0)),A1−B1,B1−A1)
③ =IF(OR(A1>=0,B1<0),A1−B1,B1−A1)
④ =IF(NOT(A1>B1),A1−B1,B1−A1)
⑤ =IF(NOT(OR(A1<=0,B1=0)),A1−B1,B1−A1)

42 다음 [그림]의 워크시트에 "=INDEX((A2:D6, A8:D14), 3, 4, 2)"를 입력했을 때의 결괏값으로 옳은 것을 고르면?

[그림] 워크시트

	A	B	C	D
1				
2	부서명	사원번호	상반기	하반기
3	인사부	EF-010	18,250	15,326
4	관리부	EF-011	18,995	19,891
5	영업부	EF-012	18,829	17,642
6	총무부	EF-013	18,589	18,026
7				
8	부서명	사원번호	상반기	하반기
9	생산부	EF-014	17,914	17,212
10	관리부	EF-015	15,868	19,203
11	인사부	EF-016	19,557	19,124
12	총무부	EF-017	16,286	17,758
13	영업부	EF-018	19,216	16,294
14	인사부	EF-019	16,314	17,839

① 관리부 ② EF-015 ③ 19,124

④ 19,203 ⑤ 19,891

43 다음 [그림]의 워크시트에서 [E3] 셀에 정답 여부를 입력하고 [E4:E12] 셀까지 수식을 복사하였다. 각 문항당 배점이 3점이고, [F3] 셀에 총점을 계산하였을 때, [E3] 셀과 [F3] 셀에 들어갈 함수식을 고르면?

[그림] 워크시트

	A	B	C	D	E	F	G
1							
2		문제번호	제출 답안	정답	정답여부	총점	
3		1	3	3	O	21	
4		2	4	4	O		
5		3	1	2	X		
6		4	5	5	O		
7		5	5	1	X		
8		6	3	3	O		
9		7	4	3	X		
10		8	2	2	O		
11		9	4	4	O		
12		10	4	4	O		
13							

① =IF(DELTA(C3,D3), "O", "X"), =3*COUNTIF(E3:E12,"O")

② =DELTA(C3,D3), =COUNTIF(E3:E12,"O")

③ =IF(DELTA(C3,D3), "O", "X"), =COUNTIF(E3:E12,"O")

④ =IF(DELTA(C3,D3), "O", "X"), =3*COUNTA("O", E3:E12)

⑤ =DELTA(C3,D3), =3*COUNTIF(E3:E12,"O")

44 2+4+6+8+⋯+100을 구하는 순서도를 완성하기 위해 빈칸 (a)와 (b)에 들어갈 값을 바르게 연결한 것을 고르면?

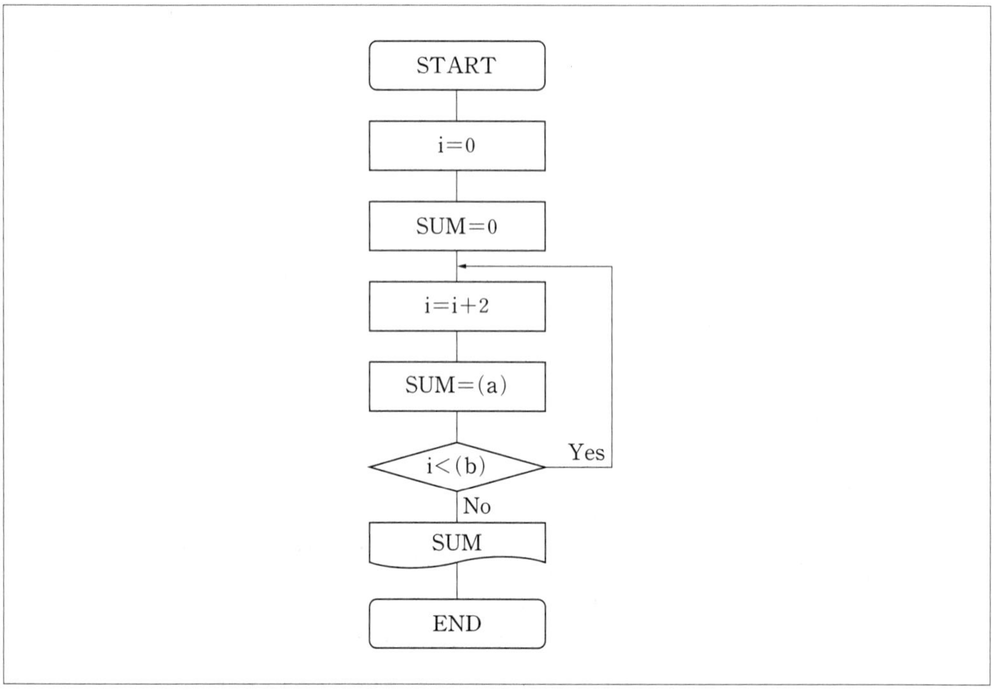

	(a)	(b)
①	SUM+i	99
②	SUM+i	101
③	SUM−i	100
④	SUM*i	98
⑤	SUM*i	99

45 **다음은 C언어로 내림차순 버블정렬 알고리즘을 구현한 함수이다. 빈칸 ㉠에 들어갈 if문의 조건으로 옳은 것을 고르면?**(단, size는 1차원 배열인 value의 크기이다.)

```
void BubbleSorting(int *value, int size) {
    int x, y, temp;
    for(x=0; x < size; x++) {
        for(y=0; y < size-x-1; y++) {
            if(    ㉠    ) {
                temp=value[y];
                value[y]=value[y+1];
                value[y+1]=temp;
            }
        }
    }
}
```

① value[x]>value[y+1]
② value[x]<value[y+1]
③ value[y]>value[y+1]
④ value[y]<value[y+1]
⑤ value[y+1]≤value[y]

46 **다음 중 NH올원뱅크가 제공하는 서비스의 내용으로 옳지 않은 것을 고르면?**

① 올원공구: 프리미엄 농·축산물을 저렴한 가격으로 공동 구매할 수 있다.
② 오픈뱅킹: 타행(他行) 계좌를 등록하여 거래 내역을 조회하거나 송금할 수 있다.
③ 다모아대출: NH금융지주 내 계열사의 대출 상품을 한 번에 조회하여 신청할 수 있다.
④ 올원용돈관리: 부모와 자녀 등 제3자와 거래 내역을 공유하여 자금을 관리할 수 있다.
⑤ 올원마이농가: 영농 일지를 조회하여 농기계를 임대하거나 농가 손익을 분석할 수 있다.

47 다음 빈칸에 들어갈 단어로 적절한 것을 고르면?

> NH농협은행은 국내 시중 은행 중 (　　　)에 최초로 참여하여 2040년까지 모든 전력 사용량을 재생 에너지로 전환하는 캠페인을 실천하고 있다. (　　　)은(는) 2050년까지 목표를 수립할 것을 권장하나, NH농협은행은 매년 전력 사용량의 5%를 추가로 전환하여 2040년에 조기 달성할 계획이다. 이에 따라 유휴 부지를 활용하여 태양광 발전 시설을 확충하는 한편, 친환경 LED 조명을 도입하는 동시에 종이 없는 사무실을 구현하고 있다. 최근 녹색프리미엄을 구입하고 REC(재생에너지공급인증서) 거래 시장에 참여하는 행보 또한 (　　　)(를) 고려한 방안이다.

① 적도 원칙　② K－EV100　③ K－RE100
④ ISO－14001　⑤ NH－TAXONOMY

48 다음 글에서 설명하는 것과 관련된 NH농협은행의 업무로 가장 적절한 것을 고르면?

> 농림축산식품부가 지난 8~9월 발생한 집중 호우와 태풍으로 피해를 본 농가에 농업경영 회생자금을 지원한다고 밝혔다. 건실하게 농업을 영위하다가 재해 등으로 일시적인 경영 위기에 처한 농업인은 기존 대출금을 최대 20억 원까지 10년간 장기 저리로 대환할 수 있다. NH농협은행 시·군 지부 등에서 신청 가능하며, 농협에 설치된 경영평가위원회 심의를 거쳐 평가 유형에 따라 지원 여부가 결정된다.

① 국가나 공공 단체의 업무 대리
② 조합 및 중앙회의 사업 자금 대출
③ 「은행법」에 따른 은행 및 겸영 업무
④ 농어촌 자금 등 농업인 및 조합에 필요한 자금 대출
⑤ 국가, 공공 단체, 중앙회 및 조합 등이 위탁하거나 보조하는 사업

49 **다음 중 농협의 혁신전략으로 옳지 않은 것을 고르면?**

① 중앙회 지배구조 혁신과 지원체계 고도화로 '농축협 중심'의 농협 구현
② 디지털 기반 '생산·유통 혁신'으로 미래 농산업 선도, 농업소득 향상
③ '금융부문 혁신'과 '디지털 경쟁력'을 통해 농축협 성장 지원
④ '미래 경영'과 '조직문화 혁신'을 통해 새로운 농협으로 도약
⑤ '친환경 우수 작물'로 미래의 음식 문화 선도

50 **다음 중 공동인증서에 대한 설명으로 옳지 않은 것을 고르면?**

① 공동인증서의 유효기간은 1년이다.
② 공동인증서는 클라우드에 저장할 수 없다.
③ 정부 민원업무를 볼 때에도 사용할 수 있다.
④ 공동인증서 비밀번호는 숫자, 영문, 특수문자를 포함하여 10자리 이상으로 등록해야 한다.
⑤ 기존 공인인증서는 더 이상 사용할 수 없으므로 즉각 폐기하고 공동인증서로 재발급받아야 한다.

51 **다음 중 빅데이터에 대한 설명으로 옳지 않은 것을 고르면?**

① 노동 집약적인 특성을 보이는 기술이다.
② 마케팅, 정책 대응 등 다양한 방면으로 활용할 수 있다.
③ 크기(Volume), 속도(Velocity), 다양성(Variety) 등의 특징이 있다.
④ 문자·영상·위치 등 대량의 정형·비정형 자료를 대상으로 한다.
⑤ 생성 주기가 짧고 기하급수적으로 늘어나는 자료를 포함한다.

52 다음 글에서 설명하는 용어로 옳은 것을 고르면?

> 다양한 기능 중 고객이 필요한 서비스만 이용할 수 있도록 한 소프트웨어이다. 공급 업체는 하나의 플랫폼을 이용해 다수의 고객에게 서비스를 제공하고, 고객은 이용한 만큼의 돈을 지불한다. 따라서 불필요한 기능에 대해 요금을 낼 필요 없이 개인이 필요한 기능만을 이용할 수 있다. 이를 통해 개인이나 기업이 새로운 소프트웨어 기능을 이용하기 위해 투입되는 비용을 절감할 수 있도록 하여 관리 부담을 피할 수 있다.

① BaaS ② IaaS ③ MaaS
④ PaaS ⑤ SaaS

53 A 사원은 자신의 컴퓨터에서 네트워크 접속이 되지 않아 '네트워크 및 공유 센터'의 '인터넷 프로토콜 버전 4(TCP/IPv4)' 속성창을 열어 원인을 진단하려고 하였다. A 사원의 속성창 상태는 [그림1]과 같았고, 네트워크 접속이 원활한 옆자리 B 사원의 속성창 상태는 [그림2]와 같았다. 이때 A 사원이 취해야 할 조치로 가장 적절한 것을 고르면?

[그림1] A 사원 속성창

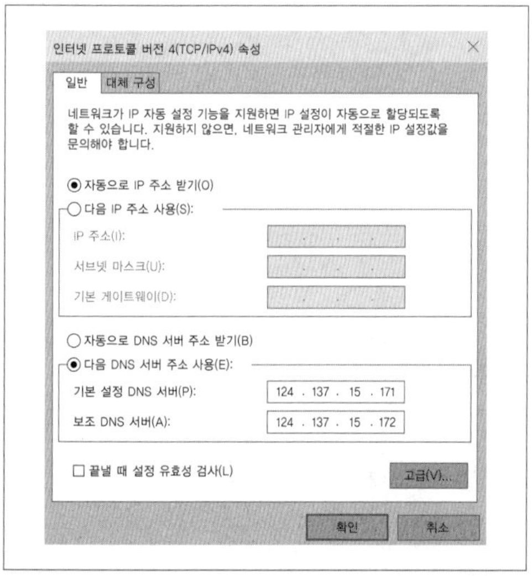

[그림2] B 사원 속성창

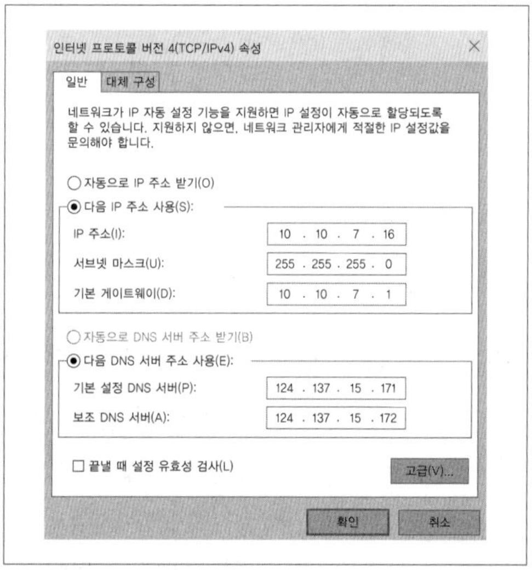

① '자동으로 IP 주소 받기(O)'를 클릭한 후 네트워크 연결을 시도한다.
② '다음 IP 주소 사용(S)'을 클릭한 후 네트워크 연결이 원활한 옆자리 B 사원의 IP 주소와 서브넷 마스크, 기본 게이트웨이 숫자를 똑같이 쓴다.
③ 네트워크 연결이 원활한 옆자리 B 사원의 IP 주소와 서브넷 마스크, 기본 게이트웨이 숫자를 비교해서 기본 게이트웨이 주소 값만 바꾸어 사용한다.
④ '자동으로 DNS 서버 주소 받기(B)'를 클릭한다.
⑤ '다음 IP 주소 사용(S)'을 클릭한 후 IT본부에 연락하여 새로운 IP 주소를 할당받는다.

54 다음은 갑~무 5개 지역에 대한 사용전력을 조사하여 예상전력과 비교한 자료이다. '초과여부' 열에 IF 함수를 사용하여 값을 표시하였을 때, 이에 대한 설명으로 옳은 것을 [보기]에서 모두 고르면?

[그림] 워크시트

	A	B	C	D
1				(단위: kWh)
2	지역명	예상전력	사용전력	초과여부
3	갑 지역	12,000	11,500	
4	을 지역	10,000	10,500	초과
5	병 지역	11,500	10,200	
6	정 지역	9,500	10,000	초과
7	무 지역	10,400	9,800	

보기

㉠ [D3] 셀에 '=IF(C3>B3,"초과")'를 입력하여 [D7] 셀까지 드래그하여 얻은 자료이다.

㉡ '초과'와 '미초과'를 모두 '초과여부' 란에 표시하고자 할 때에는 두 가지의 IF 함수식을 구분하여 사용해야 한다.

㉢ [D4] 셀에는 '=IF(C4>B4,"초과")'가 입력되어도 '초과'의 값을 얻을 수 있다.

㉣ [D6] 셀과 [D7] 셀에는 모두 조건에 맞지 않을 때의 변환값을 입력할 수 있다.

① ㉠, ㉡　　② ㉡, ㉢　　③ ㉢, ㉣

④ ㉠, ㉡, ㉢　　⑤ ㉡, ㉢, ㉣

55 다음 [그림]의 워크시트에서 합계가 높은 순대로 순위를 구하려고 한다. [H3] 셀에 순위를 구하고 채우기 핸들을 이용하여 [H3:H8] 셀에 채우려고 할 때 입력해야 하는 수식을 고르면?

[그림] 워크시트

	A	B	C	D	E	F	G	H	I
1									
2		지점	2014년	2015년	2016년	2017년	합계	순위	
3		서울	50,700	69,200	110,000	95,600	325,500		
4		부산	71,700	64,200	55,600	89,300	280,800		
5		인천	77,500	55,200	80,300	76,400	289,400		
6		대전	80,300	49,500	96,400	65,800	292,000		
7		대구	89,000	97,600	61,800	64,200	312,600		
8		광주	35,800	69,200	80,300	71,700	257,000		
9									

① =RANK(G3,$G$3:$G$8,0)

② =RANK(G3,$G$3:$G$8,1)

③ =RANK(G3,G3:G8,0)

④ =RANK(G3,G3:G8,1)

⑤ =RANK(G3:G8,G3,1)

56 합리적 경제주체들이 인플레이션율을 5%로 예상하고 다음 [보기]와 같은 경제행위를 하였다. 실제 인플레이션율이 8%일 때, 손해를 보는 경제주체를 모두 고르면?

보기

㉠ 고정금리로 정기예금에 가입한 A씨
㉡ 고정된 봉급의 임금계약을 체결한 근로자 K씨
㉢ 고정금리로 국채를 발행한 정부
㉣ 고정금리로 주택담보 대출을 받은 차입자 L씨

① ㉠, ㉡ ② ㉠, ㉢ ③ ㉡, ㉢
④ ㉡, ㉣ ⑤ ㉢, ㉣

57 다음 중 환율결정이론에 대한 설명으로 가장 적절하지 <u>않은</u> 것을 고르면?

① 국제피셔효과가 성립하면 환율 예상변화율은 실질금리 차이와 동일하게 된다.
② 구매력평가설에 의하면 해외의 물가수준과 환율 사이에는 반비례 관계가 있다.
③ 이자율평가설에 의하면 국외이자율이 국내 이자율보다 높을 경우 환율은 하락한다.
④ J커브 효과가 나타나는 경우 단기적으로는 경상수지가 악화된다.
⑤ 마샬－러너조건에 따르면 환율상승으로 경상수지가 개선되기 위해서는 양국의 수입수요의 가격탄력성의 합이 1보다 커야 한다.

58 투자자 A씨가 구성한 최적 포트폴리오의 기대수익률은 10%, 표준편차는 12%이다. 시장 포트폴리오의 표준편차는 15%이고 무위험수익률은 5%일 때, 시장 포트폴리오의 기대수익률을 고르면?

① 10.25% ② 10.5% ③ 10.75%
④ 11% ⑤ 11.25%

59 다음 중 국제 무역에 대한 설명으로 적절하지 않은 것을 고르면?

① 국가 간 노동생산성의 차이는 산업 간 무역을 발생시킨다.

② 국가 간 생산요소 부존도의 차이는 산업 간 무역을 발생시킨다.

③ 비교우위가 존재하는 경우, 자유무역은 교역국가 모두의 사회후생을 증가시키는 효과가 있다.

④ 규모 경제로 산업 내 무역에서 비교우위를 점할 수 있다.

⑤ 노동풍부국에서 노동집약재인 재화의 가격이 상승하면 상대임금(임금, 임대료)이 상승한다.

60 다음 중 ABS에 대한 설명으로 적절하지 않은 것을 고르면?

① 자산보유자의 신용도와 분리되어 자산 자체의 신용도로 발행되는 증권이다.

② 일반적으로 자산보유자의 신용보다 높은 신용도를 지닌 증권으로 발행된다.

③ 지급보증, 신용공여, 후순위채권 발행 등 외부신용보강방법으로 원리금 지급 위험에 대비한다.

④ 여러 회사채를 기초자산으로 만든 ABS를 CBO라고 한다.

⑤ 신용카드채권에서는 만기가 긴 리볼빙 구조를 선호한다.

61 다음은 A국의 2024년 4월 경상수지와 5월에 발생한 모든 경상거래를 나타낸 것이다. 이를 바탕으로 옳지 않은 것을 고르면?

경상수지(2024년 4월)	70억 달러
상품수지	30억 달러
서비스수지	20억 달러
본원소득수지	40억 달러
이전소득수지	−20억 달러

[2024년 5월 경상거래]
- 상품 수출액 150억 달러, 상품 수입액 30억 달러
- 수출화물 운송 대가 10억 달러 지급
- 해외 부동산 투자에 따른 배당금 40억 달러 수취
- 국제행사 개최에 따른 해외 노동자의 임금 5억 달러 지불
- 해외교포에게 성금 20억 달러 지급
- 해외여행으로 여행경비 10억 달러 사용

① A국에서 달러 지출 시 해당 금액을 차변에서 계상한다.
② 본원소득수지는 증가하였다.
③ 서비스수지는 적자로 전환되었다.
④ 이전소득수지는 감소하였다.
⑤ 경상수지는 증가하였다.

62 다음 [보기]에서 소규모 개방경제모형의 무역수지 적자 원인을 모두 고르면?

보기

㉠ 세금 감면
㉡ 정부지출 증가
㉢ 투자세액 감면
㉣ 해외금리 하락

① ㉠, ㉡ ② ㉠, ㉡, ㉢ ③ ㉠, ㉡, ㉣
④ ㉡, ㉢, ㉣ ⑤ ㉠, ㉡, ㉢, ㉣

63 A씨는 X재와 Y재만 소비한다고 한다. X재의 가격이 하락하여 A씨의 X재 수요량은 감소했을 때, 적절하지 않은 것을 고르면?(단, 다른 조건은 일정하다.)

① Y재는 정상재이다.
② 가격 하락 시 두 재화에 미치는 대체효과는 동일하다.
③ X재는 소득효과가 대체효과보다 크다.
④ X재의 보상수요곡선은 우하향 곡선이다.
⑤ X재의 수요의 소득탄력성은 0과 1사이에 있다.

[64~65] 다음 [표]는 핀테크 관련 기술을 정리한 자료이다. 이를 바탕으로 이어지는 질문에 답하시오.

[표] 핀테크 기술

기술명	내용
가상화폐	각국의 중앙은행이 발행하는 화폐와 달리 실물이 없고, 사이버상에서 발행·유통되는 화폐
간편송금	모바일 기반 앱을 통해 인증서나 OTP 없이 간단한 절차로 송금이 가능하게 하는 기술
로드바이저	로봇(robot)과 투자전문가(advisor)의 합성어로, 고도화된 알고리즘과 빅데이터를 활용해 자산 포트폴리오 관리를 수행하는 온라인 자산관리 서비스
블록체인	거래 정보를 기록한 원장을 특정 기관의 중앙 서버가 아니라 여러 네트워크에 분산해, 시장 참가자들이 공동으로 기록·관리하는 기술
빅데이터	기존의 데이터 처리 및 활용 능력을 뛰어넘는 수준의 대규모 데이터로부터 가치 있는 정보를 추출하고 분석하는 기술
생체인증	지문, 홍채, 안면, 목소리, 걸음걸이 등 개개인의 고유한 생체 정보를 이용하여 사용자를 인증하는 방식
지급결제	기존의 현금 및 카드를 통한 결제방식에서 탈피해 하드웨어(스마트폰) 또는 소프트웨어(앱)를 기반으로 결제가 가능하게 하는 기술
크라우드 펀딩	특정 사업의 수행을 위해 소비자, 후원자 등 불특정 일반 대중으로부터 소액의 사업자금을 모집하는 행위

64 **주어진 자료를 바탕으로 후불 버스나 편의점 현장에서 이용하기에 가장 적합한 핀테크 기술을 고르면?**

① 가상화폐 ② 간편송금 ③ 블록체인
④ 빅데이터 ⑤ 지급결제

65 **사용자들 간에 아이템이나 게임 화폐를 자주 거래하는 스마트폰 게임을 운영 중인 회사에서 향후 사업전략을 검토 중이다. 이때 해당 회사에 가장 적합한 핀테크 사업전략을 고르면?**

① 크라우드 펀딩을 통해 대규모 신규 프로젝트의 개발 자금을 추가 조달한다.
② 자체 개발한 딥러닝 알고리즘을 탑재한 로드바이저 시스템을 대대적으로 홍보하여 투자 자금을 유치한다.
③ 별도의 어플리케이션을 통해 간편하게 게임 화폐를 충전하거나 아이템을 거래할 수 있는 시스템을 구축한다.
④ 걸음걸이로 사용자를 인증하고 로그인하는 시스템을 개발한다.
⑤ 고객의 동의 없이 고객의 아이템 구매 및 게임 화폐 거래 내역과 게임 플레이 데이터를 타 기업에 판매하여 영업 외 수익을 얻는다.

66 다음 중 IPv6에 대한 설명으로 옳지 <u>않은</u> 것을 고르면?

① IPv4 부족 문제를 해결하기 위해 개발한 차세대 인터넷 주소이다.

② IPv4의 192.168.0.X 등과 같은 12자리 형식을 주소 구문으로 사용한다.

③ IPv4에서 자주 사용하지 않는 헤더 필드를 제거해 포맷을 단순화하였다.

④ 망 확장성을 향상한 주소 체계를 통해 다양한 전자 제품에 적용할 수 있다.

⑤ 폭발적인 네트워크 사용량에 대비하기 위하여 128비트의 주소 체계를 가지고 있다.

67 다음 중 ER 표기법의 기호에 따른 설명으로 옳지 <u>않은</u> 것을 고르면?

①  – 관계 타입(Relationship type)

② 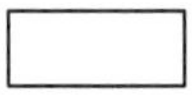 – 개체 타입(Entity type)

③ ——— – 개체 타입과 속성을 연결

④ 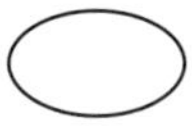 – 속성 타입(Attribute type)

⑤  – 특수값 타입(Key Attribute type)

68 **다음 설명을 통해 알 수 있는 '레그테크'의 장점으로 적절하지 않은 것을 고르면?**

> '레그테크'는 규제를 뜻하는 레귤레이션(regulation)과 기술을 뜻하는 테크놀로지(technology)의 합성어로, 금융회사로 하여금 내부통제와 법규준수를 쉽게 할 수 있도록 해주는 정보기술을 말한다.
>
> 금융업 등 산업 전반에 걸쳐 혁신 정보기술(IT)과 규제를 결합하여 규제 관련 요구사항 및 절차를 향상시키는 기술 또는 회사를 뜻하는 말로, 이는 금융서비스 산업의 새 영역이자 일종의 핀테크(FinTech)라고 할 수 있다. 레그테크 회사들은 수작업의 자동화, 분석 및 보고 절차의 연결, 데이터 품질 개선, 데이터에 대한 전체적인 시각의 창출, 절차 관련 앱에 의한 데이터 자동 분석, 핵심 사업에 대한 의사결정 및 규제당국 앞 송부용 보고서 생산에 초점을 맞춘다.
>
> 레그테크를 활용하면 잡다하게 얽힌 데이터 세트를 분리 및 조직화할 수 있으며, 보고 대상을 신속하게 인식하여 산출할 수 있다. 그뿐만 아니라, 단기간에 해결책을 확보하여 운영할 수 있으며, 빅데이터의 채굴 및 진정한 잠재력 파악을 위한 분석 도구로 활용이 가능하다.

① 통합　　② 분석　　③ 스피드
④ 민첩성　　⑤ 분산금융

69 **다음 중 컴퓨터 시스템을 감염시켜 접근을 제한하고 일종의 몸값을 요구하는 악성 소프트웨어의 한 종류로, 컴퓨터로의 접근 제한을 풀기 위해 사용자에게 금품을 요구하는 것을 고르면?**

① 랜섬웨어　　② 소프트웨어　　③ 스파이웨어
④ 멀웨어　　⑤ Active X

70 다음 (가)~(다)에 해당하는 용어를 순서대로 나열한 것을 고르면?

(가) 사용자가 자유롭게 내용을 읽고 쓰고 지울 수 있는 기억장치로, 컴퓨터가 켜지는 순간부터 CPU는 연산을 하고 동작에 필요한 모든 내용이 전원이 유지되는 내내 이 기억장치에 저장된다.
(나) 첫 내용 작성에 특수 기기가 필요하고 특성상 동적으로 쓸 수가 없는 장비로, 일반적으로 한 번 기록한 정보가 전원 유지와 상관없이 (반)영구적으로 기억되며, 삭제나 수정이 불가능한 기억장치를 말한다.
(다) 컴퓨터의 HDD를 대체하고 있는 NAND 플래시 메모리를 사용하는 대용량의 저장장치로, 기계적인 구동부(스핀들 모터)가 없어 소음이 없으며 소비전력 및 발열이 적고 빠른 입출력 속도를 가지는 보조기억장치이다.

① RAM, ROM, SSD
② RAM, SSD, ROM
③ ROM, RAM, SSD
④ ROM, SSD, RAM
⑤ SSD, RAM, ROM

직무상식평가 + 직무능력평가

정답과 해설 P 63

01 다음 중 농작업 수행을 위해 만 15~87세의 농업근로자를 고용한 농업 경영인 대상으로 하는 보험의 명칭을 고르면?

① 농작업근로자안전보험 ② 농업인안전보험 ③ 농업인안전재해보험
④ 농업수입보장보험 ⑤ 농작물재해보험

02 다음은 우리 농촌이 직면하고 있는 농업인의 고령화와 관련한 미국의 사례를 소개한 글이다. 이를 참고할 때, 신규조합원 지원을 위한 프로그램 방안으로 적절하지 않은 것을 고르면?

> 미국은 한국의 상황과 마찬가지로 농업인의 고령화가 심화되었고, 농업분야에 새롭게 진출하는 젊은 층의 농업인의 수도 감소하는 추세다. 미국은 이러한 상황에 대처하기 위해 2000년대 초반부터 신규농 육성사업을 추진했다. 미국 농업의 미래를 책임질 후계세대를 육성하고, 신규 농업인이 영농 기반을 갖추어 농업분야에 정착하도록 지원하기 위한 것이다.
>
> 미국의 신규농 육성사업은 미국 전역의 신규 농업인에게 실질적인 도움을 주었다. 특히 저소득 및 취약계층 대상의 프로젝트를 우선 선발하고 지원하여 도움이 더 절실히 필요한 사람들이 사업의 혜택을 받도록 했다. 다양한 조직이 협업하여 프로젝트를 운영하도록 하여 프로그램의 질적 수준을 높이기도 했다. 지역사회를 기반으로 하는 조직과 전문성을 갖춘 공공기관 등이 협업하여 각 지역의 농업인의 요구를 파악하고, 이들에게 필요한 양질의 교육과 서비스 등을 제공하였다. 또한 정기적으로 사업의 추진 과정과 성과를 점검하는 관리방식도 눈여겨 볼만하다. 이를 기반으로 사업을 개선하고 우수사례를 공유하면서 사업의 효과를 높이고 있다. 우리나라에서도 농업의 미래를 이끌 후계세대를 육성하고자 다양한 정책이 진행되고 있는데 미국의 신규농 육성사업과 같이 도움이 필요한 이들이 실질적인 혜택을 받을 수 있도록 사업을 설계해야 한다. 또한 사업의 추진과정과 성과를 점검하여 사업의 효과성을 높이고 프로그램의 질적 수준을 향상시킬 수 있는 방안을 지속적으로 모색해야 할 것이다.

① 농가소득지원과 농작물보험에 대한 예산을 증가시켜 실질적인 금융 지원을 도모한다.
② 신규농 정착 과정을 모니터링하는 전담 조직을 창설하여 현실적인 지원책을 마련한다.
③ 신규농 대상 사업을 저소득 계층으로 확대하여 지원의 효율성을 높인다.
④ 농산물 무역 협상을 가속화하여 세계시장에서 자생력을 키우는 발판을 마련한다.
⑤ 신규농 육성을 위한 다양한 교육 프로그램을 창출하여 적극 홍보한다.

03 다음 중 협동조합에 소속된 조합원이 아닌 투자자에게도 배당을 부여하여 출자금을 형성하는 출자 방법을 고르면?

① 목적 출자　② 순환 출자　③ 외부 출자
④ 우선 출자　⑤ 조합원의 직접 출자

04 다음 중 농업진흥구역과 농업보호구역에서 공통적으로 허용되는 행위로 적절하지 않은 것을 고르면?

① 농작물의 경작　② 다년생식물의 재배　③ 간이퇴비장의 설치
④ 주말농장 운영　⑤ 농지개량사업

05 다음 중 지력을 유지 · 향상하기 위한 방법으로 적절하지 않은 것을 고르면?

① 깊이갈이를 한다.
② 녹비작물을 재배한다.
③ 돌려짓기 재배를 한다.
④ 병충해 방제를 위해 볏짚을 태워 개간한 논에 경작한다.
⑤ 유효 규산의 함량을 높이고, 석회를 활용해 토양 산성화를 방지한다.

06 다음 자료에서 펌뱅킹과 오픈뱅킹 및 NH농협이 지원하는 ㉠에 대한 설명으로 옳지 않은 것을 고르면?

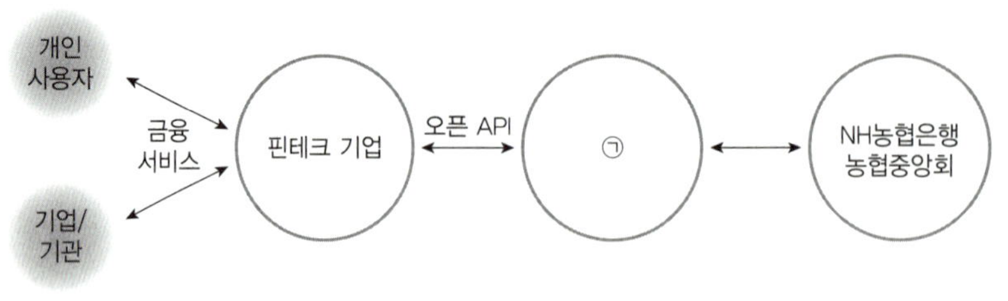

① 펌뱅킹이란 기업과 은행 간 전용회선과 VAN(Value Added Network)을 통해 은행업무를 패키지로 제공하는 서비스이다.

② 오픈뱅킹은 송금결제망을 표준화하고 개방하여 하나의 앱으로 모든 금융서비스를 제공하는 계좌서비스이다.

③ ㉠을 통해 간편결제뿐만 아니라 계좌와 신용카드 사용내역을 실시간으로 조회하고 연동할 수 있다.

④ ㉠은 공통, 간편결제, 자산관리 등 총 113개의 금융 API와 P2P, 조각투자 등 74개의 맞춤형 API를 제공한다.

⑤ 펌뱅킹과 달리 ㉠은 전용회선이 아닌 인터넷을 통해 고객사와 은행을 연결하여 별도의 보안 인증 없이 신속하고 유연한 금융서비스를 제공한다.

07 다음은 어떤 머신러닝 알고리즘 유형의 방법이다. 해당 유형에 대한 사례로 가장 적절한 것을 고르면?

데이터 셋에서 고유한 패턴을 발견

① 현재까지의 주식 그래프를 기반으로 특정 시점의 주가 예측

② 바둑 대국에서 승리하기 위해 다양한 시도를 행하는 인공지능

③ 과거 매출 이력을 기반으로 미래의 가격 추산

④ 강아지/고양이의 이미지를 구분하여 레이블링

⑤ 초록색이 포함된 이미지에서 '풀'과 같은 특정 카테고리를 분류

08 다음 중 서비스 거부(DoS) 공격에 대한 설명으로 옳지 않은 것을 고르면?

① 대부분의 서비스 거부 공격은 해커가 아직 침입하지 못한 시스템을 대상으로 하며, 시스템의 정당한 사용을 불가능하게 한다.

② 서비스 거부 공격으로 인하여 너무 많은 시스템 자원이 사용되기 때문에 유용한 작업이 실질적으로 수행되지 못할 수 있다.

③ 서비스 거부 공격은 공격 트래픽이 네트워크 대역폭의 대부분을 차지하여 네트워크를 사용하지 못하게 할 수 있다.

④ 분산 서비스 거부(Distributed Denial of Service, DDoS) 공격은 많은 수의 좀비 PC들이 동시에 하나의 대상을 공격하여 방지와 탐지가 더욱 어렵다.

⑤ 서비스 거부 공격은 시스템의 정상적인 동작과 동일한 메커니즘을 사용하기 때문에 일반적으로 서비스 거부 공격을 예방하는 것은 가능하다.

09 다음 [그림]의 워크시트에서 [H3] 셀에 '=IF(ROUND(G3,0)>=90, "우등", "해당 없음")'라고 입력한 후 채우기 핸들을 이용하여 [H4:H9] 셀까지 수식을 복사하였다. 이때 "우등"이라고 표시된 셀의 개수는 몇 개인지 고르면?

[그림] 워크시트

	A	B	C	D	E	F	G	H
1								
2			영어	수학	과학	국어	평균	우등생
3		김민지	90	70	85	77	80.5	
4		이승민	100	95	100	90	96.25	
5		심정민	85	90	90	75	85	
6		김철환	90	90	90	90	90	
7		양진	50	100	100	100	87.5	
8		홍문기	85	75	95	65	80	
9		이현주	84	95	86	93	89.5	
10								

① 2명 ② 3명 ③ 4명

④ 5명 ⑤ 6명

10 다음 [그림]과 같이 워크시트에 자료가 입력되어 있을 때 [E3] 셀에 =DATEDIF(D3, TODAY(), "Y")를 입력하고 [E4:E12] 셀까지 수식을 복사했다. 현재 시스템 날짜가 2019년 1월 1일인 경우 결괏값이 8이 되는 셀의 개수를 고르면?

[그림] 워크시트 자료

	A	B	C	D	E	F
1						
2		이름	직급	입사일		
3		강재원	사원	2013-01-15		
4		경윤수	대리	2010-03-12		
5		김용민	과장	2008-05-04		
6		김진수	사원	2012-05-15		
7		박준혁	대리	2010-03-12		
8		박지원	과장	2008-05-04		
9		송한별	사원	2012-05-15		
10		윤은빈	대리	2010-03-12		
11		이세희	부장	2008-05-04		
12		이진우	대리	2010-05-15		
13						

① 1개 ② 2개 ③ 3개
④ 4개 ⑤ 5개

11 A국은 기준금리를 유지하였고, B국은 최근 기준금리를 인상하였다. 이때 A국 경제에 미치는 영향으로 적절하지 <u>않은</u> 것을 고르면?(단, A국 경제는 자본 이동이 자유롭고 변동환율제도를 채택하고 있다.)

① A국 통화가 평가절하될 것이다.
② 단기적으로 A국의 국제수지는 개선될 것이다.
③ 단기적으로 A국의 무역수지가 개선될 것이다.
④ A국에서 B국으로 자본 유출이 발생할 것이다.
⑤ B국으로부터 수입되는 상품의 A국의 화폐 표시 가격이 상승할 것이다.

12 **다음 중 자산유동화증권(ABS)의 내부신용보강 방법으로 옳지 않은 것을 고르면?**

① 선·후순위 구조화　　② 자체보증　　③ 지급보증
④ 초과담보 설정　　⑤ 환매요구권

13 **다음 중 금융소비자 보호 관련 제도에 대한 설명으로 적절하지 않은 것을 고르면?**

① 설명의무: 계약 체결을 권유하거나 금융소비자가 설명을 요청하는 경우에는 일반금융소비자가 이해할 수 있도록 설명해야 한다.
② 판매 후 모니터링 제도: 금융소비자와 판매계약을 맺은 날로부터 7영업일 이내에 제3자가 금융소비자와 통화하여 설명의무 이행 여부를 확인해야 한다.
③ 불완전판매 배상제도: 불완전판매행위가 발생하였을 경우 금융투자상품 가입일로부터 15일 이내 금융투자회사에 배상을 신청할 수 있다.
④ 판매수수료 반환 서비스: 금융소비자가 5영업일 이내에 환매, 상환 또는 계약의 해지를 요청하는 경우 판매수수료를 반환해야 한다.
⑤ 청약철회: 금융소비자보호법에 따라 모든 보장성 상품, 대출성 상품, 투자성 상품은 금융소비자보호법에 명시된 기간 또는 약정한 기간 내에 계약을 취소할 수 있다.

14 **다음 [표]는 중고차 시장에서 구매자와 판매자의 금액 정보를 나타낸 것이다. 판매자는 차량의 품질을 알고 있고 구매자는 위험중립적이라고 할 때, 적절하지 않은 것을 고르면?**(단, 중고차 시장에는 좋은 품질 차량과 나쁜 품질 차량만 있으며, 좋은 품질 차량의 비중은 50%이다.)

[표] 구매자와 판매자 금액 정보

구분	좋은 품질 차량	나쁜 품질 차량
구매자가 지불할 수 있는 금액	1,400만 원	900만 원
판매자의 최소 요구 금액	1,200만 원	600만 원

① 구매자가 차량의 품질을 모르는 경우, 판매자가 최소 요구 금액을 낮추면 좋은 품질 차량만 거래가 가능하다.

② 구매자가 차량의 품질을 모르는 경우, 나쁜 품질 차량만 거래가 가능하다.

③ 구매자가 차량의 품질을 아는 경우, 두 품질의 차량 모두 거래가 가능하다.

④ 구매자가 차량의 품질을 모르는 경우, 좋은 품질 차량에 지불할 수 있는 금액이 1,400만 원보다 크다면 두 유형이 모두 거래될 수 있다.

⑤ 구매자가 차량의 품질을 모르는 경우, 시장에서 나쁜 품질 차량 비중이 증가할 가능성이 있다.

15 **다음 중 수의상환채권**(Callable Bond)**과 수익상환청구채권**(Putable Bond)**을 비교한 것으로 적절하지 않은 것을 고르면?**

① 수의상환채권의 가치는 일반채권에 콜옵션 가치를 더한 것이고, 수익상환청구채권의 가치는 풋옵션 가치를 더한 것이다.

② 수의상환채권은 금리하락기에 주로 행사하고, 수익상환청구채권은 금리상승기에 주로 행사한다.

③ 수의상환채권은 투자자에게 불리하고, 수익상환청구채권은 투자자에게 유리하다.

④ 두 채권 모두 발행 채권의 일부 또는 전부를 만기일 이전에 상환할 수 있는 조건이 존재한다.

⑤ 수의상환채권은 발행 기업이 옵션을 행사하고, 수익상환청구채권은 투자자가 옵션을 행사한다.

16 다음 [보기]에서 CDS에 관한 설명으로 옳은 것을 모두 고르면?

보기

㉠ CDS 거래에서 보장 매입자는 차주가 신용위험전가 사실을 모르는 상태에서 신용위험을 전가할 수 있다.
㉡ CDS 거래에서 보장 매수자가 보장 매도자에게 프리미엄을 지급한다.
㉢ CDS 거래에서 신용위험뿐만 아니라 시장위험도 상대에게 전가할 수 있다.
㉣ 보장 매도자의 지급 능력이 우수할수록 보장 매입자의 프리미엄은 작아진다.

① ㉠, ㉡　② ㉠, ㉢　③ ㉡, ㉢
④ ㉡, ㉣　⑤ ㉢, ㉣

17 소비자가 X재와 Y재만 소비한다고 할 때, 소비자 이론 설명으로 옳은 것을 고르면?

① 소비자의 효용함수가 $U=2XY$일 때, X재의 한계대체율은 체증한다.
② 소비자의 효용함수가 $U=Min[2X, Y]$일 때, 대체효과가 가장 크다.
③ 소비자의 효용함수가 $U=Min[X, Y]$일 때, 수요의 교차탄력성은 0이다.
④ 소비자의 효용함수가 $U=3\sqrt{XY}$일 때, X재의 지출 비중은 50%이다.
⑤ 소비자의 효용함수가 $U=2X^{1/3}Y^{1/2}$일 때, Y재의 한계대체율은 체감한다.

18 소규모 개방경제의 재화시장 균형에서 국내총생산(Y)=80, 소비(C)=0.4Y, 투자(I)=30−r, 정부지출(G)=8, 순수출(NX)=30−2e이다. 세계이자율은 10일 때, 실질환율로 옳은 것을 고르면?(단, r은 국내 이자율, e는 실질환율, 국가 간 자본이동은 완전하다.)

① 1　② 3　③ 5
④ 7　⑤ 9

19 다음 중 RIP 프로토콜에 대한 설명으로 옳지 <u>않은</u> 것을 고르면?

① Autonomous System 내부에서 통신하는 IGP이다.

② Default 라우팅 업데이트의 주기는 30초이다.

③ HOP의 개수가 30개를 넘어가면 사용할 수 없다.

④ Distance Vector Routing을 사용하여 최적 경로를 결정한다.

⑤ 표준 라우팅 프로토콜이다.

20 다음 0부터 차례로 나타나는 숫자들은 어떤 트리를 전위 순회로 읽었을 때의 숫자이다. 이를 후위 순회로 읽었을 때 올바른 것을 고르면?

0－1－3－7－8－4－9－10－2－5－11－6

① 7－8－3－9－10－4－1－11－5－6－2－0

② 5－6－11－9－2－10－7－4－8－0－3－1

③ 7－3－8－4－10－9－1－5－11－6－0－2

④ 5－11－6－9－10－2－4－8－7－3－1－0

⑤ 7－3－8－1－9－4－10－0－11－5－2－6

21 다음 중 최악의 경우(Worst case)에서 시간복잡도가 <u>다른</u> 정렬을 고르면?

① 삽입정렬 ② 버블정렬 ③ 퀵정렬

④ 선택정렬 ⑤ 힙정렬

22 다음 글의 빈칸 ㉠, ㉡에 해당하는 개념을 순서대로 짝지은 것을 고르면?

> 기존의 컴퓨터는 폰노이만구조로 구성되어 있어 중앙처리장치와 메모리가 분리되어 있었다. 메모리에 저장되어 있는 명령어나 연산자를 중앙처리장치에서 불러와 연산을 수행하는 방식이었다. 따라서 연산량이 많아지면 연산속도가 낮아져 데이터 병목현상이 발생하고 작업 처리 속도가 저하되는 단점이 존재했다. 최근 이러한 구조적 문제를 해결할 수 있는 차세대 반도체로 (㉠)이 주목받고 있다. (㉠)은 컴퓨터가 작동할 때 데이터를 저장하고 처리하는 임시 단기 저장소인 (㉡)의 원리를 활용한 융합기술의 일종으로, 메모리 반도체 내에 프로세서 연산기를 집적해 연산을 수행할 수 있다. 메모리 영역에서 데이터 연산이 동시에 가능하기 때문에 처리 속도가 빠르며 전력 소모량도 기존의 컴퓨팅 구조보다 절감되는 장점을 지닌다.

	㉠	㉡
①	PIM	RAM
②	3D D램	ROM
③	V NAND	RAM
④	DDR4	ROM
⑤	DDR5	NAND플래시

23 다음 [보기]에서 NAT 기능으로 옳지 않은 것을 모두 고르면?

보기

㉠ 사설 IP주소를 공인 IP주소로 바꿔주는 데 사용하는 통신망의 주소 변환기이다.

㉡ 기업이나 조직의 모든 정보가 컴퓨터에 저장되면서, 컴퓨터의 정보 보안을 위해 외부에서 내부, 내부에서 외부의 정보통신망에 불법으로 접근하는 것을 차단하는 시스템이다.

㉢ 서로 다른 네트워크를 중계해 주는 장치로 보내지는 송신정보에서 수신처 주소를 읽어 가장 적절한 통신 통로를 지정하고, 다른 통신망으로 전송하는 장치를 말한다.

① ㉠ ② ㉠, ㉡ ③ ㉠, ㉢
④ ㉡, ㉢ ⑤ ㉠, ㉡, ㉢

24 다음 (가)~(다)는 클라우드 컴퓨팅 서비스의 세 가지 모델에 대한 설명이다. 각 모델의 명칭을 순서대로 짝지은 것을 고르면?

> (가) 고객은 운영체제(OS) 및 데이터, 애플리케이션, 미들웨어 및 런타임을 담당 관리하며, 제공 업체는 사용자가 필요로 하는 네트워크, 서버, 가상화 및 스토리지의 관리와 액세스를 담당 및 시스템이나 서비스를 구축하는 데 필요한 IT 자원을 서비스 형태로 제공한다.
> (나) 클라우드 자체 인프라에서 하드웨어와 OS, 소프트웨어가 구축되어 있는 서비스를 제공하며, 프로그래밍 언어를 사용하여 사용자가 개발한 애플리케이션을 실행 및 관리할 수 있다.
> (다) 제공 업체에서 소프트웨어와 데이터, 버그 수정 및 기타 유지관리 서비스를 제공하고, 사용자에게 기술 지원을 한다.

	(가)	(나)	(다)
①	PaaS	IaaS	SaaS
②	IaaS	PaaS	SaaS
③	IaaS	SaaS	PaaS
④	SaaS	IaaS	PaaS
⑤	SaaS	PaaS	IaaS

25 다음 [보기]에서 설명하는 기술에 해당하는 것을 고르면?

> **보기**
>
> 위치정보와 지리정보를 실시간으로 전달하는 GPS, 자기센서, 가속도센서, 자이로스코프 등의 위치정보시스템을 바탕으로 물리적 현실에 가상의 디지털 정보를 합성하는 기술이다. 이 기술을 통해 현실을 배경으로 3차원 가상 이미지를 겹쳐 현실을 강화하고 새로운 인지 계층을 구성한다. 다른 가상현실 기술에 비해 가상세계 구성을 위한 3차원 모델링의 비용과 시간의 부담이 적다. 스마트폰만 있으면 누구나 해당 기술을 활용할 수 있기 때문에 접근 가능성이 높다는 것도 장점이며 교육, 훈련, 게임 등으로 이미 활용되고 있다.

① AR(Augmented Reality)
② VR(Virtual Reality)
③ MR(Mixed Reality)
④ 디지털 트윈
⑤ V2X

26 다음 글의 내용을 바탕으로 한 [보기]의 고객문의에 대한 답변으로 가장 적절한 것을 고르면?

■ NH청년도약계좌 자격

해당 계좌는 연령 조건, 소득 조건을 모두 충족한 사람에 한해 개설이 가능합니다.

- 만 19~35세 이하의 청년(병역 복무 기간 최대 6년 추가 인정)
- 개인 연소득 7,500만 원 이하, 가구소득 2023년 기준 중위소득 180% 이하
- 월 최대 70만 원 한도 내에서 자유롭게 납입 가능하며 중간에 납입이 없더라도 계좌는 만기일까지 유지
- 5년 만기 자유적립식 적금
- 청년희망적금 만기 후 청년도약계좌 순차 가입 허용

■ NH청년도약계좌 우대조건

- 기본금리는 연 4.5%로 3년간 고정, 이후 2년은 변동금리 적용
- 가입 월부터 만기 전전월말까지 급여 임금실적에 따라 12개월 0.1%/26개월, 0.3%/50개월에 0.5%p 우대 적용 (월별 50만 원 이상인 경우 인정, 비연속적인 경우도 포함)
- 가입 월부터 만기 전전월말까지 농협은행 NH채움(개인·신용·체크)카드 이용실적(공과금 납부 포함, 현금 서비스 제외) 월평균 20만 원 이상 시 0.2%p 우대 적용
- 적금 가입 직전 1년간 농협은행 예적금(청약 포함) 미보유 또는 NH청년희망적금 만기 해지 고객일 경우 0.1%p 우대 적용
- 적금 가입 시점에 상품 서비스 안내 동의서 전체 동의 고객일 경우 0.2%p 우대 적용
- 소득우대 최고 0.5%p

■ NH청년도약계좌 혜택

- 개인소득 수준과 납입한 금액에 비례해 소득구간별 정부기여금 지원
  (총급여 2,400만 원 이하: 지급한도 40만 원, 총급여 2,400만 원 초과 3,600만 원 이하: 지급 한도 50만 원, 총급여 3,600만 원 초과 4,800만 원 이하: 지급한도 60만 원, 총급여 4,800만 원 초과 6,000만 원 이하: 지급한도 70만 원)
- 저소득층 청년 대상 일정 수준의 우대금리 제공
- 이자 소득에 대한 비과세 혜택 제공

보기

[고객문의]

청년희망적금이 만기된 이후에 NH청년도약계좌를 신청했는데, 자격 요건에 맞아 계좌 개설이 가능하다는 답변을 받았습니다. 어떤 혜택이 있는지 궁금합니다.

① 연령 조건, 소득 조건을 충족하면 중복으로 신청 가능하여 저축금액을 늘릴 수 있습니다.
② 변동금리가 적용되기 때문에 적금 만기 때 실제 지급받는 이자금액이 다소 높습니다.
③ NH채움카드로 공과금 납부 포함 월평균 20만 원 사용 시 우대금리가 적용 가능합니다.
④ 총급여 수준과 납입 금액이 작을수록 더 많은 정부기여금을 받을 수 있습니다.
⑤ 납입을 중지하더라도 5년 동안 계좌는 유지되며, 정부기여금과 이자 소득을 받을 수 있습니다.

27 A 신문사는 특별 기고에서 한국의 저출산 대책 보고서를 작성하고자 한다. 이를 담당한 B 기자가 다음과 같이 개요를 작성하였을 때, ㉠~㉤의 하위 항목에 들어갈 내용으로 적절하지 않은 것을 고르면?

> Ⅰ. 서론
> 저출산 문제의 심각성과 연구의 필요성, 목적과 목표 설정
>
> Ⅱ. 한국의 저출산 현황
> 1. 저출산의 정의와 기준
> 2. 저출산 추이 분석
> 3. 저출산의 사회적, 경제적 영향
>
> Ⅲ. 저출산의 주요 원인 분석
> 1. 경제적 요인
>   1) 주거 문제
>   2) 고용 불안정 ······ ㉠
> 2. 사회적 요인
>   1) 여성의 사회적 역할 변화 ······ ㉡
>   2) 결혼 및 출산에 대한 가치관 변화
> 3. 정책적 요인
>   1) 지원 정책의 한계
>   2) 제도적 미비점
>
> Ⅳ. 저출산 극복을 위한 정책 제안
> 1. 경제적 지원 강화 방안
>   1) 주거 지원 확대 ······ ㉢
>   2) 양육비 지원 강화: 출산 및 양육비 지원 확대, 교육비 경감 정책
> 2. 사회적 인식 개선 방안
>   1) 출산 및 육아에 대한 긍정적 인식 확산
>   2) 남성의 육아 참여 확대 ······ ㉣
> 3. 제도적 개선 방안
>   1) 일－가정 양립 지원 제도 강화 ······ ㉤
>   2) 출산 휴가 및 육아 휴직 제도 개선

① ㉠의 하위 항목: 비정규직 증가, 청년 실업 문제와 저출산의 상관관계
② ㉡의 하위 항목: 여성의 고등 교육 및 경제 활동 증가, 일과 가정 양립의 어려움
③ ㉢의 하위 항목: 공공 임대주택 공급 확대, 주거비 지원 방안
④ ㉣의 하위 항목: 출산 및 육아의 중요성 홍보, 가족 친화적인 사회 문화 조성
⑤ ㉤의 하위 항목: 유연 근무제 도입 확대, 일과 가정 양립 지원 센터 운영

28 다음 글을 읽고 추론한 내용으로 적절하지 않은 것을 고르면?

아쿠아포닉스 시스템이 친환경 양식 기술로 주목받고 있다. 아쿠아포닉스는 물고기를 양식하는 과정에서 형성되는 물속의 유기 영양소로 작물을 수경 재배하는 순환형 생산시스템으로 물 소비량이 일반 양식장에 비해 적고 사육생물과 작물의 성장이 빨라 돈이 되는 양식 방법이라고 알려져 있다. 아쿠아포닉스(Aquaponics)는 물고기 양식(Aquaculture)과 수경재배(Hydroponics)의 합성어로 물고기와 작물을 함께 길러 수확하는 방식을 말한다. 작물의 재배 원리는 물을 순환시켜 재배하는 수경재배와 동일하지만 수경재배는 채소가 필요한 대부분의 영양분을 비료에서 얻고, 아쿠아포닉스는 물고기 배설물, 사료 등의 유기물에서 흡수한다는 점에서 차이가 있다. 아쿠아포닉스의 가장 큰 장점은 물 사용량을 크게 줄일 수 있다는 것이다. 채소와 물고기가 자라는데 필요한 물을 지속적으로 순환해 외부로의 방출을 최소화하기 때문이다. 또, 물고기의 배설물인 유기물을 무기화해 화학비료의 추가적 투입이 필요없어 비용을 줄일 수 있다는 장점이 있다.

국립수산과학원 첨단양식실증센터는 바이오플락 기술(Biofloc Technology, 이하 BFT)을 기반으로 한 아쿠아포닉스 시스템을 소개하고 있는데, 여기서 바이오플락은 사육수조 내 미생물과 미세조류가 사육과정에서 발생하는 사료 찌꺼기나 배설물 등 유기물을 완전히 분해하고 정화함으로써 사육수 교환을 하지 않은 무환수 친환경 양식기술을 말한다. 물고기를 사육하는 과정에서 발생하는 생물의 배설물로 물 환경에는 암모니아와 질산염같은 독성물질이 발생한다. 수상생물의 배설물에는 식물이 필요한 유기물이 풍부하게 존재하기 때문에, 1차적으로 미생물 또는 박테리아가 반응을 유도해 암모니아가 질산염으로 전환돼 수상생물에게 독성이 없는 형태로 사육수에 잔류하게 되며, 이 유기 반응물들이 펌프에 의해 순환되면서 식물 뿌리에 흡수돼 양질의 영양분을 공급해주는 방식이다. 국립수산과학원 첨단양식실증센터 관계자는 "BFT 기반의 아쿠아포닉스는 별도의 여과장치 없이 식물을 이용해 수질을 개선하는 동시에 물고기와 식물을 함께 생산할 수 있는 기술"이라고 설명했다.

① 아쿠아포닉스를 통해 물고기를 양식하면 작물의 성장이 빨라 경제적인 효과를 기대할 수 있다.
② 물을 순환시켜 재배하는 원리를 통해 물고기의 배설물을 흡수하고 물 사용량을 줄일 수 있게 된다.
③ 무환수 친환경 양식기술의 펌프 순환에 의해 양질의 영양분이 식물 뿌리에 공급되는 것이 가능하다.
④ 아쿠아포닉스 시스템을 이용하면 화학비료에 의한 비용을 줄이고 물 환경을 보호하는 것이 가능하다.
⑤ 바이오플락 기술을 활용함으로써 배설물을 완전히 분해하고 독성물질의 발생 자체를 봉쇄할 수 있다.

[29~30] 다음 글을 읽고 이어지는 질문에 답하시오.

대미달러 환율이 2008년 글로벌 금융위기가 한창 진행됐던 수준까지 오르고 있다. 환율이란 기본적으로 양국 통화의 교환비율로, 예를 들어 대미달러 환율은 미국 1달러가 우리나라 몇 원에 해당하느냐를 의미한다. 따라서 대미달러 환율이 상승하는 것은 원화 가치가 하락하고, 환율이 하락하면 원화가치가 상승하는 것을 의미한다. 따라서 일반적으로 환율이 상승하면 수출업자는 수출품의 가격 경쟁력이 높아져 유리하지만, 수입업자는 수입가격 상승으로 불리하게 작용한다.

최근에는 미국의 연방준비은행이 기준금리를 인상하고 국채 등의 채권매입을 중단하는 등 강력한 통화긴축을 추진하고 있다. 이에 따라 미국의 금리가 타국의 금리에 비해 높아, 미국의 달러는 우리나라 원화만이 아니라 유로나 엔화 등 세계 주요국의 통화에 대해서도 급속히 상승하는 추세를 보이고 있다. 환율은 자금의 유출입이 자유로운 상황에서는 동일한 통화로 표시한 수익률이 같아지도록 환율이 결정된다는 금리평가설이 기본이 된다. 즉, 어떤 국가의 금리가 상승하면 그 나라로 자금이 몰려 그 나라의 통화가치는 상승하게 된다. 미국의 금리가 다른 국가의 금리보다 빠르게 증가하고 있기 때문에, 미국 달러의 가치가 큰 폭으로 상승하고 있는 것이다. 올해 들어 미국의 달러는 외국의 주요 통화에 비해 평균으로 10% 이상 상승하고 있는데, 이는 주로 미국의 금리가 빠르게 상승하고 있다는 사실에 기인한다.

미국의 달러가치 상승, 원화의 환율 상승으로 인해 일반적으로 발생하는 수출 증대효과는 크지 않다. 이는 경쟁 대상국들의 통화도 비슷한 수준으로 가치가 하락하고 있기 때문이기도 하지만, 무엇보다 러시아의 전쟁과 중국의 제로 코로나 정책으로 세계경제가 좋지 못하기 때문이다. 또한 자금이 미국으로 집중되는 과정에서 스리랑카, 파키스탄 등 신흥개도국들은 경제위기를 겪게 되며 세계경제를 더욱 불안하게 하고 있다. 특히 환율 상승은 우리나라처럼 외국에 경제 의존도가 높은 국가에서는 수입물가를 상승시켜 인플레이션을 높여 임금상승–인플레이션의 악순환이라는 부정적인 효과를 야기한다.

따라서 우리나라의 입장에서는 환율을 안정시키는 것이 매우 중요하다. 이를 위해서는 무엇보다 한국은행의 기준금리를 미국의 기준금리에 맞춰 높이는 일이 시급하다. 물론 기준금리 인상은 가계부채가 높은 상황에서 부작용도 있을 수 있지만, 환율 안정과 이를 통한 거시경제관리라는 측면에서는 매우 중요한 과제이다. 특히 소규모 국가로서 자본시장이 완전히 개방된 상황에서 외국과의 금리 차이는 예상치 못한 자본유출을 가져와 환율불안정을 가속화시킬 수 있다. 따라서 현재의 상황에서 환율안정을 위해서는 미국과의 통화정책 조화가 필수적이라 할 수 있다.

29 주어진 글에 대한 설명으로 적절하지 않은 것을 고르면?

① 환율을 안정시키기 위해 우리나라의 상황에서는 미국과의 통화정책 조화가 필수적이다.

② 금리평가설에 따르면, 어떤 국가의 금리가 상승하면 그 나라의 통화가치는 상승하게 된다.

③ 환율의 상승으로 인해 미국의 물건을 수입하는 우리나라 수입업자는 수입가격 상승으로 불리하게 작용한다.

④ 미국의 달러가치가 상승하면 대외 의존도가 높은 국가들은 인플레이션이 높아져 악순환이 반복될 수 있다.

⑤ 외화 대비 원화의 환율이 상승하더라도 수출 증대효과가 크지 않은 것은 경쟁 대상국들의 통화도 비슷한 수준으로 가치가 상승하기 때문이다.

30 [보기]는 주어진 글을 읽고 난 후 진행한 L은행의 회의 내용이다. 주어진 글을 바탕으로 추론한 내용이 적절하지 않은 것을 고르면?

보기

- A: 이번 미국의 기준금리 인상으로 우리나라의 원화 가치가 하락할 것으로 예상됩니다. 우리 L은행에서 어떤 점을 고려해야 할까요?
- B: 한국은행에서도 기준금리를 인상시킬 가능성이 높습니다. 이에 따라 개인의 부채가 높은 경우에는 이자 등을 감당하기 어려울 수 있으니 이에 대비해야 할 것 같습니다.
- C: 맞습니다. 그뿐만 아니라 일반적으로 환율이 상승하면 수출 기업에 유리한데, 현재는 전쟁 등의 여파로 수출 증대효과가 높지 않습니다. 따라서 수출을 중심으로 하는 기업들의 대출금 상환에 대한 리스크를 분석할 필요가 있습니다.
- D: 그렇지만 가계부채가 높은 우리나라의 형편상 한국은행이 기준금리를 인상하기 부담스러울 수 있습니다. 오히려 자본시장이 완전히 개방되어 있다는 점을 고려해 우리 L은행의 여유자금을 해외에 투자하는 것이 더 적절할 수 있습니다.
- E: 리스크를 관리하기 위해서는 오히려 환율 불안정이 가속화될 상황에 대비하는 것이 더 낫지 않을까요? 대출금 이자에 대한 상황이 어려워지면 결국 개인과 기업의 파산이 우리 L은행의 손해로 이어질 수 있습니다.

① A ② B ③ C ④ D ⑤ E

31 다음 글을 읽고 추론할 수 있는 내용으로 옳은 것을 고르면?

풍요로워진 생활로 전 세계적으로 발병률이 크게 증가하고 있는 대사증후군(Metabolic Syndrome)이 인류의 건강을 크게 위협하는 질병 중 하나로 대두되고 있다. 대사증후군에서 '증후군'은 증상이 한 가지로 뚜렷하게 나타나는 것이 아니기 때문에 붙여진 말로, 일반 사람들이 대사증후군을 제대로 인식하지 못하고 있거나 막연하게 생각할 수 있다. 그렇지만 대사증후군을 방치할 경우 다른 질환을 유발해 갑작스런 죽음을 맞이할 수 있고, 암으로 발전할 위험성도 높아 각별한 주의가 필요하다.

대사증후군은 단순하게 나타나는 질병이 아니라 유전적 요인 즉, 가족력과 환경적 요인이 함께 작용하여 발생하는 복합적 질병이다. 유전적인 요인으로는 지질대사나 인슐린 저항성과 연계되어 있는 'SNP'로 불리는 유전자인 단일염기 다형성이 대사증후군에 관련되어 있는 것으로 밝혀지고 있다. 환경적인 요인으로는 복부비만을 유발하는 식생활이나 적은 활동량에 따른 운동 부족, 과음이나 흡연, 나이 등과 함께 출산 시 2.5kg 이하의 저체중도 원인으로 지적되고 있다. 많은 질병의 원인이 되는 스트레스도 대사증후군 주요 유발 요인 중 하나이다.

대사증후군 환자에게서 나타나는 주요 특징 중 하나인 인슐린 저항성은 당뇨병 발생 확률을 10배 이상, 심혈관계 질환 발생을 2배 이상 유발하는 위험성을 지니고 있는 것으로 알려져 있다. 우리 몸에서 혈중 포도당 농도가 높아지면 췌장의 베타세포가 자극을 받아 인슐린을 더 많이 분비해 이를 조절해 주는데, 이때 인슐린이 과도하게 분비되어 혈중 인슐린 농도가 많이 높아지면 인슐린 저항성이 나타날 수 있다. 이런 결과로 베타세포가 인슐린을 분비하지 못해 발생하는 질환이 당뇨병이다.

심장대사증후군학회가 국내 19세 이상 성인을 대상으로 한 대사증후군 진단 기준 항목별 유병 현황 조사에 따르면 좋은 콜레스테롤로 불리는 HDL 수치가 40mg/dL보다 낮은 '저HDL 콜레스테롤 혈증'이 30.3%로 가장 높게 나타났다. 이는 고혈압(29%)보다도 높았다. 낮은 HDL 콜레스테롤이 위험한 이유는 혈관에 불필요하게 쌓인 콜레스테롤을 청소하는 역할을 하는 HDL 콜레스테롤이 부족해지는 경우, 필요한 곳에 쓰이고 남은 콜레스테롤이 혈관에 쌓이면서 혈관 벽이 좁아지고 딱딱해져 심혈관계에 문제를 일으킬 수 있기 때문이다. HDL 수치를 높이기 위해서는 강도 높은 운동을 한 번 오래 하기보다는 가벼운 운동을 자주 하는 것이 효과적인 것으로 제안되고 있다. 그리고 식사는 탄수화물 과다섭취에 유의하면서 생선, 콩, 두부, 잡곡, 신선한 채소와 과일 등을 고루 섭취할 것이 권고되고 있다.

5단계로 구분되는 대사증후군의 진행 과정에서 1단계의 원인으로 운동 부족, 균형 잡히지 않은 식생활, 흡연이나 과도한 음주, 그리고 스트레스 등이 지적되고 있다. 2단계는 고혈압, 고혈당, 고중성지방성, 저HDL콜레스테롤, 복부비만 등 대사증후군을 유발하는 5가지 위험요소 중 3가지 이상이 기준치를 넘겨 대사증후군 증상이 나타나는 단계이다. 3단계에서는 비만, 당뇨, 고혈압, 이상지질혈증 등이 나타나며, 4단계에서는 심근경색, 협심증, 뇌졸중, 당뇨병 등의 합병증이 동반된다. 그리고 마지막 5단계에 접어들면 반신마비, 일상생활 장애, 인지장애(치매) 등의 증상이 나타난다.

대사증후군은 특정 부위의 통증으로 나타나지 않으며, 약물 치료도 쉽지 않은 질환으로 관리가 어려운 질환이기 때문에 대사증후군으로 진단을 받으면 서둘러 관리에 나서야 한다. 대사증후군의 관리 방법으로는 규칙적인 운동을 통한 신체 활동 늘리기, 식이요법으로 골고루(종류), 제때에(시기), 알맞게(양), 천천히(속도) 그리고 싱겁게 먹는 식습관 길들이기, 적정 체중 유지하기, 혈압, 혈당, 콜레스테롤의 정기 검진과 상담하기, 술과 담배 끊기, 스트레스 관리 등이 제안되고 있다. 우리가 섭취한 음식물에 함유된 영양소가 세포로 흡수되어 이용되는 과정에는 비타민과 미네랄의 도움이 필요하다. 인슐린 저항성과 연관해서는 비타민D가 꼽히고 있는데, 비타민D는 골다공증 예방뿐만 아니라 고혈압, 당뇨병, 심혈관질환 및 대사증후군 예방에도 도움을 주는 것으로 보고되고 있다.

지속적인 운동은 인슐린의 이용률을 높여준다. 제2형 당뇨병(인슐린 비의존형)과 심장병의 발생률은 주로 앉아서만 일하는 사람보다 규칙적으로 운동하는 사람에서 30~55% 낮게 나타나는 것으로 보고되고 있다. 하지만 건강에 도움이 되는 운동도 지나칠 경우 위험하다는 사실도 제대로 인식하고 임해야 한다. 운동은 자신의 체질에 맞게 이루어져야 하며, 운동의 종류와 빈도, 강도와 순응도, 그리고 안전성 등을 감안하여 실천해야 한다.

① 대사증후군 진단 기준 항목별 유병 현황 조사에서 고혈당이 고혈압보다 높게 나타났을 것이다.
② 위험요소 중 복부비만과 고혈압에서만 기준치보다 높게 나타난 경우 대사증후군 2단계로 볼 수 있다.
③ 베타세포에서 분비하는 인슐린이 많아질수록 혈중 포도당 농도가 높아질 것이다.
④ 대사증후군의 관리 시 섭취 음식의 종류보다 섭취 시기가 중요할 것이다.
⑤ 비타민D의 꾸준한 섭취는 당뇨병 발생 확률을 낮출 것이다.

[32~33] 다음은 A 제조업체의 SWOT 분석 결과이다. 이를 바탕으로 이어지는 질문에 답하시오.

강점(Strength)	• 원활한 제품 유통 • ㉠ 높은 생산성과 영업 이익
약점(Weakness)	• ㉡ 경쟁 업체에 비해 낮은 인지도 • 청년들이 기피하는 업종
기회(Opportunity)	• ㉢ 4차 산업에 따른 제품 수요 증가 • ㉣ 정부의 산업 지원금 증대
위협(Threat)	• 국제 정세에 따른 수출량 변동 • ㉤ 자동화 등 인공지능 기술의 발전

32 밑줄 친 ㉠~㉤ 중 적절하지 않은 것을 고르면?

① ㉠ ② ㉡ ③ ㉢
④ ㉣ ⑤ ㉤

33 SWOT 분석 결과를 해석한 내용으로 가장 적절하지 않은 것을 고르면?

① 높은 생산성과 영업 이익으로 외부 환경의 기회를 활용하는 것은 SO 전략이다.
② 4차 산업에 따른 제품 수요 증가를 강조하여 낮은 인지도를 극복하는 전략을 세워야 한다.
③ 원활한 제품 유통으로 내수를 안정화하여, 국제 정세에 따른 수출량 변동으로 발생하는 피해를 최소화하는 것은 ST 전략이다.
④ 정부의 산업 지원금 증대로 젊은 층의 구인난을 극복하는 시스템을 구축하는 것은 WO 전략이다.
⑤ 높은 영업 이익은 기업 내부 요인이고, 청년들이 기피하는 업종임도 내부 요인이다.

34 다음 글을 읽고 추론한 내용으로 적절하지 않은 것을 고르면?

CBDC는 실물 명목화폐를 대체하거나 보완하기 위해 중앙은행이 직접 발행하는 디지털화폐를 뜻하며, 발행 대상에 따라 일반적인 소액결제용과 금융기관 간 거액결제용으로 구분할 수 있다. CBDC는 전자적 방식으로 구현되어 현금과 달리 익명성을 제한할 수 있고, 이자 지급이 가능하며, 보유한도 설정 및 이용시간 조절도 가능하다.

CBDC와 관련된 논의는 과거에도 있었으나, 최근 분산원장기술의 발전과 암호자산의 확산 등을 계기로 이에 대한 논의가 급격히 활성화되었다. 특히 인구가 적고 현금 이용 감소에 따른 부작용 발생 우려가 있거나, 금융 포용 수준이 낮은 특수 환경에 처한 일부 국가들이 CBDC 발행을 보다 적극적으로 검토하고 있다. 스웨덴은 현금 이용이 크게 감소하여 일부 민간 전자지급 수단에 대한 의존도가 심화되었고, 그 결과 지급 서비스 시장 독점의 문제가 발생하여 이를 해결하기 위해 CBDC 발행을 검토하고 있다. 우루과이, 튀니지 등은 지급 결제 인프라가 미비하여 국민들이 금융 서비스에 쉽사리 접근하지 못하는 상황을 타개하기 위하여 CBDC 발행을 고려하고 있다.

2019년에 중국은 CBDC를 발행한다고 공식 발표하였으며, 튀르키예 중앙은행이 CBDC 발행 계획을 2019~2023 경제 로드맵에 포함시켰다. 노르웨이 중앙은행, 태국 중앙은행, 러시아 중앙은행도 CBDC 발행을 낙관적으로 검토하고 있다고 밝힌 바 있다.

스웨덴은 입출금과 계좌이체, 지급결제 등이 모두 가능한 디지털화폐 'e－크로나'를 본격적으로 개발하고 있으며, 영국과 EU, 캐나다와 일본 등 주요국 중앙은행들도 전담반을 꾸리는 등 CBDC 연구에 적극 나서고 있다. 한국은행도 이러한 국제 이슈에 대응하고자 CBDC 연구·기술팀을 신설하였으며, CBDC의 기술적 구현 가능성을 검증하는 과정을 끝내고 상용화 검증을 앞두고 있고, 그 이후에는 CBDC 시범 운영을 시행할 계획이다. 국제적 흐름에 따라 기축 통화인 달러를 발행하는 미국마저 CBDC 발행 계획이 없다는 기존 입장을 뒤집고 디지털화폐 연구를 강화하겠다고 밝혔다.

① 우리나라는 아직 CBDC를 발행·유포하지 않았다.
② 미국은 CBDC 발행에 대해 유보적인 입장이었다.
③ CBDC가 도입되면 불법자금 및 지하경제 문제가 완화될 수 있다.
④ 스웨덴은 현금 이용 감소에 따른 부작용을 극복하고자 'e－크로나'를 개발하고 있다.
⑤ CBDC는 우루과이나 튀니지처럼 금융 인프라가 충분히 발달하지 않은 국가에서는 실효성이 없다.

35 다음 글의 문단 [가]~[라]를 논리적인 순서에 맞게 배열한 것을 고르면?

[가] 다양한 학교폭력에 노출된 피해 관련 학생들은 심리·정서적으로 어려움을 겪고 있으며 성인이 되어서까지 트라우마에서 벗어나지 못하는 경우도 많다. 현재 우리나라 청소년의 폭력 실태와 정신건강은 현대 사회의 심각한 사회문제로 대두되고 있는 실정이다.

[나] 따라서 청소년들의 다양한 폭력에 노출된 일상화를 차단하기 위하여 학교폭력 문제는 우리 사회 전체가 함께 고민하고 해결해야 하는 문제로 인식해야 한다. 교육청과 학교, 학부모, 학생 모두의 관심과 노력이 필요하고, 학교에서는 보다 실질적인 학교 폭력 예방 교육을 실시하고 학부모 역시 자녀들에 대한 관심과 소통으로 안전을 위해 함께 노력해야 한다.

[다] 2023 전국 학교폭력 실태조사에 따르면 조사 학생의 98%가 학교폭력을 경험한 것으로 나타났다. 학교폭력 중에 사이버 폭력, 언어폭력, 괴롭힘, 신체폭력 순으로 사이버 폭력이 가장 높은 비율을 차지했으며 폭력 양상도 다양화되고 있다.

[라] 과거에 학교폭력은 학생들 사이의 왕따 현상으로 대상 학생에 대해 그림자처럼 취급하는 거였다면, 최근의 학교폭력은 대상 학생에 대한 지속적인 괴롭힘으로 재미와 희열을 느낀다. 피해 관련 학생은 자신의 피해 사실을 객관적인 자료로 입증을 해야 하는데, 그 자료를 마련하는 것이 어렵고 이런 이유로 가해 관련 학생은 가벼운 처벌만 가능할 뿐 법적 책임을 묻기 힘든 것이 현실이다. 가해 관련 학생들은 법적 책임을 피할 수 있다는 점을 이용해 잔인하고 교묘해진 폭력 수법으로 수위가 높아지고 사회적으로 폭력 범위가 확대되고 있다는 것이 문제이다.

① [가]-[다]-[라]-[나]
② [가]-[다]-[나]-[라]
③ [다]-[가]-[라]-[나]
④ [다]-[나]-[라]-[가]
⑤ [다]-[라]-[가]-[나]

36 다음 글을 읽고 빈칸에 들어갈 말로 가장 적절한 것을 고르면?

> 인플레이션을 설명할 때 가장 많이 쓰이는 공식은 어빙 피셔가 발표했던 교환방정식 MV=PT이다. 여기서 M은 통화량을, V는 화폐의 유통속도를, P는 가격지수(물가)를, T는 모든 재화의 총수량을 말한다. 즉, 이 방정식에 의하면 '통화량×통화 유통속도'와 '가격지수(물가)×재화의 수량'이 정확히 일치한다는 것이다.
>
> 화폐가 등장한 이후 모든 거래는 화폐로 이뤄지고 있다. 그러므로 이 방정식은 우변에 해당하는 '모든 재화의 거래대금'은 좌변에서의 '경제 내의 화폐량과 그 화폐의 지급 빈도 즉, 통화 유통속도의 곱'과 일치한다는 것을 설명한다. 그런데 통화량과 통화 유통속도를 늘리게 되면 자연적으로 재화의 수량이 일정하다는 가정하에 가격만 올라가게 된다는 것을 의미하기도 한다. 즉,
> (　　　　　　　　　　　　　　　　　　　　　　　　　　　　　　　　　)
>
> 이처럼 통화량이 늘어나고 통화 유통속도까지 회복되면 자산 버블 등을 포함한 인플레이션 속도가 빨라진다. 시장은 그럴 경우 자연적인 흡수 현상을 내보이게 되어, 예금하려고 하는 돈은 인플레이션을 고려하여 좀 더 높은 이자를 받으려고 할 것이며, 반대로 돈을 대출해 주는 입장에서는 조금이라도 높은 금리를 받아야 인플레이션 시 손해를 보게 되지 않게 된다.

① 통화 유통속도를 판단하는 한 가지 방법으로 저축률을 생각할 수 있으며, 저축률이 낮으면 통화 유통속도가 빠른 것으로, 저축률이 높으면 유통속도가 느리다고 생각할 수 있다.

② 통화량이 지속해서 늘어나도 통화 유통속도가 어느 정도 안정적인 수준을 유지한다면, MV가 높아지는 것을 제어할 수 있다는 이야기이다.

③ 정부가 줄어든 민간 수요를 견인하기 위해 재정정책과 함께 통화정책을 과도하게 사용하면 결국 가격(P)만 오르게 되어 인플레이션을 발생시키게 된다.

④ 세계 각국의 정부와 중앙은행이 재정 집행 및 양적 완화 정책을 통해 통화량 확대를 도모했지만, 미국 등 선진국에서는 은행이 신용창조를 줄이면서 통화량이 줄어든 사례가 있다.

⑤ 금리를 올리고자 하여도, 가계와 중기의 대출이자 상환 부담과 이에 따른 도산의 증가 우려, 기업, 은행의 수익성 악화가 염려되어 금리를 올리지 못하는 것이다.

37 어느 자동차 부품을 생산하는 공장에서는 3대의 A, B, C기계를 이용하여 제품을 생산하는데, 생산된 전체 제품의 50%는 A기계, 30%는 B기계, 20%는 C기계에서 생산된다고 한다. 한편 A, B, C기계에서 생산된 제품의 불량률은 각각 1%, 2%, 3%라고 한다. 제품 하나를 임의로 선택했을 때 그 제품이 불량품일 경우, 그 제품이 A기계에서 생산되었을 확률을 고르면?

① $\frac{3}{17}$ ② $\frac{4}{17}$ ③ $\frac{5}{17}$
④ $\frac{6}{17}$ ⑤ $\frac{7}{17}$

38 상자 속에 들어 있는 15개의 공 중 당첨이라고 적힌 공이 3개 섞여 있다. 이 상자에서 연속하여 공을 1개씩 두 번 꺼낼 때, 두 번 모두 당첨이라고 적힌 공이 나올 확률을 고르면?

① $\frac{2}{12}$ ② $\frac{3}{35}$ ③ $\frac{1}{5}$
④ $\frac{1}{12}$ ⑤ $\frac{1}{35}$

39 A부장은 올해 말부터 시작하여 매년 말에 1,630만 원씩 10년간 퇴직연금을 받을 예정이었다. 그런데 A부장의 사정상 해당 연금을 연이율 5%의 복리로 계산하여 올해 초 한꺼번에 수령하기로 하였다. 이때 A부장이 수령하게 될 금액을 고르면?(단, 세금 및 제시되지 않은 것에 대해서는 고려하지 않으며, $(1.05)^{10} \fallingdotseq 1.63$으로 계산한다.)

① 1억 1,800만 원 ② 1억 2,600만 원 ③ 1억 3,200만 원
④ 1억 4,248만 원 ⑤ 1억 6,300만 원

40 다음의 N은행 신용대출 상품을 통해 사업자 김 씨는 2,400만 원을 5년 동안 분할상환 조건으로 대출받았다. 김 씨가 대출한 지 2년이 되는 시점에 나머지 원금을 모두 상환하려고 할 때 발생하는 중도상환해약금을 고르면?

N은행 신용대출 약관

가입 대상	• N은행의 개인인터넷뱅킹 가입 및 사업자정보와 휴대전화번호가 등록된 고객 • 사업 기간이 12개월 이상 경과한 고객
가입 방법	• 인터넷뱅킹, 스마트뱅킹
대출 한도	• 최대 5천만 원
상환 방식	• 일시상환: 1년(기한연장 가능) • 분할상환: 5년 원금균등분할상환(거치기간 없음)
대출 금리비고	• 최저 연 3.14%
중도상환해약금	• 중도상환해약금=(중도상환원금)×10%×(3년－대출 경과 연수)÷3년 (3년 경과 시 면제)

① 420,000원 ② 480,000원 ③ 540,000원
④ 600,000원 ⑤ 720,000원

41 4년 만기, 대출금리 3%, 만기일시상환으로 5천만 원 대출을 받았을 때, 첫 해에 지불해야 하는 대출이자를 고르면?

① 125,000원 ② 375,000원 ③ 450,000원
④ 900,000원 ⑤ 1,500,000원

42 다음 [표]는 어느 도매시장에서 출하되는 4개 농산물의 수송방법별 운송량에 대한 자료이다. 이에 대한 설명으로 옳은 것을 [보기]에서 모두 고르면?

[표] 농산물 수송방법별 운송량 (단위: 톤)

구분	쌀	밀	콩	보리	합계
도로	10,600	16,500	400	2,900	30,400
철도	5,800	7,500	600	7,100	21,000
해운	1,600	3,000	4,000	2,000	10,600

보기

㉠ 농산물별로 해운 운송량이 각각 100톤씩 증가하면 4개 농산물 해운 운송량의 평균은 2,750톤이 된다.
㉡ 보리의 수송방법별 운송량이 각각 50%씩 감소하고 콩의 수송방법별 운송량이 각각 100%씩 증가하더라도, 4개 농산물 전체 운송량에는 변동이 없다.
㉢ 도로 운송량이 많은 농산물일수록 해당 농산물의 운송량 중 도로 운송량이 차지하는 비중이 더 크다.
㉣ 해운 운송량이 적은 농산물일수록 해당 농산물의 운송량 중 해운 운송량이 차지하는 비중이 더 작다.

① ㉠, ㉢ ② ㉠, ㉣ ③ ㉡, ㉢
④ ㉠, ㉡, ㉣ ⑤ ㉡, ㉢, ㉣

43 **다음 [표]는 산림 종류별 축적량과 면적을 조사하여 나타낸 자료이다. 이에 대한 설명으로 옳은 것을 [보기]에서 모두 고르면?**(단, 산림은 침엽수림, 활엽수림, 혼합림으로만 구분한다.)

[표] 산림 종류별 축적량 및 면적

(단위: m^3, ha)

구분	침엽수림	활엽수림	혼합림	합계
축적량	2,000	1,200	1,300	4,500
면적	250	150	200	600

※ 산림 축적량: 산림에 식재되어 있는 나무가 갖는 목재의 부피
※ 평균 축적량: 침엽수림, 활엽수림, 혼합림 축적량의 평균

보기

㉠ 산림 면적당 산림 축적량은 침엽수림이 혼합림보다 작다.
㉡ 활엽수림과 혼합림의 산림 면적이 각각 150ha, 125ha씩 증가한다면 두 종류의 산림 면적당 산림 축적량은 동일해진다.
㉢ 산림 축적량의 총량이 5% 증가하고, 종류별로 증가한 축적량이 동일하다고 할 때, 산림 면적당 산림 축적량이 큰 순서대로 나열하면, 활엽수림, 침엽수림, 혼합림이다.
㉣ 산림 축적량이 종류별로 10%씩 증가한다면 전체 산림의 평균 축적량은 1,650m^3이 된다.

① ㉠, ㉡ ② ㉠, ㉣ ③ ㉢, ㉣
④ ㉠, ㉡, ㉢ ⑤ ㉡, ㉢, ㉣

44 **다음 [그래프]는 1인당 연간 양곡 및 쌀 소비량에 관한 자료이다. 이에 대한 설명으로 옳은 것을 고르면?**

[그래프1] 1인당 연간 양곡 소비량 (단위: kg)

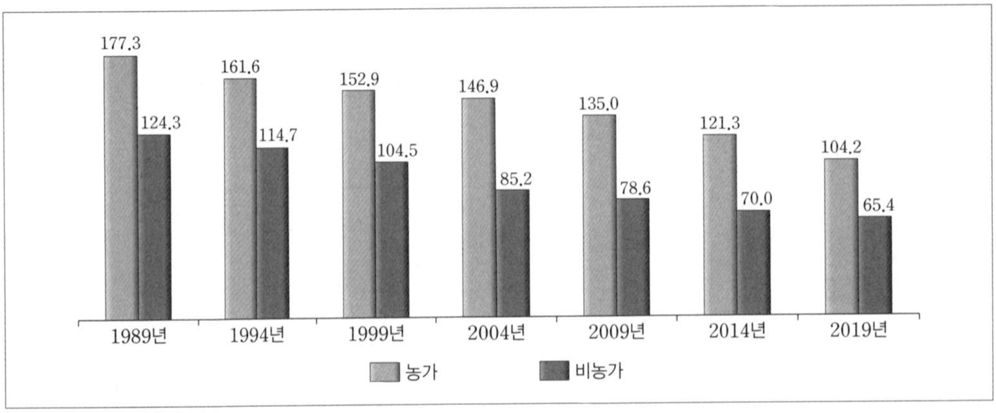

[그래프2] 1인당 연간 쌀 소비량 (단위: kg)

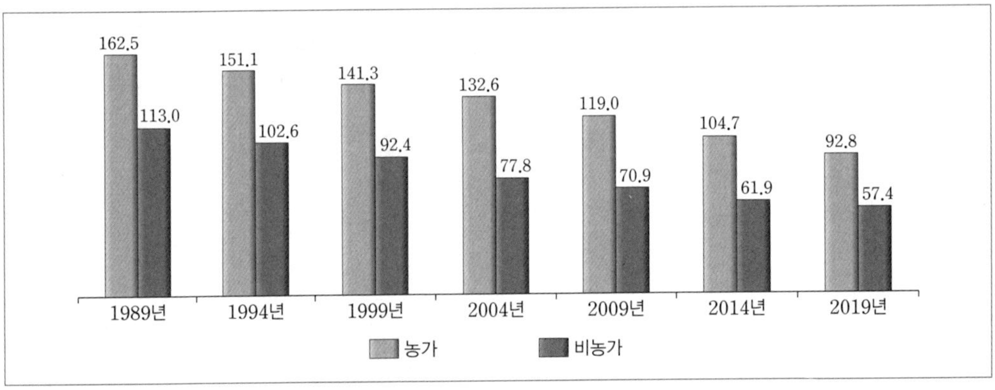

① 연간 쌀 소비량은 농가가 비농가보다 많다.

② 2019년 비농가의 1인당 쌀 소비량은 30년 전 대비 절반 이하이다.

③ 2019년의 10년 전 대비 농가의 1인당 양곡 소비량의 감소량은 1인당 쌀 소비량의 감소량보다 작다.

④ 2000년대 이후 농가의 1인당 연간 양곡 소비량은 비농가의 1.5배 이상이다.

⑤ 2019년의 1인당 양곡 소비량 중 쌀이 차지하는 비율은 비농가가 농가보다 높다.

45 다음 [그래프]는 2019년 OECD 주요 국가의 가계부채비율과 2008년부터 2019년까지 우리나라의 가계부채비율에 관한 자료이다. 이에 대한 설명으로 옳은 것을 고르면?

[그래프1] 2019년 OECD 주요 국가의 가계부채비율

(단위: %)

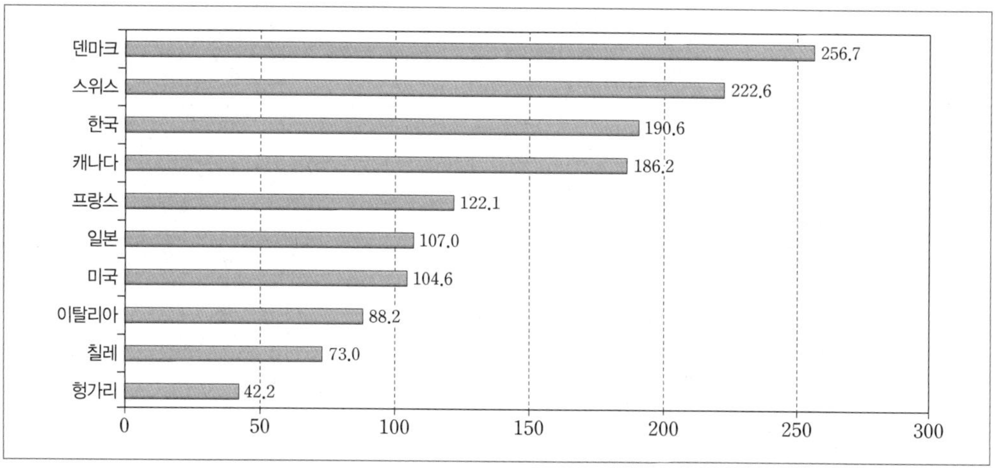

[그래프2] 연도별 우리나라 가계부채비율

(단위: %)

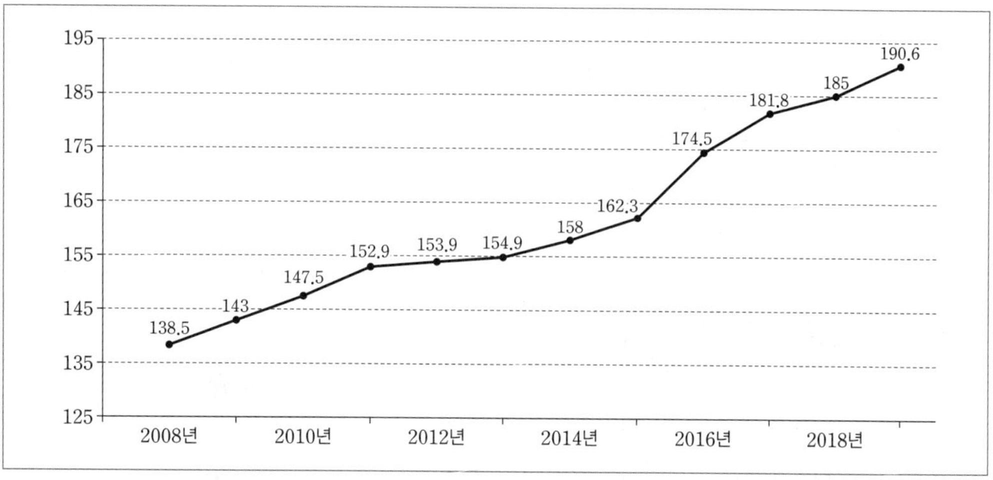

※ 가계부채비율(%)$=\frac{\text{(가계부채총액)}}{\text{(가구순가처분소득)}}\times 100$

① 2019년 OECD 전체 국가 중 가계부채비율이 가장 낮은 국가는 헝가리이다.

② 우리나라 가계부채비율의 전년 대비 증가율은 해마다 꾸준히 증가하고 있다.

③ 2019년 OECD 주요 국가 중 가계부채총액이 가구순가처분소득보다 많은 국가는 3개이다.

④ 우리나라 가계부채비율이 전년 대비 가장 많이 증가한 해에 비율이 11.25%p 증가하였다.

⑤ 우리나라의 2011년 가계부채총액이 1,000조 원이라면 가구순가처분소득은 650조 원 이상이다.

46 다음 [표]는 A국의 하계 올림픽 메달을 집계한 자료이다. 이에 대한 내용으로 옳지 않은 것을 고르면?

[표] 하계 올림픽 메달 집계

(단위: 개)

구분	금	은	동	합계
양궁	27	9	7	43
태권도	12	3	7	22
유도	11	17	18	46
레슬링	11	11	14	36
사격	7	9	1	17
배드민턴	6	7	7	20
펜싱	5	3	8	16
복싱	3	7	10	20
역도	3	6	6	15
탁구	3	3	12	18
핸드볼	2	4	1	7
체조	2	4	5	11
수영	1	3	0	4
육상	1	1	0	2
야구	1	0	1	2
골프	1	0	0	1
필드 하키	0	3	0	3
농구	0	1	0	1
배구	0	0	1	1
축구	0	0	1	1
근대 5종	0	0	1	1
합계	96	91	100	287

① A국의 금메달은 A국이 획득한 전체 메달의 30% 이상을 차지한다.

② 유도에서 딴 메달의 수는 역도에서 딴 메달 수의 3배 이상이다.

③ 금메달을 가장 많이 딴 상위 5개 종목의 금메달 합계는 전체 금메달 수의 70% 이상이다.

④ 획득한 메달 수가 가장 많은 종목의 동메달 수는 전체 메달 수 중 약 2.5%를 차지한다.

⑤ 각 메달별로 많이 획득한 종목을 1~3순위로 나열할 때, 항상 포함되는 종목은 2가지이다.

47 다음 [표]는 2023년 상반기 업종별 월간 국내카드 승인실적에 관한 자료이다. 이에 대한 설명으로 옳은 것을 고르면?

[표] 2023년 상반기 업종별 월간 국내카드 승인실적 (단위: 백억 원)

구분	1월	2월	3월	4월	5월	6월
도매 및 소매업	4,961	4,635	5,129	5,029	5,207	5,087
운수업	139	147	158	154	163	156
숙박 및 음식점업	1,161	1,161	1,275	1,278	1,333	1,287
사업시설관리 및 사업지원 서비스업	35	35	40	42	44	42
교육서비스업	160	163	178	152	168	162
보건업 및 사회복지 서비스업	515	524	545	515	530	527
예술, 스포츠 및 여가관련 서비스업	96	108	144	154	163	162
협회 및 단체, 수리 및 기타 개인 서비스업	183	183	205	198	206	202
전체	7,250	6,956	7,674	7,522	7,814	7,625

※ 통계청의 한국표준산업분류(대분류) 중 소비자의 소비생활과 관련성이 높은 업종에 대한 카드 승인금액

① 예술, 스포츠 및 여가관련 서비스업의 국내카드 승인실적은 매월 증가한다.
② 4월에 전체 중 세 번째로 비중이 높은 업종의 비중은 10% 미만이다.
③ 3월에 전월 대비 전체 국내카드 승인실적의 증가율은 10% 미만이다.
④ 5월에 국내카드 승인실적이 가장 높은 업종은 가장 낮은 업종의 120배 이상이다.
⑤ 1월 대비 6월에 국내카드 승인실적이 가장 적게 증가한 업종은 2십억 원 증가한 교육서비스업이다.

48 다음 [조건]을 따를 때 옳지 않은 것을 고르면?

조건

- 스릴러를 좋아하지 않으면 SF를 좋아한다.
- 스릴러를 좋아하면 코미디를 좋아하지 않는다.
- 뮤지컬을 좋아하면 SF를 좋아하지 않는다.

- 박 대리는 김 대리가 좋아하는 장르는 좋아하지 않는다.
- 박 대리는 김 대리가 좋아하지 않는 장르는 좋아한다.
- 김 대리는 코미디를 좋아한다.

① 코미디를 좋아하면 뮤지컬은 좋아하지 않는다.
② 뮤지컬을 좋아하면 스릴러를 좋아한다.
③ SF를 좋아하지 않으면 코미디를 좋아하지 않는다.
④ 김 대리는 SF를 좋아한다.
⑤ 김 대리는 뮤지컬을 좋아하지 않으며, 박 대리는 스릴러를 좋아하지 않는다.

49 다음 명제들을 통해 도출할 수 있는 결론으로 옳은 것을 고르면?

- 모든 갑 지역은 어떤 을 지역이다.
- 어떤 을 지역은 병 지역이다.
- 모든 병 지역은 갑 지역이 아니다.
- 어떤 병 지역은 을 지역이 아니다.
- 결론: (   )

① 모든 병 지역은 을 지역이다.
② 모든 을 지역은 갑 지역이다.
③ 어떤 갑 지역은 병 지역이다.
④ 어떤 을 지역은 갑 지역이 아니다.
⑤ 어떤 병 지역은 어떤 갑 지역이면서 모든 을 지역이다.

50 **영업팀과 생산팀 인원으로 구성된 TF팀은 프로젝트 진행을 위해 중요 안건에 대한 찬반 의견을 개진하였다. 다음 [조건]을 보고 의견이 같은 사람끼리 모인 조합으로 항상 옳지 않은 것을 고르면?**(단, 찬성 또는 반대 의견만 개진하는 것으로 가정한다.)

조건

- 영업팀은 이 부장, 박 과장, 최 대리가, 생산팀은 노 부장, 정 과장, 엄 과장, 이 대리가 참석하였다.
- 반대가 찬성보다 1명 더 적었으며, 박 과장은 찬성하였다.
- 최 대리와 정 과장은 서로 다른 의견을 개진하였다.
- 이 부장과 노 부장은 서로 같은 의견을 개진하였다.
- 정 과장과 이 대리는 서로 같은 의견을 개진하였다.

① 박 과장, 최 대리
② 박 과장, 정 과장
③ 박 과장, 노 부장
④ 엄 과장, 최 대리
⑤ 엄 과장, 이 대리

51 **신입사원 A~E가 월요일부터 금요일까지 각각 하루씩 발표를 하였다. 이에 대해 사원 5명이 다음과 같이 말한 진술 중 1명만 거짓을 말했으며, 거짓을 말하는 사원의 모든 진술은 거짓이라고 한다. 이때 가장 마지막으로 발표한 사원이 누구인지 고르면?**

A: "E는 월요일과 금요일에는 발표를 하지 않았어."
B: "나는 수요일에 발표를 했고, A는 화요일에 발표를 했어."
C: "나는 목요일에 발표를 했고, D는 수요일에 발표를 하지 않았어."
D: "B는 수요일에 발표를 했고, C는 금요일에 발표를 하지 않았어."
E: "나는 월요일에 발표를 했어."

① A ② B ③ C
④ D ⑤ E

52 **S사에서 직원 연수 일정을 다음과 같이 계획했을 때, 항상 옳은 것을 고르면?**(단, 연수는 하루에 한 팀만 진행한다.)

[직원 연수 일정]
- 인사부는 가장 먼저 연수를 받으며, 3일 동안 연수를 받는다.
- 영업부는 네 번째로 연수를 받으며, 2일 동안 연수를 받는다.
- 마케팅부는 기술부보다 늦게 3일 동안 연수를 받는다.
- 기술부는 인사부보다 늦게 4일 동안 연수를 받는다.
- 개발부는 마케팅부보다 먼저 3일 동안 연수를 받는다.

① 9일차에 연수를 받는 부서는 영업부이다.
② 총 연수일수는 14일이다.
③ 영업부 직전에 연수를 받는 부서는 개발부이다.
④ 7일 차에 연수를 받는 부서는 기술부이다.
⑤ 인사부－개발부－기술부－영업부－마케팅부 순으로 연수를 받는다.

53 **직원 A~E 5명은 서로 다른 부서이고, 서로 다른 동아리에 소속되어 있다. 부서는 회계부, 마케팅부, 개발부, 구매부, 생산부 5개가 있으며, 동아리는 축구, 음악 감상, 영화 감상, 여행, 캠핑 5개가 있을 때, 다음 [조건]을 바탕으로 항상 옳은 것을 고르면?**

조건
- 축구 동아리에 소속된 직원은 회계부이다.
- 개발부 직원은 캠핑 동아리에 소속되어 있다.
- A는 음악 감상 동아리에 소속되어 있다.
- C는 마케팅부에 소속되어 있다.
- E는 여행 동아리에 소속되어 있다.

① A는 구매부 직원이다.
② B는 축구 동아리 소속이다.
③ D는 개발부 직원이다.
④ C는 영화 감상 동아리 소속이다.
⑤ E는 생산부 직원이다.

54 다음 자료를 바탕으로 A사가 기획회의를 하기로 선택한 요일과 회의실을 옳게 나열한 것을 고르면?

[A사 관련사항]
- 한국 내 소재를 둔 A사는 외국에 2개의 자회사(B사, C사)를 두고 있음
- B사는 파리, C사는 두바이에 위치
- 시차: 파리는 서울보다 8시긴 느림(단, 3~10월은 서머타임으로 시차 한 시간 줄어듦)
  두바이는 한국보다 5시간 느림

[회의 관련사항]
- 안건: 신규사업 기획회의
- 일자: 10월 18~20일 중 협의(1시간 30분 소요 예정)
  ※ 회의는 3개사 근무시간(9~18시)에만 진행
- 참여인원: A사(7명, 한 회의실에 모여 회의), B사(2명), C사(1명)
  ※ A사는 모두 회의실에 모이고, B사와 C사는 원격으로 참여
- 회의실은 선착순 예약 시스템으로 이루어짐

[회의실 현황]

구분		a회의실	b회의실	c회의실
회의 가능 인원		~6명	~8명	~15명
정규회의	월(18일)	영업팀 9~10시	본부장 회의 10~12시	임원 회의 13~16시
	화(19일)	전략 회의 12~13시	연구 회의 13~15시	사업 회의 16~17시
	수(20일)	–	영업팀 16~18시	마케팅팀 14~16시
회의관련 특이사항 (18~20일)		1) 본부장 회의는 회사 행사로 인해 당일 15시 이후로 연기(2시간) 2) 회의 추가: 영업팀 외부 미팅(c회의실, 월요일 11시~12시) 인사총무팀 미팅(b회의실, 수요일 10~11시)		

① 월, a회의실　　② 월, b회의실　　③ 화, b회의실
④ 화, c회의실　　⑤ 수, b회의실

55 L사 개발팀은 서울에서 출발하여 해외 출장을 나가려고 한다. 다음 [표]를 바탕으로 옳지 않은 것을 고르면?

[표1] 출장지별 출장일수

출장지	출장일수
런던	3박 4일
도쿄	3박 4일
샌프란시스코	4박 5일

[표2] 출장지별 이동소요시간

출발지 → 목적지	이동시간
서울 → 런던	1일
런던 → 도쿄	1일
도쿄 → 샌프란시스코	2일
샌프란시스코 → 서울	1일

※ 출장지 마지막 날에 다음 출장지로 이동함

① 6월 1일에 해외 출장을 나갔다면, 6월 16일에 서울로 돌아온다.

② 이동시간은 총 5일이 소요된다.

③ 런던 마지막 날로부터 5일 뒤에는 출장지를 이동 중이다.

④ 5일 차에 런던에서 도쿄로 이동 중이다.

⑤ 14일 차에 샌프란시스코에서 서울로 이동 중이다.

56 **학년 회의에 참석하는 1~8반 학급반장의 자리 배치도는 다음과 같다. 이때 [조건]을 바탕으로 자리를 배치했을 경우, 항상 옳은 것을 고르면?**(단, A~D가 같은 라인, E~H가 같은 라인이다.)

[그림] 학급반장의 자리 배치도

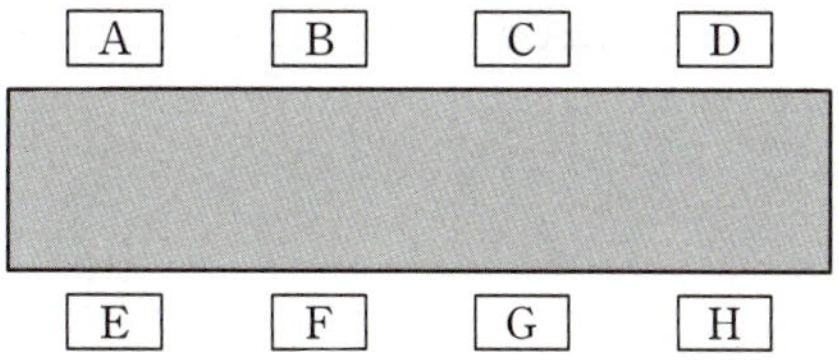

조건

- 회의에는 1~8반의 학급반장 8명이 참석한다.
- 3반 반장과 6반 반장은 가장 멀리 떨어져 위치한다.
- 4반 반장은 5반 반장과 마주보고 있다.
- 8반 반장은 3반 반장, 4반 반장과 각각 떨어진 거리가 같다.
- 7반 반장은 A자리에 위치하며 1반 반장, 2반 반장, 3반 반장, 4반 반장은 모두 같은 라인에 위치한다.

① 7반 반장과 8반 반장 사이에는 한 자리가 있다.
② 2반 반장과 3반 반장 사이에는 두 자리가 있다.
③ 5반 반장은 1반 반장, 2반 반장과 각각 떨어진 거리가 같다.
④ 1반 반장의 건너편에는 8반 반장이 위치한다.
⑤ 7반 반장과 1반 반장은 가장 멀리 떨어져 위치한다.

57 다음은 H사의 고객사 일정을 나타낸 것이다. H사는 설비 점검을 위해 2명의 엔지니어를 2박 3일 동안 고객사에 파견해야 한다. 엔지니어 일정을 참고할 때, 파견 가능한 날과 엔지니어가 바르게 짝지어지지 않은 것을 고르면?

일요일	월요일	화요일	수요일	목요일	금요일	토요일
	1 설비 가동	2	3	4	5	6
7	8 설비 가동	9	10	11	12	13
14	15 광복절	16	17	18	19	20

※ 설비 가동이 있는 날은 설비 점검 불가능이며, 광복절이 있는 주는 고객사 휴무로 설비 점검 불가능

[엔지니어 일정]

- 김 프로: 저는 8월 10~12일까지 휴가입니다.
- 이 프로: 저는 8월 첫째 주 월요일부터 4박 5일 교육 일정이 있습니다.
- 박 프로: 저는 8월 3일 세미나에 참석합니다.
- 최 프로: 저는 8월 8일, 8월 12일 휴가입니다.
- 정 프로: 저는 8월 4일은 교육이며, 8월 10일 휴가입니다.

① 8월 2~4일: 김 프로, 최 프로

② 8월 3~5일: 김 프로, 최 프로

③ 8월 9~11일: 박 프로, 최 프로

④ 8월 9~11일: 이 프로, 최 프로

⑤ 8월 10~12일: 박 프로, 최 프로

58 **다음은 E사의 승진 기준표 및 진급대상자 정보에 대한 자료이다. 이를 바탕으로 진급대상자 중 합산 점수가 높은 순서로 2명이 승진한다고 할 때 승진자를 고르면?**

[표1] 승진 기준표

근속연수	인사고과	승진 시험
• 5년 이상 근무 시 100점 • 3년 이상 5년 미만 근무 시 90점 • 3년 미만 근무 시 80점	• S: 100점 • A: 90점 • B: 80점	• 시험 점수로 반영

[표2] 진급대상자 정보

진급대상자	근속연수	인사고과	승진 시험 점수
A	4년 2개월	A	85점
B	2년 3개월	S	90점
C	3년 6개월	S	90점
D	4년 8개월	A	100점
E	5년 1개월	B	95점

※ 승진 기준표를 기준으로 각 항목을 점수로 환산하여 합산 점수를 산정

① A, B ② B, C ③ C, D
④ C, E ⑤ D, E

59 **다음은 투자상품 A~E의 특징을 정리한 것이다. 이를 바탕으로 A~E 중에서 1년 기대수익률이 가장 높은 투자상품을 고르면?**(단, 1년 기대수익률은 원화를 기준으로 생각하며, 언급되지 않은 세금이나 수수료는 고려하지 않는다.)

[표] 투자상품별 특징

구분	상품 설명
A	연간 수익률이 6%로 고정된 국내 예금
B	1년 후에 80%의 확률로 20% 상승하거나 20%의 확률로 30% 하락하는 국내 주식
C	투자 시작과 함께 원금의 10%를 선취수수료로 제한 후, 나머지 금액을 운용하여 1년 후에 50%의 확률로 40% 수익을 내거나 50%의 확률로 원금을 보장하는 국내 사모펀드
D	연간 수익률이 5%로 고정된 미국 예금
E	1년 후에 50%의 확률로 원금이 2배가 되거나 50%의 확률로 원금이 20%만 남게 되는 미국 파생상품 (단, 수익이 날 경우에만 수익금의 5%를 수수료로 제한다는 조건으로 1년 후에도 현재와 동일한 환율로 환전할 수 있는 환헤지 옵션 포함)

※ 모든 미국 투자상품은 원화를 달러화로 환전한 후에 투자를 시작하며, 1년 후 달러화를 다시 원화로 환전함
※ 1년 후 원/달러 환율은 50%의 확률로 10% 상승하거나 50%의 확률로 10% 하락함

① A ② B ③ C
④ D ⑤ E

07 실전모의고사

60 **A는 다니던 회사를 그만두고 커피매장을 창업하고자 금융기관에 근무하는 B를 찾아 창업상담과 대출을 위한 창업 컨설팅을 하고 있다. 다음 [조건]을 바탕으로 할 때, A와 B의 상담 내용 중 옳지 않은 것을 고르면?**(단, 세금 등 [조건]에서 언급되지 않은 내용은 고려하지 않는다.)

> **조건**
>
> - 커피매장 임차비용: 보증금 1억 2,000만 원, 월세 800만 원(월말 납부)
> - 커피매장 운영비용: 월 200만 원
> - 커피 1잔 판매가격: 3,500원
> - 커피 1잔 원가: 500원
> - 1일 평균 판매량: 180잔(월 25일 운영)
> - A의 현재 보유자금: 6,000만 원
> - 예금금리: 연 3%
> - 대출금리: 연 5%
> - A의 현재 연봉: 3,800만 원(현재 회사가 경영난 극복을 위하여 임직원 연봉 무기한 동결을 선언함)
> - 영업이익이란 매출액에서 월세, 운영비용, 원가와 같은 영업비용을 차감한 이익이며, 순이익이란 영업이익에서 이자비용과 같은 영업외비용까지 차감하여 남는 이익을 뜻한다.

① A: 커피매장을 운영하려면 보증금 1억 2,000만 원이 필요한데, 현재 제가 보유한 자금이 6,000만 원뿐이라 6,000만 원을 대출해야 할 것 같아요. 가능한가요?

② B: 네 고객님, 현재 신용 현황을 확인한 결과 6,000만 원 전액 대출이 가능하며, 이 경우 이자비용이 매년 300만 원씩 발생합니다.

③ A: 커피매장을 운영하면 1년에 발생하는 예상 영업이익이 4,200만 원이군요. 이 정도면 안심하고 창업해도 될까요?

④ B: 이자비용까지 고려한 순이익으로 따져보시는 게 좋습니다. 이자비용 300만 원을 제하면 1년에 발생하는 예상 순이익은 3,900만 원이 되겠네요.

⑤ A: 현재 제가 다니는 회사에서 받는 연봉이 3,800만 원이니, 기회비용까지 모두 따져보면 조금밖에 차이는 나지 않지만 그래도 커피매장을 창업하는 게 더 많은 소득을 기대할 수 있겠군요.

61 다음 [표]는 K사 창고에 공급되는 전력 및 전기 요금에 관한 자료이다. 이를 바탕으로 옳지 않은 것을 고르면?

[표1] K사 창고의 월별 전력 사용량 (단위: kWh)

구분	1월	2월	3월	4월	5월	6월
전력 사용량	300	400	300	500	400	300

[표2] 전기 요금 정보 (단위: 원/kWh)

구분		기본요금	시간대	사용요금		
				여름철 (6~8월)	봄·가을철 (3~5월, 9~10월)	겨울철 (11~2월)
고압 A	선택 I	6,490원	경부하	87.2	87.2	96.4
			중간부하	113	92	111.5
			최대부하	146.5	111.2	140.9
	선택 II	7,470원	경부하	82.3	82.3	89.7
			중간부하	108	87.1	106.5
			최대부하	141.6	106.3	136

※ 계약구분: 고압 A, 선택 II
운영시간: 중간부하 적용

① 5월의 전기요금은 40,000원 이하이다.

② 전기요금이 가장 많은 달은 4월이다.

③ 2월 전기요금이 1월 전기요금보다 10,000원 이상 많다.

④ 전기요금이 가장 적은 달은 3월이다.

⑤ 6월의 전기요금은 40,000원 이하이다.

62 N은행 경기지역 본부는 강릉에서 1박 2일 워크숍을 진행하려고 한다. 직원 6명이 워크숍을 진행한다고 할 때, 가장 저렴한 이동 방안과 그 비용이 바르게 짝지어진 것을 고르면?

[표] 이동 방안별 교통비

구분	이동 방안	왕복 비용	비고
1안	서울 ↔ 강릉역, 고속철도 이용	55,000원/인	
	강릉역 ↔ 워크숍 장소, 택시 이용	10,000원	2인/대
2안	서울 ↔ 강릉 버스터미널, 고속버스 이용	25,000원/인	
	강릉 버스터미널 ↔ 워크숍 장소, 택시 이용	30,000원	2인/대
3안	서울 ↔ 워크숍 장소, 렌트카 이용	유류비: 60,000원	왕복 통행료: 20,000원

[렌트카 대여비]
- 소형(2인승): 40,000원/일
- 중형(4인승): 60,000원/일
- 대형(6인승): 90,000원/일

※ 유류비 및 통행료 별도

	이동 방안	비용
①	1안	360,000원
②	2안	240,000원
③	2안	280,000원
④	3안	260,000원
⑤	3안	340,000원

63 A 차장은 사무실 비품을 구매하려고 한다. 다음 [표]를 바탕으로 비품을 구매하려고 할 때 필요한 예산을 고르면?

[표1] 사무실별 필요 비품 및 수량

구분	레이저 프린터	의자	책상
101호	1개	2개	1개
102호	1개	4개	2개
103호	1개	4개	1개
104호	2개	1개	1개

[표2] 비품별 가격

구분	레이저 프린터	의자	책상
가격	600,000원	100,000원	300,000원

① 4,000,000원 ② 4,400,000원 ③ 4,800,000원
④ 5,200,000원 ⑤ 5,600,000원

64 D 영업사원은 월간 차량 사용 내역으로 유류대를 지급받으려고 한다. 다음 [표]를 바탕으로 D 영업사원이 지급받을 총 유류대를 고르면?

[표] 주차별 영업활동 차량 사용 내역

구분	이동거리(km)	평균 연비(km/L)	통행료(원)	평균 유류비(원/L)
1주 차	210	7	25,000	1,500
2주 차	120	12	20,000	1,600
3주 차	250	10	30,000	1,600
4주 차	80	10	12,000	1,500

※ 유류대는 1~4주 차의 (연료 사용량)×(평균 유류비)+(통행료)를 합산함

① 160,000원 ② 180,000원 ③ 200,000원
④ 220,000원 ⑤ 240,000원

65 MS Excel을 활용하여 다음과 같이 생년월일의 정보 사항을 수정하였다. [F2] 셀에 REPLACE 함수식을 입력한 후 [F5] 셀까지 드래그한 결과일 경우, [F2] 셀에 입력된 함수식으로 옳은 것을 고르면?

[그림] 워크시트

	A	B	C	D	E	F	G
1	이름	생년월일	부서명		이름	생년월일	부서명
2	조OO	1998. 10. 02.	총무팀		조OO	1998. 10. **	총무팀
3	장OO	2001. 03. 12.	인사팀	➡	장OO	2001. 03. **	인사팀
4	서OO	2000. 04. 07.	홍보팀		서OO	2000. 04. **	홍보팀
5	최OO	1995. 10. 27.	영업팀		최OO	1995. 10. **	영업팀

① =REPLACE(B2,9,2,"**")

② =REPLACE(B2,3,9,"**")

③ =REPLACE(B2,3,11,"**")

④ =REPLACE(B2,11,2,"**")

⑤ =REPLACE(B2,11,3,"**")

66 MS Excel을 활용하여 다음과 같이 필요한 모든 셀에 함수식을 입력하여 전기요금 미납가구 현황을 정리하였다. 각 셀에 입력된 함수에 대한 설명으로 옳지 않은 것을 고르면?(단, 전기사용량과 단가, 금액은 모두 지수화한 수치임)

[그림] 워크시트

	A	B	C	D	E	F	G	H	I	J
1	이름	동, 호수	전력	단가	미납액	체납기간(일)	장기체납(30일 이상)		아파트 구분	가구수
2	K아파트	101동 202호	120	20		10	단기		K아파트	3
3	H아파트	202동 303호	180	15		35	장기		H아파트	2
4	K아파트	303동 404호	220	20		26	단기		S아파트	1
5	S아파트	101동 505호	100	15		20	단기		N아파트	2
6	N아파트	201동 606호	200	15		42	장기			
7	N아파트	301동 707호	150	20		36	장기		단가 15인 미납가구의 전력사용량 합계	
8	H아파트	101동 808호	120	20		18	단기		580	
9	K아파트	201동 909호	100	15		32	장기			
10	합계		–	–	20,900	–	–		미납가구 수	8가구

① [E10] 셀에는 SUMPRODUCT 함수를 사용할 수 있다.

② [G2] 셀에는 IF 함수를 사용할 수 있다.

③ [J2] 셀에는 REPLACE 함수를 사용할 수 있다.

④ 병합된 [I8] 셀에는 SUMIF 함수를 사용할 수 있다.

⑤ [J10] 셀에는 COUNTA 함수 또는 COUNT 함수를 사용할 수 있다.

67 다음의 워크시트에서 '=COUNTIF(B3:B9,"이??")' 수식을 입력했을 때 나타나는 결괏값을 고르면?

[그림] 워크시트

	A	B	C	D	E
1					
2		이름	생일	거주지	
3		이상현	1995/04/07	서울	
4		김미현	1987/05/02	제주	
5		곽도훈	2002/09/25	경기	
6		임기철	1997/01/26	대전	
7		이다니엘	1988/06/16	서울	
8		고경배	1990/12/31	광주	
9		이근우	1994/11/01	부산	
10					

① 1 ② 2 ③ 3
④ 4 ⑤ 5

68 다음은 1+2+4+8+16+32+⋯+1,024의 합을 구하는 순서도이다. 원하는 값이 나오도록 빈칸 (ㄱ)과 (ㄴ)을 알맞게 채운 것을 고르면?

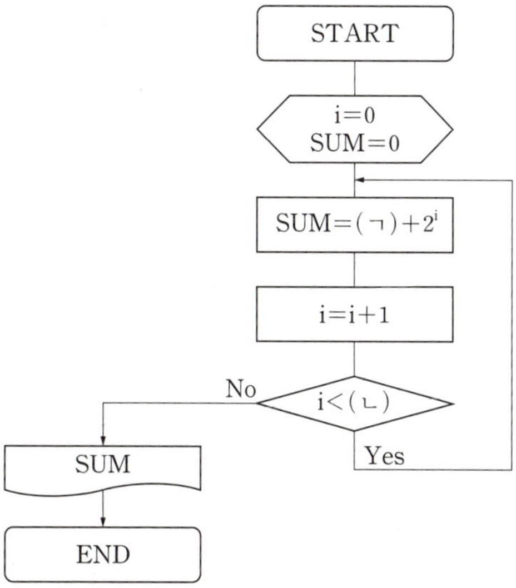

	(ㄱ)	(ㄴ)
①	i	2
②	i	10
③	SUM	2
④	SUM	10
⑤	SUM	11

[69~70] 다음은 Java에서 작성한 코드이고, 제시된 코드의 일부가 [보기]의 결과를 가져온다고 한다. 이를 바탕으로 이어지는 질문에 답하시오.

```
class A {
    public A() {
        System.out.print("A");
    }
    public A(String a) {
        System.out.print("B");
    }
}

class B extends A {
    public B() {
        System.out.print("C");
    }
    public B(String a) {
        System.out.print("D");
    }
}

public class C {
    public static void main(String [ ] args) {
        B a = new B("#");
    }
}
```

보기

A사원은 B extends A는 B 클래스가 A 클래스를 상속한다는 의미로 B 클래스는 A 클래스의 필드와 메소드를 전달받아 사용하게 된다는 것을 알았다.

69 **제시된 자료에 대한 설명으로 옳지 <u>않은</u> 것을 고르면?**

① A 클래스는 B 클래스의 슈퍼 클래스로 정의되어 있다.
② A 클래스와 B 클래스는 각각 두 개의 생성자를 갖고 있다.
③ B a=new B("#") ; 구문이 실행될 때 A 클래스의 기본 생성자가 먼저 호출되고 그 다음에 B 클래스의 생성자가 수행된다.
④ 프로그램의 실행 결과로 "BD"가 출력된다.
⑤ 21행의 코드를 A a = new B("#") ;로 수정해도 실행 결과는 동일하다.

70 **제시된 코드의 21행 이후에 B b=new B( ) ; 코드를 추가한 후 프로그램을 실행했을 때 나오는 결괏값으로 옳은 것을 고르면?**

① ABCD ② ABAD ③ DACA
④ ADAC ⑤ BDAC

부록

NH농협은행

CHAPTER 01

기출상식 용어

농업 · 농촌 · 협동조합 분야

빈출

6차 산업

농촌융복합산업. 농촌 주민이 중심이 되어 농촌에 존재하는 모든 유·무형의 자원(1차 산업)을 바탕으로 식품 또는 특산품 제조 가공(2차 산업) 및 유통·판매·문화·체험·관광·서비스(3차 산업) 등을 복합적으로 연계 제공함으로써 새로운 부가 가치를 창출하는 활동이다.

공공비축제도

• 公共備蓄制度

정부가 일정 분량의 쌀을 시가로 매입해 비축해 두었다가 시가로 시장에 되파는 제도. 정부는 시장을 웃도는 정책 가격에 따라 쌀을 매입하는 추곡수매제도를 폐지하고, 2005년부터 공공비축제도를 도입하였다. 전쟁, 흉년에 대비하는 식량안보 차원에서 적정비축량만 구매하는 것이 제도의 목적이다.

즉, 추곡수매제도보다 정부의 시장개입 정도가 축소된 정책이라 볼 수 있으며, 시장왜곡이 거의 없어 세계무역기구(WTO)에서도 허용하고 있다. 이를 통해 정부가 구입한 쌀을 공공비축미라 한다.

빈출

스마트팜

• smart farm

농사 기술에 정보통신기술(ICT)을 접목하여 만들어진 지능화된 농장. 스마트팜은 사물인터넷(IoT) 기술을 이용하여 농작물 재배 시설의 온도·습도·일조량·이산화탄소·토양 등을 측정·분석하고, 분석 결과에 따라 제어장치를 구동하여 적절한 환경으로 관리할 수 있다. 이는 스마트폰과 같은 모바일 기기를 통해 원격으로도 제어가 가능하다. 스마트팜으로 농업의 생산·유통·소비 과정에 걸쳐 생산성과 효율성 및 품질 향상 등과 같은 고부가 가치를 창출시킬 수 있다.

또한, 낙후된 농가를 스마트팜으로 변화시킴으로써 기후 변화와 농촌 인구 감소, 농가소득 정체 등의 문제를 개선하고 농업의 경쟁력을 제고하며, 청년층의 농업 창업인구 유치에도 긍정적인 영향을 미칠 수 있다.

유전자변형 농산물

• GMO(Genetically Modified Organism)

유전자 재조합기술로 생산된 농산물. 생명공학기술을 응용해 창출한 생명공학의 산물로 유전자변형 농산물(GMO) 또는 유전자변형 생물체(LMO)로 명명되고 있다. LMO와 GMO는 동일한 의미로 볼 수 있으나, GMO는 LMO가 생명력을 잃고 냉장, 냉동, 가공된 식품(두부, 두유 등)까지 포함한다.

농업보조총액

- AMS(Aggregate Measurement of Support)

농업보조금 중에서 가격지지와 생산량에 큰 영향을 미친다고 판단되는 성격의 보조금. 감축대상보조라고도 부르며, 쌀소득보전직불금 중에서 변동직불금이 여기에 속한다. 이보다 약한 성격의 농업보조금으로는 최소허용보조(DM), 블루박스(BB), 그린박스(GB)가 있으며, 그린박스는 자유무역 협상 시 감축의무가 없어서 허용보조라고도 한다. 쌀소득보전직불금 중에서 고정직불금이 그린박스에 속한다.

쇠고기 이력추적제

- beef traceability
- 履歷追跡制

모든 소에 번호를 부여해 생산 등 단계별로 정보를 기록·관리하는 제도. 소의 사육단계부터 도축, 포장처리, 판매 과정까지의 이력 정보를 기록·관리하여, 필요 시 그 이력 정보의 추적을 통해 방역의 효율성을 도모하고, 유통경로의 투명성을 확보함으로써 국내산 축산물에 대한 소비자 신뢰를 제고하기 위한 목적이다.

함께 나오는 용어

돼지고기 이력제

돼지와 국내산 돼지고기의 사육, 도축, 가공, 거래 단계별 이력 정보를 기록·관리하여 판매 시 소비자에게 이력 정보를 손쉽게 제공하여 소비자를 안심시키는 제도.

우루과이 라운드

- UR(Uruguay Round)

관세 및 무역에 관한 일반 협정(GATT)의 제8차 다자간 무역협상. 기존 7차례의 GATT와 구별되는 이유는 매우 광범위한 의제를 다루었고, 특히 그동안의 GATT 체제 밖에 있었던 농산물에 대한 논의가 시작되었기 때문이다. 1986년 9월 우루과이에서 첫 회합이 열린 이래 여러 차례의 협상을 거쳐 1993년 12월에 타결되었고, 1995년부터 발효되었다. 그 결실로 세계무역기구(WTO)가 출범하였다.

구제역

- 口蹄疫
- foot-and-mouth disease

소, 돼지, 양, 염소, 사슴 등 발굽이 둘로 갈라진 동물(우제류)에 감염되는 질병. 전염성이 매우 강하며, 입술·혀·잇몸·코·발굽 사이 등에 물집이 생기고 급격한 체온 상승과 식욕 저하를 일으켜 심하게 앓거나 죽게 하는 질병이다. 세계동물보건기구(OIE)에서 전파력이 빠르고 국제교역상 경제 피해가 매우 큰 질병으로 분류하며, 우리나라 제1종 가축전염병으로 지정되어 있다.

빈출

자유무역협정

- 自由貿易協定
- FTA(Free Trade Agreement)

국가 간 상품의 자유로운 이동을 위해 모든 무역 장벽을 완화하거나 제거하는 협정. GATT나 WTO에서 합의한 관세 규정과 같이 모든 회원국에 적용되는 협정이 아닌, 소수의 특정 국가끼리만 서로의 시장을 여는 특혜무역체제이다. 과거에는 두 나라가 맺는 것이 일반적이었지만, 2010년대 들어서는 여러 나라들이 단체로 참여하는 다자간 자유무역협정이 주류를 이루고 있다.

함께 나오는 용어

- **환태평양경제동반자협정(TPP)**
  태평양을 둘러싼 미국, 일본, 호주 등 12개국이 참여한 메가 자유무역협정이다. 관세는 물론, 무역장벽도 허무는 초대형 자유무역협정이었지만, 2017년 미국이 탈퇴하면서 총 11개국의 합의하에 명칭을 '포괄적·점진적 환태평양경제동반자(CPTPP)'로 변경한 후 2018년 12월 30일 발효되었다.
- **역내포괄적경제동반자협정(RCEP)**
  아시아와 태평양 인근 국가들이 출범시킨 세계 최대의 자유무역협정. 동남아시아국가연합(아세안) 10개국을 비롯해 한국, 중국, 일본, 호주, 뉴질랜드, 인도 등 16개국이 참여한다. 2020년 11월 15일 협상의 최종 타결 및 서명이 이루어졌다.

조류 인플루엔자

- AI(Avian Influenza)

닭이나 오리와 같은 가금류 또는 야생조류에서 생기는 바이러스(Virus)성 동물전염병. 일반적으로 인플루엔자 바이러스는 A, B, C형으로 구분되며 이 중 A, B형이 인체감염의 우려가 있으며, A형만이 대유행을 초래할 수 있다고 알려져 있다.

추곡수매제도

- 秋穀收買制度

정부가 쌀의 수요를 조절하여 가격을 안정시키고자 정해진 가격에 따라 일정량의 쌀을 매입하는 제도. 농가의 소득은 향상시키고 기초 생필품 물가는 낮게 유지하여 저임금 구조를 만들기 위해 제3공화국 때부터는 수매가격을 인상하고, 방출가격은 낮게 유지하는 이중곡가제를 시행하였다. 정책 목표는 달성할 수 있었지만 양곡사업의 적자액이 눈덩이처럼 불어났고, 우루과이 라운드(UR)와 도하개발아젠다(DDA)를 기점으로 추곡수매의 기능이 축소되다 2005년에 폐지되었다.

함께 나오는 용어

쌀소득보전직불제
정부의 쌀시장 개방 대비책 중 하나로, 쌀 가격이 떨어지더라도 쌀농가 소득을 적정수준으로 안정시키기 위해 실시하는 사업. 농지 소유에 관계없이 실제 농사를 짓는 사람에게 농경지 1ha당 일정 금액을 지불하는 고정직불금에 더해 정부가 목표로 정한 쌀 한 가마니(80kg) 값과 전국 평균 쌀값을 비교해 시세차액의 85%를 추가로 보전하는 변동직불금(쌀 직불금)이 있다.

HACCP

- Hazard Analysis and Critical Control Point

가축의 사육·도축·가공·포장·유통 전 과정에서 축산식품의 안전에 해로운 영향을 미칠 수 있는 위해 요소를 분석하고, 이러한 위해 요소를 방지·제거하거나 안전성을 확보할 수 있는 단계에 중요 관리점을 설정하여 과학적, 체계적으로 중점 관리하는 위생관리 시스템. '해썹'이라고 읽는다.

할랄

• Halal

아랍어로 '허용되는 것'이라는 뜻으로, 이슬람교도인 무슬림이 먹고 쓸 수 있는 제품의 총칭. 이슬람식 알라의 이름으로 도살된 고기(주로 염소고기·닭고기·쇠고기 등)와 이를 원료로 한 화장품 등이 해당된다.

함께 나오는 용어

하람(Haram)

무슬림에게 금지된 것. 도축하지 않고 자연사한 동물의 고기, 동물의 피와 그 피로 만든 식품, 돼지고기와 돼지의 부위로 만든 음식, 화장품 등이 해당된다.

빈출

PLS

• Positive List System
• 농약허용물질목록관리제도

농약 잔류허용기준이 설정되지 않은 농산물에 대해 잔류허용기준을 일률적으로 0.01ppm으로 적용하는 제도. 농약은 허용된 물질만 사용해야 하며 미등록 농약을 사용하거나 잔류농약이 0.01ppm을 초과할 경우 부적합 판정을 내려 출하 연기, 폐기, 과태료 부과 등의 불이익이 발생할 수 있다.

탄소발자국

• carbon footprint

사람의 활동이나 상품을 생산·소비하는 전 과정을 통해 직·간접적으로 배출되는 온실가스 배출량을 환산한 이산화탄소(CO_2)의 총량. 여기에는 이들이 일상생활에서 사용하는 연료, 전기, 용품 등이 모두 포함된다. 대기로 방출된 이산화탄소 등 온실가스가 지구의 기후 변화에 미치는 영향을 알 수 있는 지표이다.

함께 나오는 용어

탄소배출권(炭素排出權)

일정기간 동안 6대 온실가스의 일정량을 배출할 수 있는 권리. 교토의정서에서 명시된 기간 안에 이산화탄소 배출량을 감축하지 못한 기업은 돈을 주고 구입해야 한다.

로컬푸드

• local food

장거리 운송 등 유통과정을 거치지 않은 지역농산물. 생산자와 소비자 사이의 이동거리를 단축시켜 식품의 신선도를 극대화시키자는 취지로 로컬푸드 운동이 시작되었다. 즉, 먹을거리에 대한 생산자와 소비자 사이의 이동거리를 최대한 줄임으로써 농민과 소비자에게 이익이 돌아가도록 하는 것이다. 우리나라에서는 전북 완주군이 2008년 국내 최초로 로컬푸드를 도입하여 정착에 성공하였다.

친환경농업

• environmentally-friendly agriculture

농업이 가지고 있는 홍수조절, 토양보전 등 공익적 기능을 최대한 살리고 화학비료와 농약 사용을 최소화하여 농산물을 생산하고 환경을 보존하면서 소비자에게는 건전한 식품을 공급하고 생산자인 농업인에게는 소득을 보장해주는 방법으로 농업인과 소비자 모두에게 이익을 줄 수 있는 농업이다.

기출

협동조합

- 協同組合
- cooperative

같은 목적을 가지고 모인 조합원들이 물자 등의 구매·생산·판매·소비 등의 일부 또는 전부를 협동으로 영위하는 조직단체. 협동조합은 인적 구성체(人的構成體)이므로, 진정한 민주적 운영을 의도하는 데 있다. 이는 영리를 목적으로 하는 것이 아니므로 조합의 운영은 실비주의를 원칙으로 한다.

[협동조합 7대 원칙]

- 01 자발적이고 개방적인 조합원 제도
- 02 조합원에 의한 민주적 관리
- 03 조합원의 경제적 참여
- 04 자율과 독립
- 05 교육, 훈련 및 정보 제공
- 06 협동조합 간의 협동
- 07 지역사회에 대한 기여

[국제협동조합연맹(International Cooperative Alliance, ICA)]

세계 각국의 협동조합과 조합원의 이익을 위해 1895년에 설립된 조직이다. 자본에 대응하여 상대적 약자인 조합원의 경제·사회적 권익을 보호하며, 협동조합 사이에 협력 체계를 구축하고 발전시키는 활동을 한다.

[협동조합의 사업 성격에 따른 분류]

- 사업협동조합: 농업협동조합·수산업협동조합·축산업협동조합·상업협동조합 등 또는 그에 관련되는 각종 협동조합 사업의 일부 또는 전부를 영위한다.
- 신용협동조합, 협동조합연합회: 조합원을 위한 금융이 사업의 중심이 된다. 이상의 협동조합은 단위협동조합이며, 이 단위조합이 일정한 지역 등을 기반으로 연합체를 결성한 것이 협동조합연합회이다.
- 기업조합: 협동조합의 이념을 보다 고차적으로 구체화한 것이다.
- 신세대협동조합: 외부자본 조달과 의사결정 과정의 어려움을 해소하고자 1인 1표 의결권을 부여하는 대신 사업이용규모에 비례한 의결권을 부여하거나 출자증권의 부분적인 거래를 허용하는 협동조합이다.

[협동조합의 기능별 분류]

- 생산조합: 동일업종 또는 동일지역의 생산자가 조직하고 있는 협동조합으로, 판매조합·구매조합·이용조합·신용협동조합·생산적 조합으로 구분된다.
- 소비조합: 소비생활협동조합으로, 조합원의 생활에 필요한 물자를 싼값으로 공동구입하는 것을 목적으로 한다.

농업협동조합

- 農業協同組合
- National Agricultural Cooperatives Federation

농민의 자주적인 협동조직을 통하여 농업생산력의 증진과 농민의 경제적·사회적 지위 향상을 도모함으로써 국민경제의 균형 있는 발전을 기하기 위하여 설립된 특수법인체. 일명 NH농협이라고 하며, 현재 우리나라의 협동조합 가운데 가장 큰 조직기반과 사업 규모를 가지고 있다. 농업협동조합은 전문농협(專門農協)과 종합농협(綜合農協)의 두 형태로 구분된다.

농협은 유휴자금을 동원하여 농촌에 생산자금 공급, 농가에 생활물자와 영농자재 염가 공급, 조합원의 조합에 대한 참여의식을 높이고, 영농과 생활에 대한 방향 제시와 지원을 하는 등의 기능과 역할을 하고 있다.

기출

로치데일 협동조합

- The Rochdale Society of Equitable Pioneers

1844년 최초로 설립된 세계 최대 소비자협동조합. 1844년 12월 영국의 공업도시 로치데일 직물공장의 28명 노동자들이 자본가들의 횡포에 맞서 1년에 1파운드씩의 출자금을 모아 식료품을 공동구입하기 위해 설립한 로치데일 공정개척자 조합을 시작점으로 설립된 이후 협동조합의 모델로서 영국 전역에 확산되었다.

한편, 로치데일 공정개척자 조합의 운영원칙으로는 1인 1표제, 정치 및 종교상의 중립, 조합에 의한 교육, 이자의 제한 및 신용거래 금지, 구매액에 따른 배당, 시가판매 등이 있다.

빈출

농민운동

- 農民運動
- peasants movement

농민이 그 생활조건 또는 사회적 환경의 개선을 도모하려는 운동. 일반적으로 자본주의 체제하의 농민이 경제적·정치적 이익의 획득을 목표로 일으키는 운동을 뜻하며, 나라에 따라 그 형태와 성격이 다르다. 우리나라의 농민운동은 1890년대 동학농민운동(東學農民運動)을 들 수 있다. 일본 통치하의 농민운동은 독립운동으로 승화되었고, 국토분단과 1949년의 농지개혁으로 근대적인 의미의 농민운동은 없었다.

농지개혁

- 農地改革

농지의 소유제도를 개혁하는 일. 우리나라에서는 1949년 농지개혁법에 의해 농지를 농민에게 적절히 분배함으로써 농가경제의 자립과 농업생산력의 증진을 통해 농민생활의 향상과 국민경제의 균형 발전에 기하기 위해 실시되었다.

신한공사가 관리하는 적산농지와 국유로 소유자가 분명하지 않은 토지는 흡수하고 비농가의 농지, 자경(自耕)하지 않는 자의 농지, 3ha를 초과하는 농지는 국가에서 수매하여 이들 지주에게 해당농지 연수확량(年收穫量)의 150%로 5년간 연부상환 보상하도록 하는 지가증권을 발급하였다.

농업회사법인

• 農業會社法人

기업적 농업경영을 통해 생산성 향상과 농업의 부가가치 향상, 영농의 편의도모를 목적으로 설립된 법인. 농업농촌기본법 제16조에 규정되어 있다. 본래 위탁영농회사로 설립되었으나, 1995년 농업회사법인으로 변경되었다. 법인을 설립할 수 있는 대상은 농업인, 농산물 생산자단체 및 농지개량조합이며, 대통령령이 정하는 비율의 범위 안에서 농업인이 아닌 자도 법인에 출자할 수 있다. 사업 범위는 농작물 생산 및 유통·가공·판매 등이다.

함께 나오는 용어

위탁영농회사(委託營農會社)

일손이 부족한 농가에 대해 농사일을 대신 해주는 농민회사. 위탁영농회사의 법인형태는 합자회사에서부터 합명회사, 유한회사, 주식회사 등 어떤 형태든 상관없다. 위탁영농회사를 설립하면 트랙터, 이앙기, 콤바인 등 5종 농기계 10대를 보조 지원하는 한편, 농기계 구입자금, 농기계보관창고 설치자금, 농업경영자금 등을 융자받을 수 있다.

정밀농업

• 精密農業
• precision agriculture

비료와 농약의 사용량을 줄여 환경을 보호하면서도 농작업의 효율을 향상시킴으로써 수지를 최적화하자는 것으로, 지속농업을 위한 새로운 농업기술. 포장은 작은 구간에서도 토성, 토양비옥도, 지형, 잡초, 병해충, 작물생육상에 따라 양분 요구량 등과 같은 요인이 가변적이다. 정밀농업은 포장의 작은 구간에서 재래식으로 일정량을 투입하는 대신 투입량을 가변적으로 하는 영농방법이다.

식물공장

• 植物工場
• plant Factory

외부환경과 단절된 공간에서 빛, 공기, 온도, 습도, 양분 등 식물의 환경을 인공적으로 조정하여 농산물을 계획적으로 생산하는 시설. 일조시간이 짧은 북유럽에서 발전하였다. 도심 속에서 농산물의 생산이 가능한 점과 도시 소비자들에게 도달하는 거리가 짧아 유통기간과 비용을 절약할 수 있다는 장점이 있다.

식물공장은 실내 농업으로 연중생산이 가능하고, 날씨와 상관없이 농사를 지을 수 있어 생산량 증대와 안정적인 공급의 효과를 볼 수 있다. 더불어 차세대 녹색산업으로 육성함으로써 새로운 영농기술을 확립하고, 관련 하이테크 기업의 기술발전을 유도할 수 있을 것으로 전망된다. 그러나 모든 시설을 인위적으로 만들어야 하기 때문에 설비 비용과 유지 비용이 많이 들어 경쟁력이 떨어질 수 있다는 단점이 있다.

수직농장

• 垂直農場
• vertical farm

도심에 고층 건물을 짓고 각층에 농장을 만들어 수경재배가 가능한 농작물을 재배하는 일종의 아파트형 농장. 수경재배방식으로 다양한 농작물을 기를 수 있고, 태양과 바람 등 재생에너지만을 이용하여 농작물 재배에 필요한 에너지를 얻을 수 있게 설계된다.

기출

공동인증서

인터넷을 이용하여 금전거래를 할 때 인증을 위해 필요한 전자서명. 전자상거래 시 본인만 해당 인증서를 갖고 있고, 본인만 인증서 비밀번호를 알기 때문에 본인임을 증명하는 법적인 디바이스 역할을 한다. 20년 동안 사용해 온 공인인증서가 2020년 12월 10일부로 법적 지위가 폐지되면서 공인이라는 말 대신 공동인증서로 명칭이 변경되었다. 유효기간은 1년이며, 발급받은 후 하드나 USB, 핸드폰 등과 같은 별도 저장 장치에 저장하여 사용할 수 있다. 발급이나 사용도 간편하고 보안프로그램을 설치할 필요도 없다는 장점이 있다.

불가능성 정리

- 不可能性定理
- impossibility theorem

투표자들에게 세 개 이상의 서로 다른 대안이 제시될 때, 어떤 투표 제도도 공동체의 일관된 선호순위를 찾을 수 없다는 것. 1950년대 초 경제학자 애로우(Arrow, K. J.)는 타당한 사회적 선호관계가 구비해야 할 몇 가지 특성을 모아서 다음의 네 가지 조건으로 요약하였다.

① (집단합리성의 조건) 사회적 선호관계는 완전하고 이행적이어야 한다.
② (파레토 원칙) 임의의 두 사회적 상태 s1과 s2에 대하여 국민 각자가 모두 s1을 s2보다 선호한다면 사회적으로도 s1이 s2보다 선호되어야 한다.
③ (제3상태로부터의 독립의 특성) 국민 각자의 개별적 선호관계가 변화한 후에도 기존의 두 상태에 대해서는 선호관계가 변하지 않는다면 그 두 상태에 대한 사회적 선호관계도 변하지 않는다. 공리주의적 선호는 이 조건을 만족하지 못한다.
④ (비독재성) 사회적 선호는 독재이어서는 안 된다.

애로우는 이 네 조건을 검토한 결과, 이들이 서로 논리적 모순관계에 있음을 보임으로써 이 네 조건을 동시에 만족하는 사회적 선호관계란 결코 존재할 수 없음을 발견하였다. 이것은 후생경제학에서 사회적 후생함수와 가치판단의 의미에 대하여, 그리고 폭넓게는 개인의 가치판단과 사회적 선택의 관련성, 민주주의의 이론적 가능성 등에 대하여 여러 가지 문제를 제기하였다.

등량곡선

- isoquant

노동(L)과 자본(K)을 변수로 하는 좌표평면상에서 나타내어지며, 동일한 양의 재화를 생산할 수 있는 노동과 자본의 조합을 연결한 곡선. 무차별곡선이 소비자이론에서 효용의 극대화를 달성하는 점을 찾기 위해 필요한 개념이라면, 등량곡선은 생산자이론에서 산출량의 극대화를 이루는 점을 찾기 위한 개념이라고 할 수 있다. 기업의 생산에 필요한 자원투입의 조합을 나타낸 것으로 그 생산함수에 따라 형태가 다르다. 우하향의 기울기를 가지며, 원점에서 멀수록 더 높은 생산량을 의미한다. 또한 등량곡선은 서로 교차하지 않는다.

수요 인플레이션

• demand inflation

초과수요로 인하여 일어나는 인플레이션. 인플레이션의 대표적 형태로서, 수요초과인플레이션(demand-pull inflation)이라고도 한다. 경기의 호황상태가 과열단계에 이르면, 국민경제적으로 보아 총수요가 총공급을 웃돌기 때문에 생기는 물가상승을 말한다. 수요인플레이션은 총수요를 구성하는 소비·투자·재정지출·수출 중에 하나가 급격히 증대하면, 완전고용 상태에 있기 때문에 그 수요증가분을 채울 만한 재화의 생산과 노동력 공급이 부족하고, 또 다른 산업부문에서 수요증대부문으로의 전환도 이를 급속히 할 수 없는 데서 발생하는 인플레이션이다.

M&A

• Mergers & Acquisitions
• 기업의 인수·합병

[우호적 M&A]

매수대상기업의 경영진이 매수희망기업의 인수 의향을 수용함으로써 합의에 의해 이루어진다. 즉 기업 간의 시너지 효과를 위해 이루어지는 경영 전략 중 하나이다.

[적대적 M&A]

매수대상기업의 경영진이 원하지 않는데도 불구하고 다른 기업이 경영권을 장악하는 경우로, 정당한 목적과 합의 없이 하나의 기업이 타 기업의 경영권을 탈취해버리는 것이다. 통상 적대적 M&A는 공개매수(Tender Offer)나 위임장 대결(Proxy Fight)의 형태를 취한다.

[경영권을 보호하기 위한 방어 전략]

- 포이즌 필(Poison Pill): 기존 주주에게 신주를 시가보다 훨씬 싼 가격에 매입할 수 있는 옵션을 부여함으로써 지분 확보를 어렵게 하는 방법
- 복수의결권: 1주당 여러 개의 의결권을 가지는 주식을 발행하는 것
- 우리사주: 직원들이 조합을 결성해 자사주를 매입하면 회사가 같은 수의 자사주를 지원하는 제도
- 황금낙하산: 인수대상 기업의 이사가 임기 전에 물러나게 될 경우 일반적인 퇴직금 외에 거액의 특별 퇴직금이나 보너스, 스톡옵션 등을 주도록 하는 제도
- 왕관의 보석: M&A 대상이 되는 회사의 가장 가치 있는 자산을 처분함으로써 대상 회사의 가치 및 매력을 감소시켜 M&A를 방지하는 것
- 자기공개매수: 자기 회사의 주주를 상대로 지분을 공개매수 하는 것

자산유동화 증권

• ABS, Asset Backed Securities

부동산, 매출채권, 유가증권, 주택저당채권 및 기타 재산권 등과 같은 기업이나 은행이 보유한 유·무형의 유동화자산(Underlying Asset)을 기초로 하여 발행된 증권. 자산유동화(Asset Securitization)란 상대적으로 유동성이 떨어지지만 재산적 가치가 있는 자산을 담보로 증권을 발행하여 유통시키는 방법으로 대상자산의 유동성을 높이는 일련의 행위이다. 자산유동화는 다양한 자금조달 수단의 제공, 조달비용의 절감, 구조조정 촉진 및 재무지표의 개선 등에 활용된다.

유동화전문회사(SPC)는 자산보유자가 보유하고 있는 자산을 양도받은 후 이를 유동화하기 위하여 설립된 특수목적법인으로서 유동화자산을 기초로 자산유동화증권을 발행하고, 자산관리자 및 업무수탁자가 Paper Company인 유동화전문회사를 대신하여 유동화 관련 제반업무를 수행하게 된다.

준지대

공업 부문에서의 내구자본설비에 의해 얻어지는 초과 이윤. 공업 생산에 있어서 생산방법과 생산설비의 차이에 의하여 보다 유리한 위치에 있는 기업은 초과이윤을 얻게 되는데 A. 마샬은 이것을 토지에서 나오는 초과이윤과 구별하기 위해 준지대라고 하였다. 토지 사용에 대한 차액지대가 영구적 성격을 가지는 데 대해서 준지대는 일시적 성격을 갖는다.

만약 기업이 단기에 준지대와 동일한 비용으로 고정요소를 임대하였다면, 기업은 0의 이윤을 얻는다. 기업이 단기에 준지대보다 낮은 비용으로 고정요소를 임대하였다면, 기업은 준지대와 고정비용의 차이에 해당하는 단기 초과이윤을 본다.

GDP 디플레이터

• GDP deflator

국민소득에 영향을 주는 모든 경제활동을 반영하는 종합적 물가지수. GDP란 국내총생산(Gross Domestic Product)라는 말의 영문 약자이고, 디플레이터(deflator)란 가격변동지수를 뜻하며, 'GDP디플레이터$=\frac{\text{명목 GDP}}{\text{실질 GDP}}$'로 구할 수 있다.

대표적인 물가지수인 소비자물가지수의 경우 소비자가 구입하는 재화와 서비스를 기준으로 산출하고, GDP디플레이터의 경우 일정기간 동안 국내에서 일어난 모든 경제활동(가계소비, 수출, 투자, 정부지출 등)을 포괄하여 산출한다. 그러므로 소비자가 직접적으로 영향을 받는 물가변동을 측정할 때에는 소비자물가지수, 국가의 총체적인 물가변동을 측정할 때에는 GDP디플레이터를 활용하게 된다. 한국은행 매분기별 국민소득 통계 공표 시 GDP디플레이터도 포함하여 공표하고 있다.

칼도어 경제성장에서 정형화된 사실

니콜라스 칼도어가 1961년 논문을 통해 주장한, 경제에서 보여지는 정형화된 6가지 사실

1. 노동자 1인당 GDP(Y/N)는 일정한 속도로 증가한다.
2. 노동자 1인당 자본(K/N)은 일정한 속도로 증가한다.
3. K/Y는 일정하다.
4. GDP에서 노동소득이 차지하는 비중[(wN)/Y=Labor Share=LS]은 일정하다.
   GDP에서 자본소득이 차지하는 비중[(r^k*K)/Y=Capital Share=CS]은 일정하다.
5. 자본의 수익률(r^k)은 일정하다.
6. 실질임금(w)은 일정한 속도로 증가한다.

갭 투자

• gap 投資

주택 매매 가격과 전세금 시세의 차이가 적은 집을 전세를 끼고 매입하는 투자 방식. 예를 들어 매매 가격이 10억 원인 주택의 전세금 시세가 9억 원이라면 전세를 끼고 1억 원만으로 집을 구매할 수 있다. 이후 전세 계약이 종료되면 전세금을 올리거나, 주택 매매 가격이 상승하면 되파는 방식으로 시세차익을 얻을 수 있다.

상대적으로 적은 자금만으로도 고가의 부동산 시세 차익을 거둘 수 있는 투자 방식이지만, 주택 매매 가격이 하락하면 세입자의 전세금을 돌려주지 못하거나 주택 매매를 위한 대출금을 갚지 못할 위험이 있다.

빈출

공매도

• 空賣渡
• short stock selling

주식을 소유하지 않고 매도 주문을 내는 것. 현재 주식을 소유하지 않고 있음에도 향후 주가가 하락할 것을 예상하고 주식을 빌려 판 뒤, 실제 주가가 하락하면 같은 종목의 주식을 싼값에 되사서 차익을 챙기는 매매 기법이다. 그러나 주가 하락을 예상한 것과 달리 주가가 상승하게 되면 공매도한 투자자는 손해를 보게 되며 결제일에 주식을 입고하지 못하면 결제불이행 사태가 발생할 수도 있다. 우리나라의 주식시장에서는 유상증자 등 사실상 주식 소유로 인정되는 경우에만 예외적으로 공매도를 허용한다.

함께 나오는 용어

숏 커버링(short covering)
매도했던 주식을 다시 매수하는 것. 숏 포지션은 선물옵션 시장에서 기초자산 하락에 베팅하는 상황을 말하는데, 이에 대한 리스크를 헤징하기 위해 기초자산을 매입함으로써 위험을 커버한다는 뜻이 있다. 보통은 공매도한 후 주가 상승에 따른 피해를 줄이고자 주식을 다시 매수하는 경우에 사용된다.

디마케팅

• demarketing

기업이 고객의 수요를 의도적으로 줄이는 마케팅 기법. 1971년 필립 코틀러(Philip Kotler)가 처음 사용한 개념으로, 제품에 대한 이미지와 브랜드 가치를 향상시키고, 특정 고객들의 충성도를 강화할 수 있다. 대표적으로 담배, 의약품 등의 포장이나 광고에 경고 문구를 삽입하거나, 금융기관에서 휴면계좌를 정리하고 채무 규모가 적정 수준을 넘은 고객의 거래 및 대출한도 등을 제한하는 것이 있다.

당좌예금

- 當座預金
- checking account

기업이 수표 또는 어음을 발행하여 대금 지급을 자유롭게 할 수 있는 요구불예금의 한 종류. 법인이나 사업자로 등록된 개인만 개설할 수 있다. 금전거래가 매우 빈번한 기업이 현금의 출납, 보관 등의 번거로움과 위험성을 피하기 위해 이용한다. 입출금이 매우 자유로워 당좌예금에서 발행된 수표는 예금통화로 현금 취급을 받는다. 금전의 출납이 빈번한 당좌예금 자산으로는 안정적 운용이 어려워 원칙적으로 이자가 지급되지 않는다.

리디노미네이션

- redenomination

한 나라에서 통용되는 화폐의 액면가를 낮은 숫자로 변경하는 조치. 화폐, 채권, 주식 등의 액면 금액을 의미하는 디노미네이션을 다시 하는 것을 말한다. 이를 실시할 경우 거래 편의 제고, 통화의 대외적 위상 상승, 인플레이션 기대 심리 억제, 지하 퇴장 자금의 양성화 촉진 가능성 등의 장점이 있는 반면 새 화폐 제조와 컴퓨터 시스템, 자동판매기, 메뉴 비용 문제 등에 대한 큰 비용이 발생하고, 물가 상승 우려, 불안 심리를 초래할 가능성이 있다.

리보금리

- LIBOR(London Inter-Bank Offered Rates)

런던의 신뢰도가 높은 일류 은행들끼리의 단기적인 자금 거래에 적용하는 대표적인 단기금리. 런던 금융시장에서 우량 은행 간 단기자금을 거래할 때 적용하는 금리로서, 세계 각국의 국제 간 금융거래에서 기준금리로 활용되고 있다.

한편, 신용도가 낮을 경우 리보금리에 몇 퍼센트의 가산금리가 붙는데, 이것을 스프레드라고 하며 이는 금융기관의 수수료 수입이 된다. 그러나 2012년 리보금리 산정과정에서 대형은행들의 조직적인 담합으로 리보금리가 조작되었음이 드러나 신뢰도가 크게 하락하였다. 이에 따라 영국금융청은 2021년까지 리보금리를 폐기하고 새로운 기준금리를 도입하겠다고 발표했다.

빈출

바이럴마케팅

- viral marketing

소비자가 자발적으로 이메일, 블로그, SNS 등 전파 가능한 매체를 통해 기업이나 제품 소식을 널리 퍼트리도록 하는 마케팅 기법. 소비자의 입에서 입으로 전해지는 점에서 광고와 다르며, 정보 제공자가 아닌 정보 수용자를 중심으로 확산되는 점에서 입소문 마케팅과 차별된다.

함께 나오는 용어

- 니치마케팅(niche marketing)
  시장의 빈틈을 집중 공략하는 전략
- 데카르트마케팅(techart marketing)
  유명 예술가의 작품을 제품 디자인에 적용해 소비자의 감성에 호소하고 브랜드 품격을 높이는 전략
- 넛지마케팅(nudge marketing)
  특정 행동을 직접 지시하지 않고 소비자의 선택에 있어서 유연하고 부드러운 방식으로 접근하는 전략

바이백

• buy back

무엇인가를 팔았다가 다시 되사들이는 행위. 국채와 관련해서는 조기상환(빨리 빚을 갚음)이란 뜻으로 쓰인다. 국채 발행 주체인 정부가 국채를 다시 되사면 빚을 갚을 필요가 없어지므로 사실상 부채를 상환하는 효과를 가진다. 보통 추가 세수를 확보하여 상환 여력이 생겼을 때 시행되며, 바이백을 통해 향후 발생할 추가 이자 부담을 완화하고 재정건전성을 조기에 강화하는 효과를 얻을 수 있다.

빈출

배드뱅크

• bad bank

금융기관의 부실채권이나 부실자산만을 사들여 처리하는 전문기관. 은행에 부실자산 또는 부실채권이 발생한 경우 은행이 단독 또는 정부 기관 등과 공동으로 배드뱅크를 자회사로 설립하여, 부실채권 또는 자산을 넘겨주면 그것들을 정리하는 업무를 수행한다. 즉, 자산을 매각하거나 이것을 담보로 하여 유가증권을 발행하는 등의 방법으로 대출금을 회수하며, 배드뱅크에 부실채권이나 부실자산을 넘긴 금융기관은 굿뱅크가 된다.

분식회계

• 扮飾會計
• window dressing settlement

기업이 재정 상태나 경영 실적을 실제보다 좋게 보이게 할 목적으로 부당한 방법을 통해 자산이나 이익을 부풀려 계상하는 것. 한마디로 겉보기에 좋게 회계를 속이는 것을 말한다. 가공의 매출을 기록하거나, 비용을 적게 계상 또는 누락시켜 결산 재무상태표의 수치를 고의로 왜곡시키는 등의 방법이 이용된다. 반대로 세금 부담이나 근로자에 대한 임금 인상을 피하기 위해 실제보다 이익을 적게 계상하는 경우는 '역분식회계(逆粉飾會計)'라고 한다.

시스템 리스크

• system risk

금융 시스템의 전부 또는 일부의 장애로 금융기능이 정상적으로 수행되지 못함에 따라 실물 경제에 심각한 부정적 파급효과를 미칠 수 있는 위험. 현대 금융이 거대해지고 서로 복잡하게 얽힘에 따라 개별 금융기관의 부실이 음의 외부성을 통해 다른 금융기관으로 전이될 수 있으므로, 금융 시스템 전체의 부실을 가져올 수 있다는 의미이다.

함께 나오는 용어

SIFI(Systemically Important Financial Institution, 시스템적 중요 금융회사)

부실화되거나 파산할 경우 그 규모, 복잡성 및 시스템 내 상호연계성 등으로 인해 금융 시스템 전반 또는 실물 경제에 상당한 부정적 파급 영향을 미칠 수 있는 거대한 금융회사. 이런 SIFI는 파산할 경우 경제에 치명적인 영향을 미치기 때문에 공적자금을 투입하여 강제회생을 시킬 수밖에 없고, 이러한 대마불사적 특성으로 인해 방만한 경영을 하는 도덕적 해이 문제가 꾸준히 거론되어 왔다. 이에 금융감독원은 예금보험공사와 공동으로 금융회사 사전 유언장 제도를 도입하여 SIFI 파산의 시스템 리스크를 최소화하고 도덕적 해이를 방지할 계획이다.

스튜어드십 코드

• stewardship code

연기금과 자산운용사 등 주요 기관투자가들이 위탁자가 맡긴 돈을 자기 돈처럼 여기고 의결권 행사 등 주주 활동을 충실하게 이행해야 한다는 자율 지침. 서양에서 큰 저택이나 집안일을 맡아 보는 집사(스튜어드)처럼 기관들도 고객 재산을 선량하게 관리할 의무가 있다는 뜻에서 생겨난 용어이다. 금융위원회는 기업 경영 투명성을 높이고, 수익성 제고를 위해 2016년 스튜어드십 코드를 도입했다.

빈출

은산분리

• 銀産分離

산업자본의 은행 지분 소유에 제한을 두는 제도. 기존 은행법상 산업자본은 의결권이 있는 은행 지분을 4% 이상 소유할 수 없다. 다만 의결권 미행사를 전제로 금융위원회의 승인을 받으면 최대 10%까지 보유할 수 있다. 2019년 1월 17일부터 시행된 인터넷전문은행 특례법에 따라 혁신정보통신기술(ICT) 기업에 한해 한도를 34%로 늘렸다.

오퍼레이션 트위스트

• operation twist

금융 당국이 장기채권 매입과 단기채권 매도를 병행하는 금융 정책. 글로벌 금융위기 당시 미연방준비제도(Fed)가 양적완화와 함께 사용한 경기부양책이다. 시행하게 되면 장기채권 금리는 낮아지고 단기채권 금리는 높아지며, 금융 당국의 보유 자산 비율이 변화하고, 우상향하는 수익률 곡선의 기울기가 줄어들거나 심할 경우 음의 기울기로 변화하는 장단기금리역전 현상이 발생한다.

장기채권의 금리를 낮추는 이유는 기업 투자를 활성화하기 위해서다. 경기를 부양하기 위해서는 기업이 투자를 늘려야 하고, 기업이 투자를 늘리기 위해서는 싼 금리로 돈을 빌릴 수 있어야 한다. 그런데 기업은 장기적인 사업계획을 토대로 장기차입을 원하는 경우가 많기 때문에 기업의 투자를 이끌어내기 위해서는 장기금리를 낮출 필요가 있다. 장기채권 매입과 함께 굳이 단기채권을 매도하는 이유는 시중 유동성을 유지시켜 인플레이션을 방지하기 위해서다. 금융 당국이 장기채권을 매수하면 그 반대급부로 시중 통화량이 증가하고, 이는 곧 인플레이션으로 이어진다. 따라서 단기채권을 매도함으로써 풀린 유동성을 다시 흡수하여 인플레이션을 방지하는 것이다.

빈출

비트코인

• bitcoin

미국, 독일 등 세계 정부와 언론에 주목받는 가상화폐. 비트코인 주소를 가진 사람들끼리 P2P 기반의 공개 키 암호방식으로 거래되며, 거리나 시간에 구애받지 않고 직접 송금수수료 없이 거래할 수 있다.

비트코인이 활성화되면서 미국 달러와 같은 실제 화폐로 바꿔주는 중개 사이트도 생겼으며, 여러 온라인 쇼핑몰에서 실제 화폐처럼 사용할 수 있는 단계까지 발전하였다. 새로운 투기대상으로 떠오르는 반면 익명성 때문에 불법 약물 거래나 탈세에 악용되기도 한다.

애자일 조직

• agile 組織

부서 간 경계를 허물고 필요에 맞게 소규모 팀을 구성해 유연하게 업무를 수행하는 조직문화. 최근 국내 주요 은행들이 시시각각 변하는 금융환경과 고객 수요에 빠르게 대응하기 위해 도입하고 있다. 일반적으로 비즈니스 모델이 무너지는 정도가 심한 산업일수록 애자일 조직 전환이 빠르다. 금융권에 따르면 NH농협금융지주는 2019년 경영계획 발표 중 데이터 기반의 디지털 금융회사로 전환한다고 밝혔는데, 여기에도 애자일 조직이 적용된다.

워크아웃

• workout

기업의 재무구조 개선 작업. 부실기업의 구조조정을 위해 기업과 금융기관이 서로 협의해 진행하는 경영 혁신 활동으로, 기업가치 회생, 재무구조 개선 작업 등으로 불린다. 기업의 파산보다 사적인 계약 협의를 통한 회생이 일자리 보존과 생산설비 가동에 있어 보다 적은 비용이 소요될 것으로 판단하는 경우에 활용된다.

일반적으로 은행 대출금의 출자 전환, 상환 유예, 이자 감면, 일부 부채 탕감 등의 부채 구조조정을 도와주며, 기업은 자산 매각, 주력 사업 정비, 계열사 정리 등의 구조조정 노력을 이행해야 한다.

빈출

인덱스펀드

• index fund

목표지수인 인덱스를 선정하여 이 지수와 동일한 수익률을 올릴 수 있도록 하는 펀드. 주가지수에 영향력이 큰 종목들 위주로 포트폴리오를 구성하여 지수의 움직임에 맞춰 수익률을 제공하도록 운용하는 상품으로, 1970년대 초 금융시장이 발달하면서 위험 회피 전략이나 차익 실현을 위한 수단으로 부각되어 왔다.

이는 상대적으로 운용 비용이 적게 들어 액티브펀드에 비해 수수료율이 낮으며, 분산투자로 인해 위험은 낮고 보수가 적어 장기 투자에 적합하다. 그러나 시장이 침체될 때는 펀드의 수익률도 동반 하락할 수 있다. 우리나라에는 KOSPI, KOSPI200 등의 인덱스를 추종하는 펀드가 있다.

함께 나오는 용어

ETF(Exchange Traded Funds, 상장지수펀드)

인덱스펀드와 마찬가지로 특정 인덱스를 추종하지만, 여기에 뮤추얼펀드의 특성을 더해 거래소에서 자유롭게 사고팔 수 있다. 운용사는 펀드 계좌를 거래소에 상장시켜 투자자의 환매 요구 부담을 덜고, 투자자는 자유로운 거래가 가능한 이점이 있다.

전환사채

- 轉換社債
- CB(Convertible Bond)

일정 기간이 지난 이후에 주식으로 전환할 수 있는 권리가 생기는 채권. 말 그대로 권리이므로, 행사하지 않고 채권 상태를 유지할 수 있다. 만약 주가가 상승해 주식으로 전환하여 주식전환권을 행사하면 채권자의 권리는 소멸한다. 즉, 투자자 입장에서는 채권과 주식 중 유리한 것을 선택할 수 있으며, 기업의 입장에서는 투자자에게 유리한 조건을 붙여줌으로써 좀 더 저렴한 금리로 자금을 조달할 수 있다는 이점이 있다.

함께 나오는 용어

신주인수권부사채(新株引受權附社債, bond with warrant)
해당 기업 신규 주식을 발행하는 경우 미리 약정된 가격에 신규 주식을 부여받을 권리를 지닌 채권. 전환사채는 채권을 주식으로 전환하기 때문에 권리를 행사하면 채권으로서의 가치는 소멸하지만, 신주인수권부사채는 전환이 아니라 새로 부여하는 것이기 때문에 권리를 행사해도 채권으로서의 가치는 유지된다. 미리 약정된 가격에 신규 주식을 취득할 수 있으므로, 현재 주가가 높아진 상태에서 권리를 행사하면 시세차익을 얻을 수 있다. 전환사채보다 유리한 권리가 있는 만큼 채권의 금리는 낮다.

조세피난처

- 租稅避難處
- tax shelter

법인소득의 전부 혹은 상당 부분에 대해 조세를 부과하지 않는 국가나 지역. 법인세, 개인소득세에 대해 원천징수를 전혀 하지 않거나, 과세를 하더라도 아주 낮은 세금을 적용함으로써 세제상의 특혜를 부여한다. 규제가 거의 없고, 금융거래의 익명성이 철저히 보장되기 때문에 전 세계적으로 탈세나 돈세탁용 자금 거래의 온상이 되고 있다. 대표적인 조세피난처는 바하마, 버뮤다 제도 등 카리브해 연안과 중남미 등에 밀집해 있다.

함께 나오는 용어

- **페이퍼컴퍼니(paper company)**
  글자 그대로 물리적 실체가 없이 서류 형태로만 존재하는 회사. '유령회사'라고도 하지만, 실질적인 영업 활동은 자회사를 통해 하고 법적으로는 엄연히 회사 자격을 갖추고 있기 때문에 엄밀한 의미에서 유령회사로 보기 어렵다. 주로 기업 활동에 드는 제반 경비를 절감하기 위해 조세회피지역에 설립된다.
- **역외탈세(域外脫稅, offshore tax evasion)**
  국내 법인이나 개인이 조세피난처에 페이퍼컴퍼니를 만든 뒤, 해당 회사가 수출입거래를 하거나 수익이 있는 것처럼 회계를 조작해 세금을 면탈하거나 축소하는 행위. 국내 거주자의 경우 외국에서 발생한 소득(역외소득)도 국내에서 세금을 내야 하지만, 외국에서의 소득은 숨기기 쉽다는 점을 악용한 것이다. 국내에 감춰진 소득은 소비나 상속·증여 등을 통해 드러나지만, 외국 소득을 해외로 반출하면 거의 회수할 수 없으므로 더 큰 사회적 지탄을 받는다. 세무 당국이 적발한 역대 최대 규모의 역외탈세는 권혁 시도상선 회장의 경우로 2,000억 원대의 세금을 탈루한 혐의를 받고 있다.

체리피커

- cherry picker

'신포도 대신 체리만 골라 먹는 사람'이라는 뜻으로, 기업의 상품이나 서비스를 구매하지 않으면서 부가서비스 혜택을 통해 실속을 차리기에만 관심을 두는 '얌체 소비자'를 말한다. 소비자 입장에서 체리피커는 똑똑한 소비를 하는 것이지만, 기업 입장에서는 최소 비용으로 최대 혜택을 챙겨가는 '얌체 고객'이다. 심할 경우 블랙리스트를 작성하여 업계 공동으로 대응하는 디마케팅(demarketing)을 시행하기도 한다.

쿼드러플 위칭데이

• quadruple witching day

주가지수선물과 주가지수옵션, 개별주식옵션과 개별주식선물의 만기가 겹치는 날. 미국의 주가지수선물, 주가지수옵션, 개별주식옵션의 만기가 겹치는 '트리플 위칭데이'에서 비롯되었다. 이날 주식시장에 어떤 변화가 일어날지 아무도 예측할 수 없다는 의미에서 '트리플 위칭데이(Triple Witching Day)'라고 칭했다.

하지만 최근 미국에서는 트리플 위칭데이에서 2002년 말부터 거래되기 시작한 개별주식선물이 합세하면서 '쿼드러플 위칭데이'로 변경하였다. '쿼드러플'이란 숫자 4를 의미하는 것으로, 지수선물과 지수옵션, 그리고 개별주식옵션과 개별주식선물이 동시에 만기를 맞음에 따라 붙여진 용어이다. 미국은 선물옵션 만기일이 세 번째 금요일로 정해져 있어 3, 6, 9, 12월 세 번째 금요일이 '쿼드러플 위칭데이'이며, 우리나라는 3, 6, 9, 12월 두 번째 목요일이 '쿼드러플 위칭데이'이다.

출구전략

• 出口戰略
• exit strategy

경제 위기 상황을 타개하기 위해 실시했던 이례적인 조치들이 효과를 본 후, 그 부작용을 최소화시키면서 정책을 원상복귀시키는 것. 글로벌 금융위기에 대한 특단의 대책으로 실시했던 양적완화 정책으로 미국 경제가 살아날 기미를 보이자, 양적완화의 부작용인 인플레이션을 막기 위해 출구전략이 논의되었다. 실행 시기가 중요한 관건으로, 너무 빠르면 양적완화의 효과가 반감되고, 너무 느리면 부작용이 미치는 악영향이 커진다.

함께 나오는 용어

• **테이퍼링(tapering)**
양적완화(QE) 조치의 점진적인 축소를 의미하는 신조어. 벤 버냉키 미연방준비제도(Fed) 의장이 2013년 5월 23일 의회 증언에서 언급하며 글로벌 금융시장의 키워드로 등장했다. 테이퍼링은 같은 긴축이지만 금리 인상을 의미하는 '타이트닝(tightening)'과 달리 양적완화 정책 속에 자산 매입 규모를 줄여나가는 방식으로, 출구전략의 초기 단계에 해당한다.

• **더블딥(double deep)**
경기침체 후 잠시 불황에서 벗어나 짧은 기간 성장을 기록하다가 다시 불황에 빠지는 이중침체 현상. W자형 불황이라고도 한다. 출구전략의 타이밍을 너무 빨리 잡을 경우 경기가 살아날 조짐을 보이다가 때 이른 출구전략의 여파로 경기가 다시 고꾸라지며 더블딥에 빠지게 된다.

컨소시엄

• consortium

공통의 목적을 위한 협회나 조합. 증권업계와 관련하여 사용할 때는 공사채나 주식과 같은 유가증권의 발행액이 지나치게 커 증권 인수업자가 단독으로 인수하기 어려울 경우, 이를 매수하기 위해 다수의 업자들이 공동으로 창설하는 인수조합을 일컫는다. 신디케이트와 혼용되는 컨소시엄은 일반적으로 공동구매 카르텔 또는 공동구매 기관을 의미하며, 인수업자들의 발행증권 분담에 목적을 둔다. 정부나 공공기관이 추진하는 대규모 사업에 여러 개의 업체가 한 회사의 형태로 참여하는 경우도 컨소시엄이라고 일컫는다.

기출

프로젝트 파이낸싱

• project financing

금융기관 등이 프로젝트의 사업성을 담보로 대출을 해주는 금융 기법. 일체의 담보 없이 특정 프로젝트의 미래 수익성을 보고 자금을 대출해주는 것으로, 자본주로부터 대규모 자금을 모집하고 사업 종료 후 일정 기간 발생한 수익을 지분율에 따라 투자자들에게 나누어주는 방식으로 운영된다. 금융기관은 프로젝트 자체에서 나오는 수익으로 대출금을 상환받게 된다.

[참여주체]

- 사업자: 프로젝트를 기획, 개발하고 프로젝트 회사에 출자하고 보증을 제공하는 등 프로젝트의 모든 진행단계에서 중심적 역할을 수행한다.
- 프로젝트 회사: 사업주가 주체가 되어 당해 프로젝트의 개발 및 자금조달을 위해 별도로 설립한 별도 법인을 말한다.
- 차입자: 일반적으로 프로젝트 회사와 같을 수도, 다를 수도 있으며, 다양한 이해관계자가 각기 합작에 참여하기 위해 개별적으로 차입할 수도 있다.
- 대주단: 국제적인 명성을 가지고 있는 상업은행, 각국의 수출입은행 등 지역개발금융기관 및 프로젝트 발주국의 현지 은행들이 참여하게 된다.
- 주간사 은행: 대주단을 구성하는 데 주도적인 역할을 하며, 대주단에 참여하는 은행들의 대표를 말한다.
- 금융자문: 사업주의 입장을 대변하여 프로젝트의 초기단계에서 완공까지 제반자문, 계약서 작성, 대주단 및 발주국의 정부와의 협상지원 등을 진행하는 주체이다.

이 외에도 공급업자, 발주국 정부, 관리운영자 등이 있다.

포워드 가이던스

• forward guidance

통화 당국의 금융 정책 가이드라인을 제시함으로써 정책 변화에 의한 시장의 충격을 완화하겠다는 조치. 통화 당국의 정책 결정은 금융시장에 가장 큰 영향을 미치는 변수로, 주기적으로 다가오는 통화 당국의 정책 변경 시점이 되면 금융시장의 불확실성이 크게 증가하곤 하였다. 이에 따라 정책 발표 이전에 정책 방향을 가늠할 수 있는 일종의 가이드를 제시함으로써 정책 발표가 시장에 주는 서프라이즈를 최소화시키려는 노력의 일환으로 시행하였다.

풋백옵션

• put back option

기업의 인수합병(M&A) 과정에서 인수자가 재무적 투자자들의 보유 지분을 일정 기간 이후 약정된 가격에 되사줄 것을 약속하는 거래. 인수합병 과정 중 인수자의 자금이 충분하지 못한 경우 투자자들의 자금을 더욱 쉽게 유치하기 위해 붙여주는 옵션이다. 투자자의 입장에서는 훗날 주가가 하락하더라도 약정된 가격에 인수자에게 되팔 권리가 있으므로 매력적인 선택이 될 수 있다. 한편, 인수자는 자금을 단기간에 모아 빠르게 인수합병을 진행할 수 있는 이점이 있다.

후순위채권

- 後順位債券
- subordinated bonds

채권 발행 기업이 파산했을 경우 돈을 받을 수 있는 순서가 가장 나중인 채권. 채권을 발행한 기업이 파산했을 경우 사채의 변제 순위에 있어 주식보다는 우선하지만 다른 채권보다는 변제 순위가 늦은 것으로, 신용이 극히 좋은 경우에만 발행 가능하다. 중간에 변제 요청이 불가능하고 상환 기간이 5년 이상이기 때문에 자기자본으로 계산해 준다.
즉, 후순위채 발행은 곧 자기자본비율의 상승을 의미한다. 발행 기업의 자산과 수익에 대한 청구권이 약하며, 투자자에게 높은 표면금리를 제시하는 특징을 갖는다.

ELS

- Equity Linked Securities
- 주가연계증권

특정한 주식의 가격 또는 지수와 관련하여 수익률이 결정되는 금융상품. 투자 자금의 일부는 국공채에 투자하여 원금을 일부 보장하고, 나머지는 주식에 투자하여 주가 또는 지수의 변동에 따라 만기 지급액이 결정되는 증권이다. 원금의 손실 정도에 따라 원금 보장형, 원금 부분 보장형, 원금 조건부 보장형으로 구분된다. 장외파생금융상품에 대한 영업 허가를 받은 증권사에서만 ELS를 만드는 것이 가능하므로, 투자자는 반드시 증권거래 계좌가 있어야 가입할 수 있다.

헤지펀드

- hedge fund

개인모집 투자신탁. 소수의 투자가로부터 자금을 모아 '파트너십(partnership)'이라고 불리는 공동체를 결성한 뒤, 조세피난처에 위장 회사를 설립하여 운영한다. 파는 금액과 사는 금액을 동일시하여 시장 변동에 따른 거래 손실의 책임을 피할 수 있다. 한편, 헤지펀드는 파생금융상품을 교묘하게 조합하여 도박성이 큰 신종 상품을 개발함으로써 국제금융시장을 교란시킨다는 지적을 받고 있다.

함께 나오는 용어

사모펀드(private equity fund)
비공개로 소수의 투자자를 모집하여 제한이 없는 자유로운 자금 운용을 통해 고수익을 추구하는 펀드. 불특정 다수에게 투자 기회가 열리고 각종 규제를 받는 공모펀드와 반대되는 개념으로, 헤지펀드와 유사점이 많다.

BIS 자기자본 비율

- BIS capital ratio

일정한 기준에 의해 가중 평균된 자산 중에서 자기자본이 차지하는 비율. BIS 자기자본비율이 높을수록 파산 위험성이 적다. BIS(국제결제은행)의 바젤은행감독위원회에서 갈수록 늘어나는 은행의 리스크 증대에 대처하기 위해 만들어진 개념으로, 은행의 건전성을 유지하기 위해 BIS 자기자본비율을 8% 이상으로 유지할 것을 권고하고 있다.

OTP

- One Time Password
- 일회용 비밀번호 생성기

전자금융거래 때마다 새로운 비밀번호를 사용함으로써 비밀번호 유출로 인한 사고를 방지하기 위해 사용하는 보안수단. OTP는 보안카드형과 비밀번호 발생기형의 두 가지 형태로 구분된다. 보안카드형은 고정된 35개의 비밀번호를 사용함에 따라 비밀번호 발생기형보다 안전성이 낮아 소액거래 이체 시 주로 사용된다. 비밀번호 발생기형은 비밀번호를 재사용하지 않고 사용할 때마다 다른 비밀번호가 만들어지므로, 보안카드형에 비해 훨씬 안전하다.

금융권은 다수의 금융회사를 이용하는 고객 편의성 및 금융회사의 중복 투자, 상호호환성 등에 대한 해결을 위해 OTP 통합인증센터를 구축하고, 하나의 OTP로 다수의 금융기관에서 사용할 수 있는 통합된 OTP 인증서비스를 제공하고 있다.

P2P 투자

- Peer to Peer Investment

온라인을 통해 대출-투자를 연결하는 핀테크 서비스. 기존 은행이 수행하던 채권자와 채무자를 간접 중개하던 일을 온라인으로 모든 대출 과정을 자동화하여 지점 운영비용, 인건비, 대출영업비용 등의 불필요한 경비 지출을 최소화하고 채권자와 채무자를 직접 중개함으로써 채무자에게는 보다 낮은 금리를, 채권자에게는 보다 높은 수익을 제공하는 서비스이다. 2020년 10월 기준 우리나라의 P2P 투자 규모는 약 7조 8천억 원을 돌파하였다.

빈출

LTV

- Loan To Value ratio
- 담보인정비율

주택과 같은 부동산에 대하여 담보로 인정하는 비율. 시가 2억 원짜리 주택을 담보로 잡을 때 LTV가 50%라면 1억 원만 담보로 인정된다. LTV 비율이 높을수록 담보로 인정해 주는 비율이 더욱 커지며 그만큼 대출이 용이해진다.

함께 나오는 용어

DTI(Debt To Income ratio, 총부채상환비율)

(신규 연간 주택담보대출 원리금 상환액+기타 원리금 상환액)÷연 소득액. LTV는 자산가치 대비 부채비율에 초점을 맞췄다면 DTI는 소득 대비 부채비율에 초점을 맞춘 규제이다. LTV와 마찬가지로 부동산 8·2대책 이후 일부 투자과열지구에 한해 DTI가 30%까지 낮아졌으며, 2018년에는 이를 더 강화한 신 DTI를, 2018년 하반기에는 DSR이 도입되었다.

DSR(Debt Service Ratio, 총부채원리금상환비율)

모든 연간 대출 원리금 상환액÷연 소득액. DTI를 한층 더 강화한 것으로 기존 DTI에 신용대출, 학자금대출, 자동차 할부, 카드론 등 모든 대출 원리금을 포함하여 연 소득액과 비교하기 때문에 더 엄격한 대출심사가 이루어진다.

OEM

- Original Equipment Manufacturing
- 주문자상표부착생산

주문자가 요구하는 상표명으로 납품업체가 부품이나 완제품을 생산하는 것. 물건을 주문한 회사가 생산자 회사에 주문자의 상표를 부착한 상품을 제작할 것을 의뢰하여 상품을 생산하는 방식으로 전기·기계 부품이나 자동차 부품에서 많이 시행되고 있다. 상품의 상표권과 영업권은 주문업체가 갖고 납품업체는 생산만 한다. 주문자는 생산 원가를 줄일 수 있고, 생산자는 주문자의 강력한 브랜드 파워를 바탕으로 안정적인 판로를 확보할 수 있다는 장점이 있다.

함께 나오는 용어

ODM(Original Development Manufacturing, 제조업자 개발생산)

주문자가 만들어 준 설계도에 따라 단순 제조·생산만을 전담하는 OEM에서 한발 더 나아가 납품업체가 제품의 개발까지 맡는 형태. OEM에 비해 납품업체의 마진율이 더 높다. 납품업체는 기술력에 집중하고, 주문자는 유통과 마케팅에 더욱 집중하는 형태이다.

ROE

- Return On Equity
- 자기자본이익률

주주지분에 대한 운용효율을 나타내는 지표. 주식시장에서는 투자지표로 사용된다. 부채를 제외한 자산으로 얼마나 효율적인 순익을 창출했는지를 측정하는 지표로, 높을수록 효율적인 장사를 하고 있음을 의미한다. 당기순이익÷자기자본×100으로 구할 수 있다. 주주의 입장에서는 ROE가 시중금리보다 높아야 기업투자의 의미가 있다고 볼 수 있다.

함께 나오는 용어

ROA(Return On Asset, 총자산순이익률)

ROE와는 다르게 자기자본에 부채를 더한 자산 대비 이익 비율을 보는 지표. 금융기관의 이익은 산업 특성상 부채로부터 나오기 때문에 금융기관이 총자산을 얼마나 효율적으로 잘 운용했는지를 측정하는 지표로 사용된다.

EPS

- Earning Per Share
- 주당순이익

EPS는 기업의 순이익(당기순이익)을 해당 기업의 발행 주식 수로 나눈 값이다. EPS는 일년 동안 기업의 주식 한 주당 얼마나 이익을 창출했는지 가늠할 수 있는 지표이다.

PBR

- Price to Book Ratio
- 주가순자산비율

PBR은 기업의 주가를 한 주당 순자산가치로 나눈 값이다. PBR이 낮을수록 기업의 주가가 기업의 자산 가치보다 저평가되어 있고, 높을수록 고평가되어 있다고 판단할 수 있다. PBR이 1이라면 해당기업의 순자산가치와 시가총액이 일치한다는 의미이다.

PER

- Price Earning Ratio
- 주가수익비율

PER은 주가를 주당순이익(EPS)으로 나눈 값이다. PER이 낮을수록 회사가 벌어들이는 이익금에 비해 주가가 저평가되어 있고, 높을수록 고평가되어 있다고 볼 수 있다.

EVA

- 경제적 부가가치
- Economy Value Added

EVA란 기업이 영업활동을 통해 얻는 순가치의 증가분으로 영업이익에서 법인세와 자본비용을 차감한 이익이다. EVA가 0보다 크다면 자본제공자의 기회비용 이상의 가치를 창출했음을 의미한다. EVA는 타인자본만 고려하는 당기순이익과 달리 자기자본비용까지 고려하므로 기업이 주주가치를 극대화해야 한다는 재무적 목표에 적합한 경영성과 측정 지표이다.
EVA=(영업이익-법인세)-(타인자본비용+자기자본비용)

선물거래

- 先物去來
- Future Trading

미래의 특정 시점에 미리 정한 가격으로 매매할 것을 현재 시점에서 약정하는 거래로, 미래의 가치를 사고파는 거래를 의미한다.

콜옵션

- Call Option

옵션거래에서 특정한 기초자산을 미래의 특정 시점 또는 그 이전에 미리 정한 행사가격으로 살 수 있는 권리이다.

풋옵션

- Put Option

옵션거래에서 특정한 기초자산을 미래의 특정 시점 또는 그 이전에 미리 정한 행사가격으로 팔 수 있는 권리이다.

FIDO

• Fast Identity Online

신속한 온라인 인증을 뜻하는 말로, 온라인 환경에서 ID, 비밀번호 없이 생체인식 기술을 활용하여 보다 편리하고 안전하게 개인 인증을 수행하는 기술. 주로 지문, 홍채 등 신체적 특성의 생체정보(Biometrics)가 이용되지만, 동작 등의 행동적 특성의 생체정보 인증 등도 이용되고 있다. FIDO Specification은 비밀번호 없이 인증을 하기 위한 UAF(Universal Authentication Framework) 프로토콜과 비밀번호를 보완해서 인증을 하기 위한 U2F(Universal 2nd Factor) 프로토콜로 구성된다.

마이데이터

• mydata

정보 주체를 중심으로 산재된 개인데이터를 한 곳에 모아 개인이 직접 열람하고 저장하는 등 통합 관리하고, 이를 활용하는 일련의 과정. 마이데이터는 자신에 관한 정보가 언제 누구에게 어느 범위까지 알려지고 또 이용되도록 할 것인지를 개인이 스스로 결정할 수 있는 권리인 '개인정보자기결정권'과 제3자에게 이를 관리할 수 있도록 허용하는 '개인정보이동권'을 기반으로 한다.

[개인에게 '개인정보자기결정권'을 보장하는 기본 원칙]

- 개인은 언제든지 본인의 개인데이터에 접근할 수 있고, 그 데이터를 제3자에게 보내거나 활용하게 할 수 있다.
- 개인이 개인데이터를 요청하면 개인데이터 보유자는 해당 데이터를 안전하고 쉽게 이용할 수 있는 형식으로 개인에게 제공해야 한다.
- 개인데이터를 사용하고자 하는 제3자는 필요할 때마다 개인에게 동의를 받아야 한다.
- 개인은 자신의 데이터가 어떻게 수집 및 사용되었는지 투명하게 확인할 수 있어야 한다.
- 개인이 원한다면 개인데이터 보유자는 데이터를 바로 삭제해야 한다.

[마이데이터 구성요소]

- 개인: 정보 주체자. 마이데이터 서비스를 이용하는 당사자로 개인데이터로 식별할 수 있고, 해당 개인데이터의 주체이면서 통제권을 가진 사람
- 개인데이터 보유자: 마이데이터 서비스 제공자가 활용하는 개인데이터를 보유한 기관 또는 기업
- 마이데이터 서비스 제공자: 개인데이터를 수집·이용하여 마이데이터 서비스를 제공하는 모든 개인, 기업, 기관
- 제3자: 개인의 요청 및 동의에 따라서 마이데이터 서비스 제공자가 보유한 개인데이터를 제공 받아 제휴서비스나 독립적인 서비스를 제공하는 기관 또는 기업 혹은 개인의 요청에 따라 마이데이터 서비스 제공자가 보유한 개인데이터를 제공 받는 개인

에지 컴퓨팅

• edge computing

중앙 집중 서버가 모든 데이터를 처리하는 클라우드 컴퓨팅과 다르게 분산된 소형 서버를 통해 실시간으로 처리하는 기술. 처리 가능한 대용량 데이터를 발생지(소스) 주변에서 효율적으로 처리함으로써 데이터 처리 시간이 큰 폭으로 단축되고 인터넷 대역폭 사용량이 감소하는 장점이 있다.

에지 컴퓨팅은 기존 클라우드 컴퓨팅(Cloud computing)과는 다른 컴퓨팅 접근 방법으로, 서로를 대체하는 것이 아닌 각각의 문제점을 보완하는 공생 관계에 가깝다. 에지 컴퓨팅을 클라우드(중앙 구름) 환경의 일부 작은 규모의 플랫폼으로 보아 클라우드렛(cloudlet, 작은 구름) 용어로 쓰기도 하고, 단말 기기 주변(에지)에서 처리되는 것을 가리켜 포그 컴퓨팅(Fog computing)이라고도 한다. 에지 컴퓨팅은 네트워크 연결과 대기시간, 대역폭 제약, 단말 기기에 내장된 다양한 기능 등을 고려하여 설계되기 때문에 분산 컴퓨팅 모델에 유리하며, 대표적인 사례로는 자율 주행 자동차를 들 수 있다.

빈출

4차 산업혁명

인공지능(AI), 로봇 기술, 생명 과학 등 정보통신기술(ICT)이 경제·사회 전반에 융합되어 이루어지는 차세대 산업 혁명. 디지털을 이용한 가상 세계와 현실 세계의 연결이 핵심인 4차 산업혁명은 기술 융합으로 생산성을 높이고 생산과 유통 비용을 낮춰 소득 증가와 삶의 질을 높일 것으로 보인다.

함께 나오는 용어

정보통신기술(ICT, Information and Communication Technology)

정보기기의 하드웨어 및 이들 기기의 운영 및 정보 관리에 필요한 소프트웨어 기술과 이들 기술을 이용하여 정보를 수집, 생산, 가공, 보존, 전달, 활용하는 모든 방법을 의미한다.

스마트 시티

• smart city

텔레커뮤니케이션(tele-communication)을 위한 기반시설이 인간의 신경망처럼 도시 구석구석까지 연결되어 있는 도시. 첨단 정보통신기술(ICT)로 인해 발전한 다양한 유형의 전자적 데이터 수집 센서를 사용해서 정보를 취득하고, 이를 자산과 리소스를 효율적으로 관리하는 데 사용하게 된다. 스마트 시티는 각국의 경제 및 발전 수준, 도시 상황과 여건에 따라 매우 다양하게 정의·활용되고 있다.

함께 나오는 용어

유시티(U-City)

첨단 IT 인프라와 유비쿼터스 정보 서비스를 도시 공간에 융합하여 생활의 편의 증대와 삶의 질 향상, 체계적 도시 관리에 의한 안전보장과 시민복지 향상, 신산업 창출 등 도시의 제반 기능을 혁신시키는 차세대 정보화 도시를 말한다.

데이터베이스

• database

특정 조직의 사람들이 공유할 목적으로 통합하여 관리하는 데이터의 집합. 여러 사람들이 공동으로 사용하기 위해 여러 자료 파일을 통합하여 자료 항목의 중복을 없애고 자료를 구조화하여 저장한 '자료의 집합체'를 말한다. 데이터베이스는 자료의 검색과 갱신의 효율성을 높여 준다.

[데이터베이스의 특성]

• 같은 자료를 중복하여 저장하지 않는다.
• 컴퓨터가 액세스하여 처리할 수 있는 저장장치에 수록된 자료이다.
• 임시로 모아 놓은 데이터나 단순한 입·출력 자료는 포함되지 않는다.
• 같은 데이터라 할지라도 공동 사용자의 목적에 따라 다르게 사용할 수 있다.

빈출

디지털 트랜스포메이션

• digital transformation

디지털 기술을 사회 전반에 적용하여 전통적인 사회 구조를 혁신시키는 것. 일반적으로 기업에서 사물 인터넷(IoT), 클라우드 컴퓨팅, 인공지능(AI), 빅데이터 솔루션 등 정보통신기술(ICT)을 플랫폼으로 구축·활용하여 전통적인 운영 방식과 서비스 등을 혁신하는 것을 의미한다. 디지털 트랜스포메이션을 추진한 사례로 제너럴 일렉트릭(GE)의 산업 인터넷용 소프트웨어 플랫폼 '프레딕스', 모바일앱으로 매장 주문과 결제를 할 수 있는 스타벅스의 '사이렌오더 서비스' 등이 있다. 성공적인 디지털 전환을 통해 4차 산업혁명이 실현된다.

빈출

클라우드 서비스

• cloud service

PC와 같은 저장 매체가 아닌 온라인에 소프트웨어와 데이터를 저장해두고 필요할 때마다 접속해 사용하는 서비스. 값비싼 컴퓨터 장비도 필요 없이 클라우드 서비스 제공 업체의 서버를 활용해 소프트웨어나 저장 공간을 빌려 쓰고 사용한 만큼 요금을 내기 때문에 시스템 유지나 장비 구입 비용을 절감할 수 있다.

빈출

빅데이터

• big data

데이터의 생성 양·주기·형식 등이 방대한 데이터 또는 데이터를 수집·분류·분석하는 도구와 분석기법. 빅데이터를 규정하는 3대 요소는 방대한 데이터의 양(Volume)·다양한 형태(Variety)·초단위의 빠른 생성 속도(Velocity) 등 '3V'로 나타내며, 네 번째 특징인 가치(Value)를 더해 '4V'라고도 한다.

빅데이터는 즉각적으로 분석 가능한 신속성이 있고, 과거부터 현재까지의 상황 분석이 용이해 변화를 쉽게 추적할 수 있으며, 제한된 표본이 아닌 전체 모집단을 대상으로 할 수 있다는 대표성으로 의사 결정의 정확도를 높일 수 있다는 장점이 있다.

램

• RAM(Random Access Memory)

컴퓨터의 주기억 장치, 컴퓨터의 메모리. 데이터나 프로그램을 자유롭게 읽고 쓸 수 있는 기억 장치로, 현재 사용 중인 프로그램이나 데이터가 저장되어 있다. 찾는 자료가 있는 위치까지 차례로 찾아가지 않고 특정 위치에 직접 자료를 쓰고 읽을 수 있기 때문에 액세스 속도가 빠르지만, 기억 장소의 사용 효율이 떨어진다.
램에는 전원을 주는 한 기억을 보존하는 SRAM(Static Random Access Memory)과 전원이 켜진 상태에서도 시간이 흐름에 따라 기억이 흐려지는 DRAM(Dynamic Random Access Memory)이 있다.

함께 나오는 용어

롬(ROM, Read Only Memory)
기록된 데이터를 읽을 수는 있지만 다시 기록할 수는 없는 메모리. 기록된 데이터를 필요할 때마다 읽을 수는 있지만 바꾸어 쓸 수는 없는 컴퓨터의 판독 전용 기억 장치로, 전원이 끊어져도 정보가 없어지지 않는 비휘발성(nonvolatile) 기억 장치이다.

USB

• Universal Serial Bus

정보기기에 주변 장치를 연결하기 위한 직렬 버스 규격의 하나인 작은 이동식 기억장치. 개인용 컴퓨터 주변기기에서 가장 많이 보급된 범용 인터페이스 규격이다. USB 표준은 하나의 버스에 최대 127대의 주변 장치가 연결 가능하다. 포트가 부족한 경우에는 나뭇가지 형태로 확장 가능한 USB 허브의 사용도 가능하다.

함께 나오는 용어

SD카드(Secure Digital Card)
우표 크기의 플래시 메모리 카드. 매우 안정적이고 높은 저장 능력을 갖고 있으며, 개인 휴대 정보 단말기(PDA), 디지털 카메라, 디지털 뮤직 플레이어, 휴대 전화, 노트북 컴퓨터, 디지털 캠코더 등의 디지털 제품에 사용된다.

3D 프린터

• 3D printer

2D 프린터가 활자나 그림을 인쇄하듯이 입력한 도면을 바탕으로 3차원의 입체 물품을 만들어내는 기계. 입체 형태를 만드는 방식에 따라 크게 한 층씩 쌓아 올리는 적층형(첨가형 또는 쾌속조형 방식)과 큰 덩어리를 깎아가는 절삭형(컴퓨터 수치제어 조각 방식)으로 구분한다. 제작 단계는 모델링(modeling), 프린팅(printing), 피니싱(finishing)으로 이루어진다.

빈출

크라우드 펀딩

• crowd funding

온라인을 통해 대중으로부터 십시일반으로 자금을 조달하는 모금 형식. 모금 주체가 모금 용도에 대한 기획을 제시하고 일정 기간 기부를 받아 목표액을 달성하면 기부된 금액으로 프로젝트를 진행하는 것을 말한다. 문화예술 분야의 활성화에 기여하고 있다.

사물인터넷

• IoT(Internet of Things)

사람과 사물, 사물과 사물끼리 인터넷으로 연결돼 정보를 생성·수집·공유·활용하는 기술·서비스. 사물인터넷은 연결되는 대상에 있어서 책상이나 자동차처럼 단순히 유형의 사물에만 국한되지 않으며, 교실, 커피숍, 버스정류장 등 공간은 물론 상점의 결제 프로세스 등 무형의 사물까지도 그 대상에 포함한다. 즉, 두 가지 이상의 사물들이 서로 연결됨으로써 개별적인 사물들이 제공하지 못했던 새로운 기능을 제공하는 것이다.

소프트웨어

• software

기계장치부에 해당하는 하드웨어에 대응하는 개념으로, 하드웨어를 사용하기 위한 각종 명령의 집합체. 일반적으로 '프로그램'이라고도 불리며 크게 시스템 소프트웨어와 응용 소프트웨어로 구분된다.

- 시스템 소프트웨어: 하드웨어를 제어하고 운영하는 프로그램. 운영 체제(UNIX·DOS 등), 컴파일러(C·FORTRAN 컴파일러 등), 입·출력 제어 프로그램 등이 있다.
- 응용 소프트웨어: 어떤 특정 업무를 보다 편리하게 처리하기 위해 만들어진 프로그램. 사무 자동화, 수치연산, 게임 등이 있다.

빈출

사스

• SaaS(Software as a Service)

클라우드 환경에서 운영되는 애플리케이션 서비스. 모든 서비스가 클라우드에서 이루어지며, 소프트웨어를 구입해서 PC에 설치하지 않아도 웹에서 소프트웨어를 빌려 쓸 수 있다. 사스는 필요할 때 원하는 비용만 내면 어디서든 곧바로 쓸 수 있다는 장점이 있다. PC나 기업 서버에 소프트웨어를 설치할 필요가 없으며, 소프트웨어 설치를 위해 비용과 시간을 들이지 않아도 된다.

함께 나오는 용어

- BaaS(Blockchain as a Service)
  블록체인 기반 소프트웨어의 개발 환경을 제공하는 클라우드 컴퓨팅 플랫폼. 장소와 상관없이 서버 자원을 할당하는 프로비저닝(provisioning)이 가능하다.
- PaaS(Platform as a Service)
  소프트웨어 서비스를 개발할 때 필요한 플랫폼을 제공하는 서비스. 사용자는 PaaS에서 필요한 서비스를 선택해 애플리케이션을 개발할 수 있다.
- IaaS(Infrastructure as a Service)
  클라우드로 IT 인프라 자원을 제공하는 서비스. 이용자는 직접 데이터센터를 구축할 필요 없이 클라우드 환경에서 필요한 인프라를 꺼내 쓰면 된다. 대표적인 사례로 넷플릭스가 있다.

디지로그

digilog

디지털(digital)과 아날로그(analog)의 합성어로, 디지털 기반과 아날로그 정서가 융합된 첨단기술 또는 아날로그 시대에서 디지털 시대로 넘어가는 변혁기에 위치한 세대를 의미하는 말. 아날로그 문화가 디지털 사회를 더 풍부하게 해준다는 인식을 토대로 첨단 외양에 인간적 정감과 추억이 깃든 상품의 수요가 증가하는 현상을 나타내기도 한다.

빈출

언택트 마케팅

• untact marketing

접촉(contact)을 뜻하는 콘택트에 언(un)이 붙어 '접촉하지 않는다'는 의미로, 사람과의 접촉을 최소화하는 등 비대면 형태로 정보를 제공하는 마케팅. 즉, 키오스크·VR(가상현실) 쇼핑·챗봇 등 첨단기술을 활용해 판매 직원이 소비자와 직접적으로 대면하지 않고 상품이나 서비스를 제공하는 것이다.

함께 나오는 용어

챗봇(chatterbot)
기업용 메신저에 채팅하듯 질문을 입력하면 인공지능(AI)이 빅데이터 분석을 바탕으로 사람과 일상 언어로 대화를 하며 해답을 주는 대화형 메신저. 기업 입장에서 인건비를 아끼고 업무시간에 상관없이 서비스를 제공할 수 있다는 장점이 있는 반면, 개인정보 유출 등 부작용의 발생 가능성도 존재한다.

게이트웨이

• gateway

근거리통신망(LAN)에서 데이터를 받아들이거나 내보낼 때 중개 역할을 하는 장치. 각각의 네트워크는 다른 네트워크와 구별되는 프로토콜로 데이터를 전송하므로 다른 프로토콜을 사용하는 네트워크와 직접 연결하면 데이터를 공유할 수 없다. 때문에 각각의 네트워크를 중개해주는 게이트웨이가 필요하다. 예를 들어 전자 우편은 인터넷과 PC통신 서비스 회사의 통신망을 중개하는 게이트웨이를 통해 PC통신 서비스에서 받아볼 수 있는 것이다.

증강현실

• AR(Augmented Reality)

현실 세계에 3차원의 가상 물체를 겹쳐 보여주는 기술. 사용자가 육안으로 보고 있는 현실 장면에 3차원 가상 물체를 중첩해 보여주는 기술이다. 즉, 사용자가 보는 실사 영상에 3차원적인 가상 영상을 겹침(overlap)으로써 가상 화면과 현실 환경의 구분이 모호해지도록 한다는 의미다.

인공지능

• AI(Artificial Intelligence)

인간의 학습능력과 추론능력, 지각능력, 자연언어의 이해능력 등을 컴퓨터 프로그램으로 실현한 기술. 인간의 지능으로 할 수 있는 사고, 학습, 자기 개발 등을 컴퓨터가 할 수 있도록 하는 방법을 연구하는 컴퓨터 공학 및 정보기술의 한 분야이다. 최근 정보기술의 여러 분야에서 인공지능적 요소를 도입하여 그 분야의 문제 풀이에 활용하려는 시도가 매우 활발하게 이루어지고 있다.

함께 나오는 용어

딥러닝(deep learning)
컴퓨터가 스스로 새로운 지식을 끊임없이 습득할 수 있도록 한 인공신경망 기술이다.

첨단 로봇 기술

• advanced robot technology

고도의 기능을 가진 로봇에 관련된 기술. 고도의 기능을 가진 로봇이란 어느 정도 자율적으로 동작을 할 수 있고, 비교적 복잡한 작업도 가능하며, 이를 위한 시각 등의 센서도 고기능인 로봇을 말한다. 원자력 로봇, 우주용 로봇, 해양 로봇 등 고기능 로봇을 개발하기 위한 하이테크놀로지가 대표적이다.

노에스큐엘

• NoSQL

빅데이터 처리를 위한 비관계형 데이터베이스 관리 시스템(DBMS). 대규모의 데이터를 유연하게 처리할 수 있는 것이 강점이다. 노에스큐엘은 테이블-컬럼과 같은 스키마 없이, 분산 환경에서 단순 검색 및 추가 작업을 위한 키 값을 최적화하고, 지연(latency)과 처리율(throughput)이 우수하다. 그리고 대규모 확대가 가능한 수평적인 확장성의 특징을 가지고 있다.

고객관계관리

• CRM(Customer Relationship Management)

기업이 고객과 관련된 내·외부 자료를 분석·통합해 고객 중심 자원을 극대화하고 이를 토대로 고객특성에 맞게 마케팅 활동을 계획·지원·평가하는 과정. 고객데이터의 세분화를 실시하여 신규고객 획득, 우수고객 유지, 고객가치 증진, 잠재고객 활성화, 평생고객화와 같은 사이클을 통하여 고객을 적극적으로 관리하고 유도한다.
최근에는 데이터베이스 마케팅(DB marketing)의 일대일 마케팅(One-to-One marketing), 관계마케팅(Relationship marketing)에서 진화한 요소들을 기반으로 등장하고 있다.

무선주파수 인식기술

• RFID(Radio-Frequency IDentification)

무선 주파수를 이용하여 반도체 칩의 데이터를 읽어내는 먼 거리에서 정보를 인식하는 시스템. 생산에서 판매까지의 전 과정을 IC칩에 내장해 무선 주파수로 추적할 수 있어 바코드를 대체할 차세대 인식 기술로 꼽히고 있다. 전자태그, 스마트태그, 전자라벨 등으로도 불린다.
우리나라에서는 현재 대중교통 요금징수 시스템뿐만 아니라 음식물쓰레기 종량제 시스템, 동물 추적장치, 자동차 안전장치 등 여러 분야의 범위로까지 활동 영역을 넓혀가고 있다.

O2O

• Online to Offline

온라인과 오프라인을 연결한 마케팅. 최근에는 주로 전자상거래 혹은 마케팅 분야에서 온라인과 오프라인이 연결되는 현상을 말하는 데 사용된다. O2O 트렌드는 소셜커머스로 인해 활성화되기 시작하였다. 소비자들에게는 저렴하게 상품이나 서비스를 구매할 기회를 주면서, 동시에 해당 제품이나 매장을 홍보하는 수단이 활용되고 있다.

머신 러닝

• machine learning

인공지능의 연구 분야 중 하나로, 인간의 학습 능력과 같은 기능을 컴퓨터에서 실현하고자 하는 기술 및 기법. 경험적 데이터를 기반으로 학습을 하고 예측을 수행하고 스스로의 성능을 향상시키는 시스템과 이를 위한 알고리즘을 연구하고 구축하는 기술이다. 머신 러닝의 알고리즘들은 입력 데이터를 기반으로 예측이나 결정을 이끌어내기 위해 특정한 모델을 구축하는 방식을 취한다.

핀테크

• fintech

금융(financial)과 기술(technique)의 합성어로, 모바일 결제나 송금, 개인 자산 관리, 크라우드 펀딩 등 금융 서비스와 결합된 IT 기술. 최근 모바일 결제 서비스가 대표적 핀테크 기술로 주목받고 있다. 삼성페이, 카카오페이, 애플페이, 구글 월렛 등이 이에 해당한다.

기출

5세대 이동통신

• 5G(5th Generation)

4G LTE 대비 데이터 용량은 약 100배 많고 속도는 20배 빠른 차세대 이동통신. 국제전기통신연합(ITU)에 따르면 최대 속도가 20Gbps에 달하는 이동통신 기술이다. 강점인 초저지연성과 초연결성을 통해 4차 산업혁명의 핵심 기술인 가상현실, 자율주행, 사물인터넷 기술 등을 구현할 수 있다.

함께 나오는 용어

LTE(Long Term Evolution)
3세대(3G) 이동통신 시스템의 기술적 한계를 극복한 4세대 이동통신 기술. LTE는 정지 시에 1Gbps, 이동 시에는 100Mbps의 속도로 데이터 전송이 가능하며, 3G를 연동할 수 있다는 장점이 있다.

베이퍼웨어

vaporware

하드웨어나 소프트웨어 분야에서 아직 개발이 되지 않은 가상의 제품. 박람회 홍보책자에만 존재하는 상품이라는 의미에서 '브로슈어웨어(brochure ware)'라고 부르기도 한다. IT산업이 한창 확대되고 있을 때, 대개는 개발조차 되지 않은 하드웨어나 소프트웨어를 마치 완성을 앞둔 것처럼 부풀리는 식의 마케팅 전략을 빗대어 언급한 용어로, 당장 구할 수 있는 경쟁업체의 제품을 사지 못하도록 한다.

인슈어테크

• insurtech

인공지능(AI) 등의 정보기술(IT)을 활용해 기존 보험 산업을 혁신하는 서비스. 인슈어테크가 도입되면 기존의 운영방식이나 상품 개발 및 고객 관리 등이 전면적으로 재설계되어 보다 고차원적인 관리 및 서비스가 이루어진다. 예를 들면 전체 가입자에게 동일하게 적용하던 보험료율을 빅데이터 분석을 통해 다르게 적용하거나 사고 후 보상 개념인 기존 보험과 달리 사고 전 위험관리 차원으로 접근하는 서비스가 가능하다.

에듀윌이
너를
지지할게

ENERGY

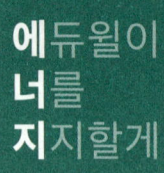

삶의 순간순간이
아름다운 마무리이며
새로운 시작이어야 한다.

– 법정 스님

여러분의 작은 소리
에듀윌은 크게 듣겠습니다.

본 교재에 대한 여러분의 목소리를 들려주세요.
공부하시면서 어려웠던 점, 궁금한 점,
칭찬하고 싶은 점, 개선할 점, 어떤 것이라도 좋습니다.

에듀윌은 여러분께서 나누어 주신 의견을
통해 끊임없이 발전하고 있습니다.

에듀윌 도서몰 book.eduwill.net

- 부가학습자료 및 정오표: 에듀윌 도서몰 → 도서자료실
- 교재 문의: 에듀윌 도서몰 → 문의하기 → 교재(내용, 출간) / 주문 및 배송

최신판 NH농협은행 6급 NCS 기본서

발 행 일	2025년 1월 5일 초판
편 저 자	에듀윌 취업연구소
펴 낸 이	양형남
개발책임	오용철, 윤은영
개 발	이정은, 윤나라
펴 낸 곳	(주)에듀윌
I S B N	979-11-360-3466-3
등록번호	제25100-2002-000052호
주 소	08378 서울특별시 구로구 디지털로34길 55 코오롱싸이언스밸리 2차 3층

www.eduwill.net

대표전화 1600-6700

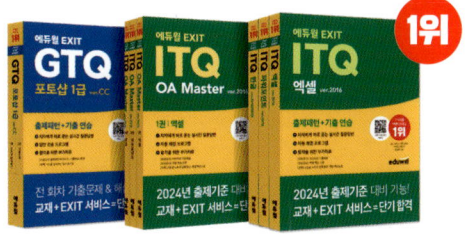

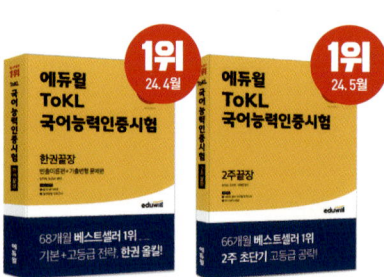

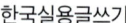

2025 최신판

에듀윌 취업

NH농협은행 6급 NCS 기본서

정답과 해설

eduwill

2025 최신판

에듀윌 취업

NH농협은행 6급 NCS 기본서

최신판

에듀윌 취업 NH농협은행 6급 NCS 기본서

정답과 해설

eduwill

2024년 최신 기출복원 모의고사

직무상식평가 + 직무능력평가									P.18~59
01	④	02	④	03	②	04	①	05	③
06	①	07	④	08	①	09	⑤	10	④
11	③	12	⑤	13	①	14	②	15	③
16	③	17	①	18	④	19	②	20	⑤
21	⑤	22	①	23	③	24	①	25	③
26	②	27	②	28	②	29	①	30	⑤
31	①	32	①	33	③	34	④	35	①
36	⑤	37	③	38	⑤	39	②	40	③
41	③	42	⑤	43	③	44	①	45	②
46	②	47	②	48	④	49	⑤	50	②
51	④	52	③	53	③	54	④	55	③
56	④	57	②	58	①	59	③	60	④
61	②	62	⑤	63	①	64	④	65	⑤
66	③	67	⑤	68	①	69	④	70	④

01
| 정답 | ④

2024년 농협의 핵심가치로는 '국민에게 사랑받는 농협', '농업인을 위한 농협', '지역 농축협과 함께하는 농협', '경쟁력 있는 글로벌 농협'이 있다.

02
| 정답 | ④

농업협동조합법 제7조(공직 선거 관여 금지)에 따라 농업협동조합은 공직 선거에서 특정 정당에 대한 정치적 지지나 특정인에 대한 유세 행위 등을 할 수 없다.

| 오답풀이 |

① 제1조(목적)에 따라 농업협동조합법은 농업인의 경제적·사회적·문화적 지위를 향상시키고, 농업의 경쟁력 강화를 통하여 농업인의 삶의 질을 높이며, 국민 경제의 균형 있는 발전에 이바지하기 위한 목적으로 제반 사항을 규정한다.

② 제10조(다른 협동조합 등과의 협력)에 따라 농협협동조합은 국내외 협동조합과의 상호 협력, 이해 증진 및 공동 사업 개발 등을 위하여 노력해야 한다.

③ 제5조(최대 봉사의 원칙)에 따라 농협협동조합은 일부 조합원이나 일부 회원의 이익에 편중되는 업무 또는 영리나 투기를 목적으로 하는 업무를 해서는 안 된다.

⑤ 기존 8개 개별법(농업협동조합법, 수산업협동조합법, 엽연초생산협동조합법, 산림조합법, 중소기업협동조합법, 신용협동조합법, 새마을금고법, 소비자생활협동조합법) 등에 의해 설립되었거나 설립된 협동조합에 대해서는 협동조합기본법을 적용하지 않는다.

03
| 정답 | ②

협동조합의 7대 원칙을 순서대로 풀어 설명한 자료이다. 협동조합에 필요한 자본금 조달은 모든 조합원이 함께 협력해야 하므로, 지정된 조합원을 중심으로 자본금을 출자한다는 내용은 옳지 않다.

| 상세해설 |

국제협동조합(ICA)이 규정한 '협동조합의 7대 원칙'은 협동조합의 본질을 바탕으로 조직의 운영 및 관리를 위한 규율을 정립한 내용으로 각 항목은 다음과 같다.

- 제1원칙: 자발적이고 개방된 조합원 제도
- 제2원칙: 조합원에 의한 민주적 관리
- 제3원칙: 조합원의 경제적 참여
- 제4원칙: 자율과 독립
- 제5원칙: 교육, 훈련 및 정보 제공
- 제6원칙: 협동조합 간의 협동
- 제7원칙: 지역 사회에 대한 기여

04
| 정답 | ①

NH농협은행의 인재상은 다음과 같다.

- 사회적 책임을 실천하는 사람: 도덕성과 정직성을 근간으로 고객과의 약속을 끝까지 책임지는 사람
- 소통하고 협력하는 사람: 고객 및 조직구성원을 존중하고 소통과 협력에 앞장서는 사람
- 변화를 선도하는 사람: 다양성과 변화를 적극 수용하여 독창적 아이디어와 혁신을 창출하는 사람
- 고객을 먼저 생각하는 사람: 항상 고객의 입장에서 고객을 먼저 생각하고 고객만족에 앞장서는 사람
- 최고의 금융전문가: 최고의 금융서비스를 제공하기 위해 필요한 금융전문지식을 갖추고 부단히 노력하는 사람

따라서 '경제적 가치를 실현하는 사람'은 이에 해당하지 않는다.

05
| 정답 | ③

농협은 1963년에 국제협동조합연맹(ICA)에 준회원으로 포함되었다.

06
| 정답 | ①

신세대 협동조합은 미국에서 일어난 새로운 형태의 협동조합이다.

07
| 정답 | ④

비지도학습은 데이터를 유사한 특성을 가진 그룹으로 묶어서 탐색하고 특성을 발견하는 데 사용되는 방식이다.

| 오답풀이 |

① 비지도학습의 클러스터링 설명이다.
② 비지도학습의 차원 축소 설명이다.
③ 지도학습의 특성으로, 주어진 입력에 올바른 출력이 짝지어져 있어야 한다.
⑤ 지도학습의 특성으로, 데이터에 레이블링 처리가 선행되어야 한다.

08
| 정답 | ①

빅데이터는 큰 규모의 데이터를 다루기 때문에 데이터의 가시성은 높지 않으므로 5V에 해당하지 않는다.

| 상세해설 |

빅데이터 특징은 큰 데이터를 다루는 규모(Volume), 큰 데이터를 생성하고 처리하는 속도(Velocity), 다양한 데이터의 형식(Variety) 등 3V로 표현할 수 있다. 최근에는 유의미한 인사이트를 창출하여 제공하는 비즈니스 가치 창출(Value)과 데이터의 품질과 신뢰성(Veracity)이 추가되어 5V로 표현되기도 한다.

09
| 정답 | ⑤

=VLOOKUP(찾을 값, 데이터의 범위, 원하는 값의 열 번호, 찾는 방법)
찾는 방법은 정확히 일치하는 값을 찾을 경우에는 0, 근사치를 찾을 경우에는 1

- 찾을 값: “발산지점”
- 데이터의 범위: B2:F6(반드시 찾을 값이 범위의 첫 번째 열에 있어야 함)
- 원하는 값의 열 번호: 데이터 범위에서 찾으려는 대상의 목표 열 번호(3번째 열)
- 찾는 방법: 찾으려는 대상과 정확히 일치하는 값만 추출(0)

10
| 정답 | ④

④의 수식은 C4열에 있는 값의 8번째 문자열이 1과 3인 경우에는 ‘남’을, 2와 4인 경우에는 ‘여’를 CHOOSE하여 D4에 지정해준다는 뜻이다. 따라서 D열에 채우기 핸들로 복사하였을 때, 주민등록번호의 8번째 자리가 1과 3인 경우에는 남성을, 2와 4인 경우에는 여성으로 채워지게 된다.

11
| 정답 | ③

‘Shift+F4’ 단축키는 다음 빈 셀로 이동할 때 사용한다. Shift 관련 단축키는 다음과 같이 정리할 수 있다.

Shift + F2	메모 삽입
Shift + F3	함수 마법사 실행
Shift + F4	다음 빈 셀로 이동
Shift + F5	찾기 실행
Shift + F7	동의어 사전 실행
Shift + F10	바로가기 메뉴 실행
Shift + F11	새 시트 삽입
Shift + F12	저장

12
| 정답 | ⑤

립진스키 정리란 특정 생산요소의 부존량이 증가하면 그 요소를 집약적으로 사용하는 재화 생산량은 증가하고, 다른 재화 생산량은 감소한다는 내용이다.

| 오답풀이 |

① 헥셔-올린 이론에 대한 설명이다.
② 요소가격균등화 정리에 대한 설명이다.
③ 레온티에프 역설에 대한 설명이다.
④ 스톨퍼-사무엘슨 정리에 대한 설명이다.

13
| 정답 | ①

로렌츠 곡선은 서수적인 평가방법이고, 지니계수와 십분위분배율은 기수적인 평가방법이다.

| 오답풀이 |

② 앳킨슨 지수에서 사용하는 균등분배대등소득은 분배 선호도가 개입된 주관적 개념이다.
③ 지니계수가 0과 1사이에서 작을수록 소득분배가 공평함을 의미한다.
④ 로렌츠 곡선의 한계점을 설명한 내용이다.
⑤ 십분위분배율은 0과 2사이에서 2에 가까울수록 소득분배가 공평함을 의미한다.

14

| 정답 | ②

㉠ 화폐수요의 이자율탄력성이 높을수록 구축효과가 작아지므로 재정정책의 소득효과가 커진다.

㉢ 한계소비성향이 높을수록 승수가 커지므로 재정정책의 소득효과가 커진다.

| 오답풀이 |

㉡ 소득세율이 높을수록 승수가 작아지므로 재정정책의 소득효과는 작아진다.

㉣ 민간투자의 이자율탄력성이 높을수록 구축효과가 커지므로 재정정책의 소득효과는 작아진다.

15

| 정답 | ③

물가상승률이 하락하면 무위험이자율이 하락하여 SML은 하향 수평이동한다. 또한, 위험회피도가 증가하면 체계적 위험 1단위당 위험 프리미엄이 증가하여 SML의 기울기가 증가한다.

16

| 정답 | ③

㉡ 완전경쟁시장 균형에서 P=MC가 항상 성립한다. 그리고 모든 기업과 소비자는 시장가격이 동일하므로 완전경쟁균형에서 시장가격은 시장에 참여한 모든 기업의 한계비용과 같다.

㉢ 독점기업에 종량세를 부과하면 한계비용이 상승하여 생산량은 감소하고 소비자가격은 상승한다. 이에 따라 비효율성이 심화된다. 하지만 정액세(이윤세) 부과 시 독점이윤만 감소하고 경제적 비효율성은 변하지 않는다.

| 오답풀이 |

㉠ 독점기업은 공급곡선이 존재하지 않는다.

㉣ 수요곡선이 우하향 곡선인 독점기업은 판매량을 늘리려면 가격을 낮춰야 한다.

17

| 정답 | ①

주어진 그래프는 J커브 효과 발생에 관한 그래프이다. 변동환율제도에서 국제수지 불균형을 환율 변동으로 해결하려면 J커브 효과가 발생하지 않아야 한다.

| 상세해설 |

환율 상승(평가 절하) 시 순수출이 증가하여 경상수지를 개선시킬 수 있지만, J커브 효과가 발생하면 환율이 상승할 때 오히려 경상수지가 악화되어 적자가 증가할 수 있다. 따라서 J커브 효과는 변동환율제도에서 자동안정화장치 역할을 하지는 않는다.

| 오답풀이 |

③, ⑤ 환율변동에 따른 가격변동효과는 즉시 발생하지만 수량변동효과는 시차를 두고 서서히 발생하기 때문에 J커브 효과가 발생한다. 따라서 단기적으로 수출과 수입의 수요가 가격에 비해 비탄력적일 때 J커브 효과가 발생한다.

④ 장기적으로 무역수지가 개선되려면 양국 수입 수요의 가격탄력성 합이 1보다 커야 한다. 이를 마샬－러너 조건이라 한다.

18

| 정답 | ④

기대가치가 0인 복권과 보험은 공정한 복권과 공정한 보험을 의미한다. 따라서 위험선호자는 복권을 사고, 보험에는 가입하지 않는다. 반면에 위험기피자는 보험에 가입하고, 복권은 사지 않는다.

19

| 정답 | ②

코즈의 정리에 따르면 사적 소유권을 누구에게 부여하더라도 이와 관계없이 당사자 간 협상으로 문제를 해결할 수 있다. 그러므로 A와 Z는 효율적 자원 배분에 따라 방에서 흡연을 하지 않는 거래를 한다. 따라서 A에게 흡연 권리가 주어지더라도 A는 흡연을 하지 않는다.

| 상세해설 |

법적으로 A에게 방에서 흡연할 권리가 주어지더라도 A가 흡연으로 얻는 순편익 5만 원보다 Z가 담배연기가 없는 방을 사용하면서 얻는 순편익 8만 원이 더 크다. 따라서 효율적 자원 배분 차원에서 A가 흡연을 하는 거래는 이루어지지 않는다.

20

| 정답 | ⑤

RISC(Reduced Instruction Set Computer)는 단순하고 적은 수의 명령어 집합으로 고성능을 달성하는 아키텍처이며, CISC(Complex Instruction Set Computer)는 다양한 기능을 수행하는 복잡한 명령어 집합으로 프로그래밍을 단순화하는 아키텍처이다. 모바일 장치 혹은 임베디드 시스템의 경우 크기 제약과 성능 극대화를 위해 주로 RISC 아키텍처가 사용된다.

21

| 정답 | ⑤

(가) 컴퓨터 하드웨어와 사용자에게 인터페이스를 제공하여 명령이 수행되도록 하는 소프트웨어는 OS(운영체제, Operation System)이다.

(나) 안전한 온라인 결제를 보장하기 위해 개발된 프로토콜인 SET(Secure Electronic Transaction) 프로토콜은 암호화, 인증, 무결성 보장 기능을 지원한다.

(다) 컴퓨터 시스템에는 물리 장치인 Hardware와 하드웨어 상에서 구동되는 모든 응용 프로그램, 데이터 등을 지칭하는 Software 등이 존재한다.

따라서 (가)~(다)에 해당하는 용어는 순서대로 OS, SET, Hardware이다.

22

| 정답 | ①

RAM은 데이터 처리 속도가 매우 빠르며, CPU에서 직접 접근하여 데이터를 읽고 쓴다. 어플리케이션이나 작업 중인 데이터를 저장할 때 주로 사용된다.

| 오답풀이 |

② RAM은 Random Access Memory의 약자로, 컴퓨터 시스템에서 데이터를 일시적으로 저장하는 메모리이다.

③ ROM은 Read-Only Memory의 약자로, 전원이 꺼져도 저장된 데이터가 보관된다.

④ SSD는 반도체 디스크를 이용하여 데이터를 저장하는 장치이다.

⑤ SSD는 자기 디스크를 이용하지 않으므로 HDD와 달리 디스크가 회전하지 않아 발열과 소음이 발생하지 않는다.

23

| 정답 | ③

VR은 가상의 환경에 완전히 몰입시키는 기술로, 콘서트를 바로 눈앞에서 보는 것처럼 실감나게 즐길 수 있다.

| 오답풀이 |

① AR은 스마트폰, 태블릿을 통해 체험할 수 있다.

② 현실 세계의 상품 정보가 디지털로 합성되어 실시간으로 확인할 수 있는 것은 AR의 특징이다.

④ 실제 환경과 상호작용이 가능한 것은 AR의 특징이다.

⑤ 유저가 실제 게임 캐릭터가 된 것처럼 느껴지고 행동할 수 있는 것은 VR 게임의 특징이다.

24

| 정답 | ①

주어진 바코드의 홀수 자리 숫자는 4, 0, 3, 1, 3, 9이고, 짝수 자리 숫자는 0, 6, 8, 3, 3, 3이다. 주어진 지문대로 계산하면 홀수 자리 숫자의 합은 20, 짝수 자리 숫자의 합에 3을 곱한 수는 69이다. 둘의 합은 89이므로, 가장 가깝게 큰 10의 배수인 90에서 89를 빼면 1이다. 따라서 이 바코드에 들어갈 마지막 자리 숫자는 1이다.

25

| 정답 | ③

Windows 컴퓨터에 원격으로 접속하려면 방화벽 설정에서 RDP 이용에 필요한 특정 포트를 해제하여야 하므로 실패원인으로 적절하지 않은 내용이다.

| 상세해설 |

회사의 Windows 컴퓨터에 원격으로 접속하기 위해서 RDP(Remote Desktop Protocol)을 이용할 수 있다. 이 프로토콜은 원격 컴퓨터의 전원이 켜진 채로 원격 데스크탑 접속을 허용해야 하며, 접속하고자 하는 사용자는 IP 주소와 사용자 계정(또는 인증서를 인증 수단으로 사용 가능)을 알고 있어야 한다. RDP는 3,389번 포트를 사용하므로, 원격 접속을 허가하기 위해서는 방화벽 설정에서 3,389번 포트를 미리 해제해야 한다.

26

| 정답 | ②

[보기]에서 고객은 스냅형 웨딩 촬영 상품을 받은 후 원본 데이터를 다시 받을 수 있는지에 대해 묻고 있다. '원본의 보전' 항목에서 촬영 원본은 데이터가 소비자에게 전달된 날을 기준으로 3개월까지만 스튜디오에서 보관한다고 하였다. 상품을 지난주에 받았다면 아직 데이터가 소비자에게 전달된 날로부터 3개월이 지나지 않은 시점임을 알 수 있다. 따라서 현재 스튜디오에 데이터를 보관 중이므로 재전송할 수 있다는 내용은 적절한 답변이다.

| 오답풀이 |

① 고객이 환불을 요청하고 있지 않으므로 관계없는 내용이다.

③ 고객은 이미 상품을 받은 상태이므로 관계없는 내용이다.

④ 촬영 원본 수령 후 즉시 이상 여부의 확인 및 백업을 소비자에게 권유하고 있으나, 촬영 원본은 데이터가 소비자에게 전달된 날을 기준으로 3개월까지 스튜디오에서 보관하므로 현재 제공이 어렵다는 내용은 적절하지 않다.

⑤ 최대 80일 이내에 제작 및 배송되는 촬영 상품은 프리미엄형이고, 고객이 촬영한 상품은 스냅형이므로 관계없는 내용이다.

27

| 정답 | ②

②에 제시된 내용 중 '상황별 안전 운전 수칙' 내용은 ㉡이 아닌 'Ⅰ.－1.－3) 농업기계 안전사고 유형과 안전 수칙'의 하위 항목에 들어가야 적절하다.

28

| 정답 | ②

신기술을 도입할 때 적응시간이 필요하면, 비용과 시간도 필요하므로 ㉡의 내용은 '약점'에 해당한다.

29

| 정답 | ①

이 SWOT 분석에 따르면, 친환경 농산물 마케팅을 강화한다는 전략은 내부 강점으로 외부 기회를 활용하는 SO 전략으로 적절하다. 이 전략은 스마트팜 기술력으로 생산된 친환경 딸기를 데이터 분석 능력이 기반인 마케팅으로 친환경 농산물 수요 증가에 맞추어 소비자들에게 적극적으로 마케팅하는 전략이다.

| 상세해설 |

- SO 전략: 내부 강점을 활용하여 외부 기회를 극대화하는 전략
- WO 전략: 내부 약점을 보완하여 외부 기회를 활용하는 전략
- ST 전략: 내부 강점을 활용하여 외부 위협을 최소화하는 전략
- WT 전략: 내부 약점을 보완하고 외부 위협을 최소화하는 전략

| 오답풀이 |

② 내부 강점으로 외부 위협을 최소화하는 ST 전략에 해당한다. 이 전략은 딸기 스마트팜 농장의 강점인 효율성 및 생산성 극대화로 기존 농업 방식을 고수하려는 농민들 반발을 최소화하려는 전략이다.

③ 내부 강점으로 외부 위협을 최소화하는 ST 전략에 해당한다. 이 전략은 효율적인 농산물 관리로 문제 발생 시 빠르게 대응할 수 있는 능력을 강화하는 전략이다.

④ 내부 약점을 보완하여 외부 위협을 최소화하는 WT 전략에 해당한다. 이 전략은 재정 지원 방안으로 초기 비용 부담을 줄이고 외부 위협을 최소화하여 경쟁력을 확보하는 것이 핵심이다.

⑤ 내부 약점을 보완하여 외부 기회를 활용하는 WO 전략에 해당한다. 이 전략은 정부의 기술 교육과 훈련으로 인력의 기술 적응력을 높여 스마트팜 기술력을 최대화하려는 전략이다.

30

| 정답 | ⑤

공항 소방대가 항공기 연료 공급을 담당한다는 내용은 주어진 글을 통해 알 수 없다.

31

| 정답 | ①

항공기 사고에 대한 긴급 대응을 위해 공항소방대가 어떤 장비와 차량을 보유하고 있는지를 확인하는 것이 중요하다. 주어진 글에서도 이를 강조하고 있다.

| 오답풀이 |

② 예산 및 재정 상황은 공항 소방대의 운영에 중요한 요소일 수 있지만, 항공기 사고에 대한 긴급 대응과 직접적인 관련은 없다.

③ 근무 시간은 항공기 사고 대응과 직접적인 관련이 적다.

④ 항공기 연료 공급 절차는 공항 소방대의 주요 임무와 관련이 없으며, 긴급 대응과도 무관하다.

⑤ 인력 충원 계획은 항공기 사고 대응과 관련이 적으며, 주어진 글에서 언급된 주요 사항과는 거리가 있다.

32

| 정답 | ①

2문단에서 장외파생상품은 각종 불법 거래행위에 활용되기 쉽고, 주문 주체가 드러나지 않는다고 했다. 따라서 장외파생상품은 거래소에 상장되어 관리되는 장내파생상품보다 투명성이 높을 것이라는 내용은 적절하지 않다.

| 오답풀이 |

② 1문단에서 파생상품 규모가 과도하게 커지면 파생상품이 주식 가격에 영향을 미치는 '웩더독(Wag－The－Dog)' 현상이 발생한다고 했다.

③ 2문단에서 CFD, TRS를 활용할 경우 원 주문 주체가 드러나지 않아 시세조종 행위, 미공개정보 이용 행위를 통해 부당이득을 수취하거나 손실을 회피하기 쉽다고 했다. 이는 결국 대주주 양도차익 과세 회피, 증여세 회피 목적 등 조세 회피 수단으로 활용될 수 있다.

④ 3문단에서 「금융소비자 보호에 관한 법률」에서는 개인전문투자자에게 장외파생상품 계약체결을 권유하는 경우에는 설명의무, 적합성과 적정성의 원칙 등 일반투자자에게 적용하는 주요 판매 규제 적용을 배제하고 있다고 했다. 이는 정부에서는 전문성 구비 여부 및 소유 자산 규모 등에서 개인전문투자자를 일반투자자보다 투자에 따른 위험 감수 능력이 있는 투자자로 보고 있음을 내포한다.

⑤ '불완전판매'란 감독 실무상으로는 금융회사가 소비자에게 적합하지 않은 상품을 판매함으로써 소비자에게 공정하지 못한 결과를 초래하는 경우를 일컫는다고 하였다. 따라서 금융회사가 「금융소비자 보호에 관한 법률」에서 일반투자자에게는 고위험 장외파생상품에 대해 판매 규제 적용을 해야 하지만 개인전문투자자에게는 이 판매 규제 적용이 배제된다는 사실을 고지하지 않고, 고위험 장외파생상품 권유를 목적으로 일반투자자에게 개인전문투자자 등록을 요구했다면 이는 불완전판매 행위로도 볼 수 있다.

33

| 정답 | ③

개인전문투자자에게 고위험 장외파생상품을 판매할 수 없도록 만드는 것이 아니라, 일반투자자에게 하듯 장외파생상품을 권유할 때 설명의무 부과를 의무화하는 것이 적절한 해결방안이다.

| 상세해설 |

장외파생상품이 위험성은 있다하더라도 투자자 입장에서 레버리지 기회가 높으므로 그만큼 이익이 있을 수 있다. 다만 금융권에서 장외파생상품의 위험성을 개인전문투자자에게 고지하지 않아도 된다는 법 때문에 일반투자자를 개인전문투자자로 바꾸어 장외파생상품을 판매하는 것이 문제이다. 따라서 개인전문투자자에게 고위험 장외파생상품을 판매할 수 없도록 만드는 것이 아니라, 일반투자자에게 하듯 장외파생상품을 권유할 때 설명의무 부과를 의무화해야 한다.

| 오답풀이 |

① CFD, TRS가 불법거래 목적으로 활용되는 것을 막으려면, CFD와 TRS의 원 주문 주체에 대한 모니터링을 강화해야 한다.
② 지능화된 불공정거래 행위를 근절하려면 불공정거래 행위자에 대한 제재를 강화해야 한다.
④ 투자 실패 위험에도 불구하고 금융회사에서 장외파생상품 위주로 투자를 권유하는 이유는 손실 위험이 큰 상품을 판매할수록 높은 판매보수를 수취할 수 있기 때문이다. 따라서 근본적으로 금융회사의 성과급 지급 체계를 개선하여, 단기 판매 성과 중심의 보수체계에서 장기 고객 성과 중심의 보수체계로 전환하는 것도 문제 해결의 방법이 될 수 있다.
⑤ 불공정거래 수법은 갈수록 지능화되고 교묘해지고 있어, 장기간에 걸쳐 CFD, TRS 거래와 연계된 불공정거래 수법은 현행 시장감시 시스템에서는 찾기 어렵다. 따라서 장기간에 걸쳐 장외파생상품 등을 활용한 신종 유형의 불공정거래를 신속하게 적발하고 조사하려면, AI 및 빅데이터 관련 우수 인재 채용을 늘리고 대규모 IT 인프라를 확충해야 한다.

34

| 정답 | ④

'첫 구매 고객에게 추가 10% 할인 혜택 제공'은 이미 설명되어 있으므로 '첫 구매 시 할인'을 새롭게 추가한다는 것은 적절하지 않다.

| 오답풀이 |

① 다양한 이벤트에 대한 설명을 추가하는 것은 적절한 수정 사항이다.
② 품목별로 할인율이 다름을 설명하는 것은 적절한 수정 사항이다.
③ 신제품 할인에 대한 구체적인 설명을 추가하는 것은 적절한 수정 사항이다.
⑤ 홈페이지 주소가 노출되어 있지 않다는 의견을 반영한 것이므로 적절한 수정 사항이다.

35

| 정답 | ①

1문단에서 우리 사회는 사회적 가치와 경제적 가치는 서로 상충되는 것이 아니기 때문에 경제적 가치를 함께 실현하여 사회 문제를 해결해야 한다고 했다. 즉, 사회적 가치와 경제적 가치를 서로 독립된 가치로 보는 것은 적절하지 않다.

| 오답풀이 |

②, ③ 2문단에서 공공기관은 국가가 사회적 가치인 공공성과 공익성의 실현을 위해 법률에 근거하여 설립한다고 했다.
④ 2문단에서 공공기관은 사회적 약자의 우대와 윤리적 소비 인프라의 구축, 반부패경영이나 윤리경영, 환경경영 등 조직 운영상의 과정에서 사회적 책임을 이행할 수 있도록 세부적인 운영원칙을 고려하고 실행해야 한다고 했다.
⑤ 1문단에서 우리 사회의 복합적인 사회 문제 해결을 위해서는 정부와 기업, 시민사회 모두가 참여해야 하고 그중에서도 공공기관이 선도 역할을 해야 한다고 했다.

36

| 정답 | ⑤

공공기관의 재무건전성을 확보하는 것은 사회적 가치 실현이라기보다는 효율성 추구에 가까우므로 사회적 가치 실현의 예로는 적절하지 않다.

37

| 정답 | ③

국내에서는 농촌에 스마트 농업 환경을 마련하여 스마트팜 보급과 전문교육에 힘을 기울이고 있으며, 기업과의 다양한 협업으로 전문성을 키워 미래 농업 디지털화에 긍정적 신호를 기대하고 있다고 말하고 있다. 따라서 '국내 스마트 농업 활성화 노력'이 주제로 가장 적절하다.

| 오답풀이 |

① 국내 청년 스마트팜 창업 지원에 대한 내용을 찾아볼 수 없으므로 주제로 적절하지 않다.
② 나라별 스마트 농업 현황에 대한 구체적인 내용은 찾아볼 수 없으므로 주제로 적절하지 않다.
④ 현재 농촌의 문제점을 해결하기 위해 스마트 농업 환경을 마련하여 활성화 노력을 기울이고 있다는 내용은 알 수 있으나 과거의 농업 관리 기술 관련 내용은 확인할 수 없으므로 주제로 적절하지 않다.
⑤ 스마트 농업으로 인한 농가 소득 증대는 확인할 수 없으므로 주제로 적절하지 않다.

38

| 정답 | ⑤

기계 B는 80시간 동안 부품 10개를 생산한다. 두 기계 B, C가 80시간 동안 부품 18개를 생산한다고 하였으므로, 기계 C는 80시간 동안 부품을 $18-10=8$(개) 생산한다. 따라서 기계 C는 부품 1개를 생산하려면 $80\div 8=10$(시간)이 필요하다. 기계별로 240시간 동안 생산하는 부품의 양을 계산하면 다음과 같다.

- 기계 A: $240\div 12=20$(개)
- 기계 B: $240\div 8=30$(개)
- 기계 C: $240\div 10=24$(개)

따라서 240시간 동안 기계 A, B, C가 생산하는 부품의 개수는 $20+30+24=74$(개)이다.

39

| 정답 | ②

한 병당 700원인 사과주스와 1,000원인 포도주스를 각각 7병, 3병 샀으므로 사원 A는 $700\times 7+1{,}000\times 3=7{,}900$(원)을 지불해야 한다.

40

| 정답 | ③

용적률을 구하기 위해선 주어진 정보를 통해 연면적과 건축면적을 알아내야 한다. 먼저 건축면적을 주어진 수식에 따라 '대지면적×건폐율÷100'을 통해 구하면 다음과 같다.

- 건물 A의 건축면적: $1{,}200\times 0.35=420(\text{m}^2)$
- 건물 B의 건축면적: $1{,}500\times 0.4=600(\text{m}^2)$
- 건물 C의 건축면적: $1{,}800\times 0.45=810(\text{m}^2)$

또한 연면적 대비 건축면적 값이 주어졌으므로 '연면적$=\dfrac{\text{건축면적}}{\text{연면적 대비 건축면적}}$'을 통해 연면적을 구하면 다음과 같다.

- 건물 A의 연면적: $\dfrac{420}{0.125}=3{,}360(\text{m}^2)$
- 건물 B의 연면적: $\dfrac{600}{0.16}=3{,}750(\text{m}^2)$
- 건물 C의 연면적: $\dfrac{810}{0.15}=5{,}400(\text{m}^2)$

이를 토대로 건물별 용적률을 구하면 다음과 같다.

- 건물 A의 용적률: $\dfrac{3{,}360}{1{,}200}\times 100=280(\%)$
- 건물 B의 용적률: $\dfrac{3{,}750}{1{,}500}\times 100=250(\%)$
- 건물 C의 용적률: $\dfrac{5{,}400}{1{,}800}\times 100=300(\%)$

따라서 용적률이 가장 낮은 건물은 250%인 건물 B이다.

41

| 정답 | ③

왕복 거리 400km 중 국도는 160km, 고속도로는 240km이다. 이때 A 차량은 국도에서 $160\div 8=20$(L)의 휘발유, 고속도로에서는 $240\div 20=12$(L)의 휘발유로, 총 32L가 필요하다. 같은 원리로 B 차량은 총 31L의 휘발유, C 차량은 총 32L의 경유, D 차량은 총 36L의 경유가 필요하다. 이를 바탕으로 각 차량의 유류비를 계산하면 다음과 같다.

- A 차량: $32\times 1{,}700=54{,}400$(원)
- B 차량: $31\times 1{,}700=52{,}700$(원)
- C 차량: $32\times 1{,}500=48{,}000$(원)
- D 차량: $36\times 1{,}500=54{,}000$(원)

따라서 유류비가 가장 적게 드는 차량은 C 차량으로 유류비는 48,000원이다.

42

| 정답 | ⑤

'갑'국과 '을'국의 이동방법은 서로 달라야 하므로 두 번의 이동방법을 합하여 각각의 경우에 대한 단위거리당 이동요금을 계산하면 다음과 같다.

- 택시+전철: 14,200원, 29km → 약 490원/km
- 택시+버스: 14,000원, 31km → 약 452원/km
- 전철+택시: 10,500원, 30km → 350원/km
- 전철+버스: 4,500원, 36km → 125원/km
- 버스+택시: 10,200원, 28km → 약 364원/km
- 버스+전철: 4,400원, 32km → 약 138원/km

따라서 단위거리당 이동요금이 가장 저렴한 방법은 125원/km인 '전철+버스' 경우이다.

| 오답풀이 |

① 택시+전철의 방법은 60분이 소요되나, 전철+택시의 경우 이보다 빠른 55분이 소요된다.
② 전철+버스의 방법은 4,500원이 발생하나, 버스+전철의 경우 이보다 저렴한 4,400원이 발생한다.
③ 택시+전철의 방법은 29km를 이동하나 버스+택시의 경우 이보다 짧은 28km를 이동한다.
④ 평균속력은 두 가지 이동방법을 합한 것으로 계산해야 하므로 다음과 같이 비교할 수 있다.
  - 택시+전철: 60분, 29km → 29.0km/h
  - 택시+버스: 75분, 31km → 24.8km/h
  - 전철+택시: 55분, 30km → 32.7km/h
  - 전철+버스: 85분, 36km → 25.4km/h
  - 버스+택시: 85분, 28km → 19.8km/h
  - 버스+전철: 100분, 32km → 19.2km/h

43

| 정답 | ③

㉠ 막대 그래프는 조사 값들의 크기를 효율적으로 비교하는 데 유용하며, 꺾은 선 그래프는 조사 값의 변화하는 정도를 쉽게 아는 데 유용하다.

㉢ 2022년 대비 2023년의 금리 증가율을 계산하면 다음과 같다.

- 국고채 3년: $\frac{3.57-3.2}{3.2}\times100≒11.6(\%)$
- 국고채 5년: $\frac{3.59-3.32}{3.32}\times100≒8.1(\%)$
- 국고채 10년: $\frac{3.64-3.37}{3.37}\times100≒8.0(\%)$

따라서 금리 증가율이 10% 이상인 금리는 국고채 3년이다.

㉤ 2020년 대비 2023년에 국고채 금리 상승폭과 증가율을 계산하면 다음과 같다.

구분	상승폭	증가율
국고채 3년	3.57−0.99 =2.58(%p)	$\frac{3.57-0.99}{0.99}\times100≒261(\%)$
국고채 5년	3.59−1.23 =2.36(%p)	$\frac{3.59-1.23}{1.23}\times100≒192(\%)$
국고채 10년	3.64−1.5 =2.14(%p)	$\frac{3.64-1.5}{1.5}\times100≒143(\%)$

따라서 국고채 5년이 상승폭과 증가율 모두 두 번째로 크다.

| 오답풀이 |

㉡ 2022년 국고채 3년 금리는 기준금리보다 낮다.

㉣ 2021년이 아닌 2020년에 존재한다. 2020년 기준금리는 0.5, 국고채 10년 금리는 1.5로, 기준금리 대비 국고채 금리 값은 $\frac{1.5}{0.5}=3$이다.

44

| 정답 | ①

2017~2020년의 국외 예금 검색 건수의 평균은 $\frac{3,869+3,968+4,069+4,194}{4}=4,025$(만 건)이다.

| 오답풀이 |

② 금리의 국·내외 검색 건수 차이는 2018년에 1,671만 건, 2019년에는 1,097만 건, 2020년에는 1,065만 건으로 매년 감소하였다.

③ 2017년 대비 2020년의 국외 보험 건수의 감소율은 $\frac{1,374-1,144}{1,374}≒16.7(\%)$로 20% 미만이다.

④ 2020년에는 국내 청약 검색 건수가 국내 예금 검색 건수의 절반 이상이다.

⑤ 적금 검색 건수의 경우 국내는 매년 증가하고 있지만, 국외는 2020년에 전년 대비 감소하였다.

45

| 정답 | ②

매출원가는 해당 기간 동안 판매된 상품 수량만큼의 매입 평가액을 의미한다. 10~12월 동안 판매된 상품은 총 70+100+20=190(개)이므로 190개 상품의 매입 평가액을 계산해야 하는데, 선입선출법을 사용하였으므로 먼저 매입된 10월 물량 100개, 11월 물량 80개와 12월 물량 10개, 총 190개 상품의 매입 평가액을 계산하면 된다. 이를 계산하면 1,550×100+1,650×80+2,100×10=308,000(원)이다.

46

| 정답 | ②

㉠ (매출총이익)=(매출액)−(매출원가) 식을 통하여 (매출원가)=(매출액)−(매출총이익)임을 알 수 있다. 따라서 매출원가는 [그래프]에서 매출액을 나타내는 꺾은선 그래프와 매출총이익을 나타내는 막대그래프 사이의 거리와 같다. 꺾은선 그래프와 막대그래프 사이의 간격이 가장 큰 연도는 2019년이므로 매출원가는 2019년에 가장 크다.

㉣ 어림산을 이용하면 빠르게 판단할 수 있다. 2022년의 2년 전인 2020년 매출액은 905천만 원이다. 900천만 원에서 40% 증가한 값은 900+(900×0.4)=900+360=1,260(천만 원)이므로, 905천만 원의 40% 증가한 값은 1,260천만 원보다 커야 한다. 그런데 2022년 매출액은 1,255천만 원이며 1,260천만 원보다 작으므로, 매출액은 40% 미만으로 증가했음을 알 수 있다.

| 오답풀이 |

㉡ 연도별로 기타손익을 구하면 다음과 같다.

- 2018년: 54−448+128=−266(천만 원)
- 2019년: 102−239+51=−86(천만 원)
- 2020년: (−180)−(−98)+324=242(천만 원)
- 2021년: (−17)−217+96=−138(천만 원)
- 2022년: 251−396+153=8(천만 원)

따라서 기타손익이 가장 큰 연도는 2020년이다.

㉢ 당기순이익이 가장 큰 해는 당기순이익이 251천만 원이었던 2022년이다. 2022년의 매출총이익은 396천만 원인데 이는 2018년의 448천만 원보다 낮다.

47

| 정답 | ②

㉡ 2024년 서울청의 세금 징수액은 $50\times(0.9)^3=36.45$(조 원), 중부청의 세금 징수액은 $45\times(0.95)^3≒38.6$(조 원)이므로 서울청의 세금 징수액이 더 적을 것이다.

| 오답풀이 |

㉠ 대전청의 2022년 세금 징수액은 $17.7\times1.08≒19.1$(조 원)으로 20조 원을 돌파하지 못할 것이다.

㉢ 2025년 광주청의 세금 징수액은 $11.8\times(1.1)^4≒17.3$(조 원), 대구청의 세금 징수액은 $14.8\times(1.05)^4≒18.0$(조 원)이므로 광주청의 세금 징수액이 더 적을 것이다.

48

| 정답 | ④

전제1에 따라 어떤 학생은 드론을 가지고 있는데, 전제2에서 드론을 가지고 있는 사람은 조종자격증이 있다고 했다. 따라서 조종자격증이 있는 어떤 사람은 학생이라는 내용은 항상 참이다.

| 상세해설 |

전제2를 만족하는 벤다이어그램은 [그림1]과 같다.

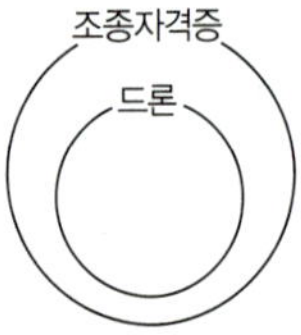

[그림1]

전제1를 덧붙인 벤다이어그램은 [그림2]와 같이 나타낼 수 있다.

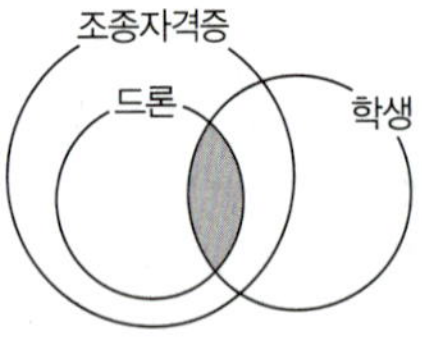

[그림2]

[그림2]에서 학생과 드론을 가지고 있는 사람 사이에는 교집합이 반드시 존재하므로 조종자격증이 있는 사람과 학생 사이에도 색이 칠해진 영역만큼의 교집합이 반드시 존재한다. 따라서 조종자격증이 있는 어떤 사람은 학생이다.

| 오답풀이 |

① [그림2]에 따르면 조종자격증이 없는 학생이 있을 수 있다.

② 학생과 드론을 가지고 있는 사람 사이에 교집합이 존재하기만 하면 되므로 [그림3]과 같은 벤다이어그램으로 나타낼 수도 있다.

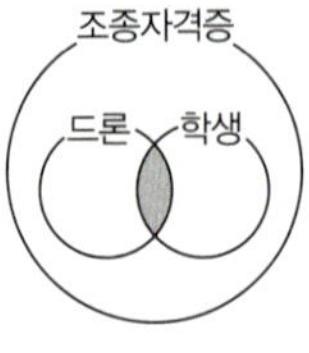

[그림3]

[그림3]을 보면 학생은 모두 조종자격증을 가지고 있다. 따라서 어떤 학생은 조종자격증을 가지고 있지 않다는 것은 항상 참은 아니다.

③ 조종자격증이 있는 사람 중에 학생이 아닌 경우도 있으므로 항상 참은 아니다.

⑤ 조종자격증이 있지 않은 사람 중에 학생이 아닌 경우도 있으므로 항상 참은 아니다.

49

| 정답 | ⑤

독서를 좋아하는 사람을 '독', 수학을 싫어하는 사람을 '~수'로 두고 전제1~3을 벤다이어그램으로 나타내면 다음과 같다.

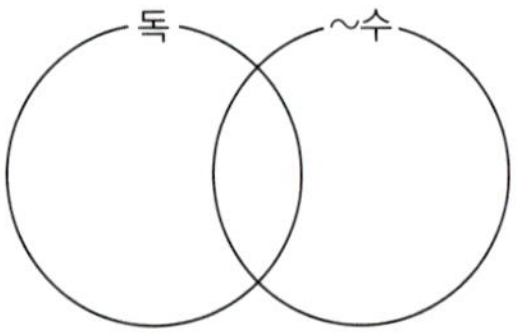

따라서 어떤 학생은 독서를 싫어하고 수학을 좋아한다는 내용은 반드시 참이다.

| 오답풀이 |

①, ②, ③ 다음과 같은 반례가 존재한다.

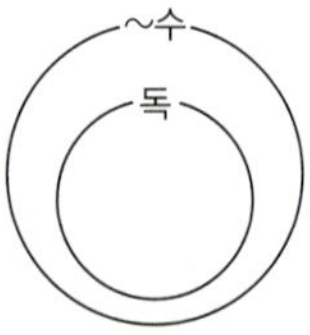

④ 다음과 같은 반례가 존재한다.

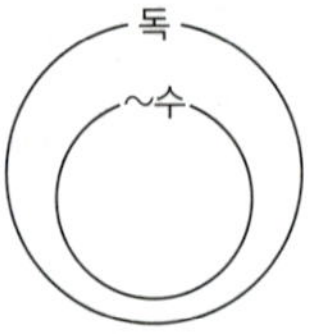

50

| 정답 | ②

각 사람의 진술 중 하나는 참이고, 다른 하나는 거짓이므로 먼저 A를 기준으로 두 가지 경우로 나누어 생각해보면 다음과 같다.

ⅰ) A의 첫 번째 진술이 참인 경우

구분	첫 번째 진술	두 번째 진술	결과	
			제품기획부	마케팅부
A	참	거짓	A, B	
B	거짓	참	A, B	C
C	참	거짓	A, B, D	C
D	거짓	참	A, B, D	C, E
E	거짓	참	A, B, D	C, E, F

이 경우 A, B, D와 C, E, F가 각각 같은 부서이다.

ⅱ) A의 첫 번째 진술이 거짓인 경우

구분	첫 번째 진술	두 번째 진술	결과	
			제품기획부	마케팅부
A	거짓	참		A, B
B	참	거짓	C	A, B
C	거짓	참	C	A, B, D
D	참	거짓	C, E	A, B, D
E	참	거짓	C, E, F	A, B, D

이 경우도 A, B, D와 C, E, F가 각각 같은 부서이다.

따라서 ⅰ), ⅱ)의 어느 경우라도 A, B, D와 C, E, F가 각각 같은 부서가 된다.

시간단축 TIP

두 경우를 모두 확인할 필요 없이 한 가지 경우만 확인하더라도 모순이 없는 결과가 도출되므로 바로 정답을 선택할 수 있다. 이미 모순이 없는 경우를 발견하였다면 문제의 정답은 1개뿐이므로 해당 경우만을 가지고 정답을 찾을 수 있다.

51

| 정답 | ④

A와 D의 진술이 엇갈리므로 둘 중 하나의 진술을 참 또는 거짓인 경우로 나누어 살펴볼 수 있다.

ⅰ) A의 진술이 거짓인 경우

이 경우 D의 진술이 참이므로 B가 월요일에 회의를 했는데, 이는 B가 자신은 화요일에 회의를 했다는 진술과 모순되므로 적절하지 않다.

ⅱ) D의 진술이 거짓인 경우

이 경우 나머지 진술 모두 참이 되므로 조건에 부합한다. 나머지 진술을 정리하면 다음과 같다.

월	화	수	목	금
A	B	E	C	D

따라서 화요일에 회의를 한 사람이 B라는 내용만 옳다.

52

| 정답 | ③

첫 번째 조건에서 성우는 7명 중 가운데인 네 번째 순서임을 알 수 있다. 또한 세 번째 조건에서 민호는 성우보다 작으므로 키 순서가 5~7위 중 하나임을 알 수 있다. 네 번째 조건에서는 성우보다 키가 큰 3명 중 2명은 영수와 동철임을 알 수 있다. 다섯 번째 조건에서 나희의 키 순서는 성우보다 크므로 1~3위 중 하나인데 수영과의 키 순서 사이에 2명이 있어야 하므로 수영은 중간인 성우보다 작다는 것이 되며, 또한 나희가 1위일 경우, 4위가 수영이어야 하므로 나희는 2위 또는 3위, 수영은 5위 또는 6위가 되어야 한다. 같은 논리로 성우보다 순위가 앞인 동철과 희영의 순서도 역시 2위, 5위 또는 3위, 6위 중 하나임을 알 수 있다. 이를 통해 1위는 성우보다 큰 3명 중 나희와 동철을 제외한 영수이며, 가장 키가 작은 7위는 민호가 된다는 것을 알 수 있다. 마지막으로 두 번째 조건에서 희영이 수영보다 크다고 설명하고 있으므로 결국 남은 4명의 순서가 '동철>나희>희영>수영'으로 결정될 수 있다. 이를 모두 종합하면 7명의 키 순서는 큰 순서대로 '영수>동철>나희>성우>희영>수영>민호'가 된다는 것을 알 수 있다. 따라서 동철과 수영의 키 순서 사이에 3명이 있다는 내용만 옳다.

| 오답풀이 |

① 희영의 키 순서는 5위이다.
② 가장 키가 큰 두 사람은 영수와 동철이다.
④ 희영은 성우보다 키가 작다.
⑤ 나희와 성우는 3위와 4위이므로 둘 사이에는 아무도 없다.

53

| 정답 | ③

주어진 조건 중 확실하게 정해진 두 번째, 세 번째, 다섯 번째 조건을 표로 나타내면 다음과 같다.

구분	A	B	C	D	E
첫 번째 주문		파란색 잉크			
두 번째 주문			노란색 잉크		빨간색 잉크

이때, 첫 번째 조건에 따라 두 번째 주문에서 빨간색 잉크를 주문한 E는 첫 번째 주문에서 검정색 잉크를 주문했다. 이어서 네 번째 조건에 따라 D는 첫 번째 주문에서 E와 다른 색 잉크를 주문했기 때문에 D는 첫 번째로 파란색 잉크를 주문했다. 이에 따라 다시 첫 번째 조건이 충족되기 위해, A는 두 번째 주문에서 빨간색 잉크를, 첫 번째 주문에서 검정색 잉크를 주문한 직원임이 도출된다. 이를 다시 표로 나타내면 다음과 같다.

구분	A	B	C	D	E
첫 번째 주문	검정색 잉크	파란색 잉크		파란색 잉크	검정색 잉크
두 번째 주문	빨간색 잉크		노란색 잉크		빨간색 잉크

따라서 첫 번째 주문에서 검정색 잉크를 주문한 직원은 A, E가 된다.

54

| 정답 | ④

첫 번째 조건에 따라 출국 시 베이징을 경유한 과장은 모두 귀국 시 뮌헨을 경유했으므로, 뮌헨을 경유한 3명 중 2명은 출국 시 베이징을, 1명은 도하를 경유했으며, 귀국 시 헬싱키를 경유한 2명은 출국 시 모두 도하에서 경유한 것을 알 수 있다. 두 번째 조건에 따라 D는 출국 시 도하를 경유했으므로 D는 귀국 시 헬싱키를 경유했다. 세 번째 조건에 따라 A도 귀국 시 헬싱키에서 경유했으므로 A와 D는 출국 시 도하에서 경유하고, 귀국 시 헬싱키를 경유했으며 B, C, E는 귀국 시 뮌헨을 경유했다. 다섯 번째 조건에 의해 C와 A는 출국 시 같은 도시에 경유했으므로 C는 출국 시 도하를 경유했고, B와 E는 베이징을 경유했다. 이를 표로 나타내면 다음과 같다.

구분	A	B	C	D	E
출국 경유지	도하	베이징	도하	도하	베이징
귀국 경유지	헬싱키	뮌헨	뮌헨	헬싱키	뮌헨

따라서 출국 시 베이징을 경유한 과장은 B, E이다.

55

| 정답 | ③

주어진 [조건]에 맞추어 나와 라를 먼저 지정된 자리에 배치한 후, 나머지 [조건]에 따라 가를 5번 자리에 배치한다. 이때, 마는 라와 나란히 앉으므로 3번 자리에 배치하고, 바는 가와 나란히 앉되 마 옆에 앉을 수 없으므로 6번 자리에 배치한다. 마지막으로 다는 남은 4번 자리에 배치한다. 이 자리배치를 그림으로 나타내면 다음과 같다.

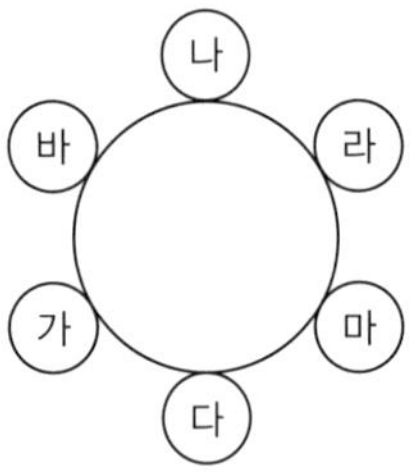

따라서 다의 자리가 3번이라고 한 내용만 옳지 않다.

56

| 정답 | ④

부서원별 일정을 정리해서 표로 나타내면 다음과 같다.

구분	월	화	수	목	금
A	(오후) 출장	출장			
B		세미나	(오전) 세미나		
C					(오후) 반차
D	(오전) 반차			(오전) 반차	
E			(오후) 반차	연차	

따라서 부서원 모두가 회의에 참석할 수 있는 시간은 금요일 오전뿐이다.

57

| 정답 | ②

주어진 근무 일정을 바탕으로 직원별 교대근무 일정을 확인하면 다음과 같다.

직원	1일차	2일차	3일차	4일차	5일차	6일차	7일차	8일차
A	주간	주간	비번	야간	야간	휴일	휴일	휴일
C	야간	휴일	휴일	휴일	주간	주간	비번	야간
B	휴일	휴일	주간	주간	비번	야간	야간	휴일
D	비번	야간	야간	휴일	휴일	휴일	주간	주간

근무 일정은 8일 주기로 반복되므로 31일차에 야간근무를 한 직원은 7일차에 야간근무를 한 직원과 같다. 따라서 31일차에 야간근무를 한 직원은 B이다.

58

| 정답 | ①

H서점에서 출발하여 각 지점을 한 번씩 방문하는 방법은 다음과 같다.

i) H－G－B－C－F－E－D－A
$=24+25+19+34+23+38+41=204$(km)

ii) H－G－B－A－D－C－F－E
$=24+25+27+41+30+34+23=204$(km)

iii) H－G－B－A－D－E－F－C
$=24+25+27+41+38+23+34=212$(km)

따라서 이동 거리가 가장 긴 경우는 212km이고, 가장 짧은 경우는 204km이다. 둘의 거리 차이는 8km이며, 김 씨는 시간당 5km를 이동하므로 이동 시간의 차이는 $8\div5=1.6$(시간)이다.

59

| 정답 | ③

경영관리 교육과 빅데이터 교육은 참석 인원이 20명 이하이므로 회의실1에서 교육이 가능하지만, 반드시 회의실1에서 진행해야 할 필요는 없다. 회의실2와 강당도 가능하다.

| 오답풀이 |

① 경영관리 교육은 인사팀 부장 직급이 교육 진행자이므로 최 부장이 출장인 월요일과 화요일에는 진행할 수 없다.
② 실무엑셀 교육은 인사팀 대리 직급 이하가 교육 진행자인데, 화요일에는 유 대리가 휴가, 월요일에는 장 사원이 휴가이므로 월요일과 화요일에는 교육을 진행할 수 없다.
④ 중대재해법 교육은 인사팀 전원이 교육 진행자라 모두가 출근하는 수요일 또는 목요일에만 진행할 수 있다.
⑤ 정보보호 교육은 차장 직급이 교육 진행자인데, 화요일에는 진 차장이 휴가, 금요일에는 박 차장이 출장이므로 화요일과 금요일에는 교육을 진행할 수 없다.

60

| 정답 | ④

빈칸에 들어갈 교육은 강당에서 진행해야 하는 교육이므로, 참석 인원이 25명 초과인 중대재해법 교육, 정보보호 교육, 실무엑셀 교육을 우선적으로 확인해야 한다. 중대재해법 교육은 인사팀 전원이 교육 진행자이므로 수요일과 목요일에 진행이 가능한데, 수요일은 강당에서 워크숍이 진행되므로 목요일에 가능하다. 정보보호 교육은 차장 직급이 교육 진행자이므로 월요일, 수요일, 목요일에 진행이 가능한데, 목요일은 중대재해법 교육 일정이 있기 때문에 월요일에 가능하다. 따라서 금요일 강당에서 진행이 가능한 교육은 실무엑셀 교육이며, 대리 직급 이하인 유 대리와 장 사원의 휴가 일정과도 겹치지 않아 적절하다.

61

| 정답 | ②

금융직렬과 IT직렬 승진 신청자를 나누어서 확인하면 다음과 같다.

- IT직렬은 A, E, G가 있고, 승진 대상자는 지사 3년 이상 근무자이다. E의 경우 2년만 근무하였으므로 승진 대상자에서 제외된다. A는 총근무 평정이 $80\times0.2+90\times0.3+90\times0.5=88$(점)이고, G는 총근무 평정이 $100\times0.2+90\times0.3+80\times0.5=87$(점)이므로, A가 승진을 한다.
- 금융직렬은 B, C, D, F, H가 있고, 승진 대상자는 비수도권 지사에서 5년 이상 근무하였거나 비수도권 지사와 수도권 지사를 합해 8년 이상 근무한 자이다. B는 비수도권에서 5년 미만, 총 7년 미만을 근무하였으므로 승진 대상자가 아니다. C의 총근무 평정이 $100\times0.2+90\times0.3+80\times0.5=87$(점)이고, 지사에서 12년 근무하였으므로 총점은 $87+2=89$(점)이다. D의 총근무 평정이 $90\times0.2+80\times0.3+90\times0.5=87$(점)이고, 지사에서 13년 근무하였으므로 총점은 $87+3=90$(점)이다. F의 총근무 평정이 $70\times0.2+80\times0.3+100\times0.5=88$(점), H의 총근무 평정이 $90\times0.2+70\times0.3+100\times0.5=89$(점)이다. 90점인 D의 점수가 가장 높고, 그 다음 89점으로 동일한 C와 H 중 비수도권 지사에서 더 오래 근무한 직원은 H이므로 H의 순위가 더 높다. 따라서 D와 H가 승진을 한다.

62

| 정답 | ⑤

E 직원은 운항 3시간에 대체편 제공 불가이기 때문에 780,000원(USD 600불)과 500,000원(운임)을 더한 1,280,000원을 배상받는다.

| 오답풀이 |

① A 직원은 운항 3시간에 3시간 뒤 대체편 제공이기 때문에 260,000원(USD 200불)을 배상받는다.
② B 직원은 운항 5시간에 2시간 뒤 대체편 제공이기 때문에 390,000원(USD 300불)을 배상받는다.
③ C 직원은 운항 6시간에 4시간 30분 뒤 대체편 제공이기 때문에 780,000원(USD 600불)을 배상받는다.
④ D 직원은 운항 2시간에 5시간 뒤 대체편 제공이기 때문에 520,000원(USD 400불)을 배상받는다.

63

| 정답 | ①

먼저 간접 환거래만 가능한 엔화의 원화 환율을 계산하면 다음과 같다.

$\frac{(원)}{(엔)}=\frac{(원)}{(달러)}\times\frac{(달러)}{(엔)}=1,120\times\frac{1}{90}\fallingdotseq 12.4$(원/엔)

이를 바탕으로 국가별 가방 구매 비용을 원화로 환산하면 다음과 같다.

- 한국: 334,000×0.92=307,280(원)
- 미국: 298−10=288(달러)
  → 288×1,120=322,560(원)
- 중국: 2,200×0.88=1,936(위안)
  → 1,936×160=309,760(원)
- 일본: 27,100×12.4=336,040(원)
- 독일: 220×1.1=242(유로)
  → 242×1,250=302,500(원)

따라서 가방을 가장 저렴하게 구매할 수 있는 국가는 독일이고, 구매 비용은 302,500원이다.

64

| 정답 | ④

추가 생산 제품의 하루 총 생산 시간을 계산하면 다음과 같다.

- A 제품의 하루 총 생산 시간: 2×24=48(시간)
- B 제품의 하루 총 생산 시간: 3×24=72(시간)
- C 제품의 하루 총 생산 시간: 1×32=32(시간)
- D 제품의 하루 총 생산 시간: 2×20=40(시간)
- E 제품의 하루 총 생산 시간: 3×32=96(시간)

A~E 제품의 하루 총 생산 시간은 48+72+32+40+96=288(시간)이다. 이때 생산설비 1대당 1일 최대 8시간 동안 생산이 가능하므로 설치해야 하는 총 생산설비는 288÷8=36(대)이다.

65

| 정답 | ⑤

SUMPRODUCT 함수는 곱한 수들의 합계를 구할 때 사용한다. 복수의 값을 곱하는 것뿐만 아니라, 복수의 조건을 곱셈으로 표현할 수도 있다. 함수식은 '=SUMPRODUCT(배열1, 배열2, 배열3, ...)'과 같이 나타낸다. 따라서 [C9] 셀에는 ⑤와 같이 가격을 나타내는 'A2:A8'과 재고 수량을 나타내는 'B2:B8'을 각각 입력해야 한다.

66

| 정답 | ③

COUNT 함수와 COUNTA 함수는 지정된 데이터 범위에 입력된 데이터의 개수를 구할 때 사용하는 대표적인 함수이다. COUNT 함수는 숫자 데이터의 셀 개수를 구할 때 사용하며, COUNTA 함수는 숫자뿐만 아니라 문자와 오류 메시지까지 모두 포함된 셀 개수를 구할 때 사용한다. 따라서 주어진 표의 [E3] 셀에는 거래처의 개수가 나타나도록 [A2:A10]에서 문자 개수를 세는 COUNTA 함수를, [F3] 셀에는 [C2:C12]에서 숫자 데이터의 개수만 셀 수 있는 COUNT 함수를 입력해야 한다.

67

| 정답 | ⑤

판매순위는 RANK 함수로 표현할 수 있다. '=RANK(값, 범위)'를 입력해야 하므로 [G2] 셀에는 김사랑 사원의 판매량인 [F2] 셀이 '값'에 해당하며, 5명의 판매량인 [F2:F6]이 범위가 된다. 또한 아래로 드래그를 할 때 범위는 고정되어야 하므로 절대참조 표시 '$'를 붙여야 한다.
'기타' 열은 IF 함수를 활용하여 '우수'와 '미흡'으로 구분할 수 있다. 조건은 '60 이상이거나 미만'이므로 'F2>=60'이 들어가야 하며, 조건에 해당될 때의 결괏값을 먼저 쓰고, 조건에 해당되지 않을 때의 결괏값을 나중에 쓴다. 따라서 '=IF(F2>=60,"우수","미흡")'의 순으로 입력해야 한다.

68

| 정답 | ①

4차 산업혁명이란 정보통신기술(ICT)의 발전에 따라 사회 전반에 나타나는 혁신적인 변화를 의미한다. 개별 기술이 고도로 발달하여 초연결·초지능·초융합 등의 특성이 나타나는 3D 프린터, 로봇 공학, 빅 데이터, IoT 기술 등이 그 예이다. 반면, ICT는 하드웨어와 소프트웨어를 이용하여 정보를 운용하는 정보통신기술 자체를 의미하는 용어이므로, 4차 산업혁명의 핵심 기술의 범주에는 속하지 않는다.

69

| 정답 | ④

디스크 정리는 불필요한 파일을 삭제하여 디스크 공간을 확보하는 기능으로, 폰트 파일이나 이미지 파일을 삭제할 수는 없다.

| 상세해설 |

디스크 정리로 삭제할 수 있는 파일에는 Windows 업데이트 정리, Microsoft Defender 바이러스 백신, Windows 업그레이드 로그 파일, 다운로드한 프로그램 파일, 임시 인터넷 파일, Windows 오류보고서 및 피드백 진단, DirectX 셰이더 캐시, 전송 최적화 파일, 장치 드라이버 패키지, 언어 리소스 파일, 휴지통, 임시파일, 미리 보기 사진 등이 있다.

☐	Windows 업데이트 정리	4.71GB
☐	Microsoft Defender 바이러스 백신	9.78MB
☐	Windows 업그레이드 로그 파일	577MB
☑	다운로드한 프로그램 파일	0바이트
☑	임시 인터넷 파일	650KB
☐	Windows 오류보고서 및 피드백 진단	857KB

☐	DirectX 셰이더 캐시	64.9KB
☐	전송 최적화 파일	15.6MB
☐	장치 드라이버 패키지	0바이트
☑	언어 리소스 파일	0바이트
☑	휴지통	1.67GB
☐	임시파일	3.3MB

70

| 정답 | ④

본체의 파워 스위치가 OFF로 되어있어 전기가 공급되지 않았을 경우에는, 전원 버튼을 눌렀을 때 비프음 또한 들리지 않는 무반응 상태였을 것이다. 예시의 상황은 비프음이 들리는 경우이므로, 파워 전원은 공급되나 이외의 기기에 문제가 생긴 것이다. 따라서 주변 부품을 점검해 문제를 해결해야 한다.

CHAPTER 03 유형연습 문제

유형	독해								P.74~83
01	②	02	⑤	03	②	04	④	05	①
06	②	07	②	08	①	09	④	10	④

01 | 정답 | ②

제시된 글은 농업기계의 자율주행 기술은 직진 주행 기능만으로도 이득을 볼 수 있다는 점을 설명하면서, 국내 농기계 기업들도 현재 자율주행 기술은 부족하지만 Level 1 수준으로 개발하고 보급하는 것을 현실적인 대안일 수 있다고 설명하고 있다.

| 오답풀이 |

①, ③, ④ 농촌 인력 감소, 농업기술이라는 소재가 등장하나 주제로는 적절하지 않다.

⑤ 국내 농기계 기업의 경우 자율주행의 기술에 대한 더 많은 연구가 필요하다고 했으므로 적절하지 않다.

02 | 정답 | ⑤

1문단에서 2023년 19~79세 대상 '전 국민 금융이해력 조사'에서 낮은 금융이해력 점수로 금융 문맹률이 높은 것을 확인할 수 있다고 하였으며, 금융 취약 계층인 청소년과 고령층, 금융 문맹자는 지능화된 금융 불법 범죄 피해에 계속 노출될 것이라고 하였다.

| 오답풀이 |

① 표본집단인 고등학교 2학년 학생 717명의 조사 평균 점수가 46.8인 것을 통해, 우리나라 청소년들의 금융이해력 조사 평균 점수가 하위권이라고 일반화하기는 어렵다.

② 한국은행이 2023년 발표한 2022년 19~79세 대상 '전 국민 금융 이해력 조사'에 따르면 디지털 금융이해력 100점 만점에 42.9점에 불과하다고 발표했다. 즉, 이 조사 내용은 2023년이 아닌 2022년에 시행한 것임을 지문을 통해 확인할 수 있다.

③ 금융 선진국에서는 공교육에 금융교육을 의무화하는 반면 우리나라에는 금융교육을 정규 교육과정에 포함해야 한다는 주장도 있었지만 반영은 되지 않았다고 하였다.

④ 우리나라는 선진국과 달리 입시와 취업 위주 교육에 집중하기 때문에 정규 교육과정에서 실용적인 지식을 전달하는 교육은 상대적으로 비중이 낮다고 하였다.

03 | 정답 | ②

㉢ 제7조 제3항에 따르면 오프라인 가맹점에서 결제 취소를 원할 경우 NH올원뱅크 앱을 실행하여 취소할 거래 내역을 조회하고, 결제 시 사용한 가상 카드번호를 가맹점에 제시하여 결제할 때와 동일한 방법으로 처리할 수 있다고 하였다.

㉣ 제7조 제4항에서 자정부터 새벽 4시까지 서비스가 중단되는 시기는 매월 3주차 첫 영업일이라고 하였으며, 매일 자정부터 30분 간 서비스 제공이 중단된다고 하였다.

| 오답풀이 |

㉠ 제7조 제2항에서 해외결제 서비스는 NH올원뱅크 앱 실행 후 가맹점에 비치된 QR코드를 스캔하거나, 앱에서 생성한 QR코드를 가맹점에서 스캔하여 인증정보를 제출한 후 결제 승인 절차가 완료된다고 하였으므로 적절하다.

㉡ 제7조 제1항에서 해외결제 서비스는 회사와 서비스 이용에 대한 계약을 체결한 해외 오프라인 가맹점에서 이용할 수 있다고 하였다.

㉤ 제8조에서 회사는 이용자가 지정한 전자우편, 휴대폰 문자메시지 서비스, PUSH 알림 등의 방법을 통해 정보를 제공한다고 하였다.

04 | 정답 | ④

첫 번째 문단에서 '금화본위제'는 금화가 유통되고 금화의 자유로운 주조와 금 수출입의 자유가 인정되는 가장 원시적인 형태라는 점에서 금화가 직접 유통되면서 생기는 문제점으로 추론할 수 있다.

| 오답풀이 |

① 금본위제 국가 사이에서는 제한된 자원(금)을 누가 더 많이 갖느냐가 중요했을 것이므로, 중앙은행들이 금의 확보보다 물가를 조절하는 데 초점을 맞추었을 것이라고 보기 어렵다.

② 브레턴우즈 체제는 미국만이 독점적으로 금 태환을 실시하는 것으로써, 미화 외 통화는 모두 USD와의 환전을 통해 간접적으로 금과 연결되었다.

③ 영국은 19세기 초에 세계 최초로 금본위제도를 채택하였지만, 제1차 세계대전의 종전 이후 1914년에 금본위제 포기를 선언하였다. 1971년 닉슨 대통령의 금 태환 정지 선언으로 막을 내리게 되었다.
⑤ 금본위제는 두 나라 간의 통화 간 가치 기반이 금으로 고정되어 있는 고정 환율 제도라는 점에서 안정적인 점도 있지만, 금의 채굴 속도나 금 확보량에 영향을 받았을 것이기 때문에 경제 변동에 신속하게 대처할 수 없었을 것으로 추론할 수 있다.

05

| 정답 | ①

고정영업비용은 재무레버리지가 아닌 영업레버리지를 발생시킨다.

| 오답풀이 |

② 고정영업비용이 많아져 영업레버리지가 높으면 영업위험이 높다는 것을 의미한다.
③ 재무레버리지는 재무활동에서 발생하는 고정금융비용의 비중이므로, 재무레버리지가 높을수록 이자비용의 부담이 증가하기 때문에 영업이익의 감소율보다 세후순이익의 감소율이 커진다.
④ 영업레버리지를 사용하면 매출액의 증감률보다 영업이익의 증감률이 확대되고, 재무레버리지를 확용하면 영업이익의 증감률보다 순이익의 증감률이 확대되므로, 영업레버리지와 재무레버리지를 동시에 사용하면 매출액의 증감률보다 순이익의 증감률이 더 크게 확대된다.
⑤ 영업레버리지도(DOL)는 영업이익 증감률을 매출액 증감률로 나누어 구하므로 50÷10=5이다.

06

| 정답 | ②

빈칸이 포함된 문단에서 두 자극 간의 차이를 감지할 수 있는 최소한의 에너지 강도의 차인 최소 가치 차이를 수식화한 베버의 법칙에 대해 구체적으로 설명하고 있다. 빈칸 앞에서는 처음에 약한 자극을 주면 자극의 변화가 적어도 그 변화를 쉽게 감지할 수 있으나 처음에 강한 자극을 주면 자극의 변화를 감지하는 능력이 약해져서 더 큰 자극에서만 변화를 느낄 수 있다고 하였으며, 빈칸 뒤에서는 이에 대한 구체적인 예시를 들고 있으므로 빈칸에는 '지각에 필요한 변화의 양이 원래 자극의 크기에 비례한다.'는 내용이 오는 것이 적절하다.

07

| 정답 | ②

2문단에서 정밀농업의 4단계에 따라 1단계인 관찰 단계에서 농작물의 상태를 관찰하고 이에 따라 2, 3단계에서는 비료를 살포하는 양을 결정하는 것을 알 수 있다고 하였다. 즉, 각 단계별로 농작물의 상태를 파악하여 이후 농업의 전반적인 생산 관리의 효율을 최적화한다는 것이므로, 농작물의 상태를 고려하지 않는다고 하는 내용은 적절하지 않다.

| 오답풀이 |

① 1문단에서 정밀농업은 ICT 기술을 활용하는 것임을 알 수 있고, 3문단에서 생산량의 불확실성을 감소시킬 수 있다는 점에 주목하고 있음을 알 수 있다.
③ 2문단에서 정밀농업은 ICT를 기반으로 하는 과학적 시스템을 토대로 하고, 3문단에 따르면 농업이 스마트팜 형태로 운영되기 때문에 다양한 기술을 대상으로 하는 새로운 기업이 출현하는 계기가 될 수 있음을 알 수 있다.
④ 3문단에서 생산의 불확실성이 감소될 수 있는 요인 중 하나가 병충해 관리가 가능해지는 것임을 알 수 있다. 따라서 병충해로 인한 화학비료, 살충제 사용 등으로 오염되어 생산 규모가 줄어드는 것을 막을 수 있을 것이다.
⑤ 3문단에서 스마트팜 형태로 농업이 운영됨을 알 수 있으며, 4문단에서 양질의 일자리 창출에도 많이 기여할 것으로 전망됨을 알 수 있다.

08

| 정답 | ①

NH농협은행은 CBDC 모의테스트를 성공하고 블록체인 플랫폼을 활용하여 다양한 디지털자산 관련 사업모델을 검증할 계획에 있으므로, 디지털자산 시장을 선도할 신기술에 중점을 두고 있다고 볼 수 있다.

| 오답풀이 |

② NH농협은행은 블록체인 플랫폼 사업을 개척하고 있음은 알 수 있지만, 경제적 소외계층을 배려하고 있다고 보기 어렵다.
③ NH농협은행은 디지털화폐 파일럿시스템을 이미 구축하고 모의테스트를 성공적으로 완료했음을 알 수 있지만, 이를 위해 예산을 집중적으로 투자하고 있는지는 알 수 없다.
④ NH농협은행은 전자지갑을 활용해 원활한 유통과 결제 서비스를 제공할 수 있는 기술을 확보한 단계로 아직 제공하고 있는 것은 아니다.
⑤ NH농협은행은 자체 디지털화폐 등 다양한 디지털자산 관련 사업모델을 검증할 계획일 뿐 아직 발행한 것은 아니다.

09

| 정답 | ④

글의 내용 중 보고서에서 생략된 부분은 3문단의 금리상한형 주택담보대출의 가입 대상에 관한 내용이므로, 가입기간에 대한 내용을 추가하라는 피드백은 적절하지 않다.

10

| 정답 | ④

4문단에서 정책자금으로 구입한 농지나 시설을 마음대로 매매 및 이전해서는 안 된다고 하였으므로 적절하다.

| 오답풀이 |

① 4문단에서 농업정책자금 대출은 개인 신용도나 담보 가치에 따라 대출금액이 달라질 수 있다고 했으므로 적절하지 않다.

② 1문단과 2문단에서 영농경력이 없더라도 후계농업경영인육성자금과 청년창업농육성자금은 신청이 가능함을 알 수 있으므로 적절하지 않다.

③ 3문단에서 귀농주택구입자금은 나이 기준이 적용되지 않음을 알 수 있으므로 적절하지 않다.

⑤ 1문단과 3문단에서 후계농업경영인육성자금과 귀농창업자금 및 귀농주택구입자금을 받으려는 사람은 지방자치단체가 인정한 기관에서 교육을 이수해야 함을 알 수 있지만, 2문단에서 청년창업농육성자금은 이러한 조건이 없으므로 적절하지 않다.

PART 02

수리능력

CHAPTER 03 유형연습 문제

유형 1	응용수리								P.106~109
01	③	02	⑤	03	②	04	⑥	05	②
06	③	07	④	08	④	09	⑤	10	②

01

| 정답 | ③

박물관에 입장할 관람객의 수를 x명이라 하면 25명의 단체 입장권 가격이 x명의 입장료보다 적어야 유리하므로 다음과 같이 식을 세울 수 있다.

$5,000x > 25 \times 5,000 \times (1-0.2)$

$5,000x > 100,000$

$\therefore x > 20$

따라서 21명 이상일 때 25명의 단체 입장권을 사는 것이 유리하다.

02

| 정답 | ⑤

두 사람이 서로 반대 방향으로 갔을 때 처음 만나기 위해서는 두 사람이 간 거리의 합이 한 바퀴가 되어야 한다. 즉, '속력이 빠른 사람이 간 거리+속력이 느린 사람이 간 거리=한 바퀴 둘레'가 된다. 두 사람이 서로 같은 방향으로 갔을 때 처음 만나기 위해서는 속력이 빠른 사람이 속력이 느린 사람보다 한 바퀴를 더 가야 한다. 즉, '속력이 빠른 사람이 간 거리−속력이 느린 사람이 간 거리=한 바퀴 둘레'가 된다. 따라서 속력이 더 빠른 사람의 속력을 $a$km/h라 하고, 속도가 더 느린 사람의 속력을 $b$km/h라고 할 때, 20분은 $\frac{1}{3}$시간, 45분은 $\frac{3}{4}$시간이므로 다음과 같은 식이 성립한다.

$\frac{1}{3}a + \frac{1}{3}b = 6 \rightarrow a+b=18$

$\frac{3}{4}a - \frac{3}{4}b = 6 \rightarrow a-b=8$

따라서 $2a=26 \rightarrow a=13$이므로 두 사람 중 속력이 더 빠른 사람의 속력은 13km/h이다.

03

| 정답 | ②

S기업 임직원 전체의 집합을 U라 하고, 주택 보유자 집합을 A, 차량 보유자 집합을 B라 하면 주택과 차량이 모두 없는 사람의 집합은 $(A \cup B)^C$라고 나타낼 수 있다. S기업 임직원 전체 수를 x명이라 하면 차량 보유자는 $\frac{5}{7}x$명, 주택 보유자는 $\frac{4}{7}x$명이고, 주택 및 차량을 모두 보유한 사람은 $\frac{4}{7}x \times \frac{3}{4} = \frac{3}{7}x$(명)이 된다.

$n(A \cup B) = n(A) + n(B) - n(A \cap B)$이므로

$n(A \cup B) = \frac{4}{7}x + \frac{5}{7}x - \frac{3}{7}x = \frac{6}{7}x$

$\therefore n\{(A \cup B)^C\} = n(U) - n(A \cup B)$

$= x - \frac{6}{7}x = \frac{1}{7}x$

이때 자신의 명의로 된 주택과 차량이 모두 없는 사람이 14명이라고 하였으므로, $\frac{1}{7}x = 14$이 되어 S기업의 전체 임직원 수는 98명임을 알 수 있다.

시간단축 TIP

- [다른 접근] 전체 임직원 수를 $7x$명이라고 하면 주택 보유자는 $4x$명, 차량 보유자는 $5x$명, 주택과 차량 보유자는 $3x$명이므로 벤다이어그램으로 풀이 시 주택과 차량이 없는 사람은 x명이므로 x=14이다.

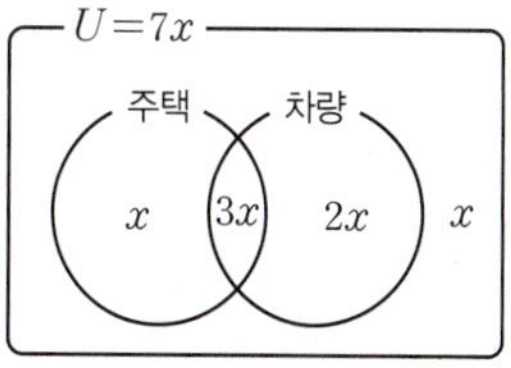

따라서 전체 임직원 수는 $7x=7\times14=98$(명)이다.

- 두 유한집합 A, B에 대하여 합집합의 원소의 개수는 다음과 같은 식을 만족한다.

$n(A \cup B) = n(A) + n(B) - n(A \cap B)$

위의 식이 가장 간단한 형태이고, 세 집합 A, B, C에 대해서는 $n(A \cup B \cup C) = n(A) + n(B) + n(C) - n(A \cap B) - n(B \cap C) - n(A \cap C) + n(A \cap B \cap C)$가 성립한다.

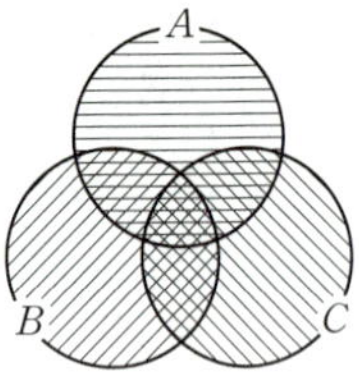

04

| 정답 | ⑤

모두 홀수의 눈이 나오는 경우의 수는 $3\times3=9$이므로 모두 홀수의 눈이 나올 확률은 $\frac{9}{36}=\frac{1}{4}$이다. 따라서 적어도 한 개는 짝수의 눈이 나올 확률을 구하면 $1-$(모두 홀수일 확률)$=1-\frac{1}{4}=\frac{3}{4}$이다.

05

| 정답 | ②

처음에 생각했던 이익은 $1{,}020\times\frac{a}{100}=10.2a$이다. 정상 제품만을 판매했을 때의 한 개당 이익을 x%라고 하면, $960\times\frac{x}{100}=10.2a$　　$\therefore x=\frac{17a}{16}$

따라서 정상 제품만을 판매해서 처음에 생각했던 이익과 똑같은 이익을 얻기 위해서는 처음 생각했던 이익의 $\frac{1}{16}\times100=6.25$(%)만큼 늘리면 된다.

시간단축 TIP

60개의 불량품에 대한 이익을 1,020−60=960(개)의 제품이 나누어서 이익을 채워야 하므로, 처음 생각했던 이익의 $\frac{60}{960}=\frac{1}{16}$만큼 늘려야 한다.

06

| 정답 | ③

처음 2L 부피의 PET병에 들어 있는 물의 양은 $2\times0.75=1.5$(L)이고, 바뀐 PET병의 부피는 $2\times0.9=1.8$(L), 바뀐 PET병에 들어 있는 물의 양은 $1.8\times0.8=1.44$(L)이다. 물의 양은 총 1.5×48(L)인데, 이 물을 모두 바뀐 PET병에 1.44L씩 나누어 담으면 $1.5\times48\div1.44=50$(개)의 PET병에 담을 수 있다.

시간단축 TIP

필요한 바뀐 PET병의 개수를 x라 하면, 물의 양은 변함이 없으므로 '$1.5\times48=1.44\times x$'이다. PET병에 들어 있는 물의 양이 1.5L에서 1.44L로 4% 감소하였으므로, 바뀐 PET병의 개수에서 4% 감소하였을 때 처음 PET병의 개수는 48개가 나와야 한다.

07

| 정답 | ④

농도가 2%인 소금물의 양은 $340-200=140$(g)이므로 소금의 양은 $\frac{2}{100}\times140=2.8$(g)이다. 이때, 처음 퍼낸 소금물의 양을 xg이라고 하면 다음과 같은 식이 성립한다.

$\frac{10}{100}\times(200-x)+2.8=\frac{5}{100}\times340$

$2{,}000-10x+280=1{,}700$

$\therefore x=58$(g)

따라서 처음 퍼낸 소금물의 양은 58g이다.

시간단축 TIP

일반적으로 소금물의 농도를 구할 때는 다음의 두 가지 공식을 많이 활용하는 편이다.

- (소금물의 농도)(%)$=\frac{\text{(소금의 양)}}{\text{(소금물의 양)}}\times100$
- (소금의 양)$=\frac{\text{(소금물의 농도)}}{100}\times$(소금물의 양)

08

| 정답 | ④

전체 쪽수를 x라고 하면 다음과 같은 식이 성립한다.

$\frac{1}{5}x+\frac{1}{3}x+21=x$

$\therefore x=45$

따라서 전체 쪽수는 45쪽이다.

09

| 정답 | ⑤

2020년 1월 초 예금 통장에 남아 있는 금액은 2019년 12월 말 100만 원을 인출한 뒤 예금 통장에 남아 있는 금액과 동일하다. 즉, 2019년 1월 초 2,000만 원을 예금하였으면 이 금액은 1월 말 $2{,}000\times(1.01)$만 원이 되고, 100만 원을 인출하면 1월 말 예금 통장의 금액은 $(2{,}000\times1.01-100)$만 원이 된다.

이 금액은 2월 말 $\{(2{,}000\times1.01-100)\times1.01\}$만 원이 되고, 100만 원을 인출하면 2월 말 예금 통장의 금액은 $(2{,}000\times1.01-100)\times1.01-100=2{,}000\times1.01^2-(100\times1.01+100)=\{2{,}000\times1.01^2-100(1.01+1)\}$(만 원)이다.

그러므로 2019년 n월 말에 100만 원을 인출한 뒤 예금 통장에 남아 있는 금액을 a_n만 원이라 하면 $a_n=2{,}000\times(1.01)^n-100(1.01^{n-1}+1.01^{n-1}+\cdots+1.01+1)$이다.

이를 계산하면 $(1.01^{n-1}+1.01^{n-2}+\cdots+1.01+1)$ $=\frac{1.01^n-1}{1.01-1}=\frac{1.01^n-1}{0.01}$이므로,

$a_{12}=2,000\times(1.01)^{12}-100\times\frac{1.01^{12}-1}{0.01}=2,000\times$ $1.13-100\times\frac{1.13-1}{0.01}=960$(만 원)이 남아 있게 된다.

시간단축 TIP

- 원금 a원을 연이율 r로 n년간 예금할 때, 원금과 이자의 합계를 일컫는 원리합계 S는 단리법과 복리법으로 구분된다.
  - 단리법: 원금에만 이자가 붙는다. → $S=a(1+rn)$
  - 복리법: 원금과 이자에 다시 이자가 붙는다. → $S=a(1+r)^n$
- 적금, 상환, 연금의 현가 등의 문제 접근 시 서로 손해 보지 않아야 하고, 돈의 가치는 시간에 따라 다름을 고려하여야 한다. 연이율이 r이고 1년마다의 복리로 일정한 금액 a원을 n년 동안 적립할 때 n년 말의 적립금의 원리합계는 a원을 적립하는 시기에 따라 다르며, '매년 초'에 적립인지 '매년 말'에 적립인지에 따라 식이 달라진다.
  - 매년 초에 적립하고 연말에 정산하는 경우:
    (원리합계)$=\frac{a(1+r)\{(1+r)^n-1\}}{r}$(원)
  - 매년 말에 적립하고 연말에 정산하는 경우:
    (원리합계)$=\frac{a\{(1+r)^n-1\}}{r}$(원)
- [문제 접근] 매년 말에 10년간 받기로 한 퇴직연금을 그대로 적립한다고 하면, 매년 말에 1,630만 원씩 10년 동안 연이율 5%의 복리로 적립한 원리합계와 같다.
  따라서 $1,630+1,630(1+0.05)+1,630(1+0.05)^2+\cdots+1,630(1+0.05)^9=\frac{1,630(1.05^{10}-1)}{1.05-1}=\frac{1,630\times0.63}{0.05}=20,538$ (만 원) ⋯ ㉠
  한꺼번에 퇴직연금 A만 원을 받는 경우 A만 원을 10년 동안 연이율 5%의 복리로 적립한 원리합계는 $A(1+0.05)^{10}=1.63A$(만 원) ⋯ ㉡
  위의 '㉠의 금액=㉡의 금액'이어야 하므로, $1.63A=20,538$ → $A=12,600$(만 원)
  따라서 한꺼번에 수령하게 될 금액은 1억 2,600만 원임을 알 수 있다.

10

| 정답 | ②

매년 초 적립해야 하는 금액을 a원이라고 하면 5% 비과세 복리로 계산할 때 3년 후 원리금 합계는 다음과 같다.

$$\frac{1.05a\times\{(1.05)^3-1\}}{1.05-1}=\frac{1.05a\times0.16}{1.05-1}=3.36a(\text{원})$$

이 금액이 840만 원이어야 하므로

$3.36a=840 \quad \therefore a=\frac{840}{3.36}=250$(만 원)

따라서 A씨는 매년 초 250만 원을 적립해야 한다.

시간단축 TIP

- 적금과 같이 일정한 비율이 계속 곱해지는 내용은 등비수열(이웃하는 항의 비율이 일정한 수열)의 응용 문제이다. 첫째 항이 a, 공비가 r인 등비수열의 1항부터 n항까지의 합
  $S_n=\frac{a(r^n-1)}{r-1}=\frac{a(1-r^n)}{1-r}$(단, $r\neq1$)이다.
- 복리법 - 적금
  - 매년 말에 a원씩 일정 금액을 넣고 n년 말에 타는 경우
    $S_n=\frac{a\{(1+r)^n-1\}}{r}$원
  - 매년 초에 a원씩 일정 금액을 넣고 n년 말에 타는 경우
    $S_n=\frac{a(1+r)\{(1+r)^n-1\}}{r}$원

유형 2	자료해석							P.110~121	
01	⑤	02	①	03	⑤	04	①	05	①
06	④	07	①	08	④	09	④	10	①

01

| 정답 | ⑤

2022년에 초등학교 학생 1인당 월평균 사교육비가 가장 높은 지역은 경상이며, 가장 낮은 지역은 제주이다. 따라서 경상의 사교육비는 제주의 사교육비의 57.0÷28.5=2(배)이다.

| 오답풀이 |

① 2022년에 학생 1인당 전국 월평균 사교육비는 3년 전에 비해 41.0−32.1=8.9(만 원) 증가했다.

② 2021년에 전년 대비 학생 1인당 전국 월평균 사교육비의 증가율은 $\frac{36.7-30.2}{30.2}\times100≒21.5(\%)$이므로 25% 미만으로 증가했다.

③ 2022년에 경상의 학생 1인당 월평균 사교육비는 일반고가 고등학교에 비해 70.0−60.4=9.6(만 원) 높으므로 10만 원 미만으로 높다.

④ 2022년에 시도별 학생 1인당 월평균 사교육비가 고등학교보다 중학교가 더 높은 지역은 부산, 광주, 대전, 울산, 강원, 충청, 전라, 경상, 제주로 9곳이다.

02

| 정답 | ①

2022년의 무연탄 발전량은 화력 발전량 중 1,819÷358,772×100≒0.51(%)이므로 2% 미만을 차지한다.

| 오답풀이 |

② 2019년 대비 2022년에 양수 발전량의 증가율은 (3,715−3,458)÷3,458×100≒7.4(%)이므로 10% 미만이다.

③ 2020년의 원자력 발전량은 신재생 및 기타 발전량의 160,184÷44,208≒3.6(배)이므로 4배 미만이다.

④ 전년 대비 2020년에 전체 발전량의 감소량은 563,040−552,162=10,878(GWh)이므로 10,000GWh 이상이다.

⑤ 조사기간 동안 유류 발전량의 전년 대비 증감 추이는 '감소−증가−감소'이며, 이는 석탄 발전량의 증감 추이와 동일하다.

03

| 정답 | ⑤

2022년 1~4월의 서적 거래액은 총 217,261+218,686+262,888+185,994=884,829(백만 원)이므로 800,000백만 원을 초과한다.

| 오답풀이 |

① 거래액이 가장 많은 순서대로 거래 품목을 나열했을 때 상위 3개 품목의 경우, 1월은 '음·식료품, 음식 서비스, 가전·전자·통신기기'이며, 2월도 '음·식료품, 음식 서비스, 가전·전자·통신기기'로 동일하다.

② 전월 대비 4월에 농축수산물 거래액의 감소량은 815,600−783,558=32,042(백만 원)이므로 30,000백만 원 이상이다.

③ 2월에 컴퓨터 및 주변기기 거래액은 가방 거래액 대비 888,101÷244,744≒3.6(배)이므로 3배 이상이다.

④ 1월 대비 3월에 가방 거래액의 증가율은 (272,692−235,179)÷235,179×100≒16.0(%)이므로 20% 미만이다.

04

| 정답 | ①

데이터 산업 시장 규모가 가장 큰 수요처는 2019년에 유통, 2021년에 통신·미디어로 동일하지 않으므로 ㉠은 옳지 않다.

| 오답풀이 |

㉡ 2019년에 공공과 금융 수요처의 데이터 산업 시장규모는 168,582×(0.15+0.15)=50,574.6(억 원)이다.

㉢ 2019년과 2021년에 데이터 산업 규모의 비중의 차이가 가장 큰 수요처는 21−9=12(%p)의 유통이다.

㉣ 2019년과 2021년에 데이터 산업 시장규모의 차이가 없는 수요처는 공공이며, 공공의 시장규모는 230,972×0.15=34,645.8(억 원)이다.

05

| 정답 | ①

㉠ 2020년 1분기 매출액은 12.23억 원이고, 영업이익은 0.45억 원이므로 영업이익률은 $\frac{0.45}{12.23}\times100≒3.68(\%)$이다. 즉, 3.5% 이상이다.

㉡ 2018년 3분기 영업이익률은 $\frac{-0.19}{13.43}\times100≒-1.41(\%)$이고, 4분기 영업이익률은 $\frac{-0.25}{14.70}\times100≒-1.70(\%)$이므로, 3분기 영업이익률이 더 높다.

㉢ 사업 부문별로 영업이익률을 확인하면 다음과 같다.

- 사업 A: $\frac{0.41}{4.3}\times100≒9.53(\%)$
- 사업 B: $\frac{-0.7}{1.2}\times100≒-58.3(\%)$
- 사업 C: $\frac{0.27}{3.5}\times100≒7.71(\%)$
- 사업 D: $\frac{0.13}{4.5}\times100≒2.89(\%)$

따라서 2020년 4분기에 영업이익률이 가장 높은

사업은 A이다.

㉣ 2018년 2분기부터 2020년까지 분기별로 매출액을 확인해 보면 전분기 대비 증가와 감소를 계속 번갈아 반복하고 있음을 확인할 수 있다.

따라서 옳지 않은 것의 개수는 0개이다.

시간단축 TIP

㉢ 사업 B의 영업이익은 0보다 작으므로 영업이익률은 가장 낮다. 그리고 사업 D는 사업 A와 비교할 때 매출액은 높지만, 영업이익이 더 낮으므로 영업이익률은 더 낮을 수밖에 없다. 따라서 사업 A와 사업 C만 비교하면 된다.

06

| 정답 | ④

2019년 총 매출액은 13.20+14.40+13.60+13.80=55(억 원)이다. 총 매출액에 대한 사업 D의 영업이익률이 15%이면 영업이익을 a억 원이라고 할 때 다음과 같이 식을 세울 수 있다.

$\frac{a}{55}\times 100=15$

$100a=15\times 55=825$

$\therefore a=\frac{825}{100}=8.25$(억 원)

따라서 2019년 사업 D의 영업이익은 8억 2,500만 원이다.

07

| 정답 | ①

3월에 부상자 수는 사망자 수의 2,150÷36≒59.7(배)이므로 60배 미만이다.

| 오답풀이 |

② 전월 대비 12월에 사고건수의 감소량은 1,881−1,799=82(건)이므로 80건 이상 감소했다.

③ 2022년에 사고건수 1명당 부상자 수는 31,673÷20,588≒1.5(명)이므로 2명 미만이다.

④ 1월 대비 6월에 사망자 수의 증가율은 (53−37)÷37×100≒43.2(%)이므로 40% 이상이다.

⑤ 전체 부상자 수 중 10월 부상자 수의 비중은 3,111÷31,673×100≒9.8(%)이므로 10% 미만이다.

08

| 정답 | ④

A제품의 2016년 대비 2020년 판매량의 증가량은 422−308=114(천 개), D제품의 증가량은 286−218=68(천 개)로 그 차이는 114−68=46(천 개), 즉 4.6만 개로 5만 개 이하이다.

| 오답풀이 |

① C제품의 경우 2017년에 판매량이 전년 대비 감소하였다.

② 2021년 전체 판매량은 440+392+296+168=1,296(개)이고, 1,296×0.3=388.8<392이므로 옳지 않다.

③ 2016~2021년 A제품의 연평균 판매량이 C제품 연평균 판매량의 3배 이상이라면 2016~2021년 A제품의 판매량의 합이 C제품 판매량 합의 3배 이상이 될 것이다. A제품의 판매량의 합은 308+328+356+382+422+440=2,236(천 개)이고, C제품의 판매량의 합은 128+126+134+140+152+168=848(천 개)로 848×3=2,544>2,236이기 때문에 옳지 않다.

⑤ B제품의 판매량의 전년 대비 증가율은 2018년에 $\frac{366-344}{344}\times 100≒6.4$(%)로 가장 크다. D제품 또한 2019~2021년은 2017년, 2018년보다 증가량이 더 작고, 전년도 값이 더 크므로 증가율이 더 크지 않다. D제품 판매량의 전년 대비 증가율은 2017년에 $\frac{243-218}{218}\times 100≒11.5$(%)로 가장 크다.

09

| 정답 | ④

2019년 반도체의 10대 품목 수출액 대비 비중은 $\frac{93,930}{304,238}\times 100≒30.9$(%)이고, 2019년 10대 품목 수출액의 총수출액 대비 비중은 56.1%이므로 반도체 수출액의 총수출액 대비 비중은 56.1×0.309≒17.3(%)이다.

| 오답풀이 |

① 2018년 플라스틱 제품은 10대 수출품목에 속하지 않으므로 수출액이 10,760백만 달러 미만임을 알 수 있다. 따라서 2019년 플라스틱 제품의 수출액인 10,292백만 달러보다 큰지 작은지 알 수 없다.

② 10대 품목 수출액 중 평판디스플레이 및 센서가 차지하는 비중은, 2018년의 경우 $\frac{24,856}{353,671}\times 100≒7.0$(%), 2019년의 경우 $\frac{20,657}{304,238}\times 100≒6.8$(%)로 전년 대비 감소하였다.

③ 2018년 석유제품의 무역수지는 46,350−21,443=24,907(백만 달러), 2019년 석유제품의 무역수지는 40,691−17,539=23,152(백만 달러)이므로, 24,907−23,152=1,755(백만 달러) 감소하였다.

⑤ 2018년 수입액 상위 10위 이내인 모든 품목 중 반도체와 무선통신기기의 수입액은 2019년에 증가하였다.

시간단축 TIP

② 2018년 평판디스플레이 및 센서의 수출액은 2019년의 20% 이상이고, 2018년 10대 품목 수출액은 2019년의 20% 미만이다. 따라서 분모, 분자를 비교했을 때 2019년 대비 2018년 분자의 증가율이 분모의 증가율보다 크므로 2018년 10대 품목 수출액 대비 평판디스플레이 및 센서의 비중은 2019년 대비 크다.

③ 주어진 자료의 단위는 백만 달러이다. 1,755만 달러는 17.55 백만 달러인데 주어진 자료에서 소수점은 나와 있지 않다.

10

| 정답 | ①

2021년 가구당 평균 자산총액은 5억 253만 원인데, 부채가 8,801만 원이고 순자산액이 4억 1,452만 원이다. 따라서 자산총액에서 부채가 차지하는 비중은 $\frac{8,801}{50,253}\times 100 ≒ 17.5(\%)$이고, 순자산액이 차지하는 비중은 $\frac{41,452}{50,253}\times 100 ≒ 82.5(\%)$이므로 옳게 나타낸 그래프이다.

PART 03 문제해결능력

CHAPTER 03 유형연습 문제

유형 1	논리추리								P.136~139
01	③	02	③	03	⑤	04	④	05	①
06	③	07	③	08	④				

01

| 정답 | ③

전제1의 대우에 따르면 주가가 오르지 않으면 금리가 오른다. 따라서 금리가 오르면 채권 수익률이 오른다는 전제가 있어야, 주가가 오르지 않으면 채권의 수익률이 오른다는 결론을 이끌어낼 수 있다. 주어진 조건을 기호화하면 다음과 같다.

전제1	~금리 → 주가	(대우) ~주가 → 금리
전제2		
결론	~주가 → 채권 수익률	(대우) ~채권 수익률 → 주가

전제1의 대우와 결론 사이에 '금리 → 채권 수익률'이라는 전제가 필요하다는 것을 알 수 있다.

| 오답풀이 |

① 전제2가 '금리가 오르면 채권 수익률이 오르지 않는다(금리 → ~채권 수익률)'일 때, 전제1의 대우와 연결하면 '~주가 → 금리 → ~채권 수익률'이 성립한다. 이 경우 주가가 오르지 않으면 채권 수익률이 오르지 않는다는 결론이 도출되므로 옳지 않다.

②, ④, ⑤ 이 명제들을 통해서는 채권 수익률과 주가의 관계를 알 수 없으므로 결론을 도출할 수 없다.

02

| 정답 | ③

먼저 명제를 기호화하여 정리하면 다음과 같다.

- 저축↑ → 기업의 투자↑
- 기업의 투자↑ → 고용↑
- ~저축↑ → ~고용↑(≡ 고용↑ → 저축↑)

이를 통해 결론을 도출하면 '저축↑ → 기업의 투자↑ → 고용↑ → 저축↑'의 순환고리가 만들어진다. 따라서 '기업의 투자↑ → 저축↑'인 A는 옳은 내용이 된다. 또한 결론의 대우인 '~저축↑ → ~고용↑ → ~기업의 투자↑ → ~저축↑'의 순환고리도 참이므로, '~고용↑ → ~저축↑'인 B도 옳은 내용이 된다.

03

| 정답 | ⑤

전제1을 만족하는 벤다이어그램은 [그림1]과 같다.

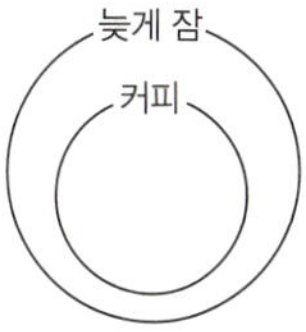

[그림1]

전제2를 덧붙인 벤다이어그램은 [그림2]와 같이 나타낼 수 있다.

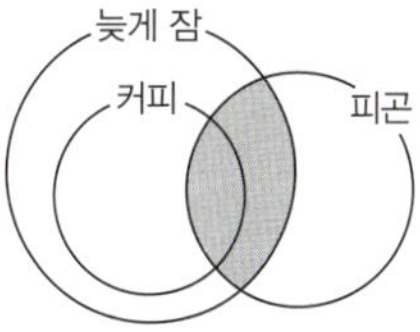

[그림2]

[그림2]에서 커피를 마시는 사람과 피곤한 사람 사이에는 교집합이 반드시 존재하므로 늦게 잠드는 사람과 피곤한 사람 사이에는 색칠한 영역만큼의 교집합이 반드시 존재한다. 따라서 늦게 잠드는 어떤 사람은 피곤하다는 것은 항상 참이다.

| 오답풀이 |

① 피곤한 어떤 사람은 늦게 잠들지 않을 수 있으므로 항상 참은 아니다.

② 늦게 잠드는 어떤 사람은 피곤하므로 참이 아니다.

③ 커피를 마시는 사람과 피곤한 사람 사이에 교집합이 존재하기만 하면 되므로 [그림3]과 같은 벤다이어그램으로 나타낼 수도 있다.

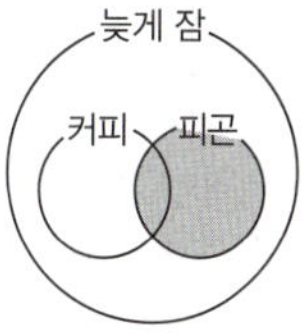

[그림3]

[그림3]을 보면 피곤한 사람은 모두 늦게 잠든다. 따라서 피곤한 어떤 사람이 늦게 잠들지 않는다는 것은 항상 참은 아니다.
④ 늦게 잠드는 어떤 사람은 피곤하지 않으므로 항상 참은 아니다.

04

| 정답 | ④

두 번째 조건에서 마케팅팀 사원이 오케스트라 동호회에서 활동한다고 하였고, 네 번째 조건에서 D는 개발팀 소속인데 문화 동호회에서 활동한다고 하였으므로 D는 독서 동호회이다. 첫 번째 조건에서 A는 운동 동호회에서 활동한다고 하였는데 농구 동호회에는 다섯 번째 조건에 따라 IR팀 사원인 B 또는 C가 활동하므로, A는 테니스 동호회에서 활동하며, 마케팅팀, IR팀, 개발팀이 아니므로 회계팀 소속이다.

05

| 정답 | ①

병, 정, 무가 병의 순서에 대해 모두 다른 진술을 하고 있으므로, 병에 대해 언급한 진술을 기준으로 병의 순서를 먼저 확인해 본다. 우선, 병의 첫 번째 진술이 진실이라면, 정의 두 번째 진술이 거짓이 되는데 이때 정의 첫 번째 진술도 거짓이 되어 하나의 진술은 참이라는 조건에 모순이 된다. 다음으로 정의 두 번째 병에 관한 진술이 진실이라면, 병의 두 번째 진술과 무의 두 번째 진술이 모두 진실이 된다는 것인데, 역시 모순이 발생한다. 다음으로 무의 첫 번째 진술이 진실일 경우, 병의 두 번째 진술과 정의 첫 번째 진술이 진실이어야 하는데, 이 경우 모순이 발생하지 않는다. 따라서 나머지 갑과 을의 진술까지 정리하면, 출근 순서는 병이 두 번째, 무는 첫 번째, 정은 다섯 번째, 을은 네 번째(을의 두 번째 진술이 참), 갑이 세 번째(갑의 첫 번째 진술이 참)가 된다. 따라서 출근 순서는 '무－병－갑－을－정'으로 ①이 옳은 내용이다.

| 오답풀이 |

② 병은 두 번째로 출근하였다.
③ 을은 네 번째로 출근하였다.
④ 정은 다섯 번째로 제일 마지막에 출근하였다.
⑤ 무는 첫 번째로 출근하였다.

시간단축 TIP

참, 거짓을 판단하는 문제이므로 각각의 경우에 모순점이 없는지를 확인해 보아야 한다. 이 같은 문제 유형은 진술에서 가장 많이 언급된 것이나 상반되는 진술이 겹치는 의견 등을 먼저 확인하는 것이 좀 더 문제해결시간을 단축할 수 있는 방법이 된다.

06

| 정답 | ③

진술이 반드시 참인 사람을 찾는 문제에서는 해당 진술이 거짓일 경우에 모순이 발생하는 경우를 고르면 된다. 주어진 진술에서는 특별한 모순점이나 특이한 사항이 보이지 않는 경우이므로, 진술을 각각 거짓이라고 가정했을 때 모순이 발생하는지를 살펴보아야 한다. A, B, D, E의 진술 중 한 명의 진술이 거짓일 경우에는 말한 그대로 나이 순서가 성립되지만, C의 진술을 거짓이라고 가정하면 D가 B보다 나이가 많으므로, D>B가 된다. 그리고 D의 진술에서 A>D, A와 E의 진술에서 B>E>A의 순서가 나오는데, 이 경우 A와 D의 나이 관계에서 모순이 발생하므로 C의 진술은 거짓이 아니라는 것을 알 수 있다. 따라서 C의 진술은 반드시 참임을 알 수 있다.

07

| 정답 | ③

주어진 진술에서 자금팀에 대한 진술이 가장 많이 엇갈리고 있으므로 자금팀을 기준으로 잡고 확인하도록 한다. 먼저 영업팀 직원의 진술 중 자금팀이 가장 높은 층이라는 진술이 참일 때, 기술팀 직원의 두 번째 진술인 "자금팀은 8층"이라는 점은 거짓이 되므로, 첫 번째 진술인 "기술팀이 가장 높은 층"이라는 진술이 참이어야 하는데 층당 1개 팀씩 배치되었다는 조건에 모순된다. 다음으로 기술팀 직원의 두 번째 진술인 "자금팀은 8층"이라는 점이 진실이라면 영업팀 직원과 자금팀 직원의 첫 번째 진술은 모두 거짓이 된다. 하지만 이 경우도 영업팀 직원과 자금팀 직원의 두 번째 진술이 모두 참일 수가 없으므로 이 또한 모순이다. 또 다른 경우로 자금팀 직원의 첫 번째 진술이 참일 경우 자금팀이 배치된 층은 7층이므로, 영업팀 직원의 두 번째 진술이 참이 되어 영업팀이 배치된 층은 6층이다. 또한 기술팀 직원의 첫 번째 진술이 참으로 기술팀이 배치된 층은 10층이 된다. 이에 따라 홍보팀 직원의 두 번째 진술이 참인 것이 되면서 홍보팀은 9층, 인사팀 직원의 첫 번째 진술이 참인 것이 되면서 인사팀이 8층에 배치되었음을 알 수 있다. 이를 정리하면 6층부터 10층까지 배치된 순서는 '영업팀－자금팀－인사팀－홍보팀－기술팀'이므로 '인사팀은 8층에 배치되었다.'라는 것만 옳은 설명이 된다.

08

| 정답 | ④

다섯 번째 조건을 통해 회사와 C지점 간 이동 시간은 41분이며, A, B, D지점은 모두 이 사이에 위치함을 알 수 있다. 또한 두 번째 조건과 다섯 번째 조건으로 회사와 A지점 간 이동 시간은 41－15＝26(분)이다. 네 번째 조건인 A지점~C지점 사이에 있는 1개 지점은 B지점 또는 D지점일 것이며, B지점~C지점 간 이동 시간(31분)이 A지점~C지점 간 이동 시간(15분)보다 더 긴 것으로 보아 네 지점의 순서는 'B－A－D－C' 순으로 위치하고 있음을 알 수 있다.

따라서 B지점~C지점 간 이동 시간이 31분이라고 하였으므로 회사~B지점 간 이동 시간은 41－31＝10(분)이 되며, B지점~D지점 간 이동 시간이 28분이라고 하였으므로 회사~D지점 간 이동 시간은 10＋28＝38(분)이다.

유형 2 상황판단 P.140~145

01	③	02	③	03	④	04	②	05	④
06	③								

01

| 정답 | ③

네트워크와 유통망이 다양한 것은 자사의 강점(S) 요인이다. 이를 통하여 심화되고 있는 현지 업체와의 경쟁(T)을 우회하여 돌파할 수 있는 전략은 주어진 환경에서 대응할 수 있는 적절한 ST전략이다.

| 오답풀이 |

① 세제 혜택(O)을 통하여 환차손 리스크 회피 모색(T)하는 것은 SO전략이 아니다.

② 타 해외 조직의 운영 경험(S)을 살려 업무 효율성 벤치마킹(W)을 하는 것은 WO전략이 아니다.

④ 해외 진출 경험으로 축적된 우수 인력(S) 투입으로 자주 교체되는 담당자로 인해 생기는 누수 방지(W)를 하는 것은 WT전략이 아니다.

⑤ 현지에서 친숙한 자사의 이미지(O)를 활용하여 경쟁 우위 선점(T)하는 것은 WT전략이 아니다.

02

| 정답 | ③

홍보부의 경우 후보인 E와 F의 근무실적, 승진 가능성이 '가'로 동일하므로, 승진 가능성 세부 항목 점수 합계가 80＋100＋90＋100＝370(점)으로 더 높은 E가 권한 대행자로 선정된다.

| 오답풀이 |

① 기획부 후보인 A와 B는 근무실적, 승진 가능성이 동일하고 승진 가능성 세부 항목 점수합계도 340점으로 동일하다. 따라서 리더십 점수가 더 높은 A가 권한 대행자로 선정된다.

② 총무부는 근무실적이 '가'인 C가 권한 대행자로 선정된다.

④ 영업부는 근무실적이 '가'인 H가 권한 대행자로 선정된다.

⑤ 기술부 후보인 I와 J의 근무실적이 동일하므로, 승진 가능성이 '가'인 J가 권한 대행자로 선정된다.

03

| 정답 | ④

하루에 최대 4,500명이 입장하므로, 준비해야 하는 기념품의 최댓값은 하루 4,500명이 모두 입장한다고 가정했을 때 도출할 수 있다.

- A기념품: 60명 간격으로 1개씩 증정하므로, 하루에 최대 4,500÷60＝75(개), 행사기간이 5일이므로 최대 75×5＝375(개)를 준비해야 한다.

• B기념품: 100명 간격으로 1개씩 증정하므로, 하루에 최대 4,500÷100=45(개), 행사기간이 5일이므로 최대 45×5=225(개)를 준비해야 한다.
• C기념품: A기념품과 B기념품을 모두 받는 사람에게 증정하므로, 60과 100의 최소공배수인 300명 간격으로 1개씩 증정한다. 따라서 하루에 최대 4,500÷300=15(개), 행사기간이 5일이므로 최대 15×5=75(개)를 준비해야 한다.

04

| 정답 | ②

B가 창업 시 보증금 3억 원을 현금 1억 원(기회비용 연이자 200만 원)과 부동산 담보대출 2억 원(연이자 1,200만 원)으로 마련하면 연 1,400만 원의 비용이 발생한다. 따라서 B가 창업하면 40,000(기대 매출액)−1,400(보증금 관련)−6,000(임대료)−14,000(인건비)−4,500(재료비)−5,800(기타 경비)=8,300(만 원)의 수익을 얻을 수 있다. 따라서 연봉을 최소 8,300만 원으로 제시하여야 B를 영입할 수 있다.

05

| 정답 | ④

최대 금리의 경우는 우대 금리를 모두 받은 경우로 2.5+0.3+0.4+0.5=3.7(%)이며, 이때의 월이율은 3.7÷12≒0.31(%)이다. 따라서 0.32%보다 작다.

| 오답풀이 |

① 가입금액은 월 1회 납입, 매회 1천 원이 최소이므로 매달 1천 원×6개월=6,000(원)이다.
② 가입일로부터 100일까지 걸음 수 30만보 이상부터 10만보당 0.1% 받으므로 55만보를 걷는다면 50만 이상 60만 미만 구간이 되어 0.3%p의 우대금리를 받을 수 있다.
③ 걸음 수 측정의 경우 Google 피트니스와 아이폰 건강 앱을 적금과 연동시켜 적립된 걸음 수를 인정하므로 특정 앱이 설치되어 있어야 한다는 내용은 옳다.
⑤ 가입고객 5만 명 중 20%가 60만 보를 기록했으며, 대회 기간 내 60만 보를 기록한 참가자 1인당 6천 원씩 기금이 적립된다고 하였으므로, 적립된 기금은 50,000×0.2×6,000=60,000,000(원)이다.

06

| 정답 | ③

조건에 따라 근무지별로 회의가 가능한 시간의 범위를 서울 기준으로 정리하면 다음과 같다.
• 서울: 11/15(수) 08:00~22:00
• 파리: (서울기준) 11/15(수) 00:00~21:00 이전
• 뉴욕: (서울기준) 11/14(화) 14:00~11/15(수) 14:00
• 시드니: (서울기준) 11/15(수) 11:00 이내 완료
• 두바이: (서울기준) 11/15(수) 10:00 이후

따라서 회의 가능 시간은 서울시간 기준으로 11/15(수) 10:00~11:00인데, 이는 뉴욕 시각으로는 11/14(화) 20:00~21:00이다.

PART 04 자원관리능력

CHAPTER 03 유형연습 문제

유형 1	물적자원관리								P.156~158
01	③	02	②	03	④	04	①		

01

| 정답 | ③

브랜드별 소파에 대한 갑과 을의 총점을 구하면 다음과 같다.

(단위: 점)

브랜드	갑의 평가 점수	을의 평가 점수	평균
A	$\frac{8\times0.3+10\times0.7}{9}$ ≒1.04	$\frac{9\times0.3+10\times0.7}{8}$ ≒1.21	1.13
B	$\frac{10\times0.3+10\times0.7}{10}$ =1	$\frac{9\times0.3+9\times0.7}{9}$ =1	1
C	$\frac{10\times0.3+6\times0.7}{6}$ =1.2	$\frac{9\times0.3+6\times0.7}{6}$ =1.15	1.18
D	$\frac{8\times0.3+8\times0.7}{7}$ ≒1.14	$\frac{9\times0.3+8\times0.7}{7}$ ≒1.19	1.16
E	$\frac{9\times0.3+10\times0.7}{9}$ ≒1.08	$\frac{10\times0.3+10\times0.7}{8}$ =1.25	1.17
F	$\frac{7\times0.3+9\times0.7}{6}$ =1.4	$\frac{8\times0.3+8\times0.7}{7}$ ≒1.14	1.27
G	$\frac{10\times0.3+8\times0.7}{8}$ ≒1.08	$\frac{10\times0.3+9\times0.7}{8}$ ≒1.16	1.12
H	$\frac{9\times0.3+9\times0.7}{7}$ ≒1.29	$\frac{8\times0.3+10\times0.7}{7}$ ≒1.34	1.32

만족도의 평균이 가장 높으면서 갑과 을의 평가 점수가 각각 1.1점 이상인 브랜드는 H이다. 따라서 이들이 구입하는 소파의 가격은 80만 원이다.

02

| 정답 | ②

[표]를 보고 모두 방문 하는 경우의 수는 다음과 같다.

(단위: km)

회사→B (20)	→A→C→D	15+15+25	=75
	→A→D→C	15+30+25	=90
	→C→A→D	20+15+30	=85
	→C→D→A	20+25+30	=95
회사→D (25)	→A→B→C	30+15+20	=90
	→A→C→B	30+15+20	=90
	→C→A→B	25+15+15	=80
	→C→B→A	25+20+15	=85

따라서 회사→B→A→C→D 순으로 방문할 때 75km로 이동거리가 최단거리이다.

시간단축 TIP

회사와 바로 연결된 거래처는 B와 D이고 회사와 B의 거리가 더 짧으므로 B를 기준으로 방문순서를 전개해 본다. B에서 A와 C로 이동할 수 있는데 A로의 이동거리가 더 짧다. A에서는 C와 D로 이동할 수 있는데 C로 이동할 때가 이동거리가 더 짧다. C에서는 마지막으로 D로 방문한다. 이처럼 각 거래처에서 가장 짧은 경로로 이동했을 때 20+15+15+25=75(km)인데 선택지②에 해당하는 값이 있으므로 다른 경로는 확인할 필요 없이 정답을 고른다.

03

| 정답 | ④

조건에 부합하지 않는 제품을 하나씩 소거한다.

| 오답풀이 |

① A는 CPU가 3세대이므로 적합하지 않다.
② B는 파워가 500W이므로 적합하지 않다.
③ C는 용량이 1TB이므로 적합하지 않다.
⑤ E는 대당 금액이 200만 원으로 적합하지 않다.

04

| 정답 | ①

'안정적' 등급을 받을 수 있는 유동자산 금액을 x억 원이라 할 때 자산총계는 $(x+19,000)$억 원, 부채총계는 19,000억 원, 자본총계는 x이다. 따라서 유동비율

은 $\frac{x}{8,000}\times100$, 부채비율은 $\frac{19,000}{x}\times100$이다. 유동비율이 200% 이상, 부채비율이 100% 이하가 되기 위해선 $x\geq16,000$억, $x\geq19,000$억을 동시에 만족해야 하므로 x는 19,000억 원 이상이어야 한다. 현재 유동자산은 5,000억 원이므로 최소한 19,000−5,000=14,000(억 원), 즉 1조 4,000억 원을 늘려야 한다.

유형 2 인적자원관리 P.159~162

01	④	02	④	03	④	04	④		

01

| 정답 | ④

각 직원들의 점수를 계산하면 다음과 같다.

(단위: 점)

직원	판매 실적 증가 점수	당월 판매 실적		10억 원 이상 판매 점수	고객 만족도 점수	총점
		기존 고객	신규 고객			
A	2	4	21	0	0	27
B	0	2	30	0	−5	27
C	2	15	18	0	3	38
D	2	12	27	0	0	41
E	0	6	30	5	0	41

따라서 최종 점수가 41점으로 동일한 D와 E 중 당월 판매 건수가 더 많은 D가 선정된다.

02

| 정답 | ④

접대비는 '식대'의 경우 본부장, '기타'의 경우 팀장이 전결권자이므로, 두 경우 모두 사장과 부사장의 결재는 받지 않는다.

| 오답풀이 |

① 팀장급 인수인계서는 부사장 전결사항이므로, 담당자를 제외하고 팀장, 본부장, 부사장 3명의 결재를 거치게 된다.
② 업무활동비 집행을 위한 결재 문서는 본부장 전결사항이므로, '사장' 결재란에 본부장이 결재하게 된다.
③ 시내교통비 집행을 위한 문서는 본부장 전결사항이므로 '부사장' 결재란에는 아무도 서명하지 않으나, 해외연수비 집행을 위한 문서는 사장 전결사항이므로 '부사장' 결재란에는 부사장이 서명을 해야 한다.
⑤ 임원 해외출장을 위한 결재 문서는 사장 전결사항이므로 부사장이 결재를 해야 하나, 직원 해외출장을 위한 결재 문서는 본부장 전결사항이므로 부사장의 결재는 받지 않는다.

03

| 정답 | ④

김 부장이 받게 될 퇴직금은 $450\times\{30+(80-60)\div4\}=450\times35=15,750$(만 원) 즉, 1억 5,750만 원이다.

| 상세해설 |

명예퇴직금 산정 시에는 만 20년 이상 재직해야 하고, 정년 잔여기간이 1년 이상이어야 한다. 현재 휴직에 관한 규정은 명시되어 있지 않지만, 군 휴직을 한 기간이 재직기간에 포함되지 않는다 하더라도 만 20년 이상 재직한 것이 되며, 정년퇴직일은 1년 이상 남았으므로 명예퇴직금을 받을 수 있다. 2021년 6월 1일에 명예퇴직 예정이고, 정년퇴직일은 2028년 2월 10일이므로 정년잔여월수는 6년 8개월 10일이다. 15일 미만은 계산하지 않으므로 정년잔여월수는 6년 8개월=80(개월)이다. 산정기초금액은 450만 원이고, 정년까지 남은 기간이 5년을 초과하므로 김 부장이 받게 될 퇴직금은 450×{30+(80−60)÷4}=450×35=15,750(만 원) 즉, 1억 5,750만 원이다.

04

| 정답 | ④

김 부장의 스케줄과 최소한 이틀 이상 겹치는 날짜는 3/17~21 또는 3/24~28인데, 3/17에 권 인턴 교육이 있으므로 3/24~28에 휴가를 갈 수 있다.

| 상세해설 |

직원들의 스케줄을 정리하면 다음과 같다.

일	월	화	수	목	금	토
		1 삼일절	2 정 과장 휴가	3 정 과장 휴가	4 김 부장 회의 정 과장 휴가	5
6	7 민 차장 휴가 정 과장 출장	8 민 차장 휴가	9 20대 대선	10 민 차장 휴가 신 대리 회의	11 김 부장 회의 민 차장 휴가	12
13	14 정 과장 출장 신 대리 휴가	15 신 대리 휴가	16 신 대리 휴가	17 권 인턴 교육	18 김 부장 회의	19
20	21 김 부장 휴가	22 김 부장 휴가 박 주임 발표	23 김 부장 휴가 권 인턴 교육	24 김 부장 휴가	25 김 부장 회의	26
27	28 정 과장 출장	29 민 차장 재고	30 민 차장 재고	31 민 차장 재고 박 주임 휴가		

평일에는 사무실에 스케줄이 없는 사람이 최소한 5명 있어야 하므로, 이미 2명의 스케줄이 있는 날에는 휴가를 사용할 수 없다. 또한 김 부장의 스케줄(음영 처리된 날)과 최소한 이틀 이상 겹치는 날짜에 휴가를 사용해야 하므로 3/17~21 또는 3/24~28에 휴가를 갈 수 있다. 그런데 권 인턴 교육이 있는 날에는 휴가를 사용할 수 없으므로, 3/17~21은 불가능하다. 따라서 추 사원은 3/24~28에 휴가를 갈 수 있다.

유형 3	예산관리						P.163~169		
01	④	02	②	03	③	04	①		

01

| 정답 | ④

조합원 A씨의 건축원가를 구하면 순수 건축비는 3,000,000×45=135,000,000(원)이며 기타 사업비는 순수건축비 135,000,000×0.33=44,550,000(원)으로, 조합원 건축원가는 이 둘의 합인 135,000,000+44,550,000=179,550,000(원)이다.

두 번째로 일반분양 기여금액을 구하기 위해 일반분양 수익인 일반분양가와 순수건축비의 차이를 구하면 480,000,000−135,000,000=345,000,000(원)이며 이 금액에서 필요 대지지분 11.25를 나누어 대지지분 1평당 일반분양 수익 $\frac{34,500}{11.25}$만 원을 구한다.

기여 대지지분은 보유 대지지분−기부채납면적(15평×0.05)−필요 대지지분이므로 15−0.75−11.25=3(평)으로 이를 대지지분 1평당 일반분양 수익과 곱하면 일반분양 기여금액은 92,000,000원이 책정된다.

최종적으로 조합원 건축원가 179,550,000원에서 일반분양 기여금액 92,000,000원을 뺀 금액인 87,550,000원이 조합원 A씨의 지불해야 하는 분담금액이다.

02

| 정답 | ②

A씨 가족이 R놀이공원을 가장 저렴한 방법으로 이용하려면 입장권 구매 후 원내에서 사파리 이용권, 원내 자유이용권, 놀이기구 이용권을 구매하는 경우로, 지불하는 총금액은 41,000+37,000=78,000(원)이다.

| 상세해설 |

R놀이공원을 이용할 수 있는 방법은 자유이용권을 구매하여 입장하는 방법과 입장권을 구매하여 원내에서 추가로 사용할 시설에 대한 요금을 지불하는 방법이 있다.

- 자유이용권을 구매하는 경우: 입장 시 자유이용권을 구매할 경우 주랜드, 플라워랜드, 사파리 구경과 놀이기구 이용이 모두 가능하므로 자유이용권만 구매하면 된다. 이때 A씨와 아내는 지역상품권을 가지고 있으므로 1매당 2,000원 할인되어 (29,000−2,000)×2=54,000(원), 여동생은 29,000원, 아들은 20,000원이다. 따라서 총요금은 54,000+29,000+20,000=103,000(원)이다.
- 입장권을 구매하는 경우: A씨와 아내, 여동생은 각 12,000원, 아들은 5,000원이므로 입장 시 지불할 요금은 12,000×3+5,000=41,000(원)이다. 입장권 사용 시 주랜드, 플라워랜드는 구경할 수 있으나 사파리 구경과 놀이기구 이용에 대한 추가 요금을 지불해야 하므로 원내 자유이용권 또는 사파리 이용권 또는 놀이기구 이용권을 필요에 따라 사용할 수 있다.
  - 원내 자유이용권을 구매하는 경우: 가족 모두가 사파리 구경을 해야 하므로 4명 모두 필요하여 17,000×3+15,000=66,000(원)을 추가로 결제해야 한다.
  - 사파리 이용권, 원내 자유이용권, 놀이기구 이용권을 혼합하여 구매하는 경우: A씨는 놀이기구를 1개만 탈 예정이므로 원내 자유이용권을 구매하는 것보다 사파리 이용권과 놀이기구 이용권 1매를 구매하는 것이 더 저렴하고, A씨 아들은 놀이기구를 3개를 이용할 예정이므로 원내 자유이용권을 구매하는 것이 가장 저렴하다. A씨의 아내와 여동생은 사파리 이용권만 구매하면 된다. 따라서 사파리 이용권 3장, 놀이기구 이용권 1매, 원내 자유이용권(어린이/경로) 1장을 구매하면 6,000×3+4,000+15,000=37,000(원)을 추가로 결제해야 한다.
  - 사파리 이용권과 놀이기구 이용권을 구매하는 경우: 사파리 이용권과 놀이기구 이용권을 사용할 경우 사파리 이용권 4장, 놀이기구 이용권 4장 필요하므로 (6,000+4,000)×4=40,000(원)을 추가로 결제해야 한다.

이에 따라 입장권을 구매하는 경우 사파리 이용권, 원내 자유이용권, 놀이기구 이용권을 추가로 결제하는 것이 가장 저렴한 방법이 된다.

03

| 정답 | ③

10월에 가입하여 연회비는 11월 결제일에 청구 되며 12월에는 청구되지 않고, 2구간 서비스가 제공된다.

1. 22년 11월 이용액: 503,000원
2. 할인액
   1) 교통서비스 할인액 (한도: 2만 원)
      : (지하철 22,000+버스 8,000+KTX 150,000+쏘카 120,000)×0.07=21,000(원)
   2) 생활서비스 할인액 (한도: 1만 원)
      : KT는 자동이체에 해당하지 않으므로 할인이 되지 않는다.
      : (배달의 민족 25,000+쿠팡 5,000)×0.05 = 1,500원
   3) 기타
      : 스타벅스 1만 원 이상 결제건 2회, 편의점 1만 원 이상 결제건 1회이므로 총 3,000원 할인
3. 결제금액: 503,000−20,000−1,500−3,000=478,500(원)

04

| 정답 | ①

(가) 4년간 유기합성농약과 화학비료를 사용하지 않았으므로 유기농인증을 얻을 수 있다. 현재가가

5,500원이므로 적정가는 130×5,500÷125 =5,720(원)이다.

(나) 저농약인증을 얻을 수 있는 경우이므로, 적정가는 122×6,000÷110≒6,655(원)이다.

(다) 농약을 전혀 사용하지 않고 화학비료만 일부 사용하였으므로 무농약인증을 얻을 수 있다. 현재 가가 6,500원이므로 적정가는 124×6,500÷115≒7,009(원)이다.

유형 4	시간관리					P.170~173			
01	③	02	④	03	③	04	④		

01

| 정답 | ③

직원 A가 요일별 수강할 수 있는 강의는 다음과 같다.

월요일	화요일	수요일
• 최신 피싱정보 • 노년 대상 보이스피싱 • 피해구제신청	• 노년 대상 보이스피싱 • 보이스피싱 예방서비스	• 채권추심업무 • 피해구제신청 • 보이스피싱 예방서비스

A는 과장이고, 채권추심업무 강의를 반드시 이수해야 하므로 수요일에 채권추심업무 강의를 수강해야 한다. 하루에 강의를 최대 2시간 수강할 수 있고, 채권추심업무는 2시간 강의이므로 수요일에는 다른 강의를 수강할 수 없다. 또한 최신 피싱정보와 피해구제신청 강의를 수강해야 하는데 화요일에는 수강할 수 없으므로 월요일에 수강해야 한다. 따라서 화요일에 노년 대상 보이스피싱과 보이스피싱 예방서비스 강의를 수강한다.

직원 B가 요일별 수강할 수 있는 강의는 다음과 같다.

월요일	화요일	수요일
• 채권추심업무 • 보이스피싱 예방서비스	• 최신 피싱정보 • 파밍 사기	• 채권추심업무 • 피해구제신청 • 보이스피싱 예방서비스

B는 최신 피싱정보, 피해구제신청 강의를 반드시 이수해야 하므로 화요일에 최신 피싱정보, 수요일에 피해구제신청 강의를 수강한다. 채권추심업무는 2시간이므로 월요일에는 채권추심업무 또는 보이스피싱 예방서비스 강의를 수강할 수 있고, 수요일에는 피해구제신청을 수강하므로, 보이스피싱 예방서비스 강의를 수강할 수 있다. 즉 월요일과 수요일에 최대 2시간의 강의를 수강하므로 화요일에 최신 피싱정보, 파밍 사기 강의를 모두 수강해야 한다. 만약 월요일에 보이스피싱 예방서비스 강의를 수강하면 수요일에 채권추심업무, 피해구제신청 강의를 모두 수강할 수 없으므로 모순이다.

따라서 A는 월요일에 최신 피싱정보, 피해구제신청 강의를 수강하고, B는 수요일에 피해구제신청, 보이스피싱 예방서비스 강의를 수강한다.

02

| 정답 | ④

공정 개선 전 10개의 P제품을 제작하는 데 걸리는 시간은 10+16+14+25+8+12+8+16+14+10+5+2=140(분)이고, 공정 개선 후 10개의 P제품을 제작하는 데 걸리는 시간은 8+12+12+20+8+10+6+16+12+10+4+2=120(분)이다. 따라서 P제품 10개를 제작하는 데 20분이 단축된다. P제품은 10개 단위로만 제작할 수 있으므로 168개 제작하려면 170개를 제작해야 한다. 따라서 20×17=340(분)이므로 5시간 40분이 단축된다.

03

| 정답 | ③

G 씨가 해야 하는 업무별 소요시간을 확인하면 다음과 같다.

업무	소요시간	업무	소요시간
광고 편집	20분	SNS 마케팅	15분
홍보물 작성	35분	홈페이지 관리	10분
홍보물 인쇄	5분		

이때, 12시부터 13시까지는 점심시간이고, 업무는 12시 이후부터 진행할 수 없으므로 12시가 되기 전까지 최대한 업무를 마쳐야 가장 빠르게 회의실을 예약할 수 있다. 즉, 11시 15분부터 45분간 광고 편집, 홈페이지 관리, SNS 마케팅 업무를 하고 점심시간 이후 홍보물 작성 및 인쇄를 하여 13시 40분에 모든 업무를 마치게 된다. 또는 11시 15분부터 45분간 홈페이지 관리와 홍보물 작성을 하고 13시부터 광고 편집, 홍보물 인쇄, SNS 마케팅 업무를 진행할 수도 있다. 따라서 G 씨가 가장 빠르게 예약할 수 있는 곳은 14시 35분부터 예약할 수 있는 회의실 C이다.

04

| 정답 | ④

모든 직원은 13시부터 업무를 시작하므로 금일 오후 업무 일정을 토대로 6명의 금일 오후 업무가 종료되는 시간을 정리하면 다음과 같다.

- K 과장: 60+20+10=90(분) → 업무 종료 시각: 14시 30분
- J 대리: 35+5+15=55(분) → 업무 종료 시각: 13시 55분
- H 대리: 20+5+60=85(분) → 업무 종료 시각: 14시 25분
- P 주임: 10+30+5=45(분) → 업무 종료 시각: 13시 45분
- S 사원: 35+30+10=75(분) → 업무 종료 시각: 14시 15분
- L 사원: 15+10+20=45(분) → 업무 종료 시각: 13시 45분

부서원 6명 중 K 과장의 업무가 가장 늦은 시각인 14시 30분에 종료되며, 이 시간 이후로 예약 가능한 회의실은 14시 35분인 회의실 C, 14시 40분인 회의실 D, 16시인 회의실 E이다. 이 중 회의실 예약 가능 시각이 가장 빠른 것은 회의실 C이나, 수용인원이 5명이므로 부서원 6명이 함께 들어갈 수 없다. 이에 따라 회의실 예약 가능 시간이 그다음으로 빠르고 수용인원이 10명인 회의실 D에서 회의를 진행할 수 있다. 따라서 가장 빠른 회의 시작 시각은 14시 40분이다.

PART 05 정보능력

CHAPTER 03 유형연습 문제

유형 1	프로그래밍						P.192~197		
01	⑤	02	③	03	⑤	04	②	05	⑤
06	①								

01 | 정답 | ⑤

comp가 25 이상인 경우에는 화씨온도를 계산하고 comp가 25 미만인 경우에는 섭씨온도를 계산하는 프로그램이다. 따라서 day1, day2, day3값의 순서를 바꾸더라도 comp에는 day1, day2, day3 중 가장 큰 값이 저장되므로 출력 결괏값은 같다.

| 오답풀이 |

① fahrenheit와 celsius은 C언어에서 제공하는 함수가 아니라 사용자가 선언한 변수이다.
② fahrenheit의 데이터 형식을 정수형으로 할 경우 처리된 실수형을 정수형으로 받을 수가 없다.
③ 9행의 9.0/5.0의 결과는 1.8이고 9/5로 변경 시 정수형으로 0.8이 생략된 1로 계산된다. 데이터 값의 형식에 따라 결과값의 데이터에 영향을 받는다.
④ 9행은 출력 결과로 음수가 나올 수가 없으나 16행의 출력 결과는 0이나 음수가 나올 수 있다.

02 | 정답 | ③

comp는 20, −8, 4 중에서 가장 큰 값인 20이 되므로 섭씨온도를 계산하는 과정을 수행한다. 이에 따라 celsius=(5.0/9.0)×(fahrenheit−32)=(5.0/9.0)×(44.45−32)≒6.9이므로 섭씨온도 6.9가 출력된다.

03 | 정답 | ⑤

A씨의 이번 달 보너스가 30만 원이므로 30만 원이 넘는다는 IF조건문을 만족하지 못하여 A씨는 외식을 할 수 없게 된다. 코드를 실행시켰을 때 결괏값을 보면 A씨의 월급은 246.3만 원이고, 주말 수당이 1.5일 때 보너스가 정확히 30만 원이었으므로, 만약 weekendrate의 값이 2였다면 A씨는 월급날 외식을 할 수 있었을 것이다.

04 | 정답 | ②

주말 수당이 2배로 변하게 된다면, 외식을 하기 위한 값인 2×100,000×X의 수치가 300,000을 넘게 되는 최소 숫자 X를 찾으면 된다. 따라서 외식을 하기 위한 최소 주말 근무 일수는 2일이다.

05 | 정답 | ⑤

코드를 보면, for문의 인덱스인 i와 j가 먼저 선언되고, 숫자로 표현되는 count가 0으로 초기화된 상태로 시작한다. 그리고 첫 번째 for문은 i가 5에서부터 감소하는 형태, 두 번째 for문은 j가 0에서부터 증가하고 2 미만에서 멈추면서 *와 함께 count를 출력하게 된다. 처음으로 11번째 줄의 ₩n을 만나기 전까지 내부 for문에서는 count가 0이므로, *0*0이 출력된다. 외부 for문이 총 3번 실행되게 되는데, 그 동안 count가 1씩 증가하면서 처음 출력값과 동일하지만, *1*1, *2*2로 count만 증가되는 형태를 보이게 된다. 따라서 정답은 ⑤이다.

시간단축 TIP

내부 for문의 형태를 먼저 파악하면, 외부 for문은 반복성이 있으므로 전체 출력값을 파악하기 쉽다.

06 | 정답 | ①

버블 정렬은 인접한 두 수를 비교해서 큰 수를 뒤로 보내는 정렬을 말한다.

- 첫 번째 패스: 5, 2, 3, 8, 1 → 2, 5, 3, 8, 1 → 2, 3, 5, 8, 1 → 2, 3, 5, 8, 1 → 2, 3, 5, 1, 8
- 두 번째 패스: 2, 3, 5, 1, 8 → 2, 3, 1, 5, 8
- 세 번째 패스: 2, 3, 1, 5, 8 → 2, 1, 3, 5, 8

유형 2	컴퓨터 활용								P.198~201
01	①	02	①	03	⑤	04	⑤	05	④
06	④								

01

| 정답 | ①

LEFT 함수는 지정된 셀에서 지정된 수의 글자를 나타내는 함수이다. 따라서 각 결괏값이 '서구', '계양', '미추'가 된 것이다. SEARCH 함수는 조건에 맞는 텍스트의 문자열(공백 포함)을 지정된 셀에서 도출하는 함수이므로, 각 셀의 '구' 다음에 오는 공백을 나타내는 문자열에서 1만큼을 뺀 값을 조건으로 입력하여 LEFT 함수와 결합하게 되면 LEFT 함수는 첫 문자열부터 '구'자의 문자열까지를 결괏값으로 나타낼 수 있다.

이때 함수식은 '=LEFT(B2,SEARCH(" ",B2)−1)'이다.

02

| 정답 | ①

IFERROR 함수는 특정 식이나 값이 오류를 일으킬 때 대체 값을 나타내는 함수이다. 이 함수는 주로 데이터 분석이나 보고서 작성과 같은 작업에서 유용하게 사용된다. IFERROR 함수를 사용하면 오류가 발생하는 셀을 대체 값으로 대체하여 데이터의 일관성을 유지할 수 있게 된다. 함수식은 '=IFERROR(원래의 수식, 바꿀 값)'과 같다. 따라서 드래그를 통하여 복사를 하였다면, [E3] 셀에는 '=C3*D3'이, [E11] 셀에는 '=IFERROR(C11*D11,0)' 입력되었다고 볼 수 있다.

03

| 정답 | ⑤

INDEX 함수의 수식은 '=INDEX(인수의 범위,행 번호,열 번호)'이다. 따라서 직급과 호봉이 나열되어 있는 인수의 범위는 G3:I7이며, 드래그를 할 때 범위가 고정되어야 하므로 범위를 고정시키기 위하여 '$'를 붙여야 한다. '병'은 4직급, 3호봉이므로 지정된 범위에서 행 번호(가로)에 직급이 위치하므로 직급이 기재되어 있는 [B5] 셀을 먼저 입력하고 열 번호인 [C5] 셀을 뒤에 입력해야 한다. 따라서 '병'의 급여액 셀에 입력할 함수식은 '=INDEX($G$3:$I$7,B5,C5)'이다.

04

| 정답 | ⑤

CONCATENATE 함수는 여러 개의 텍스트를 한 셀로 합칠 때 쓰는 함수이다. 주어진 바와 같이 2개의 셀 텍스트를 합치는 것뿐만 아니라, 3개 이상의 셀 텍스트를 합치는 것도 가능하다. 따라서 [H2] 셀에 들어갈 함수식은 '=CONCATENATE(D2,C2)'이다.

05

| 정답 | ④

㉠ MS Excel에서 오늘 날짜를 입력할 수 있는 함수식은 '=TODAY()'이며, 단축키는 'CTRL+;'이다.

㉡ MS Excel에서 지금 시간을 입력할 수 있는 함수식은 '=NOW()'이며, 단축키는 'CTRL+SHIFT+;'이다.

㉢ MS Excel에서 오늘로부터 특정 일수의 예정일을 구하려면 TODAY함수를 사용한다. TODAY함수에서 '오늘'은 1일 째로 기산하므로 100일 째 되는 날을 구하기 위해서는 '=TODAY()+99'를 입력해야 한다. 참고로 NOW함수를 사용한 함수식인 '=NOW()+99'를 입력할 경우 오늘로부터 100일 째 되는 날과 시간까지 함께 나타난다.

06

| 정답 | ④

- LEN(C4): 문자열의 길이를 구한다.
- RIGHT("KOREA", 2): 문자열을 오른쪽에서 2개 추출한다.("EA")
- 연산자 '&': 문자열을 결합한다.

따라서 '=RIGHT((C4, LEN(C4)−4) & "****")'를 입력했을 때의 결괏값은 '2119−9019****'이다.

PART 07 실전모의고사

CHAPTER 01 실전모의고사 1회

직무상식평가 + 직무능력평가									P.218~261
01	⑤	02	③	03	①	04	④	05	④
06	④	07	⑤	08	①	09	⑤	10	③
11	①	12	④	13	②	14	④	15	①
16	⑤	17	⑤	18	③	19	④	20	③
21	①	22	③	23	⑤	24	④	25	③
26	①	27	⑤	28	②	29	④	30	①
31	⑤	32	④	33	③	34	⑤	35	③
36	③	37	③	38	④	39	①	40	④
41	⑤	42	②	43	③	44	①	45	②
46	③	47	⑤	48	②	49	④	50	②
51	⑤	52	④	53	③	54	③	55	⑤
56	④	57	②	58	②	59	④	60	③
61	④	62	③	63	③	64	③	65	⑤
66	⑤	67	②	68	③	69	③	70	③

01

| 정답 | ⑤

주식회사는 상법에 의한 신고에 따라 설립할 수 있다. 영리성을 띠는 일반적인 협동조합은 협동조합기본법에 따라 신고를 통해 설립되며, 비영리적 성격을 띠는 사회적 협동조합의 경우 인가를 통해 설립된다. 이외에도 주식회사의 경우 주주총회의 결정에 따라 자율적으로 배당하지만, 협동조합의 경우 출자금의 10% 이하로 배당을 제한하는 차이점이 있다.

02

| 정답 | ③

농협의 사업은 경제부문의 농업경제사업과 축산경제사업, 금융부문의 농협금융지주와 상호금융사업, 교육지원부문의 교육지원사업으로 나누어 볼 수 있다. 농협중앙회 단일 주주인 농협은 공적 자본이 아닌 순수 민간 자본으로 구성된 국내 유일의 금융 기관이다. 이에 따라 서민과 소상공인을 위한 종합 금융 체계를 구축하고 있다.

| 오답풀이 |

① 체계적인 농산물 관리와 유통망으로 산지와 소비지를 이어 질 좋은 농산물을 공급하고 있다.
② 방역 활동과 농가 지도를 통해 조류독감이나 구제역 등 가축 질병을 예방하고 축산 농가의 안정적인 경영을 지원하고 있다.
④ 도시농협에서 무이사로 지원하는 농산물 출하 선급금을 농촌 농협 사업에 투자하는 방식으로 농업인의 소득 증가와 농축산물의 원활한 공급을 도모하고 있다.
⑤ '또 하나의 마을 만들기' 등 도농 협동운동을 전개하여 농업에 대한 범국민적 공감대를 형성하고 있다.

03

| 정답 | ①

최초의 협동조합은 19세기 영국 로치데일에서 시작된 소비자 협동조합이다.

04

| 정답 | ④

「협동조합기본법」 제10조의2 및 제10조의3에 따르면, 기획재정부 장관은 경영·기술·세무·노무·회계 분야 등 협동조합의 설립 및 운영에 필요한 전문적인 자문을 지원할 수 있으며 전문 인력의 육성 및 조합원 등의 능력 향상을 위하여 교육 훈련을 실시할 수 있다.

| 오답풀이 |

① 제9조 제1항에 따르면, 협동조합은 공직 선거에서 특정 정당을 지지하거나 반대하는 행위 또는 특정인을 당선되도록 하거나 당선되지 아니하도록 하는 행위를 하여서는 아니 된다.
② 제23조 제1항에 따르면, 협동조합의 조합원은 출자좌 수와 관계없이 각각 1개의 의결권과 선거권을 가진다.
③ 제15조 제1항에 따르면, 협동조합을 설립하고자 할 경우에는 5인 이상의 조합원이 발기인이 되어 정관을 작성하고 창립총회의 의결을 거친 후 관할 지역의 시·도지사에게 신고하여야 한다.
⑤ 제6조 제1항 및 제3항에 따르면, 협동조합은 업무 수행 시 조합원 등을 위해 최대한 봉사하여야 하며 투기를 목적으로 하는 행위 또는 일부 조합원 등의 이익만을 목적으로 한 사업을 하여서는 아니 된다.

05

| 정답 | ④

제8차 다자간 무역협상이 기존 7차례 GATT와 구별되는 이유는 그 동안 GATT 체제 밖에 있었던 농산물에 대한 논의가 시작되었기 때문이다. 따라서 GATT 체제에서 농산물 무역을 꾸준히 다루었다는 내용은 적절하지 않다.

06

| 정답 | ④

Active X는 보안 및 해킹에 취약하다는 단점을 가지고 있다. 어디에 접속하든 Active X를 이용해 프로그램을 설치하게 되면서 사용자들은 각종 다운로드를 습관적으로 하고, 무심코 내려받은 프로그램이 해커의 공격 루트가 된 것이다. 또 사용자의 PC에 특정 기능을 설치하면서 PC의 보안을 일시적으로 해제하는 기능도 있어 보안 취약성이 크다. 학계에서는 Active X가 악성코드 감염의 주된 경로로 활용된다고 본다. 이러한 이유로 Active X는 점차 사라지는 추세에 있다.

07

| 정답 | ⑤

대규모 데이터 셋으로부터 유의미한 패턴을 학습하는 사례는 딥러닝의 패턴 학습을 뜻한다. 가계부의 수입과 지출 계산은 단순한 컴퓨터의 능력만으로 수행 가능한 명령이므로 딥러닝의 패턴 학습 사례로 보기 어렵다.

08

| 정답 | ①

Visual Basic Editor를 실행하여 매크로를 수정하려면 'Alt+F11' 키를 눌러야 한다.

09

| 정답 | ⑤

E열에는 총점이 들어가야 하므로 C와 D열의 점수를 총합을 구하는 함수인 SUM을 사용해야 한다. F열에는 E열의 점수를 순위별로 랭킹을 정해야 하므로 RANK 함수를 사용하되, E의 순위가 3.5인 점을 고려하여 RANK.AVG 함수를 사용해야 한다. 그리고 [E4:E11]을 절대경로로 지정하기 위해 $기호를 사용하여 작성해야 한다. 이를 정리하면, X에는 '=SUM(C4,D4)', Y에는 '=RANK.AVG(E4,$E$4:$E$11,0)'을 입력해야 한다.

시간단축 TIP

엑셀 함수식이 구하는 값이 무엇인지를 모두 알고 있어야 빠른 해결이 가능하다. 더욱이 최근에는 단편적인 유형의 출제 비중이 점차 줄어들고, 제시된 자료를 활용하여 해결하는 유형으로 출제가 되고 있으므로, 엑셀 함수명과 괄호 안에 들어가는 값 또는 순서를 정확히 파악하고 있어야 한다. 해당 문제에서도 SUM 함수와 RANK.AVG 함수의 의미를 미리 알고 있다면 쉽게 해결할 수 있다.

10

| 정답 | ③

IFS는 여러 조건에 따라 결괏값이 분기되도록 하는 함수이다. 결제금액의 값에 따라 배달료가 결정되므로 결제금액과 배달료의 상관관계를 보고 수식이 옳은지 확인하면 정답을 구할 수 있다. IFS 함수식은 =IFS(조건 1, 조건 1이 참인 경우의 값, 조건 2, 조건 2가 참인 경우의 값, 조건 3, 조건 3이 참인 경우의 값, 이외의 경우, 이외의 경우가 참인 경우의 값)이므로, '=IFS(C4<10000,"4,000원",C4<15000,"2,500원",C4<25000,"1,200원",TRUE,"무료배달")'로 세울 수 있다.

11

| 정답 | ①

㉠ 자국 통화가치를 평가절하했다는 뜻은 자국 통화가치를 하락(=환율이 상승)시켰다는 의미이다. 이때 J곡선 효과에 따르면 환율이 상승한 직후에는 경상수지가 악화되었다가, 수출수요와 수입수요가 차츰 조정되면서 경상수지가 흑자로 돌아선다. 즉, 평가절하 직후에는 경상수지가 악화된다.

㉡ 마샬-러너 조건은 '수출수요탄력성+수입수요탄력성>1'을 의미한다. 이를 만족하면 환율 상승 시 경상수지가 개선된다.

| 오답풀이 |

㉢ 수입수요탄력성이 1보다 크면 마샬-러너 조건을 반드시 만족하게 된다. 따라서 경상수지가 개선된다.

㉣ 환율이 상승했을 때 외국기업들이 물가를 낮추어 대응하는 환율의 가격전가 효과가 나타날 경우, 경상수지 개선 효과가 약화된다.

12

| 정답 | ④

B국에서 X재 1개 생산의 기회비용은 Y재 0.8개이고, B국의 Y재 1개 생산의 기회비용은 X재 1.25개이다.

| 상세해설 |

$\left(\frac{MC_X}{MC_Y}\right)^A=\left(\frac{P_X}{P_Y}\right)^A=\left(\frac{50}{80}\right)^A<\left(\frac{100}{125}\right)^B=\left(\frac{P_X}{P_Y}\right)^B=\left(\frac{MC_X}{MC_Y}\right)^B$이므로 A국의 X재의 상대가격이 B국의 상대가격보다 더 낮다. 따라서 A국은 X재 생산, B국은 Y재 생산에서 비교우위를 가진다.

좌변이 A국의 X재 생산의 기회비용이므로 A국에서 X재 1개 생산의 기회비용은 Y재 $\frac{5}{8}$개이고, 반대로 Y재 1개 생산의 기회비용은 X재 $\frac{8}{5}$개가 되는 것이다.

동일한 논리로 우변이 B국의 X재 생산의 기회비용이므로 B국에서 X재 1개 생산의 기회비용은 Y재 0.8개이고, B국의 Y재 1개 생산의 기회비용은 X재 1.25개이다.

| 오답풀이 |

⑤ A국은 B국에 비해 X재와 Y재 모두를 더 낮은 노동시간을 투입하여 만들어낼 수 있으므로 절대우위를 가진다.

13

| 정답 | ②

공개매수 등으로 적대적 M&A가 실행되면, 이를 막기 위해 회사는 자사주 매입으로 주가를 상승시켜 매수자의 비용 부담을 증가시킬 수 있다. 즉, 자사주 매입은 적대적 M&A의 사후 방어방법에 해당한다.

| 오답풀이 |

① 독약 조항은 사전 방어방법으로, 저가의 신주 발행을 허용하여 적대적 합병 후 매수자에게 손실을 가할 수 있다.

③ 황금낙하산은 사전 방어방법으로, 임원들이 경영권 변동으로 퇴사하는 경우 거액의 퇴직금을 지급하여 적대적 합병 후 매수자에게 손실 압박을 가할 수 있다.

④ 황금주 발행은 사전 방어방법으로, 단 한 주 발행으로 주총 결의사항 거부권을 행사할 수 있는 권리를 갖는다.

⑤ 우호적 주주관계 유지는 사전 방어방법으로, 주주나 투자자에게 기업의 경영 상태와 성장 가능성 정보를 공개한다.

14

| 정답 | ④

평균비용이 감소하는 구간에서는 이윤 극대화 생산량에 미치지 못하므로 생산량을 늘릴수록 이윤이 증가한다.

| 오답풀이 |

① 완전경쟁의 개별기업은 가격결정능력이 없다. 따라서 생산량이 변화해도 가격은 일정하다.

② 이윤이 극대화되는 지점은 '(한계수입)=(한계비용)'인 지점이므로 생산량이 30일 때는 이윤이 극대화되지 않는다.

③ 생산량이 45일 때는 '(한계비용)>(평균비용)=(평균수입)'이므로 한계비용이 더 크다.

⑤ 평균비용이 증가하는 구간에서는 이윤이 증가하다가 이윤이 극대화되는 지점을 지나면 이윤이 감소한다.

15

| 정답 | ①

이사회는 사전결정사항의 범위 내에서 경영판단에 따라 자기주식을 취득할 수 있는 것이며, 꼭 취득할 의무가 있는 것은 아니다.

| 오답풀이 |

⑤ 상법상 예외적으로 배당 가능이익을 넘어 자기주식을 취득할 수 있는 규정이 있다.

16

| 정답 | ⑤

소비자물가지수를 구성하는 재화 품목은 매년이 아닌 5년마다 변한다.

| 오답풀이 |

① 폐쇄경제에서 실질 GDP와 실질 GDI는 같다.

② 수출재 가격이 수입재 가격보다 상승하여 교역조건이 개선되면 실질소득은 증가한다. 따라서 실질 무역손익이 반영된 실질 GNI의 증가율이 실질 GDP의 증가율보다 높다.

③ 급여만 10% 감소했다면 비교 연도의 물가로 측정된 명목 GDP는 감소하지만, 기준 연도의 물가로 측정된 실질 GDP는 변화가 없다.

④ 자동차의 국산화율이 높아지면 일정 기간 동안 국내 생산재화가 증가하므로 실질 GDP는 증가한다.

17

| 정답 | ⑤

유동성선호 가설에 따르면 유동성을 선호하는 투자자는 단기채권을 선호하므로 장기채권에 추가 프리미엄을 요구한다. 따라서 만기가 긴 채권의 이자율은 단기채권에 비해 높다.

| 오답풀이 |

① 순수기대 가설에 따르면 장기채권에 투자하는 전략과 단기채권에 투자하는 전략은 사전적으로 무차별하다.

② 시장분할 가설에 따르면 채권시장은 만기별로 분할되어 만기별 시장에서 수요와 공급으로 이자율이 결정된다.

18

| 정답 | ③

이자율평가설이 성립하면 '(한국의 명목이자율)=(미국의 명목이자율)+(환율상승률)'이다. 따라서 환율상승률은 3−5=−2(%)이다. 구매력평가설이 성립하면 '(환율상승률)=(한국의 물가상승률)−(미국의 물가상승률)'이다. 따라서 한국의 물가상승률은 −2+4=2(%)이다. 피셔방정식에 따르면 '(명목이자율)=(실질이자율)+(물가상승률)'이므로, 한국의 실질이자율은 3−2=1(%)이다.

19

| 정답 | ④

㉠ nslookup: 도메인 네임 시스템(DNS)에 질의할 때 사용된다.
㉡ ping: 다른 호스트에 IP데이터그램 도달 여부를 조사하기 위한 프로그램이다.
㉢ tracert: 지정된 호스트에 도달할 때까지 통과하는 경로의 정보와 각 경로에서의 지연 시간을 추적하는 명령이다.
㉣ netstat: 네트워크의 연결과 포트를 출력한다.

20

| 정답 | ③

GAN(Generative Adversarial Network)은 생성자와 판별자가 대립적인 신경망 구조로 경쟁하며 데이터를 생성하는 인공 신경망 아키텍처이다.

| 오답풀이 |

① API(Application Programming Interface)는 운영체제와 응용 프로그램 간 상호 작용하기 위한 규칙과 도구의 집합을 의미한다.
② Diffusion Model(확산 모델)은 단순한 초기 분포에서 특정 규칙에 따라 노이즈를 생성한 후, 다시 노이즈가 없는 초기 분포로 복원하는 과정을 통해 이미지 생성 논리를 학습하는 생성형 AI 모델 중 하나이다.
④ OpenAI는 기계 학습 및 자연어 처리 기술을 중심으로 연구개발하는 기업이며, ChatGPT를 개발하였다.
⑤ RISC−V는 미국 UC버클리대에서 개발한 오픈소스 기술 중 하나로, 반도체 설계 자산 아키텍처 중 하나이다.

21

| 정답 | ①

온 디맨드 컴퓨팅은 수요자가 원하는 물품이나 서비스를 바로 공급하는 비즈니스 모델이다. 온 디맨드가 본격적인 경영전략 용어로 쓰이기 시작한 사례는 2002년 IBM이다. 새뮤얼 팔미사노(Samuel J. Palmisano) 당시 IBM 경영자는 소프트웨어나 하드웨어를 공급하던 기존의 컴퓨터 사업에서 벗어나, 컴퓨터 사용자의 수요나 주문에 맞추어 바로 대응할 수 있는 온 디맨드 컴퓨팅(On−demand Computing)을 차세대 사업 전략으로 발표한 바 있다.

22

| 정답 | ③

HRN은 Highest Response Ratio Next 방식으로, 응답시간 우선순위를 계산하여 먼저 처리하는 비선점 스케줄링 방식이다. 이때 우선순위 계산식은 (대기시간+실행시간)/실행시간으로 계산되는데, P1은 (1+2)÷2=1.5, P2는 (5+1)÷1=6, P3는 (10+8)÷8=2.25이다. 따라서 우선순위는 P2>P3>P1이다.

23

| 정답 | ⑤

주어진 방식은 오름차순 삽입정렬(Insertion Sort)인 것을 그림을 통해 파악할 수 있다. 삽입정렬의 특징으로는 안정적인 정렬 방식, 리스트가 이미 정렬된 경우에 높은 효율을 가져 최선의 시간복잡도인 O(n), 입력 자료가 역순인 경우 최악의 시간복잡도인 O(n^2)을 가진다는 점, 리스트 내부에서 위치를 변경하므로 in−place 정렬이라는 점 등이 있다.

24

| 정답 | ④

RPC는 다른 컴퓨터에서 실행되는 함수나 프로시저를 호출하는 방법으로, 원격 호출이 로컬 호출과 동일한 방식으로 프로그래밍된다.

| 오답풀이 |

① REST는 웹서비스에서 데이터를 교환하기 위한 인터페이스로, HTTP 프로토콜을 기반으로 한다.
② SOAP는 XML을 기반으로 하는 메시징 프로토콜이다.
③ FTP는 파일을 전송하기 위한 프로토콜이다.
⑤ Unix는 현대에 쓰이는 대부분의 컴퓨터 운영체제 원형이다.

25

| 정답 | ③

V모델은 폭포수 모델의 확장형으로, 각 단계가 순차적으로 진행되므로 개발 과정의 유연성이 떨어진다.

| 상세해설 |

V모델은 요구사항 분석(인수 테스트), 시스템 설계(시스템 테스트), 아키텍처 설계(통합 테스트), 모듈 설계(단위 테스트) 순으로 진행된다. 따라서 각 단계가 순차적으로 진행되고, 이 단계에 대응하는 각각의 테스트가 존재한다.

26

| 정답 | ①

첫인사 및 용건확인 2와 민원상담 및 끝인사 6에서 첫인사와 끝인사 시 부서와 이름을 밝혀야 함을 알 수 있다.

| 오답풀이 |

② 민원상담 및 끝인사 2에서 어려운 용어나 절차는 알아듣기 쉽게 설명해야 한다고 했으므로 잘못된 응대 방법이다.
③ 민원상담 및 끝인사 3에서 단답형 답변은 좋지 않다고 하였으므로 잘못된 응대 방법이다.
④ 민원상담 및 끝인사 5에서 폭언이나 욕설이 2회 이상 반복될 경우 전화를 끊을 수 있다고 했으므로 잘못된 응대 방법이다.
⑤ 첫인사 및 용건확인 3에서 알아듣기 좋도록 친절하게 말하라고 했지만, 민원상담 및 끝인사 4에서 전화로 민원 처리가 어려운 경우에는 홈페이지 내 예약을 통해 방문을 유도해야 한다고 했으므로 바로 해당 부서로 연결한다는 내용은 잘못된 응대 방법이다.

27

| 정답 | ⑤

주어진 글에서 안면인식이나 정맥인식 외에도 다양한 간편인증 기술이 상용화되었다고 하였으므로, 추가적인 기술 조사를 지시하는 것은 타당한 피드백 내용이다.

| 오답풀이 |

① 안면인식, 정맥인식은 최근에 이미 상용화된 기술이므로, 보고서의 마지막 항목은 '향후 예측'보다는 '발전 양상' 또는 '최신 현황'이 적절하다.
② 주어진 글에는 간편인증의 미래에 대한 내용은 없으므로, '간편인증의 현재와 미래'라는 제목은 적절하지 않다. K사원이 작성한 '간편인증의 현주소'가 적절하다.
③ 공인인증서의 도입 연도보다는 폐지 연도를 조사하는 것이 타당하다.
④ '보안카드, OTP → 지문인식'으로 수정해야 한다.

28

| 정답 | ②

자사의 강점인 AI 기술력을 활용하여 차별화된 서비스를 제공하는 것은 적절한 전략이다.

| 오답풀이 |

① 법적 규제 강화에 대한 대응 전략으로 마케팅 비용을 줄이는 것은 적절하지 않다. 규제 강화는 법무 및 규제 대응 전략을 필요로 한다.
③ 청소 시장에 대한 정보 부족을 해결하기 위해서는 시장 조사와 경험 있는 인력 채용이 필요하다. 신기술 개발은 직접적인 해결책이 아니다.
④ 진입 장벽을 넘기 위해 기존 인프라를 축소하는 것은 적절하지 않다. 오히려 인프라를 강화하거나 협력 관계를 구축하는 것이 필요하다.
⑤ 스마트홈 시장의 성장은 기회 요인으로 분석되었으므로, 이를 활용하여 새로운 시장 진출 전략을 수립해야 한다. 기존 서비스에만 집중하는 것은 기회를 놓치는 전략이다.

29

| 정답 | ④

영업 부서는 주로 시장에서의 경쟁을 극복하고 매출을 높이기 위한 전략을 수립하고 실행하는 역할을 한다. 따라서 기존 선점 업체들과의 경쟁 극복은 영업 부서의 주요 업무이다.

| 오답풀이 |

① 고객 맞춤형 시장 조사와 결괏값을 도출해 적용하는 것은 마케팅 부서 혹은 영업 부서의 주요 업무라 할 수 있다.
② 데이터 분석 능력 향상은 IT 부서나 데이터 분석 팀의 주요 업무에 해당된다. 마케팅 부서는 시장 조사와 마케팅 전략 수립이 주된 역할이다.
③ 인사 부서는 주로 인재 채용 및 관리 업무를 수행한다. 스마트홈 시장 진출 전략 수립은 마케팅 부서 또는 전략 부서의 업무에 가깝다.
⑤ 법적 규제 강화 대응은 주로 법무 부서나 규제 대응 팀의 업무이다. R&D 부서는 기술 개발과 연구에 집중하는 것이 주된 역할이다.

30

| 정답 | ①

세 번째 문단에 따르면 농협은행은 신보에 120억 원을 특별 출연하고 신보는 이를 재원으로 협약 보증서를 발급함을 알 수 있다. 즉, 협약 보증서를 발급하는 것은 신용보증기금에서 하는 업무이다.

| 오답풀이 |

② 마지막 문단에 따르면 농식품 기업에 대한 사업 컨설팅을 제공한다.
③ 두 번째 문단에 따르면 우량 중소기업에 대한 여신을 늘려, 중소기업이 자금 부족으로 사업이 위축되지 않도록 하였다.
④ 네 번째 문단에 따르면 중소기업의 경영 효율성 제고를 위한 기업 자금 관리 서비스를 제공하였다.
⑤ 중소기업의 비용 절감을 위해 기업 자금을 관리할 수 있는 '클라우드 브랜치'를 내놓았는데, 이는 기존의 CMS에 비해 구축 비용과 이용료 부담이 적다.

31

| 정답 | ⑤

1문단에 따르면 CMA는 은행의 보통예금처럼 수시 입출금이 가능하다.

| 오답풀이 |

① 2문단에서 MMF형은 실적에 따라 변동금리로 배당된다고 하였다.
② 4문단에서 대부분의 CMA 통장은 주식을 사고팔 수 있는 기능이 없어 투자대기자금을 넣어두는 목적으로 사용할 수 있다고 하였다.
③ 2문단에 따르면 종합금융사에서 운용하는 종금형 CMA 상품은 원금 손실이 발생할 수 있는 실적배당형 상품이다.
④ 2문단에서 RP형이 아닌 MMW에 해당하는 내용임을 확인할 수 있다.

32

| 정답 | ④

㉡ 종금형만 예금자보호 대상에 해당하므로 적절하다.
㉢ MMW형은 일복리로 계산되어 예치 기간이 길수록 유리하다고 하였으므로 적절하다.

A상품은 한국증권금융 등 우량금융기관에 투자하는 실적배당형 상품인 'MMW형 상품'에 해당하며, B상품은 국공채, 은행채와 같은 우량 채권에 투자하고 약정수익률을 제시하고 있으므로 확정형 금리 상품인 'RP형 상품'에 해당한다.

| 오답풀이 |

㉠ 세 번째 문단에서 시중의 CMA통장 대부분은 RP형이라고 하였으므로 적절하지 않다.

33

| 정답 | ③

먼저 주어진 [보기]에서는 가설을 선택할 때 경험적 증거를 고려하는 세 가지 방법을 소개하겠다고 언급한 뒤 '제거법'을 소개하고 있다. 이에 따라 [보기] 뒤에는 제거법에 대한 이야기가 나와야 하므로 제거법의 한계를 소개하는 [다] 문단이 제일 먼저 나와야 한다. [다] 문단 뒤에는 제거법의 한계를 보완한 '고전적 귀납주의'의 특성과 한계를 언급한 [가] 문단이 와야 한다. 그리고 [마] 문단은 고전적 귀납주의의 한계를 드러내며, 이를 보완한 '베이즈주의'가 나오므로 [가] 문단 뒤에 오고, 베이즈주의의 예를 제시해 주고 있는 [나] 문단이 그 다음으로 오게 된다. 그리고 베이즈주의에 대해 제기된 비판을 언급하고 있는 [라] 문단이 마지막에 오는 것이 옳다. 따라서 문맥상 흐름에 맞게 배열하면 '[다]－[가]－[마]－[나]－[라]'이다.

34

| 정답 | ⑤

'낙찰자 결정 방법'의 '협상방법'을 보면 최고득점 업체를 대상으로 협상을 진행하되, 협상결과가 적합하지 않을 경우 순차적으로 차 순위 업체와 협상한다고 되어 있다.

| 오답풀이 |

① 계약기간은 착수일로부터 23개월이므로 2년이 안 되고, 사업예산은 부가세를 포함하여 약 984억 원이다.
② 입찰제한 횟수가 5회이므로 첫 입찰에서 떨어진다고 하면 4번의 기회가 더 있다.
③ 일반경쟁을 하는 것은 맞지만 입찰은 방문입찰이 아닌 전자입찰이다.
④ 기술평가점수(80점)와 가격평가점수(30점)를 종합 평가한 결과 70점 이상인 자를 협상적격자로 선정하는데, 기술평가점수가 50점 미만인 경우 낙찰 불가능이라고 명시되어 있다. 즉 가격평가점수를 만점 받고, 기술평가점수를 40점 받아 70점 이상이 된다하더라도 협상적격자가 될 수 없다.

35

| 정답 | ③

대면 고객 서비스 실적을 중시하는 직군의 감정노동 종사자일수록 감정노동으로 입는 피해가 극심하다고 하였다. 따라서 실적 중심의 보상 체계는 감정노동으로 인한 피해를 더욱 키울 수 있으므로 옳지 않다.

| 오답풀이 |

① 마지막 문단을 통해 알 수 있다.
② 스마일 마스크 증후군으로 의심될 경우 상담 치료가 도움이 된다고 하였다. 또한 사회 및 기업 차원에서 관련 치료 및 상담 지원을 의무화하는 것이 중요하다고 나와 있다.
④ 고객의 폭언 등을 증거물로 제출하여 고소, 고발 또는 손해배상 청구가 가능하도록 사업주가 적극적으로 지원해야 하는 시스템이 정착되어야 한다고 나와 있으므로, 법적 대응을 직원 개인의 일로 간과하지 말아야 함을 알 수 있다.
⑤ 고객의 폭언 등으로 인하여 직원에게 건강 장해가 발생하거나 발생할 현저한 우려가 있는 경우에는 업무의 일시적 중단 또는 전환이 즉각 이루어져야 한다고 나와 있다.

36

| 정답 | ③

'신속한 해결과 대안 제시' 단계에서 대안은 현재 적용할 수 있는 쉬운 해결방법부터 제시해야 한다고 하였다. 바로 해결할 수 있는 여러 방법 중 선택할 수 있도록 제시하는 것이 좋다. 따라서 시간이 소요되더라도 효과적인 방법으로 제시한다는 내용은 적절하지 않다.

| 오답풀이 |

① '원인 분석' 단계는 고객의 불평에 대해 사과하는 '불평에 대한 사과' 단계 이후에 이루어져야 한다.
② '불평에 대한 사과' 단계뿐만 아니라 마지막의 '긍정적 마무리'

단계에서도 거듭 사과를 통해 불만민원을 응대해야 함을 알 수 있다.

④ '불평에 대한 사과' 단계에서 일단 불편사항에 대해 진심 어린 사과를 하여 시민의 화를 가라앉히되, 무조건 잘못을 인정하는 태도를 가지지는 않아야 한다고 하였다.

⑤ '경청, 공감하기'에 해당하는 내용이다.

37

| 정답 | ③

A제품의 원가를 x원, B제품의 원가를 y원이라 하면 다음과 같은 식이 완성된다.

$$\begin{cases} x+y=65,000 \\ \frac{10}{100}x+\frac{15}{100}y=8,500 \end{cases}$$

$\therefore x=25,000,\ y=40,000$

따라서 A제품의 원가는 25,000원이다.

38

| 정답 | ④

전체 쪽수를 x라고 하면 다음과 같은 식이 완성된다.

$\frac{1}{5}x+\frac{1}{3}x+21=x$

$\therefore x=45$

따라서 전체 쪽수는 45쪽이다.

39

| 정답 | ①

10월 1일에는 1대만달러가 40원이므로 1원은 $\frac{1}{40}$대만달러이다. 즉, 120만 원을 환전한 경우 $1,200,000\times\frac{1}{40}=30,000$(대만달러)를 받는다. 이 중 25,420대만달러를 소비하였으므로 남은 금액은 $30,000-25,420=4,580$(대만달러)인데, 100대만달러 단위로만 환전 가능하므로 4,500대만달러를 환전할 수 있다. 10월 7일의 1대만달러는 38원이므로 주영이가 원화로 받을 수 있는 금액은 $4,500\times38=171,000$(원)이다.

40

| 정답 | ④

이 건축물의 지상층 연면적은 주차 구역 면적의 4배이므로 $300\times4=1,200(m^2)$이다. 이때 주차 구역은 연면적에서 제외한다고 했으므로 이 건축물의 용적률은 $\frac{1,200-300}{400}\times100=225(\%)$이다.

41

| 정답 | ⑤

주어진 표를 정리하면 아래의 그림과 같다.

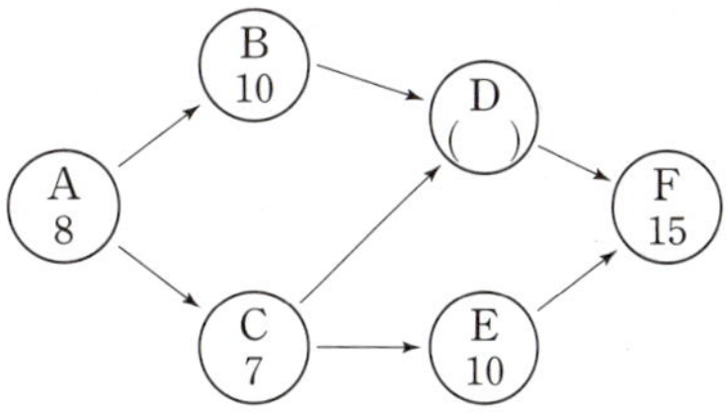

활동에서 가장 늦은 시작 시간과 가장 늦은 완료 시간을 얻기 위해서는 종료 활동으로부터 역순으로 구하는 것이 쉽다. 가장 늦은 완료 시간은 직후 활동의 가장 늦은 시작 시간과 같다. 이 프로젝트를 끝내기 위한 가장 늦은 시간은 45일이다. E 입장에서 직후 활동은 F이고, 따라서 F의 가장 늦은 시작 시간은 E의 가장 늦은 완료 시간이 된다. 따라서 45일에서 15일을 빼면 30일이고, 이것이 E의 가장 늦은 완료 시간이 된다.

| 오답풀이 |

①, ③ 여유 시간이 0인 활동을 연결한 경로가 주경로이므로 B가 포함된 경로가 주경로가 된다. 따라서 A → B → D → F가 주경로가 되고, 프로젝트의 최단 완료 시간이 45일이므로 D의 활동 시간은 12일이다.

② A → B로 걸리는 시간이 18일, A → C로 걸리는 시간이 15일이므로 여유 시간은 3일이 남는다.

④ 직후 활동이 여러 개 있으면 가장 늦은 완료 시간은 직후 활동들의 가장 늦은 시작 시간 중에서 가장 빠른 것과 같다. C 입장에서 직후 활동이 D와 E가 있으므로 D의 가장 늦은 시작 시간과 E의 가장 늦은 시작 시간 중 빠른 시간을 고르면 된다. D의 가장 늦은 시작 시간은 $45-15-12=18$(일)이고, E의 가장 늦은 시작 시간은 $45-15-10=20$(일)이다. 따라서 C의 가장 늦은 완료 시간은 18일이 된다.

42

| 정답 | ②

2023년 고용률을 확인하기 위해서는 세 번째 수식 정보에 따라 2023년 취업자 수와 생산가능인구를 파악해야 하는데, 주어진 표를 통해 파악할 수 있는 2023년의 경제활동 참가율 63%, 실업자 수 555만 명, 실업률 $\frac{50}{3}\%$을 활용해야 한다.

- 경제활동인구: 네 번째 수식 정보에 따라 '(실업자 수)÷(실업률)×100'으로 구하면, $555\div\frac{50}{3}\times100=3,330$(만 명)
- 생산가능인구: 첫 번째 수식 정보에 따라 '(경제활동인구)÷(경제활동 참가율)×100'으로 구하면, $3,330\div63\times100\fallingdotseq5,286$(만 명)

• 취업자 수: 두 번째 수식 정보에 따라 '(경제활동인구)−(실업자 수)'로 구하면, 3,330−555=2,775(만 명)
따라서 2023년 고용률은 '(취업자 수)÷(생산가능인구)×100'이므로, 2,775÷5,286×100≒52.5(%)이다.

43

| 정답 | ③

• 연강수량이 세계 평균인 807mm의 2배 이상인 국가는 B와 G이므로, B와 G가 각각 일본 또는 뉴질랜드이다.
• 연강수량이 세계 평균보다 많은 국가들은 A, B, D, G, 영국, H, 이탈리아이다. 이때 A가 1인당 이용 가능한 연수자원총량이 가장 적은 나라이므로 A가 한국이다.
• 1인당 연강수총량이 세계 평균의 5배 이상이라면 16,427×5=82,135를 넘어야 한다. 이에 해당하는 국가는 E, F, G인데, 이 국가들의 연강수량은 G>E>F이므로 순서대로 뉴질랜드, 캐나다, 호주임을 알 수 있다.
• 1인당 이용 가능한 연수자원총량이 영국보다 적은 국가는 A, C, D인데, 이 중 1인당 연강수총량이 세계 평균의 25% 이상인 16,427×0.25=4,106.75를 넘는 국가는 C이므로 C가 중국이다.
• 1인당 이용 가능한 연수자원총량이 여섯 번째로 많은 국가는 H이므로 H는 프랑스이다.

따라서 국가명을 알 수 없는 것은 D이다.

44

| 정답 | ①

2017년 상장 공기업에 해당하는 ○○전력공사의 종업원 수는 전년보다 1,000명 이하로 증가하였지만, 전체 상장 공기업들의 종업원 수가 전년보다 1,000명 이하로 증가하였는지는 제시된 자료만으로 알 수 없다.
참고로, 실제 시험에서는 기업명이 모두 공개되었으며, ○○전력공사는 한국전력으로 한국전력이 공기업이라는 사전 지식이 필요하였다.

| 오답풀이 |

② 2014~2017년 동안 상장회사의 영업이익과 순이익은 모두 증가하고 있다.
③ 2014~2017년 상장회사의 종업원 수 대비 영업이익은 다음과 같다.

2014년	2015년	2016년	2017년
0.735억 원	0.810억 원	0.976억 원	1.260억 원

따라서 조사기간 동안 상장회사의 종업원 수 대비 영업이익은 매년 증가하였다.
④ ○○전자의 종업원 수는 전년 대비 2017년에 증가한 반면, 전체 상장회사 종업원 수는 2016년보다 2017년에 더 적으므로, ○○전자 종업원 수가 차지하는 비중은 2017년에 더 높아졌음을 알 수 있다.
⑤ 감소폭 1위 기업의 종업원 수 감소폭과 증가폭 1위 기업의 증가폭을 비교해 보면 감소폭이 더 크다. 이는 2위, 3위, 4위, 5위 기업에도 해당되므로, 1~5위를 더한 값도 감소폭이 더 크다는 것을 알 수 있다.

45

| 정답 | ②

2017년 상장회사 종업원 수의 전년 대비 증감률은 $\frac{125.2-126}{126}\times 100 \fallingdotseq -0.6(\%)$이다.

46

| 정답 | ③

㉢ 시도별로 변화율을 계산하면 다음과 같다.

(단위: %)

지역	특·광역시	경기	강원	충북	충남
변화율	35.2	4.5	7.8	11.0	7.5
지역	전북	전남	경북	경남	제주
변화율	7.0	8.7	10.2	8.1	9.3

따라서 2015년 대비 2020년 농가 수의 변화율이 30% 이상인 지역으로는 특·광역시가 있다.
㉣ 위의 결과에 따르면 변화율이 두 번째로 낮은 지역은 전북이다.

| 오답풀이 |

㉠ 2020년 전북 지역의 농가 수는 93.3천 가구이고 2015년 대비 7.0천 가구 감소하였으므로 2015년 전북 지역의 농가 수는 93.3+7.0=100.3(천 가구)이다. 따라서 A의 값은 100 이상이다.
㉡ 2015년 대비 2020년 농가 수는 53.3천 가구 감소하였으므로 5만 가구 이상 감소하였다.

47

| 정답 | ⑤

㉡ 경운기의 경우 2004년에 3년 전 대비 90천 대로 가장 크게 감소하였다. 이앙기는 2004년에 3년 전 대비 9천 대 감소하였고, 그 이후로는 항상 20~40천 대가량 감소하였으므로 옳지 않다.
㉢ 3년 전 대비 밭농사의 기계화율의 증가폭이 가장 큰 해는 2013년으로 5.6%p 증가하였다. 벼농사

의 경우 3년 전 대비 2013년에 2.6%p 증가하였고, 3년 전 대비 2016년에 3.8%p 증가하였다. 따라서 벼농사는 2016년에 기계화율의 증가폭이 가장 크므로 옳지 않다.

㉣ 다른 농업기계는 3년마다 감소하고, 트랙터는 3년마다 증가하므로, 제시된 농업기계 중 트랙터가 차지하는 비율은 3년마다 증가하고 있다. 그러나 매년 증가하는지를 물어보고 있으므로, 제시된 자료로는 알 수 없다.

| 오답풀이 |

㉠ 트랙터는 3년마다 10~20천 대씩 증가하는 반면에 콤바인, 이앙기, 경운기는 3년마다 감소하고 있다. 그중에서도 경운기는 40~100천 대씩 감소하고 있으므로, 총 농업기계 보유 대수는 3년마다 감소하고 있음을 알 수 있다.

시간단축 TIP

제시된 자료에서 알 수 없는 보기부터 제거한다. ㉣은 트랙터의 매해 차지하는 비율에 대해 묻고 있으므로 알 수 없는 내용이다. 따라서 답은 ②, ③, ⑤ 중 하나로, ㉠은 계산하지 않아도 된다.
다음으로 계산이 간단한 보기는 ㉢이다. 그래프를 통해 증가량 혹은 감소량이 가장 큰 해가 언제인지 대략적으로 알 수 있다. 밭농사의 경우 2010~2013년의 기울기가 가장 가파르므로, 2013년에 3년 전 대비 증가량이 가장 크다는 것을 알 수 있다. 벼농사의 경우 2010~2013~2016년의 기울기가 가파르다. 따라서 2013년, 2016년을 계산해 보면 2016년의 증가량이 더 크므로 옳지 않은 내용이다.
㉡도 정확한 값을 요구하는 것이 아니므로, 큰 단위만 계산해 보았을 때 경운기와 이앙기의 감소폭이 가장 큰 해가 다르다는 것을 쉽게 알 수 있다.

48

| 정답 | ②

전제1에 따라 어떤 전기차는 자율주행 차인데, 결론에서 어떤 자율주행 차는 내연기관이 없다고 했으므로 '전기차는 내연기관이 없다'는 전제2가 필요하다.

| 상세해설 |

전제1을 만족하는 벤다이어그램은 [그림1]과 같다.

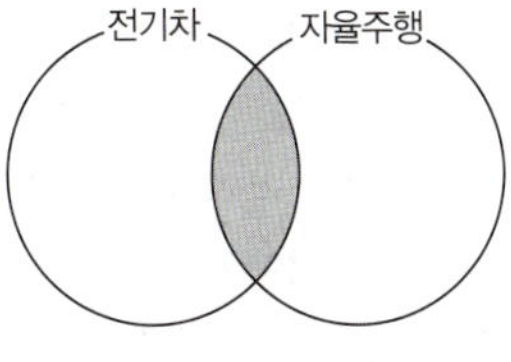

[그림1]

전기차와 자율주행 차 간에 교집합이 존재하면서 결론을 만족하도록 벤다이어그램을 그리면 [그림2]와 같다.

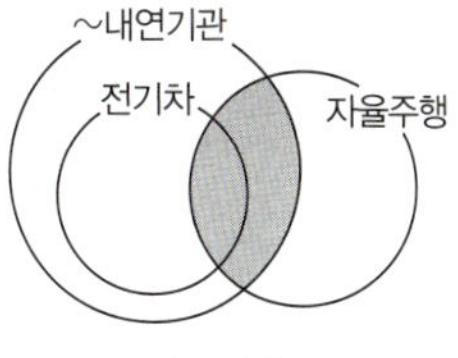

[그림2]

[그림2]와 같이 모든 전기차가 내연기관이 없다는 전제가 있으면 어떤 자율주행 차는 내연기관이 없다는 결론을 이끌어낼 수 있다.

| 오답풀이 |

① 다음과 같은 반례가 존재한다.

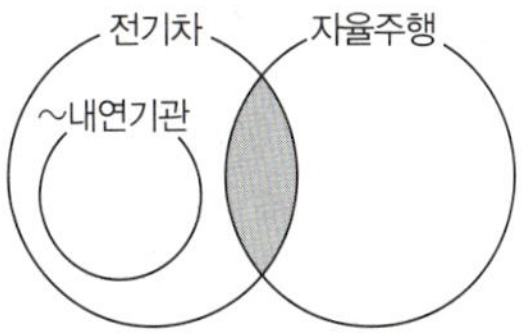

③ 다음과 같은 반례가 존재한다.

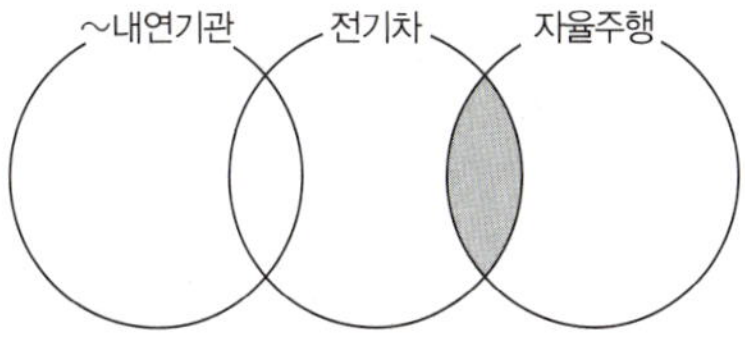

④, ⑤ 다음과 같은 반례가 존재한다.

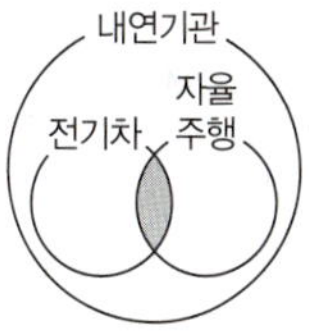

49

| 정답 | ④

축구를 좋아하는 사람을 '축', 운동을 좋아하는 사람을 '운'이라고 두면, 두 번째 명제에 따라 '운'은 '축'을 포함하므로 이를 벤다이어그램으로 나타내면 다음과 같다.

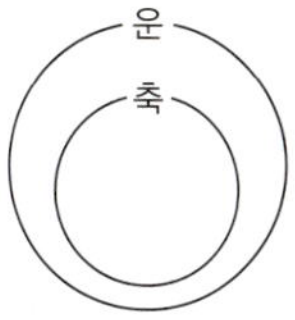

이때, 축구를 싫어하는 사람이 존재하므로 A는 옳다. 또 운동을 싫어하는 사람 중에 축구를 좋아하는 사람은 없으므로 B는 옳지 않다. 축구를 싫어하는 사람 중 운동을 좋아하는 사람은 있으므로 C는 옳다.

50

| 정답 | ②

A가 조장인 조에 B의 가족인 D가 배정되고 E 또는 F 한 사람이 포함된다. 따라서 A가 조장인 조에는 (A, D, E) 또는 (A, D, F)로 구성이 되므로 C, I, J가 같은 조일 경우 A가 조장인 조에 배정될 수 없다.

| 상세해설 |

A가 조장인 조에는 B의 가족이어서 B와 같은 조가 될 수 없는 D가 배정되고, 사이가 안 좋은 E와 F 중 한 사람이 배정된다. C, I, J가 같은 조면서 A가 조장인 조에 배정될 경우 총 6명이 되므로 조 배정이 이루어지지 않는다. 따라서 C, I, J가 같은 조이기 위해서는 (A, D, E, G, H)－(B, F, C, I, J) 또는 (A, D, F, G, H)－(B, E, C, I, J)로 조 배정이 이루어지게 된다.

| 오답풀이 |

① B와 G는 같은 조가 될 수도 있고 아닐 수도 있다.
③ G와 H가 A, D와 같은 조가 아닌 경우 I, J는 같은 조가 될 수 있다.
④ A와 G가 같은 조라면 A의 조에 속한 사람은 A, D, G, H가 되므로 한 자리가 남는다. 이 자리에는 E 또는 F가 올 수 있다.
⑤ H와 J는 같은 조가 될 수도 있고 아닐 수도 있다.

51

| 정답 | ⑤

C와 D의 진술이 서로 엇갈리므로 둘 중 하나의 진술이 참 또는 거짓인 경우로 나누어 살펴볼 수 있다.

i) C의 진술이 참인 경우
D의 진술이 거짓이 되는데, 이 경우 B의 진술도 거짓이 되므로 모순이다.

ii) D의 진술이 참인 경우
C의 진술이 거짓이 되는데, 이 경우 나머지 진술은 모두 참이 된다. 진술을 정리하여 왼쪽 자리부터 순서대로 나열하면 'A－D－C－E－B'이다.

따라서 네 번째에 앉은 사람은 E이라고 한 내용만 옳다.

52

| 정답 | ④

혁신팀이 가장 먼저 들어왔다고 하였으므로 혁신팀을 가장 앞에 배치한다. 인사팀 다음에 영업팀이 들어왔으므로 우선 '인사팀－영업팀'을 배치하고, 영업팀 다음으로 생산팀, 그리고 그 다음에 법무팀 또는 연구팀이 들어오는데 법무팀은 꼴찌가 아니므로, 법무팀 다음으로 연구팀을 배치하여 '생산팀－법무팀－연구팀' 순으로 배치한다. 따라서 이어달리기 결과는 '혁신팀－인사팀－영업팀－생산팀－법무팀－연구팀' 순이다.

53

| 정답 | ③

주어진 조건 중 확실하게 정해진 조건을 표로 나타내면 다음과 같다.

구분	월요일	화요일	수요일	목요일	금요일
휴가자		B		B	C
					E

이때, A가 휴가를 사용한 다음 날 D가 휴가를 사용해야 하므로 A는 월요일과 수요일에 휴가를 사용하고, D는 화요일과 목요일에 휴가를 사용한다. 만약 E가 월요일에 휴가를 사용하면, 금요일 휴가인 C는 수요일에도 휴가를 사용해야 한다. 마찬가지로 E가 수요일에 휴가를 사용하면, 금요일 휴가인 C는 월요일에도 휴가를 사용해야 한다. 이를 표로 나타내면 다음과 같다.

구분	월요일	화요일	수요일	목요일	금요일
휴가자	A	B	A	B	C
	E 또는 C	D	C 또는 E	D	E

따라서 A는 C 또는 E와 함께 휴가를 사용하므로 A와 함께 휴가를 사용할 수 있는 직원은 2명이다.

54

| 정답 | ③

주어진 조건에 따라 A를 1번 자리에 배치하면 A와 가장 먼 자리인 8번 자리에 D가 앉는다. 이때 D와 마주보는 4번 자리에 C가 앉게 되고, B는 C의 옆자리인 3번 자리에 앉는다. G는 B와 마주보며 앉기 때문에 7번 자리에 앉아야 하고, F는 H와 G 사이에 앉을 수 있으므로 반드시 6번 자리에 앉아야 한다. 그러므로 5번 자리에는 H가 앉아야 하고, 남은 2번 자리에는 E가 앉아야 한다. 이 자리배치를 그림으로 나타내면 다음과 같다.

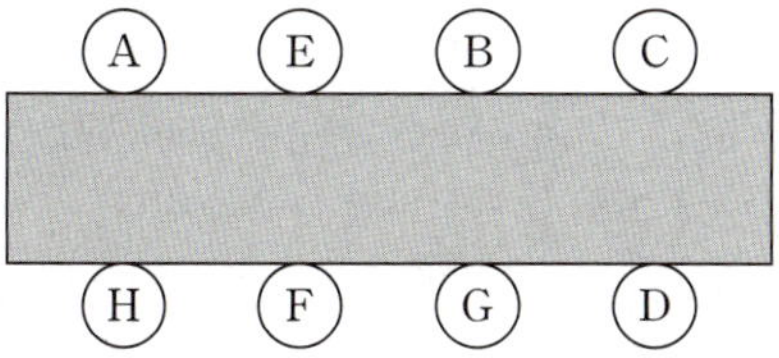

따라서 E와 H는 서로 마주보며 앉지 않으므로 옳지 않다.

55

| 정답 | ⑤

주말을 제외하고 직원별 업무 일정을 표로 나타내면 다음과 같다.

월요일	화요일	수요일	목요일	금요일
	1	2 C 과장 출장	3	4
7 A 부장 회의 참석	8 B 차장 출장	9 B 차장 출장	10 B 차장 출장	11
14 C 과장 출장	15	16	17 D 대리 세미나	18
21 A 부장 회의 참석	22	23	24	25 회사 창립 기념일
28	29	30	31 E 사원 OJT	

따라서 2박 3일 워크숍이 가능한 날짜는 22~24일 또는 28~30일이므로, 워크숍 시작 날짜는 22일과 28일이다.

56

| 정답 | ④

네 번째와 다섯 번째 조건을 통해 D사>C사>A사의 순이 성립하는 것을 알 수 있다. 세 번째 조건을 살펴 보면, F사는 D사보다 위층에 입주해 있으므로, F사와 B사는 모두 D사보다 위층에 입주해 있는 것이 되어 B사>F사>D사>C사>A사의 순이 성립하게 된다. 결국 E사의 위치를 확정하면 모든 입주사의 층수를 확인할 수 있다. 6−5−4−3−2−1층 중 두 번째 조건에 따라 E사의 입주 층이 될 수 있는 것은 E사가 A사보다 낮은 1층이 되어 '1층(E)+6층(B)=4층(D)+3층(C)'의 관계가 성립되는 방법밖에 없음을 알 수 있다. 따라서 6개 입주사의 6층부터 1층까지의 입주 순서는 'B사−F사−D사−C사−A사−E사'가 되어, E사보다 높은 층의 입주사는 3개 이상이 된다.

| 오답풀이 |

① F사는 5층에 입주해 있다.
② C사는 3층에 입주해 있다.
③ F사와 A사가 입주한 층 사이에는 3층과 4층, 2개 층이 있다.
⑤ E사는 1층에 입주해 있어, E사보다 낮은 층의 입주사는 없다.

57

| 정답 | ②

직원 일정을 표로 나타내면 다음과 같다.

직원	월요일	화요일	수요일	목요일	금요일
A			연차	연차	
B	오전 반차				오후 반차
C					
D	오후 반차	오전 반차			
E				오후 출장	출장

따라서 직원 모두가 회의에 참석할 수 있는 시간은 화요일 오후만 가능하다.

58

| 정답 | ②

최 과장이 5개 납품처에서 보내는 시간은 최소 25분, 최대 50분이다. 그리고 최 과장이 회사에서 출발하여 모든 납품처를 방문할 수 있는 경우의 수는 2가지이다.

1) 회사−A−B−E−D−C:
$20+15+25+35+15=110$(km)

2) 회사−A−C−D−E−B:
$20+30+15+35+25=125$(km)

최소 소요시간은 이동거리 110km 코스로 납품처를 방문하고, 납품처에서 보내는 시간이 총 25분일 때이다. 따라서 최소 소요시간은 $550+25=575$(분)이므로 9시간 35분이다.

최대 소요시간은 이동거리 125km 코스로 납품처를 방문하고, 납품처에서 보내는 시간이 총 50분일 때이다. 따라서 최대 소요시간은 $625+50=675$(분)이므로 11시간 15분이다.

59

| 정답 | ④

내수용 1,000대의 1대당 판매이익은 20만 원, 수출용

1,000대의 1대당 판매이익은 70만 원이며, 전체 판매이익은 9억 원이다. 따라서 2,000대를 생산하여 1,000대는 국내에 판매하고, 1,000대는 일본에 수출하는 것이 가장 큰 판매이익을 얻는 방안이다.

| 오답풀이 |

① 1대당 판매이익은 30만 원이고 1,000대를 생산하므로 전체 판매이익은 3억 원이다.
② 1대당 판매이익은 20만 원이고 2,000대를 생산하므로 전체 판매이익은 4억 원이다.
③ 1대당 판매이익은 80만 원이고 1,000대를 생산하므로 전체 판매이익은 8억 원이다.
⑤ 내수용 2,000대의 1대당 판매이익은 0원, 수출용 1,000대의 1대당 판매이익은 50만 원이므로 전체 판매이익은 5억 원이다.

60

| 정답 | ③

김 이사가 B방안과 C방안을 거부하면, 박 이사는 자신의 2순위인 D방안이 선정되도록 하기 위해 A방안을 거부하고, 최 이사는 남은 두 방안 중 E방안을 거부하여 D방안이 선정된다.

| 오답풀이 |

① 김 이사가 A방안과 B방안을 거부하면, 박 이사가 D방안을 거부하든 E방안을 거부하든 자신의 1순위인 C방안을 제외한 나머지 방안을 최 이사가 거부하게 된다. 따라서 C방안이 선정된다.
② 김 이사가 A방안과 E방안을 거부하면, 박 이사는 자신의 1순위인 C방안이 선정되도록 하기 위해 B방안을 거부하고, 최 이사는 D방안을 거부하여 C방안이 선정된다.
④ 김 이사가 B방안과 E방안을 거부하면, 박 이사가 D방안을 거부하든 A방안을 거부하든 자신의 1순위인 C방안을 제외한 나머지 방안을 최 이사가 거부하게 된다. 따라서 C방안이 선정된다.
⑤ D방안은 김 이사의 1순위이므로 거부해서는 안 된다.

61

| 정답 | ④

D는 임기 5년 2개월로 최소 임기에 부합하며, 인사고과 점수는 전년도와 당해연도 평균 91점, 승진시험 점수는 전공과 일반 모두 80점 이상, 합계 173점으로 모든 조건에 충족하여 승진 대상이다.

| 오답풀이 |

① A는 최소임기를 충족하지 못한다.
② B는 전년도와 당해연도 인사고과 점수 평균이 88.5점으로 90점 미만이다.
③ C는 승진시험 점수 합계가 169점으로 170점 미만이다.
⑤ E는 승진시험 점수 중 일반 과목이 80점 미만으로 과락이다.

62

| 정답 | ③

A씨가 5월, 7월에 사용한 전력량 550kWh를 바탕으로 각각의 요금을 계산하면 다음과 같다.

1) 5월
- 기본요금: 7,300원
- 사용요금:
  (200×100.6)+(200×195.2)+(150×287)
  = 20,120+39,040+43,050
  = 102,210(원)
- 전기요금: 7,300+102,210=109,510(원)

2) 7월
- 기본요금: 7,300원
- 사용요금:
  (200×112)+(200×206.6)+(150×299)
  = 22,400+41,320+44,850
  = 108,570(원)
- 전기요금: 7,300+108,570=115,870(원)

따라서 7월과 5월의 전기요금 차이는 115,870－109,510=6,360(원)이다.

63

| 정답 | ③

A~E 각 인쇄기 특징별 점수를 매기면 다음과 같다.

(단위: 점)

인쇄기	분당 최대 인쇄 매수	카트리지 용량	에너지 효율 등급	가격	품질 보증 기간	합산 점수
A	3	2	4	1	0	10
B	2	1	2	2	1	8
C	3	2	3	2	0	10
D	2	2	3	2	0	9
E	1	1	4	3	1	10

합산 점수가 10점으로 가장 높은 A, C, E 중에서 E는 분당 최대 인쇄 매수가 적으므로 제외된다. 남은 A와 C 중에서는 가격이 더 낮은 C를 구매해야 한다.

64

| 정답 | ③

유지 보수 작업 주기에 따라 PC는 연간 12회, 프린터는 6회, 서버는 4회, 라우터는 12회, 스위치는 6회의 유지 보수 작업이 필요하다. 이를 바탕으로 연간 IT 장비별 유지 보수 비용을 계산하면 다음과 같다.

- PC: 50,000×12×5=3,000,000(원)
- 프린터: 30,000×6×2=360,000(원)
- 서버: 100,000×4×1=400,000(원)
- 라우터: 20,000×12×2=480,000(원)
- 스위치: 10,000×6×4=240,000(원)

따라서 연간 IT 장비 유지 보수 비용은 3,000,000+360,000+400,000+480,000+240,000=4,480,000(원)이다.

65

| 정답 | ⑤

조건을 주고 그에 맞는 값을 합산해야 하는 경우이므로 SUMIF 함수를 사용해야 한다. '=SUMIF(조건 범위,"조건",덧셈 범위)'에 의해 조건 범위는 $B$2:$B$11이 되며, 문자인 조건은 따옴표를 사용하여 "2인"으로 표시한다. 또한 더해야 할 수치들의 범위는 $C$2:$C$11이므로, 올바른 함수식은 '=SUMIF($B$2:$B$11,"2인",$C$2:$C$11)'이다.

66

| 정답 | ⑤

- COUNTIF 함수는 조건에 맞는 셀의 개수를 구하는 함수이다. ㉠은 0보다 큰 숫자가 있는 셀의 개수를 구하라는 것이므로, 빈칸과 문자가 들어 있는 셀을 제외한 0보다 큰 숫자가 있는 10개의 셀이 해당되어 결괏값은 10이 된다.
- ㉡의 COUNTA 함수는 숫자, 문자, 특수기호가 입력된 셀의 개수를 구하는 함수이다. 따라서 전체 25개의 셀 중 빈칸 5개를 제외한 20개가 해당되어 결괏값은 20이 된다.
- ㉢의 COUNTBLANK 함수는 비어 있는 셀의 개수를 구하는 함수이므로 결괏값은 5가 된다.

따라서 세 함수식의 결괏값을 모두 더하면 10+20+5=35이다.

67

| 정답 | ②

오름차순은 작은 값부터 차례로 정렬하는 것이다. 따라서 F열을 기준으로 전체 영역을 오름차순으로 정렬하면 [F2] 셀부터 순서대로 518,000, 706,000, 814,000, 851,000, 1,350,000이 입력되므로, [F6] 셀에 나타날 값은 1,350,000이 된다.

68

| 정답 | ③

MID 함수는 특정 문자열에서 시작 위치부터 지정한 길이만큼 문자를 추출하는 함수이며, '=MID(텍스트, 시작 위치, 추출할 길이)' 형태로 입력해야 한다. 주어진 그림에서는 '@' 앞의 문자 길이가 모두 다르기 때문에 FIND 함수와 결합하여 결과를 추출할 수 있다. [B2] 셀의 첫 번째 문자부터 '@' 직전 문자까지를 추출하라는 명령이 주어져야 할 것이므로 'FIND("@",B2)−1'이 추출할 길이가 된다. 따라서 함수식은 '=MID(B2,1,FIND("@",B2)−1)'이다.

69

| 정답 | ③

UAF는 비밀번호 없이 인증을 하기 위한 프로토콜이지만, U2F는 비밀번호를 보완하여 인증을 하기 위한 프로토콜이다.

| 오답풀이 |

① FIDO 표준은 UAF(Universal Authentication Framework)와 U2F(Universal 2nd Factor) 2가지 프로토콜을 제안하고 있다. UAF는 사용자 기기에서 제공하는 인증방법을 온라인 서비스와 연동해 인증하는 기술이다. 대표적으로 지문인식 기능을 통해 결제 서비스를 제공하는 '삼성페이'가 있다. U2F는 기존 아이디와 비밀번호 기반 온라인 서비스에서 추가로 인증을 받고자 할 때, 사용자 로그인 시에 추가할 수 있는 프로토콜이다. 대표적으로 구글의 USB 보안키를 활용한 방식이 있다.

② 기존 아이디와 비밀번호 기반 인증은 시간이 지나면 자주 잊어버리는 데다 모바일기기에서 비밀번호 입력이 쉽지 않아 입력 피로도가 높다는 단점이 있다. 이를 보완하기 위해 등장한 생체 인증 체계는 생체 정보 전송의 위험과 서버에 저장된 생체 정보가 해킹될 가능성 때문에 신뢰도가 높지 않은 편이다. FIDO는 기존 생체 인증에서 단점으로 지적된 안정성을 확보하기 위해 인증 프로토콜과 인증 수단을 분리해 보안과 편리성을 챙겼다.

④ UAF는 생체 정보를 활용하는 프로토콜이다.

⑤ FIDO 기술은 모바일뿐만 아니라 ATM, 키오스크, 간편결제 등 여러 방면에서 활용되고 있다.

70

| 정답 | ③

파일의 확장자를 표시하기 위해서는 [메뉴]−[보기]에 들어간 후 [폴더 및 검색 옵션 변경]에 들어가서 [보기] 탭에서 '알려진 파일 형식의 파일 확장명 숨기기'를 해제(㉠)하거나, [메뉴]−[보기]에 들어간 후 [표시/숨기기] 그룹에서 파일 확장명을 해제(㉡)하는 방법이 있다.

| 오답풀이 |

㉢ 'Shift+Delete'는 파일의 영구 삭제 기능을 의미한다.

직무능력평가 + 직무상식평가									P.262~307
01	②	02	⑤	03	④	04	②	05	③
06	⑤	07	③	08	②	09	③	10	②
11	③	12	③	13	⑤	14	⑤	15	①
16	①	17	③	18	⑤	19	④	20	③
21	④	22	①	23	④	24	②	25	①
26	②	27	②	28	②	29	②	30	③
31	①	32	②	33	④	34	④	35	⑤
36	③	37	④	38	④	39	⑤	40	③
41	④	42	④	43	①	44	①	45	④
46	⑤	47	③	48	④	49	⑤	50	⑤
51	①	52	⑤	53	⑤	54	③	55	①
56	①	57	①	58	⑤	59	④	60	③
61	③	62	⑤	63	⑤	64	⑤	65	③
66	②	67	⑤	68	⑤	69	①	70	①

01

| 정답 | ②

농어촌 여성에게 도시에 있는 분만병원과 산후조리원에 대한 선호도를 조사하는 것은 ㉡의 하위 항목으로 적절하다.

| 오답풀이 |

① ㉠에 농어촌의 분만의료 여건과 동일한 층위로 영유아 보육 여건을 하위 내용으로 추가하는 것은 적절하다.

③ ㉡의 '6) 강원대 병원의 안전한 인프라 구축 사업단' 항목은 ㉢으로 옮기는 것이 더욱 적절하다.

④ ㉣의 '1. 농어촌 분만의료 대응 정책 및 영유아 보육 대응 정책의 현재와 과제'에서 '분만의료 대응 정책'과 '보육 대응 정책'은 성격이 다르므로 따로 분리하여 다루는 것이 좋다.

⑤ ㉣의 '지속가능한 농어촌 출산과 양육 환경 만들기의 핵심 과제'는 분만의료나 보육 대응의 하위 항목으로 보기 어려우므로 상위 항목으로 재배열하는 것이 적절하다.

02

| 정답 | ⑤

제2항에 따르면 청약철회 시 계약자가 서면 등을 발송한 경우 그 발송 사실을 회사에 지체 없이 알려야 한다고 하였다.

| 오답풀이 |

① 제3항에 따르면 계약자가 청약을 철회한 때 회사는 철회를 접수한 날부터 영업일 기준 3일 이내에 납입한 보험료를 돌려준다고 하였다.

② 제1항에 따르면 보험기간이 90일 이내인 계약은 청약을 철회할 수 없다고 하였다.

③ 제3항에 따르면 신용카드로 납입한 계약의 청약을 철회하는 경우 회사는 청약 철회 접수일부터 영업일 기준 3일 이내에 해당 신용카드 회사에 대금청구를 하지 않도록 해야 하며, 이 경우 보험료를 반환한 것으로 본다고 하였다.

④ 제1항 제1조에 따르면 만 65세 이상 계약자가 전화를 이용하여 체결한 보험계약의 경우 45일을 초과하는 경우 청약을 철회할 수 없다고 하였다.

시간단축 TIP

고객응대 유형은 응대 및 서비스 관련 매뉴얼 또는 상품 약관과 함께 고객의 문의사항 또는 실무 상황이 글로 제시된다. 따라서 주어진 자료를 모두 숙지하고 풀기보다는 출제 의도가 담겨 있는 내용을 선택적으로 파악한 뒤, 이와 관련된 내용 위주로 찾아가면서 문제해결에 대한 판단 및 확인을 하면 문제 풀이 시간을 단축할 수 있다.

03

| 정답 | ④

우대금리를 살펴보면 귀농귀촌종합센터에 가입, 농업교육포털에 회원가입 후 교육이수, 농·축협 조합원 신규가입이라는 조건이 있다. 이를 바탕으로 귀농을 할 예정이거나 계획 중인 사람을 대상으로 판매하는 상품이라는 것을 알 수 있으므로, D가 가장 적합한 고객이다.

| 오답풀이 |

① 이미 귀농하였으므로 이 상품의 대상 고객이 아니다.

② 귀촌을 하는 것은 맞지만 농사를 짓는 것이 아니므로 이 상품의 대상 고객이 아니다.

③ 귀농하여 농사를 지을 예정이 아니므로 이 상품의 대상 고객이 아니다.

⑤ 귀촌을 하는 것은 맞지만 이미 N은행의 조합원이고, 농부이므로 이 상품의 대상 고객이 아니다.

04

| 정답 | ②

인터넷 전문 은행은 '기존의 은행과는 전혀 다른 새로운 은행'이며, '인터넷 뱅킹을 인터넷 전문 은행으로 착각해서는 안 된다.'라고 하였다.

| 오답풀이 |

① '지금 인터넷 전문 은행은 산업 자본의 은행 지분 보유를 제한하는 은산 분리 규제로 선제적 경영과 안정적 성장에 커다란 제한을 받고 있다.'를 통해 알 수 있다.

③ '기존 은행이 포섭하지 못했던 중신용자들에게 양질의 금융 서비스를 제공할 수 있는 것도 차별적 요소 중 하나다.'를 통해 알 수 있다.
④ '인터넷 전문 은행은 인터넷 인프라를 비롯한 정보 자산과 빅데이터 기반 기술, 시스템 노하우, 제휴 능력을 바탕으로 운영되는 은행이다.'를 통해 알 수 있다.
⑤ '통신비 납부 데이터나 생활 정보 등 다양한 빅데이터 분석을 통해 자체 신용 평가 모델을 만들어 4~7등급의 중신용자들도 낮은 금리의 대출이 가능해졌다.'를 통해 알 수 있다.

05

| 정답 | ③

NH농협은행는 농림축산식품부와 농가 온실가스 감축 활성화(농가 탄소배출권 거래 지원)를 위한 업무협약을 맺었으며 그 세부 내용을 설명하는 글이다. 따라서 'NH농협은행 ESG 실천: 농업 온실가스 감축사업 지원'이 제목으로 가장 적절하다.

| 오답풀이 |

① 업무협약의 내용이 탄소배출권 거래 지원에 대한 내용으로 탄소배출권거래제에 대한 내용은 언급되지만 국내 현황에 대한 내용은 언급되지 않아 제목으로 적합하지 않다.
② 업무협약에서 NH농협은행의 지원 역할이 소개되고 있으나 이는 글 전체에서 업무 협약의 내용 중 일부분에 지나지 않아 주제를 나타내는 제목으로 쓰기에는 적합하지 않다.
④ 기획조정실장의 말에 온실가스 감축을 기대한다는 말이 있지만 이는 협약에 따른 결과물이며, 이 글에는 농식품부의 온실가스 감축 계획에 대한 다른 내용은 언급되지 않고 있다.
⑤ 협약에서 NH농협은행을 통해 검증 비용을 지원한다는 부분은 언급되지만 비용 자체를 감소하는 방안에 대해서는 언급되지 않고 있다.

06

| 정답 | ⑤

보장 매도자의 지급 능력이 우수할수록 보장 매입자는 큰 CDS 프리미엄을 기꺼이 지불하는 경향이 있다고 하였다. 따라서 '병'의 지급 능력이 우수하면 '갑'이 부담해야 하는 CDS가 크다는 것을 알 수 있다.

| 오답풀이 |

① '갑'은 보장 매입자, '을'은 채권 발행자, '병'은 보장 매도자이다.
② 보장 매도자가 발행한 채권의 신용 등급이 높다는 것은 보장 매도자의 지급 능력이 우수하다는 것을 의미한다.
③ 보장 매도자의 지급 능력이 우수할수록 보장 매입자는 유사시 손실을 확실히 보장받을 수 있다.
④ 보장 매도자가 발행한 채권의 신용 등급으로 보장 매도자의 지급 능력을 판단할 수 있다고 하였다.

07

| 정답 | ③

㉡은 외부 환경에 기인한 '위협(Threat)'에 해당하며, ㉢은 내부 환경에 기인한 '약점(Weakness)'에 해당하므로 서로 위치가 바뀌었다.

08

| 정답 | ②

내부 강점으로 외부 환경의 위협 요인을 극복하는 전략이므로 ST 전략으로 적절하다.

| 오답풀이 |

① 내부 강점으로 내부 약점을 극복하는 전략이므로 SW 전략에 해당한다.
③ 내부 강점으로 외부 환경의 기회를 활용하는 전략이므로 SO 전략에 해당한다.
④ 내부 강점으로 내부 약점을 극복하는 전략이므로 SW 전략에 해당한다.
⑤ 내부 약점을 극복하여 외부 환경의 기회를 활용하는 전략이므로 WO 전략에 해당한다.

09

| 정답 | ③

2문단에서 사실확인 방법의 경우, 가짜뉴스를 엄격하게 검증하여 소비자에게 정확한 정보를 제공하는 것이라고 했다. 하지만 이미 퍼진 가짜뉴스를 수정하는 데는 한계가 있다고 하였으므로 가짜뉴스에 대한 해결 방안으로 적절하지 않다.

| 오답풀이 |

① 법적 규제에 대한 설명이다.
② 사실확인 방법에 대한 설명이다
④ 미디어 리터러시 교육에 대한 설명이다.
⑤ 자율 규제에 대한 설명이다.

10

| 정답 | ②

B팀의 냉동고는 3시간 정도 온도 유지가 가능하므로 드라이아이스가 필요하지 않고 배양기에 드라이아이스 2개가 필요하다. 또한, D팀은 기계가 2대에 드라이아이스 4개가 필요하므로 총 6개의 드라이아이스를 요청해야 한다. 당직자의 경우 D팀이 지난번에 했으니 이번엔 B팀에서 모두 선정하기로 하였다. 서버 담당자의 경우 B팀에 1명이 필요하지만 주말 당직자가 담당하면 된다고 하였으므로 주말 당직자는 B팀에서 2명 선정하면 된다.

11

| 정답 | ③

전자우편 주소는 이름과 @, 그리고 도메인 이름으로 이루어져 있다. 이름은 사용자가 메일 서버에 로그인할 때 사용하는 ID를 의미한다. 그리고 도메인 이름은 메일 서버의 도메인 이름을 나타낸다. 사용자 ID가 guest, 도메인 이름이 ncs.co.kr인 사용자가 있다면 이 사람의 인터넷 전자우편 주소는 guest@ncs.co.kr이 된다. 따라서 주어진 도메인 등록 기준 내용에 모두 부합하는 것은 '자랑스러워yo. 한국' 뿐이다.

| 오답풀이 |

① 언더바(_)는 허용 문자가 아니므로 인정되지 않는다.
②, ④ 하이픈(–)으로 시작하거나 끝나지 않아야 한다.
⑤ 콤마(,)는 허용 문자가 아니므로 인정되지 않는다.

12

| 정답 | ③

처음에 A가 가지고 있던 볼펜의 수를 x, B가 가지고 있던 볼펜의 수를 y라 하면 다음의 식이 성립한다.

$$\begin{cases} x+y=24 \\ 3(x-6)=y+6 \end{cases}$$

$$\begin{cases} x+y=24 \\ 3x-y=24 \end{cases}$$

$\therefore x=12,\ y=12$

따라서 처음에 B가 가지고 있던 볼펜의 수는 12개이다.

13

| 정답 | ⑤

작년 남자 직원 수를 x, 여자 직원 수를 $(1{,}000-x)$라 하면 다음의 식이 성립한다.

$$\frac{4}{100}x+\frac{6}{100}(1{,}000-x)=49$$

$\therefore x=550$

즉, 작년 남자 직원은 550명, 여자 직원은 $1{,}000-550=450$(명)이다. 그러므로 금년 남자 직원 수는 $550\times(1+\frac{4}{100})=572$(명), 여자 직원 수는 $450\times(1+\frac{6}{100})=477$(명)이다. 따라서 금년의 남자 직원과 여자 직원 수의 차이는 $572-477=95$(명)이다.

14

| 정답 | ⑤

A가 이긴 횟수를 x, 진 횟수를 y라 하면 B가 이긴 횟수는 y, 진 횟수는 x이므로 다음의 식이 성립한다.

$$\begin{cases} x+y=20 \\ 2x-y=7 \end{cases}$$

$\therefore x=9,\ y=11$

따라서 B가 이긴 횟수는 11회이다.

15

| 정답 | ①

매월 초 저금하는 금액의 원리 합계가 1,000만 원이 되어야 한다. 매월 초에 저금하는 금액을 a만 원이라 하면 2021년 1월 초에 저금한 a만 원은 2023년 12월 말 $a(1.005)^{36}$만 원이 되고, 2021년 2월 초에 저금한 a만 원은 2023년 12월 말 $a(1.005)^{35}$만 원이 되고, 2023년 12월 초 저금한 a만 원은 2023년 12월 말 $a\times(1.005)$만 원이 된다. 즉, 초항이 $a\times(1.005)$만 원이고, 공비가 1.005, 항의 개수가 36개인 등비수열의 합이 1,000만 원이 되어야 하므로

$$\frac{1.005a\{(1.005)^{36}-1\}}{1.005-1}=\frac{1.005a\times(1.2-1)}{0.005}$$

$$=\frac{1.005a\times0.2}{0.005}=1{,}000\text{(만 원)이고,}$$

$$a=\frac{1{,}000\times0.005}{1.005\times0.2}\text{(만 원)}\fallingdotseq249{,}000\text{(원)이다.}$$

16

| 정답 | ①

이 기업은 영업팀, 재무팀, 학술팀, 인사팀으로만 이루어져있으므로 1분기 직원 1인당 평균 교통비를 계산하면 다음과 같다.

$(50{,}000\times0.35)+(30{,}000\times0.15)+(40{,}000\times0.2)+(35{,}000\times0.3)$

$=17{,}500+4{,}500+8{,}000+10{,}500$

$=40{,}500$(원)

따라서 2분기와 1분기의 직원 1인당 평균 교통비 차이는 $40{,}500\times0.05=2{,}025$(원)이다.

17

| 정답 | ③

㉡ 2020년의 전체 학생 수는 $433+1{,}532+610+272+150=2{,}997$(백 명)이므로 10만 원 이상 40만 원 미만의 비용을 지불하는 학생 수의 비율은 $\frac{1{,}532}{2{,}997}\times100\fallingdotseq51.1(\%)$이다. 즉, 50% 이상이다.

㉢ 2018년, 2019년의 비율을 보면 방과후학교에 참

여한 학생이 과외를 받는 학생보다 많았음을 알 수 있지만, 2020년에는 참여하는 비율이 같다. 그런데 [표2]를 통해 2020년에 방과후학교에 참여한 학생 수는 90+310=400(백 명), 과외를 받는 학생은 299+69+29+2=399(백 명)임을 알 수 있다. 즉, 2018~2020년 동안 방과후학교에 참여한 학생 수는 과외를 받는 학생 수보다 항상 많았다.

| 오답풀이 |

㉠ 온라인 강의를 수강하는 학생의 비율은 매년 증가하였지만, 실제 학생 수가 매년 증가했는지는 알 수 없다.

㉣ [표2]를 보면 100만 원 이상의 경우 단과를 수강하는 학생의 수가 종합을 수강하는 학생의 수보다 더 많으므로 2020년 100만 원 이상의 단과 대비 종합의 비율은 1보다 작다.

시간단축 TIP

㉡ 2020년 10만 원 이상 40만 원 미만의 비용을 지불하는 학생 수의 비율을 구할 때, 50% 이상인지의 여부만 확인하면 된다. 이때, 1,532×2=3,064이므로 2,997보다 크다는 것을 눈으로 계산할 수 있다. 따라서 비율을 직접 계산하지 않더라도 50% 이상이라는 것을 쉽게 알 수 있다.

18

| 정답 | ⑤

출발지별로 출발 물량 수를 확인하면 다음과 같다.

- A: 17+29+8+16=70(개)
- B: 19+26+8+10=63(개)
- C: 28+25+27+46=126(개)
- D: 9+7+27+36=79(개)
- E: 18+9+45+34=106(개)

도착지별로 도착 물량 수를 확인하면 다음과 같다.

- A: 19+28+9+18=74(개)
- B: 17+25+7+9=58(개)
- C: 29+26+27+45=127(개)
- D: 8+8+27+34=77(개)
- E: 16+10+46+36=108(개)

㉡ 도착 물량 수가 가장 적은 업체는 58개의 B이고, 그 다음으로 적은 업체는 74개의 A이다.

㉢ 출발 물량 수가 도착 물량 수보다 더 많은 업체는 B(63>58)와 D(79>77)의 두 곳이다.

㉣ 업체 B로부터 도착한 물량을 묻는 것이므로 B를 제외한 나머지 4곳을 살펴본다. 도착 물량 수는 A, C, D, E가 순서대로 74개, 127개, 77개, 108개이며, 이 중 B로부터 도착한 물량은 순서대로 19개, 26개, 8개, 10개이다. 따라서 비중을 계산하면 다음과 같다.

- A: $\frac{19}{74}\times100≒25.7(\%)$
- C: $\frac{26}{127}\times100≒20.5(\%)$
- D: $\frac{8}{77}\times100≒10.4(\%)$
- E: $\frac{10}{108}\times100≒9.3(\%)$

따라서 업체 B로부터 도착한 물량의 비중이 가장 큰 업체는 A이다.

| 오답풀이 |

㉠ 물류 이동량은 출발 물량 수와 도착 물량 수의 합이므로, 업체별로 계산하면 순서대로 144개, 121개, 253개, 156개, 214개이다. 따라서 물류 이동량이 가장 많은 업체는 C이다.

19

| 정답 | ④

㉡ (부채비율)(%)=(부채)÷(자기자본)×100이므로 (부채)=(부채비율)×(자기자본)÷100이다. 따라서 기업 B의 부채는 80×3÷100=2.4(억 원)이다.

㉣ 기업 D의 부채가 5억 원이라면 부채비율은 5÷2×100≒250(%)이다.

| 오답풀이 |

㉠ (영업이익률)(%)=(영업이익)÷(매출액)×100이므로 (영업이익)=(영업이익률)×(매출액)÷100이다. 따라서 기업 A의 영업이익은 −50×10÷100=−5(억 원)이므로 0보다 작다.

㉢ 기업 C의 영업이익이 6억 원이라면 영업이익률은 6÷30×100=20(%)이다.

20

| 정답 | ③

2018년 금융기관 점포 수는 300+320=620(개)이고 2019년에는 340+360=700(개)이다. 따라서 2019년 금융기관 점포 수는 전년 대비 $\frac{700-620}{620}\times100≒$ 12.9(%) 증가하였다.

| 오답풀이 |

① 금융기관은 2017년에 270+300=570(개)이고 2020년에는 370+350=720(개)이다. 따라서 2020년 금융기관은 2017년 대비 720−570=150(개) 증가하였다.

② 2018년과 2022년 예금은행 점포 수는 각각 300개, 360개이므로 2022년 예금은행 점포 수는 2018년 대비 $\frac{360-300}{300}\times100=20(\%)$ 증가하였다.

④ 2019년부터 2023년까지 비은행기관 점포 수는 총 360+350+400+380+360=1,850(개)이므로 5년간 평균 점포 수는 1,850÷5=370(개)이다.

⑤ 금융기관 점포 수가 가장 많은 해는 2021년으로, 410+400=810(개)이다. 반면 금융기관 점포 수가 가장 적은 해는 2017년으로, 270+300=570(개)이다. 따라서 금융기관 점포 수가 가장 많은 해의 점포 수는 가장 적은 해의 점포 수보다 810−570=240(개) 많다.

21

| 정답 | ④

B 제약회사는 아세트아미노펜 원료의약품을 전량 수입하고 있으며, 아세트아미노펜 원료의약품 가격은 매분기 증가하고 있다. 분석 자료에 따르면 2021년 1분기 B 제약회사의 총판매량이 2020년 1분기와 동일한데 순이익은 증가하였다고 하였다. 만약 판매 금액이 동일하면 아세트아미노펜 원료의약품의 수입 가격이 증가하므로 순이익이 감소해야 하는데, 순이익이 증가하였으므로 2021년 1분기에 완제의약품 Q의 판매 금액이 2020년 1분기에 비해 증가하였음을 알 수 있다.

| 오답풀이 |

① 분석 자료에 따르면 B 제약회사는 아세트아미노펜 원료의약품을 전량 수입했다고 하였으므로, 국내 제약회사인 A사로부터 아세트아미노펜 원료의약품을 구입하지 않았음을 알 수 있다.
② 제시된 자료만으로 A 제약회사가 아세트아미노펜 원료의약품을 수입하였는지는 알 수 없다.
③, ⑤ 제시된 자료는 A 제약회사의 이익률로, 완제의약품 P와 아세트아미노펜 원료의약품 매출이 함께 고려된 내용이므로 완제의약품 P, 아세트아미노펜 원료의약품에 대한 각각의 정보를 알 수 없다.

22

| 정답 | ①

완제의약품 Q는 제약회사 B에서 생산한다. 따라서 완제의약품 Q의 제조원가 추이는 A 제약회사의 수익성에 영향을 주지 않으므로 필요하지 않은 자료이다.

| 오답풀이 |

② 아세트아미노펜 원료의약품 수입 가격이 올라가면 국내 타 제약회사의 A 제약회사 아세트아미노펜 원료의약품 수요가 증가할 것이고, 수입 가격이 A 제약회사의 가격보다 내려가면 A 제약회사에서 아세트아미노펜 원료의약품을 수입하여 완제의약품 P를 생산할 수 있다. 따라서 아세트아미노펜 원료의약품 수입 가격은 A 제약회사의 향후 수익성에 영향을 준다.
③ A 제약회사는 아세트아미노펜 원료의약품을 생산하므로, 아세트아미노펜 원료의약품 생산 비용 추이는 A 제약회사의 향후 수익성에 영향을 준다.
④ A 제약회사의 완제의약품 P와 B 제약회사의 완제의약품 Q는 모두 성분이 아세트아미노펜인 의약품이다. 따라서 두 의약품은 경쟁 의약품이므로 Q의 판매량 추이가 P의 판매량 추이에 영향을 줄 것이고, A 제약회사의 향후 수익성에도 영향을 주게 될 것이다.
⑤ 완제의약품 P가 아세트아미노펜 성분 의약품이므로, 향후 아세트아미노펜 계열 진통제 수요 추이는 A 제약회사의 향후 수익성에 영향을 줄 것이다.

23

| 정답 | ④

각 전제가 되는 명제들을 삼단논법으로 연결할 수 있는지를 살펴보도록 한다. 우선 네 번째 명제와 첫 번째 명제를 자연스럽게 연결하여, '지민이는 영어를 좋아하지 않는다.'는 새로운 명제를 도출할 수 있다. 그런데 결론에서는 지민이와 수학과의 관계를 나타내고 있으므로 도출된 새로운 명제와 함께 수학과의 연관성을 말해주는 명제가 필요하다. 이는 영어의 호불호와 수학의 호불호를 연결시켜 주는 명제가 필요함을 의미한다. 따라서 '영어를 좋아하지 않는 사람은 수학을 좋아한다.' 또는 대우 명제인 '수학을 좋아하지 않는 사람은 영어를 좋아한다.'라는 명제가 필요하며, 이에 따라 지민이가 수학을 좋아한다는 결론을 도출할 수 있다.

24

| 정답 | ②

전제1에서 '척추동물'은 '포유류'를 포함하고 있다. 이때 결론에서 '척추동물'은 '고래'를 포함하고 있으므로 반드시 결론을 만족하려면 전제2에서 '포유류'가 '고래'를 포함해야 한다. 이를 벤다이어그램으로 표현하면 다음과 같다.

따라서 전제2로는 '모든 고래는 포유류이다.'가 적절하다.

25

| 정답 | ①

참여하는 사람을 알기 위해서는 우선 누가 거짓을 말했는지를 알아야 한다. 네 명의 진술을 살펴보면 모두 다른 두 사람의 참석 여부를 말하고 있다. 또한 각자가 말한 두 사람에 대한 진술 8개를 비교해보면, A의 참석 여부를 말한 2개의 진술과 C의 참석 여부를 말한 2개의 진술은 모두 동일한 의견임을 알 수 있다.

이때, 한 명만 거짓을 말하였다는 발문의 조건에 의해 어느 한쪽이 거짓을 말한 것이 될 수 없으므로 A와 C의 참석 여부를 말한 사람은 모두 진실을 말한 것이다. 즉, A와 C의 참석 여부가 아닌 B와 D의 참석 여부에 대해서만 진술한 C가 거짓을 말한 것이다. 따라서 A는 참석, B는 불참, C는 참석, D는 참석하므로 프로모션 회의에 참석하지 않는 인원수는 1명이다.

26

| 정답 | ②

10일 중 서울 2일, 제주 3일, 광주 2일, 대전 1일을 빼면 부산에서는 2일을 머무르게 된다. 이와 조건을 토대로 정리하면 다음과 같이 4가지 경우가 가능하다.

구분	1일	2일	3일	4일	5일	6일	7일	8일	9일	10일
1)	서울	서울	부산	부산	제주	제주	제주	광주	광주	대전
2)	서울	서울	부산	부산	광주	광주	제주	제주	제주	대전
3)	서울	서울	부산	부산	대전	광주	광주	제주	제주	제주
4)	서울	서울	부산	부산	광주	광주	대전	제주	제주	제주

따라서 6일에는 광주 아니면 제주에 머무른다.

| 오답풀이 |

① 마지막 여행지는 대전 또는 제주이다.
③ 4일에 광주에서 머무르는 경우는 없다.
④ 세 번째 경우를 보면 5일에 대전에 머무른다.
⑤ 8일와 9일에 대전에서 머무를 수 있는 경우는 없다.

27

| 정답 | ②

주어진 [조건]에 따라 사장은 앞줄에서 비서실장 오른쪽 자리에 앉는다. 또한, 상무도 비서실장 옆자리에 앉으므로 앞줄의 1번 자리에는 상무, 2번 자리에는 비서실장, 3번 자리에는 사장이 앉는다. 이때, 전무는 사장과 가장 먼 자리에 앉게 되므로 뒷줄 4번 자리에 앉는다. 부사장은 본부장과 전무 사이에 앉으므로 5번 자리에 앉고, 본부장은 6번 자리, 부장은 7번 자리에 앉는다. 이 좌석 배치를 그림으로 나타내면 다음과 같다.

따라서 부사장은 6번 자리에 앉는다고 한 내용만 옳지 않다.

28

| 정답 | ②

김 대리가 월, 수에 출장을 가고, 이 대리는 김 대리와 겹치지 않으며 이틀을 연속해서 가지는 않는다고 했으므로 화, 목 또는 화, 금에 출장을 간다. 즉, 이 대리는 화요일에는 반드시 출장을 가야 한다. 그런데 박 대리는 이 대리와 겹치지 않아야 하므로 화요일에는 출장을 갈 수 없다.

29

| 정답 | ②

주어진 조건 중 확실하게 정해진 조건을 표로 나타내면 다음과 같다.

구분	일요일	월요일	화요일	수요일
연휴 일정	추석 연휴	추석 당일	추석 연휴	대체 휴일
근무자	D			

먼저, A와 G가 월요일에 함께 근무한다면 E는 D와 일요일에 함께 근무한다. 또 C와 H는 화요일에 함께 근무하고, 나머지 B와 F가 수요일에 근무한다. 이를 표로 나타내면 다음과 같다.

구분	일요일	월요일	화요일	수요일
연휴 일정	추석 연휴	추석 당일	추석 연휴	대체 휴일
근무자	D, E	A, G	C, H	B, F

A와 G가 수요일에 함께 근무한다면 B와 E가 화요일에 함께 근무하고, C와 H는 월요일, D는 F와 함께 일요일에 근무한다. 이를 표로 나타내면 다음과 같다.

구분	일요일	월요일	화요일	수요일
연휴 일정	추석 연휴	추석 당일	추석 연휴	대체 휴일
근무자	D, F	C, H	B, E	A, G

따라서 E는 추석 연휴에 근무한다고 한 내용만 항상 옳다.

| 오답풀이 |

① 추석 당일 근무자는 A와 G 또는 C와 H이다.
③ C가 추석 당일에 근무하면, F는 추석 연휴에 근무한다.
④ D는 F와 함께 근무하거나 E와 함께 근무한다.
⑤ B는 추석 연휴에 근무할 수도 있다.

30

| 정답 | ③

해외출장 일정에 따른 총 항공운임을 계산하면 다음과 같다.

(단위: 명, 원)

출장지 이동	참석 인원	(항공 운임)+(유류세 및 공항세)/인	총 항공 운임
인천→독일	4	1,200,000+200,000=1,400,000	5,600,000
독일→북미	3	800,000+200,000=1,000,000	3,000,000
북미→중남미	3	500,000+100,000=600,000	1,800,000
중남미→인천	2	1,600,000+400,000=2,000,000	4,000,000

따라서 경영진의 해외출장 총 항공운임은 5,600,000+3,000,000+1,800,000+4,000,000=14,400,000(원)이다.

31

| 정답 | ①

E씨가 자택에서 출발하여 5개의 도시를 모두 방문하는 경우의 수는 다음과 같다.

1) 자택－A－B－D－C－E
=80+50+120+60+40=350(km)

2) 자택－A－B－D－E－C
=80+50+120+70+40=360(km)

3) 자택－C－E－D－B－A
=100+40+70+120+50=380(km)

4) 자택－E－C－D－B－A
=80+40+60+120+50=350(km)

따라서 최단거리는 350km이다.

32

| 정답 | ②

5개의 도시를 최단거리로 방문하는 경우의 수는 '자택－A－B－D－C－E'와 '자택－E－C－D－B－A'로 이동거리는 350km이다. 이때, 유류비는 350÷10×1,300=45,500(원)으로 서로 같다.

각 경우의 통행료를 계산하면 다음과 같다.

1) 자택－A－B－D－C－E
=3,000+2,000+5,000+2,000+1,000
=13,000(원)

2) 자택－E－C－D－B－A
=2,000+1,000+2,000+5,000+2,000
=12,000(원)

따라서 최소 비용은 45,500+12,000=57,500(원)이다.

33

| 정답 | ④

'사업자 전용' 메뉴 버튼을 이동시키는 등의 홈페이지 리뉴얼을 진행하더라도, 홈페이지를 방문하지 않는다면 아무런 효과가 없을 것이다. 사업자 고객의 홈페이지 방문을 유도하기 위해서는 홈페이지 밖에서 프로모션을 진행해야 한다.

| 오답풀이 |

① 쿠폰 사용 방법에 대한 고객 문의 접수가 크게 증가하였으므로, '쿠폰 사용'을 눈에 잘 띄도록 하는 리뉴얼은 적절하다.

② 주요 고객층인 20대의 핫딜 클릭률이 매우 높으므로, 클릭이 구매로 이어질 수 있도록 하는 리뉴얼은 적절하다.

③ 60대 이상 고객의 여행 상품 건당 결제액이 매우 높으므로, 해당 고객층이 '여행 전용' 메뉴를 더 잘 찾고 편안하게 이용할 수 있도록 하는 리뉴얼은 적절하다.

⑤ 물류 대란으로 인한 배송 지연이 발생할 것으로 예상되므로, 고객이 이를 사전에 인지할 수 있도록 안내창을 띄우는 리뉴얼은 적절하다.

34

| 정답 | ④

A사의 대출 내용을 정리하면 다음과 같다.

- 대출금액: 4억 원
- 금리: 우대금리를 x라고 하면 가장 낮은 기준금리 기준이라고 하였으므로 월중 신규 COFIX(12개월) 변동을 선택하였음을 알 수 있고 적용금리는 $(2.96+2.66-x)$%이다.
- 기준금리가 COFIX(12개월) 변동인 경우 1년을 주기로 금리가 변하므로 대출기간 중 금리는 변동한 적이 없으며 월평균 이자가 144만 원이므로 총 이자는 144×12=1,728(만 원)이다.
- 최종금리는 17,280,000÷400,000,000×100=4.32(%)이다.

따라서 우대금리는 $(2.96+2.66-x)=4.32$이므로, $x=1.30$(%p)이다.

35

| 정답 | ⑤

당행 카드, 주택청약저축, 적립식 펀드 등 해당 은행의 금융 상품을 활발하게 이용하면 우대금리를 받을 수 있고, 급여이체 실적으로도 우대금리 혜택을 받을 수 있는 직장인 E씨가 이 상품에 가장 적합한 고객이다.

| 오답풀이 |

① 가입기간이 12개월 이상이므로 6개월 후 사용할 해외여행 경비 마련용으로는 적합하지 않다.
② 개인사업자는 가입대상에서 제외되므로 자영업자는 적합하지 않다.
③ 당행 주택청약저축을 할 경우 우대금리 혜택을 주지만, 해당 상품은 주택청약저축 상품이 아니다. 따라서 주택청약 당첨 확률을 높이는 상품으로는 적합하지 않다.
④ 해당 상품의 최대 금리는 연 $0.95+0.8=1.75(\%)$이므로 연 3% 이상의 수익을 추구하는 고객에게는 적합하지 않다.

36

| 정답 | ③

식대는 20명분, 1박 숙박비는 2인 1실 기준이므로 5개 호실로 계산해야 한다. 이를 바탕으로 호텔별 이용요금을 구하면 다음과 같다.

(단위: 원)

호텔명	1박 숙박비	식대	연회장 2일 대관비	1일 행사 장비 사용료	합계
A호텔	750,000	1,400,000	1,000,000	100,000	3,250,000
B호텔	1,000,000	1,000,000	800,000	150,000	2,950,000
C호텔	750,000	800,000	700,000	200,000	2,450,000
D호텔	1,250,000	1,200,000	600,000	100,000	3,150,000
E호텔	1,000,000	1,000,000	800,000	150,000	2,950,000

따라서 C호텔 이용요금이 2,450,000원으로 가장 저렴하다.

37

| 정답 | ④

평가결과를 바탕으로 환산 점수와 최종 평가점수를 계산하면 다음과 같다.

(단위: 점)

지원자	서류전형 환산 점수	면접전형 환산 점수	자격증 가산	경력 가산	최종 평가점수
A	$35\times0.5=17.5$	$53\times0.4=21.2$	5	0	43.7
B	$38\times0.5=19$	$54\times0.4=21.6$	0	5	45.6
C	$36\times0.5=18$	$52\times0.4=20.8$	5	0	43.8
D	$39\times0.5=19.5$	$55\times0.4=22$	5	0	46.5
E	$37\times0.5=18.5$	$52\times0.4=20.8$	0	5	44.3

따라서 최종 평가점수 46.5점인 D가 채용된다.

38

| 정답 | ④

제조사별로 구매가격 및 연평균 유지비 합계를 구하면 다음과 같다.

(단위: 만 원)

구분	K사	T사	H사	C사	P사
판매가격	$2{,}800\times(1-0.05)=2{,}660$	2,600	$3{,}000\times(1-0.1)=2{,}700$	2,400	$3{,}200\times(1-0.2)=2{,}560$
연평균 유지비	200	180	160	260	140
합계	2,860	2,780	2,860	2,660	2,700

따라서 1대당 가격과 유지비를 모두 고려했을 때 C사가 가장 저렴하다.

시간단축 TIP

판매가격이 가장 저렴한 C사와 두 번째로 저렴한 P사의 판매가격 차이는 2,560-2,400=160(만 원)이다. 연평균 유지비는 C사가 P사보다 260-140=120(만 원) 더 많이 든다. 따라서 C사의 연평균 유지비는 P사보다 120만 원 더 많지만 판매가격은 160만 원 더 저렴하므로 C사 차량을 구매하는 것이 가장 저렴하다는 것을 알 수 있다.

39

| 정답 | ⑤

생산 라인별로 총 잔업 근무시간을 계산하면 다음과 같다.

- A라인: $5\times2=10$(시간)
- B라인: $6\times3=18$(시간)
- C라인: $4\times5=20$(시간)
- D라인: $7\times4=28$(시간)
- E라인: $3\times5=15$(시간)

이때, 생산 라인별로 근무자의 시간당 잔업 수당을 구하면 다음과 같다.

- A라인: $18{,}000\times1.5=27{,}000$(원)
- B라인: $20{,}000\times1.5=30{,}000$(원)
- C라인: $16{,}000\times1.5=24{,}000$(원)
- D라인: $20{,}000\times1.5=30{,}000$(원)
- E라인: $22{,}000\times1.5=33{,}000$(원)

이를 바탕으로 생산 라인별 잔업 수당을 계산하면 다음과 같다.

- A라인: $10\times27{,}000=270{,}000$(원)
- B라인: $18\times30{,}000=540{,}000$(원)
- C라인: $20\times24{,}000=480{,}000$(원)
- D라인: $28\times30{,}000=840{,}000$(원)
- E라인: $15\times33{,}000=495{,}000$(원)

40 | 정답 | ③

MID 함수는 문자열의 지정 위치에서 문자를 지정한 개수만큼 선택하는 함수이다. 함수식은 해당 셀 번호, 문자열이 시작되는 처음 위치, 선택할 문자 개수 순으로 입력한다. 관리번호의 두 번째 글자 하나만을 선택하는 것이므로 =MID(A2,2,1)과 같이 입력한다.
CHOOSE 함수는 여러 인수 목록 중에서 하나를 선택하는 함수이다. 함수식은 인수 번호, value1, value2, value3, … 순으로 입력한다. 관리번호의 두 번째 글자에 따라 분류되어야 하므로 선택된 인수(관리번호의 두 번째 글자, MID(A2,2,1))를 입력한 후, 순서대로 아파트, 빌라, 오피스텔을 입력하면 된다.
따라서 두 함수식을 합하면 =CHOOSE(MID(A2,2,1),"아파트","빌라","오피스텔")과 같다.

41 | 정답 | ④

- AND(인수1,인수2): 인수1과 인수2가 모두 True인 경우 True를 반환한다.
- OR(인수1,인수2): 인수1과 인수2 중 하나 이상 True인 경우 True를 반환한다.
- NOT(인수): 인수가 True이면 False를, False이면 True를 반환한다.

따라서 '=IF(NOT(A1>B1),A1−B1,B1−A1)'을 입력하면 A1은 B1보다 크므로 True가 되고, NOT에 의해 조건은 False가 되어 B1−A1을 계산한 값이 도출된다.

| 오답풀이 |

① A1과 B1은 같지 않으므로 조건은 True가 되어 A1−B1을 계산한다.
② A1<0은 False이고, NOT에 의해 조건은 True가 되어 A1−B1을 계산한다.
③ A1>=0은 True이므로 조건은 True가 되어 A1−B1을 계산한다.
⑤ A1<=0과 B1=0은 모두 False이며, NOT에 의해 조건은 True가 되어 A1−B1을 계산한다.

42 | 정답 | ④

INDEX 함수는 선택된 범위에서 지정한 행, 열에 있는 값을 반환하는 수식으로, '=INDEX(범위, 행번호, 열번호, 참조 영역 번호)' 형태로 사용한다. 따라서 INDEX((A2:D6, A8:D14), 3, 4, 2)는 두 번째 참조 영역인 [A8:D14]의 3번째 행과 4번째 열의 교차값을 구하는 것으로 결괏값은 19,203이다.

43 | 정답 | ①

DELTA 함수는 0과 1을 Return하기 때문에 O와 X로 나타내려면 IF문을 더해 'O', 'X'를 각각 출력할 수 있도록 해주어야 한다. COUNTA 함수의 경우 'O'뿐만 아니고 비어있지 않은 모든 셀을 세는 함수이므로 이 경우엔 적합하지 않다. 그러므로 COUNTIF 함수를 쓰는 것이 맞다. 또한, 배점이 3점이기 때문에 3을 곱해주어야 한다.

44 | 정답 | ①

주어진 그림의 i는 0부터 시작하여 2씩 더해져서 100까지 증가하고, SUM은 이를 더해가며 총합을 구하는 순서도이다. SUM+i를 통해 총합을 구해야 하고, b는 99 또는 100이 되어야 100까지의 수를 더하므로 98이나 101은 정답이 될 수 없다.

45 | 정답 | ④

버블정렬은 인접한 데이터를 비교하면서 정렬하는 방식이다. 소스를 분석해 보면 if의 조건을 만족하면 y번지와 y+1번지의 값을 교환하였음을 확인할 수 있다. 또한 내림차순으로 정렬한다고 하였으므로 y+1번지의 값이 y번지의 값보다 클 경우 교환해야 하므로 value[y]<value[y+1]이 된다.

| 오답풀이 |

①, ② 바깥 for문의 x변수는 size만큼 반복하는 버블정렬의 회전수이다.
③, ⑤ 오름차순 버블정렬 알고리즘에 대한 식이다.

46 | 정답 | ⑤

올원마이농가는 NH스마트뱅킹에 속하는 농민 맞춤형 서비스이므로 NH올원뱅크가 제공하는 서비스의 내용에 해당하지 않는다.

| 상세해설 |

NH농협은 NH스마트뱅킹, NH올원뱅크, NH콕뱅크 등의 뱅킹 애플리케이션을 서비스 중이다. NH스마트뱅킹은 다양한 금융 서비스를 이용할 수 있는 금융 생활 플랫폼, NH올원뱅크는 금융과 연계된 생활 서비스를 이용할 수 있는 모바일 뱅크, NH콕뱅크는 간편 로그인을 기반으로 간편하게 금융 서비스를 이용할 수 있는 신개념 뱅크이다. 이 중 올원마이농가 등 농축협 지원 서비스를 제공하는 애플리케이션은 NH스마트뱅킹뿐이다. 그 외 애플리케이션별 서비스를 요약하면 다음과 같다.

• NH스마트뱅킹: 간편뱅킹, 큰글모드, 상담톡, 오픈뱅킹, 글로벌뱅킹, 금융상품몰, 자산관리 등
• NH올원뱅크: 오픈뱅킹, 환전, 게임콘텐츠, 모바일교통카드 등
• NH콕뱅크: 콕페이, 공과금, 증권정보, 쿠폰몰, 콕팜, 콕푸드 등

47

| 정답 | ③

K−RE100(K−Renewable Electricity 100%)은 기업이 사용하는 모든 전력 사용량을 풍력이나 태양광 등의 재생 에너지로 충당하는 캠페인인 RE100의 한국형 제도이다. 애플, TSMC, 인텔 등 연간 전기 사용량이 100GWh 이상인 다국적 기업이 RE100에 참여하고 있으며, 국내에서는 2021년 도입 후 전력 사용량 수준과 무관하게 자율적으로 참여할 수 있다.

| 오답풀이 |

① 적도 원칙: 환경을 파괴하거나 인권을 침해하는 대규모 개발사업에 대출을 지원하지 않겠다는 내용의 금융 회사 간 행동 협약이다.
② K−EV100: 기업이 보유하거나 임차한 차량을 2030년까지 100% 무공해 자동차(전기·수소·태양광)로 전환하는 캠페인이다.
④ ISO−14001: 환경 경영 시스템을 국제적으로 표준화한 ISO 14000 시리즈 중 경영 체제에 대한 인증 규격이다.
⑤ NH−TAXONOMY: 녹색분류체계(Green Taxonomy)를 바탕으로 개별 기업의 친환경 사업이나 경제 활동 여부를 판단하는 NH농협은행의 기준이다.

48

| 정답 | ④

주어진 글에서 설명하는 농업경영 회생자금은 농림축산식품부 소관에 따라 NH농협은행에서 보조하고 있는 정책자금이다. 이 정책자금의 목적은 재해, 가축질병, 농산물 가격의 급락 등으로 일시적인 경영 위기에 처한 농업인이 경영난을 벗어날 수 있도록 지원하는 것이다. NH농협은행은 대출취급기관으로서 기능을 하며, 지원 대상 농업인은 거주 또는 사업장 소재지 관할 NH농협은행 시·군 지부를 통해 자금 지원을 신청할 수 있다.

| 오답풀이 |

① 「농업협동조합법」 제161조의11의 제2항 제3호에 따라 농협은행은 국가나 공공 단체의 업무를 대리할 수 있다.
② 「농업협동조합법」 제161조의11의 제2항 제2호에 따라 조합 및 중앙회의 사업자금의 대출을 수행할 수 있다.
③ 「농업협동조합법」 제161조의11의 제2항 제5호에 따라 「은행법」에 따른 은행업무와 겸영업무를 수행할 수 있다.
⑤ 「농업협동조합법」 제161조의11의 제2항 제4호에 따라 농협은행은 국가, 공공단체, 중앙회 및 조합, 농협경제지주회사 및 그 자회사가 위탁하거나 보조하는 사업을 할 수 있다.

49

| 정답 | ⑤

2024년 농협 홈페이지의 명시된 혁신전략은 다음과 같다.

• 농업인·국민과 함께 '농사같이 운동' 전개
• 중앙회 지배구조 혁신과 지원체계 고도화로 '농축협 중심'의 농협 구현
• 디지털 기반 '생산·유통 혁신'으로 미래 농산업 선도, 농업소득 향상
• '금융부문 혁신'과 '디지털 경쟁력'을 통해 농축협 성장 지원
• '미래 경영'과 '조직문화 혁신'을 통해 새로운 농협으로 도약

50

| 정답 | ⑤

공인인증서는 폐지되었지만 기존에 발급받은 인증서는 유효기간이 만료될 때까지 그대로 사용할 수 있다.

| 오답풀이 |

① 공동인증서 유효기간은 공인인증서와 동일하게 1년이며, 금융인증서의 유효기간은 3년이다.
② 공동인증서는 PC, 휴대폰 및 USB 등 저장 매체에만 저장할 수 있다. 반면 금융인증서는 PC, 휴대폰 및 USB 등 저장 매체에 보관하는 방식이 아니라 금융결제원의 클라우드 저장소에 보관된다.
③ 공동인증서는 은행, 보험, 증권 등 모든 금융업무 및 정부 민원업무를 볼 때에도 사용할 수 있다.
④ 공동인증서 비밀번호는 공인인증서와 동일하게 숫자, 영문, 특수문자를 포함하여 10자리 이상으로 등록해야 한다. 반면 금융인증서는 6자리 숫자로 가능하다.

51

| 정답 | ①

빅데이터(Big data)는 기존의 도구로 관리하거나 분석하기 어려운 방대한 양의 자료를 의미한다. 고객이 원하는 서비스를 찾아내거나 대중의 반응을 확인하기 위해 데이터의 의미를 분석할 수 있으며, 검색어 빈도를 분석하여 교통량, 날씨 등의 예측에 활용할 수 있다. 빅데이터 기술은 발달할수록 작업에 필요한 인력을 줄일 수 있으므로 노동 집약적 특성과 거리가 멀다.

52 | 정답 | ⑤

SaaS(Software as a Service)는 서비스로서의 소프트웨어로, 공급자가 제공하는 클라우드에서 필요한 서비스만을 임대하여 선택적으로 이용할 수 있는 기능이다. 소프트웨어의 이용 환경을 개선하고 개인이나 기업의 관리 비용을 줄일 수 있도록 돕는다는 특징을 지닌다.

| 오답풀이 |

① BaaS(Blockchain as a Service): 블록체인 개발 환경을 클라우드로 지원하는 서비스이다.
② IaaS(Infrastructure as a Service): 서버 등의 하드웨어 자원을 클라우드로 지원하는 서비스이다.
③ MaaS(Mobility as a Service): 하나의 플랫폼에서 모든 운송수단을 이용할 수 있도록 지원하는 서비스이다.
④ PaaS(Platform as a Service): 응용 프로그램이나 애플리케이션 등을 클라우드로 지원하는 서비스이다.

53 | 정답 | ⑤

'자동으로 IP 주소 받기'는 IP 설정이 자동으로 할당되는 유동 IP 방식이며, '다음 IP 주소 사용'은 네트워크 관리자에게 IP 설정값을 부여받아야 하는 고정 IP 방식이다. 네트워크 접속이 원활한 옆자리 B 사원은 고정 IP를 사용하고 있으므로, 동일하게 '다음 IP 주소 사용'을 클릭한 후 IP 관리를 하는 IT본부에 연락을 하여 새로운 IP 주소를 할당받아야 한다.

시간단축 TIP

프로그램 활용 유형의 경우 주로 실무에서 발생할 수 있는 문제 상황 등을 활용한 문제가 출제되고 있다. 문제상으로만 보고 익히기보다는 직접 프로그램을 실행해 보면서 파악해 놓으면 실제 시험 대비 충분한 밑바탕을 다질 수 있을 것이다. 또한 상식선에서 추론할 수 있는 낮은 난도로 출제되므로 차분히 문제에 접근하도록 한다.

54 | 정답 | ③

㉢ [D4] 셀은 조건식에 맞는 참인 경우이므로 거짓일 경우의 변환값을 지정하지 않아도 원하는 '초과'의 변환값을 얻을 수 있다.
㉣ [D6] 셀과 [D7] 셀에는 각각 '=IF(C6>B6,"초과","")'와 '=IF(C7>B7,"초과","")'와 같이 조건에 맞지 않을 때(거짓일 때)의 변환값을 입력할 수 있다.

| 오답풀이 |

㉠ [D3] 셀에 '=IF(C3>B3,"초과")'를 입력하여 [D7] 셀까지 드래그하면, 조건에 맞지 않는 [D3], [D5], [D7] 셀의 변환값을 지정하지 않아 [D3], [D5], [D7] 셀에 'FALSE'가 표시된다.
㉡ IF 함수의 '중첩'을 의미하는 것으로, 참(초과)과 거짓(미초과)일 경우의 값을 한 번에 나타낼 수 있다. [D3] 셀에 '=IF(C3>B3,"초과","미초과")'와 같이 입력하면 '초과'가 아닌 셀의 변환값은 '미초과'로 채워진다.

55 | 정답 | ①

RANK(순위를 구할 값, 범위, 순위를 구하는 방법)에서 범위는 채우기 핸들로 복사할 때 변경되지 않도록 절대 참조를 지정해야 한다. 절대 참조는 F4를 눌러 지정할 수 있으며, 지정되면 셀의 열과 행 주소 앞에 '$'가 붙는다. 순위를 구하는 방법은 0이면 내림차순, 1이면 오름차순으로 지정되므로 0으로 지정한다.

56 | 정답 | ①

현재 상황은 예상보다 높은 인플레이션이 발생하였다. 피셔방정식에 따르면 예상보다 높은 인플레이션이 발생하면, 사후적으로 실질 이자율은 예상보다 낮은 수준으로 상승하게 되고 그 결과 채권자(㉠)는 불리해지고 채무자(㉢, ㉣)는 유리해지며, 고정급소득자(㉡)는 더 불리해진다.

57 | 정답 | ①

국제피셔효과가 성립하면 환율 예상변화율은 명목금리 차이와 동일하게 된다.

| 오답풀이 |

② 구매력평가설에 의하면 환율은 국내물가에 비례하고 해외물가에 반비례하므로 해외의 물가수준과 환율은 상호 반비례의 관계에 있다.
③ 이자율평가설에 의하면 '국내이자율=국외이자율+환율상승률'이다. 따라서 국외이자율이 국내 이자율보다 높을 경우 환율은 하락한다.

58 | 정답 | ⑤

무위험자산의 표준편차가 0이므로 최적 포트폴리오 중 시장 포트폴리오의 비중은 '(최적 포트폴리오의 표준편차)=(시장 포트폴리오의 비중)×(시장 포트폴리오의 표준편차)'으로 구할 수 있다. 따라서 '0.12=(시장 포트폴리오의 비중)×0.15'이므로 시장 포트폴리오의 비중은 0.8이고, 무위험자산의 비중은 0.2이다. 이때, '(최적 포트폴리오의 기대수익률)=(무위험자산의 비중)×(무위험수익률)+(시장 포트폴리오의 비중)×(시장 포트폴리오의 기대수익률)'로 시장 포트폴리오의 기대수익률을 구하면, '0.1=0.2×0.05+0.8×(시장 포트폴리오의 기대수익률)'이므로 시장 포트폴리오의 기대수익률은 0.1125×100=11.25(%)이다.

59

| 정답 | ④

산업 내 무역은 규모 경제 또는 독점적 경쟁으로 발생한다. 규모 경제로 인한 무역의 경우, 단일 재화의 생산규모가 증가할수록 생산비용이 감소하므로 한 재화의 생산을 완전특화할 수 있다.

| 오답풀이 |

① 리카도 비교우위론에 관한 설명이다.
② 헥셔－올린 모형에 관한 설명이다.
⑤ 스톨퍼－사무엘슨 정리에 따르면, 노동풍부국에서 노동집약적 재화를 수출할 경우 노동집약재의 상대가격이 상승하므로 임금이 더 큰 비율로 상승한다.

60

| 정답 | ③

후순위채권 발행은 내부신용보강방법이다.

| 상세해설 |

- 내부신용보강방법: 후순위증권발행, 현금흐름 차액 적립, 풋백옵션, 초과담보설정 등
- 외부신용보강방법: 지급보증, 신용공여

| 오답풀이 |

② 기초자산에 비해 구조가 다양화되고 신용도가 보강되므로 자산보유자의 신용보다 높은 신용도를 지닌 증권으로 발행된다.
④ 회사채를 기초자산으로 하는 ABS는 CBO이고, 대출채권을 기초자산으로 하는 ABS는 CLO이다.
⑤ 신용카드채권은 일반적으로 단기채권이므로, 단기채권의 만기를 장기화하기 위해서 리볼빙 구조를 선호한다.

61

| 정답 | ③

먼저 5월의 서비스수지는 [5월 경상거래]의 두 번째와 여섯 번째 항목에 따라 20억 달러 적자이다. 4월의 서비스수지는 20억 달러 흑자였으므로, 이를 반영하면 서비스 수지가 0이 되었기에 적자로 전환된 것은 아니다.

| 상세해설 |

주어진 자료를 바탕으로 A국의 5월 경상거래를 항목별로 정리하면 다음과 같다.

[2024년 5월 경상거래]
- 상품수지: 120억 달러 흑자
- 서비스수지: 10억 달러 적자
- 본원소득수지: 40억 달러 흑자
- 본원소득수지: 5억 달러 적자
- 이전소득수지: 20억 달러 적자
- 서비스수지: 10억 달러 적자

이를 통해 4월과 5월을 항목별로 정리하면 다음과 같다.

- 상품수지: 4월 30억 달러, 5월 150억 달러 → 차변(지급) 30억 달러, 대변(수취) 150억 달러
- 서비스수지: 4월 20억 달러, 5월 0억 달러 → 차변(지급) 20억 달러, 대변(수취) 0억 달러
- 본원소득수지: 4월 40억 달러, 5월 75억 달러 → 차변(지급) 5억 달러, 대변(수취) 40억 달러
- 이전소득수지: 4월 －20억 달러, 5월 －40억 달러 → 차변(지급) 20억 달러, 대변(수취) 0억 달러

| 오답풀이 |

① A국에서 달러를 지출하면 해당 금액을 차변에서 계상한다.
② 본원소득수지는 40억 달러에서 75억 달러로 증가하였다.
④ 이전소득수지는 －20억 달러에서 －40억 달러로 감소하였다.
⑤ 경상수지는 70억 달러에서 185억 달러로 증가하였다.

62

| 정답 | ⑤

생산물시장 균형식은 (X－M)=(SP－I)+(T－G)이다. 이를 바탕으로 [보기] 내용을 확인하면 다음과 같다.

㉠ 세금(T) 감면 시, 무역수지(X－M)는 악화된다.
㉡ 정부지출(G) 증가 시, 무역수지(X－M)는 악화된다.
㉢ 투자세액 감면 시, 투자(I)가 증가하여 무역수지(X－M)는 악화된다.
㉣ 해외금리가 하락하면 자본이 유입되어 환율이 하락한다. 따라서 순수출이 감소하여 무역수지(X－M)는 악화된다.

63

| 정답 | ⑤

X재의 가격이 하락할 경우 대체효과에 따라 수요량은 증가한다. 그러나 문제에서는 X재 수요량이 감소했으므로 소득효과 때문에 수요량이 감소했다고 볼 수 있다. 이 경우에는 X재의 가격이 하락하여 실질소득이 증가하였음에도 수요량이 감소하였으므로 X재를 열등재라고 볼 수 있다. 또한 대체효과에 따른 수요 증가보다 소득효과에 따른 수요 감소가 더 크므로

기펜재라고 볼 수도 있다. 따라서 X재는 열등재이면서 기펜재이므로 수요의 소득탄력성은 0보다 작다.

| 오답풀이 |

① 특정 소비자가 소비하는 모든 재화가 열등재일 수 없다. 따라서 X재가 열등재이므로 Y재는 정상재이다.
② 정상재, 열등재 모두 대체효과는 항상 동일하게 작용한다.
③ 기펜재인 X재는 소득효과가 대체효과보다 크다.
④ 보상수요곡선은 소득효과를 제거하고 대체효과만을 나타내는 수요곡선이다. 수요곡선에서 기펜재는 보통 우상향 곡선이지만, 소득효과를 제거하고 나면 기존 정상재와 열등재 같은 수요곡선이 나타난다.

64

| 정답 | ⑤

후불 버스나 편의점 현장에서 주로 발생하는 금융거래는 소액 결제이다. 따라서 제시된 핀테크 기술 중 소액 결제를 보다 간편하게 할 수 있도록 하는 지급결제가 가장 적합하다. 간편송금도 정답이 될 수 있을 것 같지만, 간편송금은 단순히 돈을 이동시키는 것으로 사업자의 매출이 발생하는 결제와는 별개의 개념이다.

65

| 정답 | ③

사용자들 간에 아이템이나 게임 화폐를 자주 거래하므로, 소비자들의 편의를 위해 간편하게 게임 화폐를 충전하거나 아이템을 거래할 수 있는 지급결제 기술을 구축하는 것이 향후 사업전략으로 적절하다.

| 오답풀이 |

① 크라우드 펀딩은 소액의 사업자금을 모집하는 행위이므로, 대규모 신규 프로젝트의 개발 자금 추가 조달에는 적합하지 않다.
② 해당 회사는 투자 및 자금 운용 회사가 아닌 스마트폰 게임회사이므로, 로드바이저 시스템을 활용한 투자 자금 유치는 적합하지 않다.
④ 일반적인 생체인증을 활용한 로그인 시스템은 소비자들의 편의를 높일 수 있지만, 걸음걸이는 스마트폰 게임 소비자 편의 증진에 적합하지 않다.
⑤ 수집한 고객 정보를 고객의 동의 없이 타 기업에 판매하는 행위는 법률적인 문제를 야기할 수 있으므로 적합하지 않다.

66

| 정답 | ②

IPv6(Internet Protocol version 6)은 IPv4의 후속으로 개발된 차세대 인터넷 주소 체계이다. 20XX:0DB8::1428:57AB와 같은 16진수 형식의 주소 구문을 사용하는데, 이는 192.168.0.X와 같은 10진수 형식을 사용하는 IPv4와 차이가 있다. IPv4는 32비트 체계로 2^{32}개의 주소로 구성된 반면, IPv6는 128비트 체계로 구성되어 2^{128}개의 주소를 할당할 수 있다. 또한 IPv6는 불필요한 헤더 필드를 제거해 빠르게 정보를 처리할 수 있으며, 높은 품질의 서비스를 네트워크상에서 안정적으로 제공할 수 있으므로 편의성이 높다.

67

| 정답 | ⑤

ER 표기법 중에서도 피터 첸 표기법의 대표적인 기호들로, 마름모는 관계 타입(Relationship type), 네모는 개체 타입(Entity type), 선은 링크(link), 타원은 속성 타입(Attribute type)을 의미하며, 타원 내에 밑줄이 있는 기호는 기본키 타입을 의미한다.

68

| 정답 | ⑤

레그테크는 분산금융이 아닌 포용금융을 유도할 수 있는 개념이다. 핀테크 산업의 발전으로 보다 편리한 금융서비스 이용이 가능하게 되었으며, 이에 따라 포용금융이 발전하게 되었다. 포용금융을 이끌기 위해서는 적절한 규제 환경이 조성되어야 하며, 그렇지 않으면 포괄적인 금융 혁신이 억제되고, 금융서비스로부터 점점 소외될 수 있어, 선진국과 신흥국, 개발도상국의 규제기관들은 스스로 혁신을 거듭하면서 이에 대응하고 있다. 혁신적인 규제 정책으로는, 혁신 사무소, 규제 샌드박스, 규제기관용 레그테크를 들 수 있다. 혁신 사무소는 규제기관과 혁신가의 참여를 촉진하는 역할을 하며, 기업 인수를 지원하거나, 기관 간의 협력을 통한 효과적 운영을 유도하고, 포용적 금융 권한을 가진 규제 당국을 지원한다. 규제 샌드박스는 2014년 영국에서 핀테크 활성화를 위해 처음 시작하였으며, 새로운 제품이나 서비스가 출시될 때 정부가 각종 규제를 일정기간 동안 면제해주거나 유예해주는 제도를 말한다.

69

| 정답 | ①

랜섬웨어는 몸값(ransom)과 소프트웨어(software)의 합성어이다. 사용자 컴퓨터 시스템을 잠그거나 데이터를 암호화해서 사용할 수 없도록 만든 다음, 사용하고 싶다면 돈을 내라고 요구하는 악성 프로그램이다. 랜섬웨어는 주로 이메일 첨부파일이나 웹페이지 접속을 통해 들어오기도 하고, 확인되지 않은 프로그

램이나 파일을 내려받기하는 과정에서 들어온다.

| 오답풀이 |

② 소프트웨어: 컴퓨터 프로그램 및 그와 관련된 문서들을 통틀어 이르는 말로, 컴퓨터를 관리하는 시스템 프로그램과 문제 해결에 이용되는 다양한 형태의 응용 프로그램으로 나뉜다.
③ 스파이웨어: 다른 사람의 컴퓨터에 잠입하여 중요한 개인 정보를 빼 가는 소프트웨어를 말한다.
④ 멀웨어: 소유자의 승낙 없이 컴퓨터 시스템에 침입하거나 시스템을 손상하기 위해 설계된 소프트웨어로, 일단 설치되면 제거하기가 매우 어려우며 바이러스와 트로이 목마를 포함한다.
⑤ Active X: 미국의 마이크로소프트사에서 개발한 것으로, 윈도우 사용자들이 인터넷을 쉽고 편리하게 이용하도록 기존의 응용 프로그램으로 작성된 문서 따위를 웹과 연결해 그대로 사용할 수 있게 하는 기술이다.

70

| 정답 | ①

- ROM(Read Only Memory): 첫 내용 작성에 특수 기기가 필요하고 특성상 동적으로 쓸 수가 없는 장비이다. 일반적으로 한번 기록한 정보가 전원 유지와 상관없이 (반)영구적으로 기억되며, 삭제나 수정이 불가능한 기억장치를 가리킨다.
- RAM(Random Access Memory): ROM과는 반대로 원할 때 쓰고 지울 수 있으나 전원이 유지되지 않으면 내용이 사라지는 기억 장치이다.
- SSD(Solid State Drive): 기계적 구동부위가 없는 반도체(solid－state, 진공을 대체한 고체 소자)를 사용하는 드라이브이다. NAND 플래시 메모리와 고성능 컨트롤러를 탑재하여 C 드라이브 및 HDD의 지위를 대체하고 있는 보조 기억 장치이다. Microsoft Windows에서는 반도체 드라이브라는 명칭을 사용한다.

CHAPTER 03 실전모의고사 3회

직무상식평가 + 직무능력평가 P.308~353

01	①	02	④	03	④	04	④	05	④
06	⑤	07	⑤	08	⑤	09	②	10	④
11	②	12	③	13	⑤	14	①	15	①
16	①	17	④	18	③	19	③	20	①
21	⑤	22	①	23	④	24	②	25	①
26	③	27	④	28	⑤	29	⑤	30	④
31	⑤	32	⑤	33	②	34	⑤	35	③
36	③	37	③	38	⑤	39	②	40	②
41	⑤	42	①	43	⑤	44	④	45	⑤
46	④	47	②	48	⑤	49	④	50	④
51	④	52	④	53	④	54	③	55	⑤
56	③	57	⑤	58	③	59	②	60	⑤
61	①	62	②	63	⑤	64	③	65	⑤
66	③	67	②	68	⑤	69	④	70	④

01

| 정답 | ①

사업대상자는 보험의 종류에 따라 다른데, 농업인안전보험은 만 15~87세의 영농활동에 종사하는 농업을 대상으로 하는 반면, 농작업근로자안전보험은 농작업 수행을 위해 만 15~87세의 농업근로자를 고용한 경영주인 농업인을 대상으로 한다.

| 상세해설 |

농업인안전재해보험은 농작업 중 발생하는 사고 등으로 재해를 입은 경우 신체나 재산에 대한 손해를 보상함으로써 안정적인 농업경영 여건 조성 및 생활안정 도모를 목적으로 하는 정책보험제도다. 농작업과 관련된 사고가 빈발함에도 산재보험 가입대상에서 제외되는 등 불의의 사고 시 농업인의 재산과 신체를 보호할 수 있는 수단이 미흡했다. 이에 농협중앙회는 자체적으로 1989년부터 농작업상해공제 사업을 실시했고, 1991년부터는 농기계종합공제사업을 실시했다. 아울러, 정부는 1996년부터 농업인 복지증진 차원에서 농가 부담 보험료의 일부를 지원했으며, 지속적으로 보험품목 및 보상한도 확대 등 제도 개선을 추진했다. 2021년에는 산재보험 또는 어선원보험의 적용을 받는 자 중에서 농업에 종사하는 경우 가입할 수 있는 겸업농 전용상품을 출시했다.

02

| 정답 | ④

국제적인 농산물 무역 협상을 가속화하는 것은 농업의 불확실성을 더욱 키우는 결과를 초래하게 되므로,

미국의 사례에서 엿볼 수 있듯이 적극적이고 실질적인 국가적 보호 육성책을 제시해야 할 것이다.

| 오답풀이 |

① 실질적인 혜택을 받을 수 있도록 사업을 설계해야 한다는 점은 미국의 사례에서 힌트를 얻을 수 있는 점이다.
② 사업의 추진 과정과 성과를 점검하는 관리방식 또한 미국의 사례를 벤치마킹해 볼 수 있는 방안이다.
③ 미국의 사례에서는 저소득 계층을 우선 지원하여 도움이 더 절실히 필요한 사람들이 사업의 혜택을 받도록 하였다고 언급되어 있다.
⑤ 비단 미국의 사례를 통하지 않아도 교육 프로그램을 창출하여 적극 홍보하는 일은 신규 농업인 지원 방안이 될 수 있다.

03

| 정답 | ④

우선 출자는 협동조합에 소속된 조합원이 아닌 자를 대상으로 출자를 유도하고 잉여금 배당에 우선적 지위를 부여하는 방식이다. 우선 출자를 한 투자자는 조합원과 달리 의결권과 선거권 등에 대한 권한이 없다.

| 오답풀이 |

① 목적 출자: 새로운 투자 등에 필요한 자본을 확보하고자 할 때 조합원을 중심으로 납부를 유도하는 방식이다.
② 순환 출자: 3개 이상의 계열사가 서로 자본금을 출자하여 지배력을 높이는 방식이다.
③ 외부 출자: 조합원에 의한 출자의 한계를 극복하기 위해 대규모 투자를 유치하는 방식이다.
⑤ 조합원의 직접 출자: 조합원의 요구 실현을 위해 출자금을 갹출하는 방식이다.

04

| 정답 | ④

농업진흥구역과 농업보호구역 두 구역은 모두 토지의 효율적인 관리와 농업 발전을 위해 설정된 구역으로, 식량 안보의 유지, 농업 경영 지원, 산업의 다양성 유도, 고용 창출, 인구 분산, 도시와의 격차 해소 등을 목적으로 한다. 농업진흥구역에서는 농사와 직접적인 관련이 있는 농업 시설, 국가 안보에 관련한 시설이나 공공 시설만 허용된다. 농업보호구역에서는 농업진흥구역보다 상당히 많은 행위가 허용되며, 농지의 전용 행위도 농업진흥구역보다 쉽다. 농업보호구역에서는 농업진흥구역에서 허용되는 행위와 일정 면적 이내의 관광농원, 주말농장, 단독주택 건립, 1·2종 근생시설 설치 등의 행위가 허용된다. 따라서 두 구역에서 공통적으로 허용되는 행위가 아닌 것은 주말농장 운영이다.

05

| 정답 | ④

논밭두렁 태우기의 경우 경작지의 해충보다 익충이 더 많이 죽어 방제 효과가 낮으며 지력 향상에 도움되지 않는다. 또한 영농기 이전과 수확기 이후 볏짚 등의 영농부산물의 현장 소각하는 것은 산불의 원인이 되고 대기오염을 일으키므로 지양하는 농법이다. 농촌진흥청에서는 논밭두렁 태우기를 1986년까지는 권장하였으나, 산불의 주된 원인이 되면서 현재는 임의 소각 행위가 적발될 경우 폐기물관리법에 따라 과태료를 부과한다.

| 오답풀이 |

① 깊이갈이란 농토 표면의 흙과 깊은 곳의 흙을 뒤집어 주는 토양 관리법의 일종으로, 토양의 통기성과 물빠짐이 좋아져 지력을 증진할 수 있다.
② 우리말로 풋거름이라고도 하는 녹비는 생풀이나 생나뭇잎으로 만든 거름이다. 대표적인 녹비작물로 콩과식물을 재배하는데, 콩과식물의 뿌리에 공생하는 균인 '뿌리혹박테리아'가 식물 생장에 필요한 질소를 공기 중에서 끌어당겨 지력 향상에 도움이 되기 때문이다.
③ 돌려짓기(윤작)란 다양한 작물을 특정 주기에 맞추어 교대로 돌려짓는 재배법이다. 여러 작물의 특성에 따라 토양구조가 개선되고 토양의 유기물 함량이 높아져 지력과 생산성이 높아진다.
⑤ 규산은 병해충 저항성을 높여주며, 석회는 토양 산성화를 막고 유기물 분해와 미생물의 활동을 촉진하여 토지를 비옥하게 하는 데 도움이 된다.

06

| 정답 | ⑤

㉠은 NH오픈플랫폼이다. NH오픈플랫폼은 공통, 간편결제, 자산관리 등 총 113개의 금융 API와 P2P, 조각투자 등 74개의 맞춤형 API를 제공한다. NH오픈플랫폼은 전용회선이 아닌 인터넷(공중망)을 통해 금융서비스를 전개하고 있으며, 서버기반 보안인증(OTA, One Time Authorization)을 통해 금융거래를 보호한다. 핀테크 기업이 API 거래를 요청하면 NH오픈플랫폼은 1회용 인증 토큰을 발급하고 정당성을 확인하는 보안인증 절차를 통해 거래의 신뢰성을 확보한다. 따라서 별도의 보안인증이 없다는 설명은 옳지 않다.

07

| 정답 | ⑤

주어진 내용은 비지도 학습(Un-supervised learning)에 대한 설명이다. 고유 패턴을 발견하는 클러스터링과 고려 중인 변수의 개수를 줄여나가는

차원 축소는 비지도 학습의 대표적인 방식이다. 따라서 초록색이 포함된 이미지에서 '풀'과 같은 특정 카테고리를 분류해내어 차원을 축소해나가는 것은 비지도 학습의 사례로 적절하다.

| 오답풀이 |

①, ③, ④ 분류, 회귀, 예측 기법 등을 사용하는 지도 학습(Supervised learning)의 사례에 해당한다.

② 더 나은 보상을 산출하는 행위를 발견하고자 새로운 시도를 이어가는 강화 학습(Reinforcement learning)의 사례에 해당한다.

08

| 정답 | ⑤

서비스 거부(DoS, Denial of Service) 공격이란 시스템에 불법적인 권한으로 접속하거나 정보를 획득하는 등의 공격과는 달리, 특정 시스템이 정상적으로 동작하는 것을 방해하는 공격 형태를 말한다. 즉 서비스가 정상적으로 제공되지 못하도록 방해하는 공격이다. 서비스 거부 공격의 주요 목적은 가용성(Availability)을 떨어뜨리는 것이므로 서비스 거부 공격을 예방하는 것은 불가능하다.

09

| 정답 | ②

ROUND(A, 0) 함수는 A라는 숫자를 소수점 첫 번째 자리에서 반올림을 하는 것이고, IF(조건, A, B)의 경우 조건에 맞으면 A라고 표시, 아니면 B라고 표시한다. 이에 따라 소수점 첫 번째 자리에서 반올림된 평균 점수가 90점 이상인 학생의 수를 구하면 3명이다.

10

| 정답 | ④

DATEDIF는 두 날짜 사이의 차이를 계산하는 함수로 '=DATEDIF(D3, TODAY(), "Y")'는 입사일과 현재 날짜 사이의 날짜 간격을 연 단위로 구하는 수식이다.(남는 부분은 버린다.) "Y"를 "M"으로 대체하면 월 단위, "D"로 대체하면 일 단위로 구할 수 있다. 따라서 결괏값이 8이 되는 사람은 2019년 1월 1일 기준 입사 8년차인 경윤수 대리, 박준혁 대리, 윤은빈 대리, 이진우 대리 4명이다.

11

| 정답 | ②

B국의 기준금리 인상으로 A국에서 B국으로 자본 유출이 발생하며, A국 입장에서 B국 화폐에 대한 수요가 증가하여 환율이 상승하게 된다. 이로 인해 단기적으로 환율 상승에 기인한 자본 유출에 의해 자본수지가 감소할 수 있고, 무역수지의 개선이 발생할 수 있다. 그러나 자본수지와 무역수지의 합인 국제수지의 방향성은 알 수 없다.

| 오답풀이 |

① 환율이 상승하므로 A국 통화는 평가절하된다.

⑤ 예를 들어 A국이 한국, B국이 미국이라 할 때 현재 환율이 1달러당 1,000원에서 2,000원으로 상승했다고 가정하자. 1달러 제품이 한국으로 수입될 때 환율 상승 이전에는 1,000원이었으나 환율 상승 이후 2,000원이 되므로 표시 가격은 상승한다.

12

| 정답 | ③

지급보증은 외부신용보강 방법에 해당한다.

| 상세해설 |

자산유동화증권은 기업 및 금융기관 보유 자산을 표준화하고 특정 조건별로 집합하여 증권을 발행하고, 발행 후 기초자산의 현금흐름을 이용하여 증권을 상환하는 것을 의미한다. 또한 유동화증권은 부도 시 원리금 상환을 보장하기 위해 신용보강이 필요한데, 여기에는 내부신용보강 방법과 외부신용보강 방법이 있다.

- 내부신용보강 방법: 선·후순위 구조화, 초과담보 설정, 현금흐름 차액적립, 환매요구권, 풋백옵션, 자체보증 등
- 외부신용보강 방법: 지급보증, 신용공여 등

13

| 정답 | ⑤

「금융소비자 보호에 관한 법률(금소법)」의 제46조 제1항에 따르면, 금융소비자보호법 시행령 제37조에서 정하는 보장성 상품, 투자성 상품, 대출성 상품에 대해 청약을 철회할 수 있다고 명시되어 있다. 따라서 모든 보장성 상품, 대출성 상품, 투자성 상품에 대해 청약을 철회할 수 있다는 설명은 적절하지 않다.

14

| 정답 | ①

구매자가 차량의 품질을 모르는 경우, 판매자가 최소 요구 금액을 낮추면 두 품질의 차량이 모두 거래 가능하다.

| 상세해설 |

위험중립적인 구매자가 차량의 품질을 모르는 상황이므로 지불할 수 있는 금액의 평균인 1,150만 원을 제시할 수 있다. 이 경우 판매자의 좋은 품질 차량의 최소 요구 금액에 미치지 못하므로 나쁜 품질의 차량만 거래될 것이다. 이때, 판매자가 최소 요구 금액을 낮춘다면 좋은 품질이 거래가 가능할 수 있다. 하지만 이와 동시에 여전히 나쁜 품질 차량의 최소 요구 금액보다 높기 때문에 나쁜 품질 차량도 거래가 가능한 상황이다.

| 오답풀이 |

② 위험중립적인 구매자가 차량의 품질을 모르는 상황이므로 지불할 수 있는 금액의 평균인 1,150만 원을 제시할 수 있다. 이 경우 판매자의 좋은 품질 차량의 최소 요구 금액에 미치지 못하므로 나쁜 품질의 차량만 거래될 것이다.

③ 구매자가 차량의 품질을 안다면 좋은 품질과 나쁜 품질 모두 구매자의 지불할 수 있는 금액이 판매자의 최소 요구 금액보다 높기 때문에 모든 품질의 차량이 거래 가능하다.

④ 지불할 수 있는 금액이 1,400만 원보다 크다면 지불할 수 있는 금액의 평균이 높아진다. 따라서 판매자의 좋은 품질 차량의 최소 요구 금액을 충족시킬 수 있으므로 모든 품질의 차량이 거래 가능하다.

⑤ 구매자가 품질을 모른다면 판매자는 계속 나쁜 품질 차량만 팔 가능성이 있다. 이 경우에는 시장에서 나쁜 품질 차량의 비중이 증가하게 될 수 있다.

15

| 정답 | ①

수의상환채권의 가치는 일반채권에서 콜옵션 가치를 뺀 것이다.

| 오답풀이 |

② 수의상환채권은 금리하락기에 옵션행사로 조기상환 후 더 낮은 금리로 발행이 가능하다. 수익상환청구채권은 금리상승기에 채권가격이 하락하기 때문에 추가 채권가격의 하락을 피할 수 있다.

⑤ 수의상환채권은 발행 기업이 옵션을 행사하므로 옳은 내용이다.

16

| 정답 | ①

㉠ CDS 거래에서는 차주가 모르는 상태에서 위험을 전가하기 때문에 우호적인 관계를 유지할 수 있다.

㉡ CDS 거래에서는 보장 매수자가 프리미엄을 지급하고, 보장 매도자는 손실을 보전하는 역할을 한다.

| 오답풀이 |

㉢ TRS(Total Return Swap)에 관한 설명이다.

㉣ 보장 매도자의 지급 능력이 우수할수록 손실을 확실히 보전할 수 있으므로 CDS 프리미엄이 증가한다.

17

| 정답 | ④

소비자의 효용함수가 $U=3\sqrt{XY}$이면 Cobb−Douglas 함수이자 1차동차함수이다. 이때 X의 1/2 제곱이므로 X재의 지출 비중은 항상 50%이다.

| 오답풀이 |

① 소비자의 효용함수가 U=2XY일 때, $MRS_{XY}=\frac{Y}{X}$이므로 Y가 일정할 때 X가 증가할 경우 한계대체율은 체감한다.

② 소비자의 효용함수가 U=Min[2X, Y]일 때, ㄴ자 모양의 레온티에프 함수이므로 X와 Y재는 완전보완재이다. 따라서 대체효과는 0이다.

③ 소비자의 효용함수가 U=Min[X, Y]일 때, 수요의 교차탄력성은 0보다 작다.

⑤ 소비자의 효용함수가 $U=2X^{1/3}Y^{1/2}$일 때, $MRS_{YX}=\frac{3Y}{2X}$이므로 X가 일정할 때 Y가 증가할 경우 한계대체율은 체증한다.

18

| 정답 | ③

주어진 값들을 개방경제의 생산물시장 균형식에 대입하면 다음과 같다.

$Y=C+I+G+NX=0.4Y+30-r+8+30-2e$

$\therefore\ 0.6Y=68-r-2e$

이때, Y=80이고 국가 간 자본이동이 완전하므로 국내이자율과 세계이자율은 동일하다. 이를 반영하여 식을 다시 정리하면 다음과 같다.

$48=68-10-2e \quad \therefore\ e=5$

따라서 실질환율은 5이다.

19

| 정답 | ③

RIP(Routing Information Protocol)는 HOP의 개수가 15개를 초과하면 사용할 수 없다. HOP은 컴퓨터 네트워크 상에서 출발지와 목적지 사이의 경로 한 부분을 의미한다.

20

| 정답 | ①

주어진 트리를 그림으로 그려보면 다음과 같다.

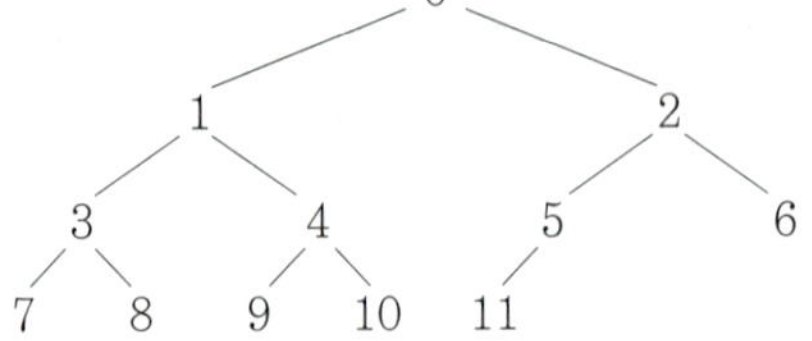

이를 후위 순회로 읽을 경우 '7−8−3−9−10−4

−1−11−5−6−2−0'이 된다. 또한 ⑤의 경우는 중위 순회로 읽었을 때의 순서에 해당한다.

21

| 정답 | ⑤

힙정렬은 Best, Avg, Worse case에서 항상 NlogN의 시간복잡도를 가지는 정렬이다. 반면 삽입, 버블, 퀵, 선택 정렬은 최악의 경우 N^2의 시간복잡도를 가진다.

22

| 정답 | ①

㉠은 PIM에 대한 설명이고 ㉡은 RAM에 대한 설명이다. PIM(Processing−in−Memory) 메모리는 메모리 내부에서 일부 연산처리를 가능하게 하여 폰노이만구조 컴퓨팅의 단점을 보완한 차세대 첨단 반도체로 주목받고 있다. PIM은 데이터를 저장하고 처리하는 단기 저장소인 RAM의 원리를 기반으로 한다.

23

| 정답 | ④

㉡ 기업이나 조직의 모든 정보가 컴퓨터에 저장되면서, 컴퓨터의 정보 보안을 위해 외부에서 내부, 내부에서 외부의 정보통신망에 불법으로 접근하는 것을 차단하는 시스템은 방화벽을 의미한다.

㉢ 서로 다른 네트워크를 중계해 주는 장치로 보내지는 송신정보에서 수신처 주소를 읽어 가장 적절한 통신 통로를 지정하고, 다른 통신망으로 전송하는 장치는 라우터이다.

| 오답풀이 |

㉠ NAT(Network Address Translation)는 사설 IP주소를 공인 IP 주소로 바꿔주는데 사용하는 통신망의 주소 변환기를 의미한다.

24

| 정답 | ②

언급된 세 가지 서비스 모델 중 가장 먼저 대중화되기 시작한 서비스 모델은 SaaS이다. 처음에는 SaaS에만 치중되어 있다가 점차 영역을 넓혀 나가면서 현재에는 IaaS, PaaS까지도 아우르는 서비스가 되었다. 전통적인 IT에서는 기술적 분야를 모두 기업이 관리하였지만 IaaS(Infra as a Software), PaaS(Platform as a Software), SaaS(Service as a Software) 등의 모델에서는 기업관리 영역이 축소되고 대신 서비스로 제공되는 영역이 늘어난 것이 특징이다.

- IaaS는 IaaS라는 틀 안에서 이용자가 원하는 운영체제와 응용프로그램을 설치하여 활용 가능한 모델로, (가)가 이에 해당한다.
- PaaS는 애플리케이션 실행 환경이나 DB 등이 미리 마련되어 있어 단기간에 응용프로그램을 개발하여 서비스 제공이 가능한 모델로, (나)가 이에 해당한다.
- SaaS는 사용자는 별도의 설치나 부담이 필요 없이 비용만 내고 API를 통해 소프트웨어 서비스 이용이 가능한 모델로, (다)가 이에 해당한다.

25

| 정답 | ①

위치정보시스템을 바탕으로 현실 세계에 가상의 정보를 합성하는 기술은 AR(증강현실)이다.

| 오답풀이 |

② 가상현실 VR(Virtual Reality)은 헤드 마운트 디스플레이(HMD) 등의 기기를 사용하여 가상세계를 체험하고 조종할 수 있는 기술을 의미한다.

③ 혼합현실 MR(Mixed Reality)은 현실과 디지털 요소를 함께 활용한다. 혼합현실 상에서는 특수 센서 및 이미징 기술을 사용해 실물과 가상현실이 상호 작용할 수 있다.

④ 디지털 트윈은 소프트웨어를 활용하여 현실의 사물과 공간을 가상세계에 똑같이 구현하는 기술을 의미한다.

⑤ V2X는 차량통신 또는 차량사물통신(Vehicle To Everything)을 의미하며, 자율주행 기술 기반으로서 자동차와 도로환경의 여러 요소 간에 소통을 가능하도록 연결하는 기술을 의미한다.

26

| 정답 | ③

농협은행 NH채움(개인·신용·체크)카드 이용실적(공과금 납부 포함, 현금 서비스 제외) 월평균 20만원 이상 0.2%p 우대 금리 적용이 된다고 했으므로 적절하다.

| 오답풀이 |

① 해당 계좌는 연령 조건, 소득 조건을 모두 충족한 사람에 한해 개설이 가능하지만 중복으로 개설할 수 있는지 알 수 없다.

② 가입 당시 3년은 고정금리, 이후 2년은 변동금리가 적용된다. 변동금리가 적용된다고 해서 무조건 높은 이자를 받을 수 있는 건 아니므로 적절하지 않다.

④ 개인소득 수준과 납입한 금액에 비례해 소득구간별 정부 기여금을 지원받으므로, 개인 총급여 수준이 작을수록 지급 한도가 낮아진다.

⑤ 납입을 중지하더라도 5년 동안 계좌는 유지된다. 하지만 중도 납입이 끊긴 상태에서 개인 총급여에 비례한 정부기여금, 이자 소득을 받을 수 있는지는 제시문만으로는 알 수 없다.

27

| 정답 | ④

'출산 및 육아의 중요성 홍보, 가족 친화적인 사회 문화 조성'은 Ⅳ－2－1) 출산 및 육아에 대한 긍정적 인식 확산에 더 적절하며, Ⅳ－2－2)에는 '남성 육아 휴직 의무화, 남성의 육아 참여에 대한 사회적 인식 변화' 등의 내용이 하위 항목으로 오는 것이 더 적절하다.

28

| 정답 | ⑤

2문단에서 바이오플락 기술은 사료 찌꺼기나 배설물 등 유기물을 완전히 분해한다는 것을 알 수 있지만 배설물에서 독성물질이 발생하는 것 자체를 봉쇄할 수 있는 것은 아니므로 적절하지 않다.

| 오답풀이 |

① 1문단에서 아쿠아포닉스는 순환형 시스템으로 작물의 성장이 빨라 돈이 되는 양식 방법임을 알 수 있다.
② 1문단에서 작물의 재배 원리는 물을 순환시켜 재배하는 수경재배와 동일하고 물고기 배설물 등을 흡수할 수 있으며 물 사용량을 크게 줄일 수 있음을 알 수 있다.
③ 2문단에서 무환수 친환경 양식기술은 펌프에 의해 순환되면서 식물 뿌리에 흡수돼 양질의 영양분을 공급하는 방식임을 알 수 있다.
④ 1문단과 2문단에서 아쿠아포닉스 시스템을 이용하면 화학비료의 추가적 투입이 필요 없어 비용을 줄일 수 있고 독성이 없는 형태로 사육수에 잔류하게 되어 물 환경을 보호하는 친환경 양식 기술임을 알 수 있다.

29

| 정답 | ⑤

3문단에서 원화의 환율 상승은 일반적으로 발생하는 수출 증대효과가 크지 않고 이는 경쟁 대상국들의 통화도 비슷한 수준으로 가치가 하락하고 있기 때문임을 알 수 있으므로 적절하지 않다.

| 오답풀이 |

① 4문단에서 환율을 안정시키기 위해서는 미국과의 통화정책 조화가 필수적임을 알 수 있다.
② 2문단에서 금리평가설에 의하면, 어떤 국가의 금리가 상승하면 그 나라로 자금이 몰려 그 나라의 통화가치는 상승하게 됨을 알 수 있다.
③ 1문단에서 일반적으로 환율이 상승하면 수입업자는 수입가격 상승으로 불리하게 작용함을 알 수 있다.
④ 3문단에서 환율 상승은 우리나라처럼 외국에 의존도가 높은 국가에서는 수입물가를 상승시켜 인플레이션을 높여 악순환이 반복될 수 있음을 알 수 있다.

30

| 정답 | ④

4문단에서 가계부채가 높은 상황에서 기준금리 인상은 부작용이 있을 수 있음을 알 수 있지만, 자본의 유출은 환율 불안정을 가속화시킬 수 있음을 알 수 있다. 따라서 여유 자금을 해외에 투자하는 것은 결과적으로 환율 불안정을 가속화할 수 있으므로 적절하지 않다.

| 오답풀이 |

① 1문단에서 대미달러 환율이 오르는 것은 원화 가치가 하락하는 것임을 알 수 있다.
② 4문단에서 우리나라의 입장에서는 환율을 안정시키기 위해 한국은행의 기준금리를 높이는 것이 필요하고, 이에 따라 가계부채가 높은 상황에서 부작용이 높을 수 있음을 알 수 있다. 따라서 이자 등을 감당하기 어려울 수 있다.
③ 3문단에서 환율이 상승하면 수출 증대효과가 크지 않은 이유로 러시아의 전쟁과 중국의 제로 코로나 정책으로 세계 경제가 좋지 못하기 때문임을 알 수 있다. 따라서 수출을 중심으로 하는 기업들의 대출금 상황에 부담이 있을 수 있다.
⑤ 5문단에서 자본유출은 환율 불안정을 가속화시킬 수 있음을 알 수 있으므로 해외에 투자하게 되었을 때 환율의 불안정이 가속화되어 대출금 이자에 대한 상황이 어려워지면 결국 상환하지 못해 은행의 손해로 이어지게 됨을 알 수 있다.

31

| 정답 | ⑤

세 번째 문단에서 대사증후군 환자에게서 나타나는 주요 특징 중 하나인 인슐린 저항성은 당뇨병 발생 확률을 10배 이상 높인다고 하였고, 여섯 번째 문단에서 비타민D는 인슐린 저항성에 도움이 되며 골다공증 예방뿐만 아니라 고혈압, 당뇨병, 심혈관질환 및 대사증후군 예방에도 도움을 준다고 하였다. 따라서 비타민D의 꾸준한 섭취는 당뇨병 발생 확률을 낮출 것이라고 추론할 수 있다.

| 오답풀이 |

① 네 번째 문단에서 국내 19세 이상 성인을 대상으로 한 대사증후군 진단 기준 항목별 유병 현황 조사에 따르면 저HDL콜레스테롤 혈증이 고혈압보다 높게 나타났다고 하였을 뿐, 고혈당과 고혈압의 수치는 주어진 글을 통해 비교할 수 없다.
② 다섯 번째 문단에서 대사증후군의 진행 과정의 2단계는 고혈압, 고혈당, 고중성지방성, 저HDL콜레스테롤, 복부비만 등 대사증후군을 유발하는 5가지 위험요소 중 3가지 이상이 기준치를 넘겨 대사증후군 증상이 나타나는 단계라고 하였다.
③ 세 번째 문단에서 우리 몸에서 혈중 포도당 농도가 높아지면 췌장의 베타세포가 자극을 받아 인슐린을 더 많이 분비해 이를 조절해 준다고 하였으므로 베타세포에서 인슐린을 분비할수록 혈중 포도당 농도는 낮아질 것임을 알 수 있다.

④ 여섯 번째 문단에서 대사증후군 관리 방법 중 식이요법으로 골고루, 제때에, 알맞게, 천천히 그리고 싱겁게 먹는 식습관을 길들이는 것이 중요하다고 하였을 뿐 섭취 음식의 종류와 섭취 시기 중 어떤 것이 중요한지에 대해서는 주어진 글을 통해 비교할 수 없다.

32

| 정답 | ⑤

자동화 등 인공지능 기술의 발전(㉤)은 제조업에서는 생산성 증대 및 인건비 감축 등의 강점(Strength)에 해당하므로 위협(Threat)으로 보는 것은 적절하지 않다.

33

| 정답 | ②

4차 산업에 따른 제품 수요 증가는 A 제조업체뿐만 아니라 다른 경쟁 업체에게도 영향을 주는 외부의 환경 요인이다. 따라서 4차 산업에 따른 제품 수요 증가라는 기회(Opportunity)로 낮은 인지도를 극복하는 전략은 적절하지 않다.

34

| 정답 | ⑤

2문단 마지막 문장에서 우루과이, 튀니지 등은 지급결제 인프라가 미비하여 CBDC 발행을 고려하고 있다고 하였으므로, 실효성이 있음을 알 수 있다.

| 오답풀이 |

① 한국은행은 상용화 검증을 앞두고 있고 그 이후에 시범 운영을 시행할 계획이므로, 아직 CBDC가 발행되지 않았음을 알 수 있다.

② 미국은 기존에 CBDC 발행 계획이 없다는 입장이었으므로, CBDC 발행에 대해 유보적이었음을 알 수 있다.

③ CBDC는 전자적 방식으로 구현되어 현금과 달리 익명성을 제한할 수 있으므로, CBDC가 도입되면 불법자금 및 지하경제 문제의 완화를 기대할 수 있다.

④ 스웨덴은 현금 이용이 크게 감소하면서 지급 서비스 시장 독점 문제라는 부작용이 발생하였다. 이를 해결하기 위해 CBDC 발행을 보다 적극적으로 검토할 여건이 마련되었고, 그 결과 'e－크로나' 개발에 착수하였음을 알 수 있다.

35

| 정답 | ③

학교폭력 실태조사 내용을 근거로 청소년 학교폭력 문제와 정신건강에 대한 문제 제기를 하며 학교폭력의 변화 양상과 폭력 범위 확대 우려로 사회적 구성원 모두가 청소년 학교 폭력에 관심을 기울이고 해결하도록 노력해야 한다는 내용이다. 흐름에 맞게 문단을 배열해보면, (다) 학교폭력 실태조사 결과를 근거로 학교 폭력에 실정을 서론을 제시, (가) 청소년 학교폭력과 정신건강에 대한 사회적 문제 제기, (라) 과거와 현재의 학교폭력 변화 양상과 사회적으로 폭력 범위 확대 우려, (나) 사회구성원 모두가 학교 폭력에 대한 관심을 가지고 예방할 수 있도록 노력을 기울여야 한다는 순으로 와야 흐름이 적절하다.

36

| 정답 | ③

빈칸 뒤에는 인플레이션의 가속화에 대해 제시되어 있으며, 빈칸 앞에는 주어진 방정식 MV＝PT에서 '재화(T)의 수량이 일정하다는 가정하에 통화량(M)과 통화 유통속도(V)가 증가하면 가격(P)이 오르게 된다는 말'이 제시되어 있다. 따라서 빈칸에는 인플레이션이 발생하게 되는 통화정책 측면에서의 원인을 부연 설명하는 ③의 내용이 들어가야 가장 적절하다.

| 오답풀이 |

① 저축률에 따른 통화 유통속도를 부연 설명하는 것은 자연스러운 문맥의 흐름으로 볼 수 없다.

② 인플레이션의 가속화를 뒷받침할 수 있는 내용으로 적절하지 않다.

④, ⑤ 전후 문맥과 연관성이 없다.

37

| 정답 | ③

임의로 선택된 제품이 A기계에서 생산될 확률을 P(A), B기계에서 생산될 확률을 P(B), C기계에서 생산될 확률을 P(C)라 하고, 제품이 불량품일 확률을 P(E)라 하자.

$P(A)=0.5$, $P(B)=0.3$, $P(C)=0.2$이고,

$P(A\cap E)=0.5\times0.01$, $P(B\cap E)=0.3\times0.02$, $P(C\cap E)=0.2\times0.03$이다.

따라서 제품 하나를 임의로 선택했을 때 그 제품이 불량품일 경우, 그 제품이 A기계에서 생산되었을 확률 ($P(A|E)$)을 계산하면 다음과 같다.

$$P(A|E)=\frac{P(A\cap E)}{P(E)}$$

$$=\frac{P(A\cap E)}{P(A\cap E)+P(B\cap E)+P(C\cap E)}$$

$$=\frac{0.5\times0.01}{0.5\times0.01+0.3\times0.02+0.2\times0.03}$$

$$=\frac{5}{17}$$

시간단축 TIP

생산된 제품의 개수를 1,000개라 가정하면 A기계에서 생산되는 제품은 500개, B기계에서 생산되는 제품은 300개, C기계에서 생산되는 제품은 200개이다. 이때 각각의 불량률이 1%, 2%, 3%이므로 불량품의 개수는 5개, 6개, 6개이다. 따라서 불량품 17개 중 A기계에서 생산된 불량품일 확률은 $\frac{5}{17}$이다.

38

| 정답 | ⑤

- 첫 번째에 당첨 공이 나올 확률: $\frac{3}{15}$
- 두 번째에 당첨 공이 나올 확률: $\frac{3-1}{15-1}=\frac{2}{14}$

따라서 구하는 확률은 $\frac{3}{15}\times\frac{2}{14}=\frac{1}{5}\times\frac{1}{7}=\frac{1}{35}$이다.

39

| 정답 | ②

올해 말의 연금액 1,630만 원을 올해 초의 가치로 환산하면 $\frac{1{,}630\text{만 원}}{1.05}$, 다음 해 말의 연금액 1,630만 원의 올해 초 가치는 $\frac{1{,}630\text{만 원}}{(1.05)^2}$, …. 이와 같은 방식으로 10년 후 말의 연금액 1,630만 원의 올해 초 가치는 $\frac{1{,}630\text{만 원}}{(1.05)^{10}}$이다. 따라서 일시불로 수령하게 되는 금액을 S라고 하면 다음의 식이 성립한다.

$$S=\frac{1{,}630\text{만 원}}{1.05}+\frac{1{,}630\text{만 원}}{(1.05)^2}+\cdots+\frac{1{,}630\text{만 원}}{(1.05)^{10}}$$

양변에 $(1.05)^{10}$을 곱하면 초항이 1,630만 원, 공비가 1.05, 항의 개수는 10개인 등비수열의 합이 되므로 다음과 같이 식을 세울 수 있다.

$$(1.05)^{10}\times S=\frac{1{,}630\text{만 원}\times\{(1.05)^{10}-1\}}{1.05-1}$$

이때 $(1.05)^{10}=1.63$이므로 $S=\frac{1{,}630\text{만 원}\times0.63}{0.05\times1.63}$ $=126{,}000{,}000$(원)이다.

시간단축 TIP

- 원금 a원을 연이율 r로 n년간 예금할 때, 원금과 이자의 합계를 일컫는 원리합계 S는 단리법과 복리법으로 구분된다.
  - 단리법: 원금에만 이자가 붙는다. → $S=a(1+rn)$
  - 복리법: 원금과 이자에 다시 이자가 붙는다. → $S=a(1+r)^n$
- 적금, 상환, 연금의 현가 등의 문제 접근 시 서로 손해 보지 않아야 하고, 돈의 가치는 시간에 따라 다름을 고려하여야 한다. 연이율이 r이고 1년마다의 복리로 일정한 금액 a원을 n년 동안 적립할 때 n년 말의 적립금의 원리합계는 a원을 적립하는 시기에 따라 다르며, '매년 초'에 적립인지 '매년 말'에 적립인지에 따라 식이 달라진다.
  - 매년 초에 적립하고 연말에 정산하는 경우:
    (원리합계)$=\frac{a(1+r)\{(1+r)^n-1\}}{r}$(원)
  - 매년 말에 적립하고 연말에 정산하는 경우:
    (원리합계)$=\frac{a\{(1+r)^n-1\}}{r}$(원)
- [문제 접근] 매년 말에 10년간 받기로 한 퇴직연금을 그대로 적립한다고 하면, 매년 말에 1,630만 원씩 10년 동안 연이율 5%의 복리로 적립한 원리합계와 같다.
  따라서 $1{,}630+1{,}630(1+0.05)+1{,}630(1+0.05)^2+\cdots+1{,}630(1+0.05)^9=\frac{1{,}630(1.05^{10}-1)}{1.05-1}=\frac{1{,}630\times0.63}{0.05}=20{,}538$(만 원) … ㉠
  한꺼번에 퇴직연금 A만 원을 받는 경우 A만 원을 10년 동안 연이율 5%의 복리로 적립한 원리합계는 $A(1+0.05)^{10}=1.63A$(만 원) … ㉡
  위의 '㉠의 금액=㉡의 금액'이어야 하므로, 1.63A=20,538 → A=12,600(만 원)
  따라서 한꺼번에 수령하게 될 금액은 1억 2,600만 원임을 알 수 있다.

40

| 정답 | ②

원금균등분할상환이란 대출금액을 융자 기간으로 나눈 할부 상환금에 월별 잔고 이자를 합산하여 상환하는 방식이다. 해당 신용대출 상품은 거치기간 없이 5년 분할상환 방식이므로 매월 $2{,}400\div(5\times12)=40$(만 원)씩 대출 원금을 상환해야 한다. 따라서 2년 시점의 잔액은 $2{,}400\text{만}-(40\times24)=1{,}440$(만 원)이므로 김 씨의 중도상환해약금은 $1{,}440\text{만}\times0.1\times(3-2)\div3=480{,}000$(원)이다.

41

| 정답 | ⑤

첫 해 지불해야 하는 이자는 $50{,}000{,}000\times0.03=1{,}500{,}000$(원)이다.

42

| 정답 | ①

㉠ 농산물별 해운 운송량이 각각 100톤씩 증가하면 결국 증가하기 전의 평균에 100을 더한다는 의미이다. 따라서 증가하기 전의 평균이 $\frac{10{,}600}{4}=2{,}650$(톤)이므로 여기에 100을 더한 2,750(톤)이 된다.

㉢ 도로 운송량이 많은 농산물은 밀>쌀>보리>콩의 순서인데, 각 농산물의 전체 운송량 중 도로가 차지하는 비중을 계산해보면 밀은 $\frac{16{,}500}{27{,}000}\times100$

≒61(%), 쌀은 $\frac{10,600}{18,000}\times 100 \fallingdotseq 59$(%), 보리는 $\frac{2,900}{12,000}\times 100 \fallingdotseq 24$(%), 콩은 $\frac{400}{5,000}\times 100 = 8$(%)이므로 순서가 일치한다.

| 오답풀이 |

㉡ 보리의 수송방법별 운송량이 각각 50%씩 감소하면 도로는 1,450톤, 철도는 3,550톤, 해운은 1,000톤 감소하게 되고, 이때의 감소하는 운송량의 합은 1,450+3,550+1,000=6,000(톤)이다. 반면 콩의 수송방법별 운송량이 각각 100%씩 증가하면 도로는 400톤, 철도 600톤, 해운 4,000톤 증가하게 되고, 이때의 증가하는 운송량의 합은 400+600+4,000=5,000(톤)이다. 따라서 전체 운송량은 1,000톤 감소하게 된다.

㉣ 해운 운송량이 적은 농산물 순서는 쌀<보리<밀<콩의 순서이다. 각 농산물의 전체 운송량 중 해운 운송량이 차지하는 비중을 계산해보면 쌀은 $\frac{1,600}{18,000}\times 100 \fallingdotseq 9$(%), 보리는 $\frac{2,000}{12,000}\times 100 \fallingdotseq 17$(%), 밀은 $\frac{3,000}{27,000}\times 100 \fallingdotseq 11$(%), 콩은 $\frac{4,000}{5,000}\times 100 = 80$(%)이므로 순서가 일치하지 않는다.

43

| 정답 | ⑤

㉡ 활엽수림과 혼합림의 산림 면적이 각각 150ha, 125ha 증가했을 경우 산림 면적당 산림 축적량은 다음과 같다.

- 활엽수림: $\frac{1,200}{150+150}=4(m^3)$
- 혼합림: $\frac{1,300}{200+125}=4(m^3)$

㉢ 산림 축적량의 총량이 5% 증가하면 4,500m³의 5%인 225m³만큼 증가하고, 종류별로 증가한 축적량이 동일하다고 했으므로 종류별로 225÷3=75(m³)씩 증가하게 된다. 이 경우 산림 면적당 산림 축적량은 다음과 같다.

- 침엽수림: $\frac{2,075}{250}=8.3(m^3)$
- 활엽수림: $\frac{1,275}{150}=8.5(m^3)$
- 혼합림: $\frac{1,375}{200}\fallingdotseq 6.9(m^3)$

따라서 큰 순서대로 나열하면 활엽수림>침엽수림>혼합림 순이 된다.

㉣ 산림 축적량이 종류별로 10%씩 증가한 경우의 평균 축적량을 계산하면 다음과 같다.

$$\frac{(2,000+200)+(1,200+120)+(1,300+130)}{3}$$
$$=1,650(m^3)$$

| 오답풀이 |

㉠ 침엽수림과 혼합림의 산림 면적당 산림 축적량을 확인해 보면 다음과 같다.

- 침엽수림: $\frac{2,000}{250}=8(m^3)$
- 혼합림: $\frac{1,300}{200}=6.5(m^3)$

44

| 정답 | ④

2000년대 이후 연도별 비농가 대비 농가의 1인당 연간 양곡 소비량을 구해 보면, 2004년에 146.9÷85.2≒1.7, 2009년에 135.0÷78.6≒1.7, 2014년에 121.3÷70≒1.7, 2019년에 104.2÷65.4≒1.6이다. 따라서 농가의 1인당 연간 양곡 소비량은 비농가의 1.5배 이상이다.

| 오답풀이 |

① 제시된 자료는 1인당 연간 쌀 소비량이고, 농가와 비농가 인구가 주어져 있지 않으므로 연간 쌀 소비량은 알 수 없다.

② 1989년 비농가의 1인당 쌀 소비량은 113.0kg이고, 2019년 비농가의 1인당 쌀 소비량은 57.4kg이다. 따라서 113.0÷2=56.5(kg)이므로 절반 이상이다.

③ 2019년의 10년 전 대비 농가의 1인당 양곡 소비량의 감소량은 135.0−104.2=30.8(kg)이고 1인당 쌀 소비량의 감소량은 119.0−92.8=26.2(kg)이므로, 1인당 양곡 소비량의 감소량이 더 크다.

⑤ 2019년의 1인당 양곡 소비량 중 쌀이 차지하는 비율을 살펴보면, 농가가 92.8÷104.2≒0.89, 비농가가 57.4÷65.4≒0.88이므로, 농가가 비농가보다 높다.

45

| 정답 | ⑤

[그래프2]에서 우리나라의 2011년 가계부채비율은 152.9%임을 확인할 수 있다. ‘가계부채비율(%)$=\frac{(가계부채총액)}{(가구순가처분소득)}\times 100$’이므로 가계부채총액이 1,000조 원이면 가구순가처분소득은 $\frac{100}{152.9}\times 100 \fallingdotseq 654.0$(조 원)이다. 따라서 650조 원 이상이므로 옳은 내용이다.

| 오답풀이 |

① [그래프1]은 2019년 OECD 주요 국가의 가계부채비율을 나타낸 것이므로 OECD 전체 국가 중 가계부채비율이 가장 낮은 국가에 대해서는 알 수 없다.

② 우리나라 가계부채비율은 해마다 꾸준히 증가하고 있지만, [그래프2]를 통해 가계부채비율의 전년 대비 증가율은 해마다

꾸준히 증가하지 않고 있음을 알 수 있다. 예를 들어 2015~2016년에는 경사가 급격히 올라갔다가 2016~2017년에 경사가 감소하였으므로 가계부채비율의 증가율이 감소하였음을 알 수 있다.

③ '가계부채비율(%)=$\frac{(가계부채총액)}{(가구순가처분소득)}$×100'을 통해 가계부채총액이 가구순가처분소득보다 많다면 가계부채비율은 100 이상이 된다. 따라서 2019년 OECD 주요 국가 중 가계부채총액이 가구순가처분소득보다 많은 국가는 7개이다.

④ 우리나라 가계부채비율이 전년 대비 가장 많이 증가한 해는 2016년이고 전년 대비 174.5-162.3=12.2(%p) 증가하였다.

46

| 정답 | ④

전체 메달 수가 가장 많은 종목은 총 46개의 메달을 획득한 유도이며, 유도 동메달 수는 18개로 전체 메달 수 중 $\frac{18}{287}\times100≒6.3$(%)를 차지한다.

| 오답풀이 |

① A국의 전체 메달에서 A국이 획득한 금메달이 차지하는 비중은 $\frac{96}{287}\times100≒33.4$(%)이므로 30% 이상이다.

② 유도에서 딴 메달의 수는 역도에서 딴 메달 수의 $\frac{46}{15}≒3.1$(배)이므로 3배 이상이다.

③ 금메달을 가장 많이 딴 상위 5개 종목은 양궁, 태권도, 유도, 레슬링, 사격으로, 전체 금메달 중 $\frac{(27+12+11+11+7)}{96}\times100≒70.8$(%)를 차지한다.

⑤ 메달별로 많이 획득한 종목을 1~3순위로 나열하면, 금메달은 '양궁, 태권도, 유도·레슬링', 은메달은 '유도, 레슬링, 양궁·사격', 동메달은 '유도, 레슬링, 탁구'이다. 따라서 1~3순위 내에 항상 포함되는 것은 유도와 레슬링 2가지이다.

47

| 정답 | ②

4월에 전체 승인실적에서 세 번째로 비중이 높은 업종은 보건업 및 사회복지 서비스업이며, 이 업종의 비중은 $\frac{515}{7,522}\times100≒6.8$(%)이므로 10% 미만이다.

| 오답풀이 |

① 예술, 스포츠 및 여가관련 서비스업의 국내카드 승인실적은 5월에서 6월에 163백억 원에서 162백억 원으로 감소했다.

③ 3월에 전월 대비 전체 국내카드 승인실적의 증가율은 $\frac{(7,674-6,956)}{6,956}\times100≒10.3$(%)이므로 10%를 초과한다.

④ 5월에 국내카드 승인실적이 가장 높은 업종은 도매 및 소매업이며, 가장 낮은 업종은 사업시설관리 및 사업지원 서비스업이다. 국내카드 승인실적이 가장 높은 업종은 가장 낮은 업종의 $\frac{5,207}{44}≒118.3$(배)이므로 120배 미만이다.

⑤ 1월 대비 6월에 국내카드 승인실적이 가장 적게 증가한 업종은 162−160=2(백억 원) 증가한 교육서비스업이다.

48

| 정답 | ⑤

주어진 [조건]1~3을 기호화하면 다음과 같다.

구분	명제	대우
[조건1]	~스릴러 → SF	~SF → 스릴러
[조건2]	스릴러 → ~코미디	코미디 → ~스릴러
[조건3]	뮤지컬 → ~SF	SF → ~뮤지컬
[결론]	코미디 → ~스릴러 → SF → ~뮤지컬	뮤지컬 → ~SF → 스릴러 → ~코미디

김 대리는 코미디를 좋아하고, 박 대리는 김 대리가 좋아하는 장르는 좋아하지 않고, 김 대리가 좋아하지 않는 장르를 좋아한다고 하였다. 김 대리와 박 대리가 좋아하는 장르와 좋아하지 않는 장르는 다음과 같다.

구분	코미디	스릴러	SF	뮤지컬
김 대리	○	×	○	×
박 대리	×	○	×	○

따라서 박 대리는 스릴러를 좋아하지 않는다는 것은 옳지 않다.

49

| 정답 | ④

주어진 명제들을 살펴 보면 을 지역은 갑 지역을 포함하고 있으며, 병 지역은 갑 지역과 교집합 관계를 갖지 않으면서 을 지역과 교집합 관계를 갖는다는 것을 알 수 있다. 그러므로 이를 벤다이어그램으로 나타내면 다음과 같다.

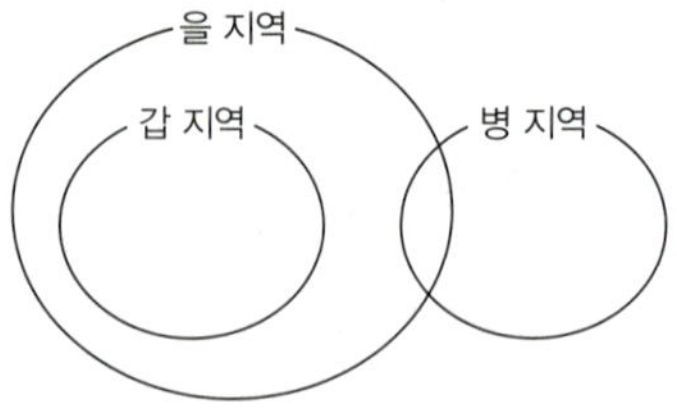

따라서 주어진 명제를 통해 도출할 수 있는 결론으로 옳은 것은 '어떤 을 지역은 갑 지역이 아니다.'이다.

50

| 정답 | ④

TF팀 참여 인원이 7명이므로 두 번째 조건에 따라 찬성이 4명, 반대가 3명으로 나뉜다. 박 과장은 찬성하였으므로, 나머지 6명은 찬성 3명, 반대 3명이다. 주어진 조건을 통해 얻을 수 있는 힌트는 정 과장이 두 번 언급되었으며, 엄 과장은 언급되지 않았다는 것이다. 정 과장은 최 대리와 다르지만 이 대리와 같은 의견을 개진하였으므로 '최 대리/정 과장, 이 대리'의 구분이 성립된다. 여기서 만일 같은 의견을 개진한 이 부장과 노 부장이 정 과장과 같은 의견을 개진하였다면 박 과장이 포함되지 않은 4명이 되어 모순이 발생하게 된다. 그러므로 이를 반영하면 '이 부장, 노 부장, 최 대리/정 과장, 이 대리'의 구분이 성립하게 된다.
여기까지가 주어진 조건을 통해 알 수 있는 결과이며, 나머지 박 과장과 엄 과장의 가능한 구분은 다음과 같이 두 가지 경우로 나눌 수 있다. 단, 박 과장이 속한 쪽이 찬성을 개진한 쪽으로, 1명이 더 많아야 한다. 이를 표로 정리하면 다음과 같다.

구분	영업팀			생산팀			
	이 부장	박 과장	최 대리	노 부장	정 과장	엄 과장	이 대리
경우 1)	찬성	찬성	찬성	찬성	반대	반대	반대
경우 2)	반대	찬성	반대	반대	찬성	찬성	찬성

따라서 엄 과장과 최 대리는 어느 경우에도 같은 조합이 될 수 없다.

51

| 정답 | ④

B와 D의 진술에 따르면 B가 수요일에 발표를 했다. 만약 이 진술이 거짓이면 둘 다 거짓을 말한 것이므로 5명 중 1명만 거짓을 말했다는 발문의 조건에 모순된다. 따라서 B와 D의 진술은 모두 참이다. B와 D의 발언이 참이므로 A는 화요일, B는 수요일에 발표를 했으며, C는 금요일에 발표를 하지 않았다. 수요일에 발표를 한 것은 B이므로 D가 수요일에 발표를 하지 않았다는 C의 진술은 참이고 C의 첫 번째 발언에 따라 C는 목요일에 발표를 했다. A의 진술은 거짓이고 E의 진술은 참이므로, 월요일에는 E가 발표를 했다. 이를 표로 정리하면 다음과 같다.

구분	월	화	수	목	금
발표자	E	A	B	C	D

따라서 금요일에 발표를 한 사람은 D이다.

52

| 정답 | ④

순서가 정해진 인사부와 영업부를 제외하고 기술부와 개발부, 마케팅부의 순서를 정해야 한다. 마케팅부는 기술부보다 늦게 연수를 진행하고, 개발부는 마케팅부보다 먼저 연수를 진행한다. 그러므로 마케팅부가 가장 늦은 순서로 연수를 진행한다. 이를 날짜별로 정리하면 다음과 같다.

연수 일수	연수 받는 부서	
	경우 1)	경우 2)
1일 차	인사부	인사부
2일 차		
3일 차		
4일 차	기술부	개발부
5일 차		
6일 차		
7일 차		기술부
8일 차	개발부	
9일 차		
10일 차		
11일 차	영업부	영업부
12일 차		
13일 차	마케팅부	마케팅부
14일 차		
15일 차		

따라서 7일 차에는 기술부가 연수를 받는다는 내용만 항상 옳다.

| 오답풀이 |

① 9일 차에는 개발부 또는 기술부가 연수를 받는다.
② 총 연수일수는 15일이다.
③ 영업부 직전에 연수를 받는 부서는 개발부 또는 기술부이다.
⑤ 연수를 받는 순서는 '인사부－기술부－개발부－영업부－마케팅부' 또는 '인사부－개발부－기술부－영업부－마케팅부' 순이다.

53

| 정답 | ④

우선 주어진 조건 중 확실하게 정해진 조건을 표로 나타내면 다음과 같다.

구분	A	B	C	D	E
부서			마케팅		
동아리	음악				여행

첫 번째와 두 번째 조건을 보면 회계팀 직원은 축구 동아리 소속, 개발부 직원은 캠핑 동아리 소속이므로, B와 D가 이 둘 중 하나에 해당하게 되며, C의 동아리가 나머지 하나인 영화 감상임도 파악할 수 있다. 또한 A와 E의 부서는 구매부 또는 생산부가 된다. B를 기준으로 나누어 표로 정리하면 다음과 같다.

1) B가 회계팀 및 축구 동아리인 경우

구분	A	B	C	D	E
부서	구매/생산	회계	마케팅	개발	생산/구매
동아리	음악	축구	영화	캠핑	여행

2) B가 개발팀 및 캠핑 동아리인 경우

구분	A	B	C	D	E
부서	구매/생산	개발	마케팅	회계	생산/구매
동아리	음악	캠핑	영화	축구	여행

따라서 C가 영화 감상 동아리 소속이라는 내용만 항상 옳다.

| 오답풀이 |

① A는 생산부 직원일 수도 있다.
② B는 캠핑 동아리 소속일 수도 있다.
③ D는 회계부 직원일 수도 있다.
⑤ E는 구매부 직원일 수도 있다.

54

| 정답 | ③

한국시간 기준 9~18시를 파리와 두바이에 시차를 적용해보면, 파리는 2~11시(10월이므로 서머타임 적용)이며 두바이의 경우 4시~13시이다. 회의가 3개사의 근무시간에 이루어진다고 하였으므로 회의 가능 시간은 한국시간 기준 16~18시이다. 또한 회의가 한 시간 반 소요되고 A사의 인원이 7명이라는 점을 감안하면, 가능한 회의실은 b회의실의 경우 월요일과 화요일, c회의실의 경우 월요일과 수요일이다. 단, b회의실의 경우 월요일 본부장 회의 시간이 15시 이후로 변경되어 사용이 불가하므로 (b회의실, 화), (c회의실, 월), (c회의실, 수) 경우만 가능하다.

| 오답풀이 |

① a회의실의 경우 회의 가능인원이 6명이므로 요일에 상관없이 예약할 수 없다.
② 월요일 b회의실의 경우에는 연기된 본부장 회의가 진행되므로 예약할 수 없다.
④ 화요일 c회의실의 경우에는 사업회의가 진행되므로 예약할 수 없다.
⑤ 수요일 b회의실의 경우에는 영업팀 회의가 진행되므로 예약할 수 없다.

시간단축 TIP

두바이보다 파리가 서울과의 시차가 크다. 따라서 회의시간을 정할 때 두바이는 고려하지 않고 파리와의 시차만 고려하면 풀이시간을 절약할 수 있다.

55

| 정답 | ⑤

개발팀의 출장일수와 이동시간을 고려하여 표로 나타내면 다음과 같다.

출장일수	도시	일정
1일 차	서울 → 런던	이동
2일 차	런던	도착
3일 차	런던	
4일 차	런던	
5일 차	런던 → 도쿄	이동
6일 차	도쿄	도착
7일 차	도쿄	
8일 차	도쿄	
9일 차	도쿄 → 샌프란시스코	이동
10일 차	도쿄 → 샌프란시스코	이동
11일 차	샌프란시스코	도착
12일 차	샌프란시스코	
13일 차	샌프란시스코	
14일 차	샌프란시스코	
15일 차	샌프란시스코 → 서울	이동
16일 차	서울	도착

따라서 14일 차에 샌프란시스코에서 서울로 이동 중이라고 한 내용만 옳지 않다.

56

| 정답 | ③

두 번째 조건을 통해 3반 반장과 6반 반장은 가장 멀리 떨어져 있으므로 대각선 끝자리에 각각 위치해야

한다. 이에 따라 두 반장의 자리는 E와 D 또는 A와 H이다. 또한 다섯 번째 조건에 따라 7반 반장의 자리가 A인데 1~4반 반장의 자리가 같은 라인이라고 했으므로 E, F, G, H가 1~4반 반장의 자리가 되고 B, C, D가 5, 6, 8반 반장의 자리가 된다. 이때 A가 7반 반장 자리이므로 D가 6반 반장의 자리, E가 3반 반장의 자리임도 알 수 있다. 이를 정리해보면 다음과 같다.

A 7반	B	C	D 6반
E 3반	F	G	H

네 번째 조건에서 8반 반장은 3반 반장과 4반 반장과 각각 떨어진 거리가 같으며, 세 번째 조건에서 4반 반장은 5반 반장과 건너편에 위치한다고 했다. 이 경우 B가 8반 반장의 자리, G가 4반 반장의 자리인 경우만 가능하므로 C는 5반 반장의 자리가 된다. 마지막으로 나머지 1반과 2반 반장의 자리가 F, H 또는 H, F가 된다. 이를 정리해보면 다음과 같다.

A 7반	B 8반	C 5반	D 6반
E 3반	F 1반/2반	G 4반	H 2반/1반

따라서 5반 반장은 1반 반장, 2반 반장과 각각 떨어진 거리가 같다는 것만 항상 옳은 내용이 된다.

| 오답풀이 |

① 7반과 8반 반장은 바로 옆자리이다.
② 2반과 3반 반장은 바로 옆자리에 앉을 수도 있다.
④ 1반 반장의 건너편에는 6반 반장이 앉을 수도 있다.
⑤ 7반과 1반 반장은 대각선 자리에 앉을 수도 있다.

57

| 정답 | ⑤

8월 첫째 주와 둘째 주는 각각 월요일 제외, 셋째 주는 모두 제외이므로, 2박 3일 동안 파견 가능한 일정은 (2~4일), (3~5일), (9~11일), (10~12일) 4가지 경우가 있으며, 각 경우별로 엔지니어의 일정을 정리하면 다음과 같다.

1) 2~4일: 이, 박, 정 불가 → 김, 최 가능
2) 3~5일: 이, 박, 정 불가 → 김, 최 가능
3) 9~11일: 김, 정 불가 → 이, 박, 최 가능
4) 10~12일: 김, 최, 정 불가 → 이, 박 가능

따라서 10~12일에 박 프로와 최 프로를 파견한다는 것만 옳지 않다.

58

| 정답 | ③

승진 기준표를 기준으로 진급대상자별 각 항목을 점수로 환산하여 합산하면 다음과 같다.

(단위: 점)

진급 대상자	근속연수	인사고과	승진 시험 점수	합산 점수
A	90	90	85	265
B	80	100	90	270
C	90	100	90	280
D	90	90	100	280
E	100	80	95	275

따라서 합산 점수가 280점으로 가장 높은 C와 D가 승진자이다.

59

| 정답 | ②

각 투자상품의 1년 기대수익률은 다음과 같다.

- A: 6%
- B: $0.8\times1.2+0.2\times0.7=1.1$ → 10%
- C: $0.9\times(0.5\times1.4+0.5\times1)=1.08$ → 8%
- D: $1.05\times(0.5\times1.1+0.5\times0.9)=1.05$ → 5%
- E: $0.5\times\{2-(1\times0.05)\}+0.5\times0.2=1.075$ → 7.5%

따라서 1년 기대수익률이 가장 높은 투자상품은 B이다.

60

| 정답 | ⑤

A가 다니던 회사를 그만두고 커피매장을 창업했을 때의 기회비용은 연봉 3,800만 원과 보유자금 6,000만 원을 예금하였을 때의 이자소득 $6{,}000\times0.03=180$(만 원)을 더한 3,980만 원이다. 따라서 기회비용을 모두 따져보면 커피매장을 창업하는 경우 소득이 더 적어지게 된다.

| 오답풀이 |

① 보증금은 1억 2,000만 원, A의 현재 보유자금은 6,000만 원이므로 나머지 6,000만 원은 대출로 충당해야 한다.

② 대출금리가 연 5%이므로 6,000만 원을 대출하면 이자비용은 매년 6,000×0.05=300(만 원)씩 발생한다.
③ 영업이익은 매출액에서 월세, 운영비용, 원가를 차감한 것이므로 1년에 발생하는 예상 영업이익은 (0.35−0.05)×180×25×12−(800+200)×12=4,200(만 원)이다.
④ 순이익은 영업이익 4,200만 원에서 이자비용 300만 원을 차감한 3,900만 원이다.

61

| 정답 | ①

고압 A, 선택 Ⅱ, 중간부하를 기준으로 월별 전기요금을 구하면 다음과 같다.

(단위: kWh, 원)

구분	사용량	기본요금	사용요금	전기요금
1월	300	7,470	300×106.5 =31,950	7,470+31,950 =39,420
2월	400	7,470	400×106.5 =42,600	7,470+42,600 =50,070
3월	300	7,470	300×87.1 =26,130	7,470+26,130 =33,600
4월	500	7,470	500×87.1 =43,550	7,470+43,550 =51,020
5월	400	7,470	400×87.1 =34,840	7,470+34,840 =42,310
6월	300	7,470	300×108 =32,400	7,470+32,400 =39,870

따라서 5월의 전기요금은 42,310원으로 40,000원 이상이다.

62

| 정답 | ②

주어진 자료를 바탕으로 이동 방안별 교통비를 구하면 다음과 같다.

- 1안: 55,000×6+10,000×3=360,000(원)
- 2안: 25,000×6+30,000×3=240,000(원)
- 3안(대형 렌트카 대여): 90,000×2+60,000+20,000=260,000(원)

따라서 2안이 240,000원으로 가장 저렴하다.

63

| 정답 | ⑤

사무실별로 필요한 비품 개수를 확인하면 레이저 프린터는 총 5개, 의자는 총 11개, 책상은 총 5개이므로, 이를 계산하면 다음과 같다.

(60만×5)+(10만×11)+(30만×5)=560(만 원)

따라서 필요한 예산은 총 560만 원이다.

64

| 정답 | ③

D 영업사원이 주차별로 지급받을 유류대를 계산하면 다음과 같다.

구분	1주 차	2주 차	3주 차	4주 차
이동거리(km)	210	120	250	80
평균 연비(km/L)	7	12	10	10
연료 사용량(L)	210÷7 =30	120÷12 =10	250÷10 =25	80÷10 =8
평균 유류비(원/L)	1,500	1,600	1,600	1,500
연료비(원)	30×1,500 =45,000	10×1,600 =16,000	25×1,600 =40,000	8×1,500 =12,000
통행료(원)	25,000	20,000	30,000	12,000
합산 금액(원)	70,000	36,000	70,000	24,000

따라서 지급받을 총 유류대는 70,000+36,000+70,000+24,000=200,000(원)이다.

65

| 정답 | ⑤

REPLACE 함수는 텍스트 내에 있는 지정된 문자를 다른 것으로 바꿀 때 쓰이는 함수이다. 입력식은 '=REPLACE(지정할 데이터, 시작 위치(공백 포함), 바꿀 문자 개수(공백 포함), 바꿀 텍스트)' 순으로 기재한다. 따라서 [B2] 셀에 있는 텍스트 문자의 공백 두 곳을 포함하여 11번째에 있는 문자로부터 3개(마침표 포함)의 문자를 2개의 '*' 표시로 바꾸어야 하므로, 함수식은 '=REPLACE(B2,11,3,"**")'이다.

66

| 정답 | ③

[J2] 셀은 K아파트의 가구 수를 표시해야 하므로 조건에 맞는 셀의 개수를 나타내는 COUNTIF 함수를 사용해야 한다. 함수식은 '=COUNTIF(A2:A9, "K아파트")'로 나타낼 수 있다. REPLACE 함수는 문자열 내의 특정 텍스트를 대체할 때 사용하는 함수이다.

| 오답풀이 |

① '미납액' 항목이 계산되어 있지 않으므로 [E10] 셀에는 복수의 곱셈과 곱셈한 값을 모두 더할 수 있는 SUMPRODUCT 함수를 사용할 수 있다. 함수식은 '=SUMPRODUCT(C2:C9,D2:D9)'로 나타낼 수 있다.
② [G2] 셀에는 IF 함수를 사용할 수 있으며, 함수식은 '=IF(F2>=30,"장기","단기")'로 나타낼 수 있다.
④ SUMIF 함수는 하나의 조건에 충족된 데이터만 추출해 합계를

구할 때 사용하는 함수이다. 병합된 [I8] 셀에는 단가 항목에 15가 기재된 셀을 찾아 전력 사용량에 해당하는 수치들을 모두 더한 값을 나타내야 하므로 SUMIF 함수를 사용하여, '=SUMIF(D2:D9,D3,C2:C9)'로 나타낼 수 있다.

⑤ COUNT 함수는 숫자 데이터의 셀 개수를 구하고, COUNTA 함수는 숫자뿐만 아니라 문자와 오류 메시지까지 모두 포함된 셀 개수를 구할 때 사용하는 함수이다. [J10] 셀에는 '가구'라는 문자가 함께 입력되어 있으므로 COUNT 함수를 사용하여 숫자만 입력된 셀을 범위로 지정하고 '=COUNT(C2:C9&"가구")'로 나타내거나, 또는 COUNTA 함수를 사용하여 숫자와 문자가 함께 입력된 셀을 범위로 지정하고 '=COUNTA(B2:B9&"가구")'로 나타낼 수도 있다.

67

| 정답 | ②

'=COUNTIF(B3:B9,"이??")'의 수식이 요구하는 값은 이름이 '이'로 시작하는 3글자의 이름을 가진 사람의 수를 구하는 것이다. 따라서 이에 해당하는 사람은 이상현과 이근우 두 명이므로 나타나는 결괏값은 2이다.

68

| 정답 | ⑤

주어진 연산은 2의 0제곱부터 10제곱까지의 합을 구하는 것이다. 해당 순서도를 보면, SUM은 SUM+2의 0제곱~2의 10제곱이 이루어져야 하고, i는 1씩 더해가다가 11 미만에서 NO 조건문에 해당하여 연산을 종료해야 함을 알 수 있다. 따라서 (ㄱ)에는 SUM, (ㄴ)에는 11이 들어가야 한다.

69

| 정답 | ④

상속 관계에 있는 클래스의 경우 서브 클래스의 생성자를 실행하기 전에 먼저 슈퍼 클래스에서 매개 변수가 없는 기본 생성자가 자동으로 호출된다.
B a = new B("#") ; 구문이 실행될 때 A 클래스의 기본 생성자가 먼저 호출되므로 "A"가 출력되고 B 클래스의 매개 변수가 있는 생성자가 수행되므로 "D"가 출력된다.

70

| 정답 | ④

B b=new B( ) ; 구문이 실행될 때 A 클래스의 기본 생성자가 먼저 호출되므로 "A"가 출력되고 B 클래스의 기본 생성자가 수행되므로 "C"가 출력된다.

MEMO

MEMO

eduwill

정답과 해설

2025 최신판

에듀윌 취업
NH농협은행 6급 NCS 기본서

고객의 꿈, 직원의 꿈, 지역사회의 꿈을 실현한다

에듀윌 도서몰
book.eduwill.net

- 부가학습자료 및 정오표: 에듀윌 도서몰 > 도서자료실
- 교재 문의: 에듀윌 도서몰 > 문의하기 > 교재(내용, 출간) / 주문 및 배송